U0940070

主　编　彭正国　左伟胜

审　定　左伟胜　彭正国　杜瑞林　李　泉

编写组　孙慧强　孙晓庆　程东辉　王小平　王宗希

王　睿　赵芯玮　卢家荣　许爱善　贾正时

Xianxing Zengzhishui Zhengce zhiyao

现行增值税政策指要

本书编写组 / 编

蘭州大學出版社

图书在版编目(CIP)数据

现行增值税政策指要/《现行增值税政策指要》编写组编. —兰州:兰州大学出版社,2011.8

ISBN 978-7-311-03716-1

Ⅰ.①现… Ⅱ.①现… Ⅲ.①增值税—税收政策—基本知识—中国 Ⅳ.①F812.422

中国版本图书馆CIP数据核字(2011)第157271号

策划编辑 陈红升
责任编辑 陈红升 王曦莹
封面设计 管军伟

书　　名 现行增值税政策指要
作　　者 本书编写组 编
出版发行 兰州大学出版社 (地址:兰州市天水南路222号 730000)
电　　话 0931-8912613(总编办公室) 0931-8617156(营销中心)
　　　　 0931-8914298(读者服务部)
网　　址 http://www.onbook.com.cn
电子信箱 press@lzu.edu.cn
印　　刷 兰州奥林印刷有限责任公司
开　　本 880×1230 1/32
印　　张 15.25
字　　数 500千
版　　次 2011年8月第1版
印　　次 2011年8月第1次印刷
书　　号 ISBN 978-7-311-03716-1
定　　价 45.00元

序

在全省国税系统大力弘扬以“敬业、效率、荣誉”为核心的甘肃国税精神指引下，金昌市国税局从着力打造“高绩效、精管理、优服务、好形象”国税队伍出发，组织编写了《现行增值税政策指要》(以下简称《指要》)一书。《指要》的编写，对于基层干部正确有效的执行增值税税收政策，切实推进依法治税具有积极作用。

目前我国税收制度体系较为庞大，作为我国第一大税种的增值税是以暂行条例以及大量的行政性规章、解释性文件存在的，这些以部门规章和解释性文件形式存在的税收政策数量众多、变化频繁，令办税人员和税务执法人员学习、掌握、执行税收政策颇感困难。有鉴于此，金昌市国税局组织业务骨干编写了《指要》一书，金昌市国税局同志们为此付出了心血和汗水，作为甘肃国税人，我为我们有许许多多这样辛勤耕耘的同仁感到欣慰和自豪！

《指要》全面搜集了自1994年税制改革以来国家公布实施的增值税法规、规章、政策文件，并对此期间的文件，进行了全面、系统的整理和筛选，保留了现行有效的政策条款，删除了过期废止的文件规定等。总体来看，《指要》具有以下特点：

一是简明性。《指要》以现行增值税涉税业务类型进行分类，对政策原文件有效内容进行原文摘录，方便查阅。

二是实用性。《指要》剔除了废止失效的条款，保留了现行有效的政策条款，税务人员可以查阅并正确使用相关税收政策，纳税人也可以通过查阅相关政策，办理相关涉税事宜。

三是广泛性。《指要》内容系统，覆盖面广，不仅适用于国税人员方便快捷查阅税收政策，严格执行税收法律，又能为广大纳税人提供涉税政策指南，方便纳税人履行应有的纳税义务和维护其合法权益。

当然,《指要》的编写难免存在疏漏之处,加之增值税政策本身也是一个不断完善的过程,这就需要在工作中进一步完善和改进,及时提出修正意见,以利补正改进。

在此,我衷心希望全省国税系统广大干部发扬钻研业务的精神,不断谋划工作,认真研究解决新形势下如何做好国税工作的一系列问题,集思广益、攻坚克难,为全面、深入推进依法治税工作作出新贡献!

朱俊福

2011 年 5 月

前 言

在我国，增值税几乎是与改革开放同步诞生、发展壮大起来的税种。1979 年，我国引进了增值税，在少数地区试点征收。1994 年进行了重大改革，全面推行增值税制度，实行生产型增值税。2009 年，我国全面实施增值税转型改革，由生产型转向消费型增值税。虽然增值税历史很短，但是发展迅速，成为我国第一大税种。据统计，从 1994 年到 2008 年，增值税收入占当年国税收入的比重在 44.3%~69.3%之间。

自 1994 年以来，国家陆续出台了一系列增值税相关政策，经过不断补充和规范，涉及增值税的文件达几千份之多，加之时间跨度较长，失效和部分条款失效的文件也较多，给政策执行带来了一定的难度。为了使基层税务人员和纳税人方便快捷的查阅并正确、有效的执行增值税税收政策，维护纳税人的合法权益，我们抽调部分有丰富工作经验的基层执法人员，通过查阅书籍、网络、档案文件等方式，全面搜集自 1994 年税制改革以来国家公布实施的增值税税收法律、法规、规章、政策文件，历时一年编写了《现行增值税政策指要》(以下简称《指要》)一书。

该书严格按照最新修订的《中华人民共和国增值税暂行条例》及其实施细则阐释讲解，重点突出增值税政策的新变化，同时，对历年来增值税各类业务政策进行梳理，删除旧的税收政策和部分失效条款。从纳税人、税率、税收优惠政策、信息化管理等多个方面，对现有的税收政策进行了归并。同时，结合现行综合征管软件对减免税、增值税专用发票等内容的征管流程进行了梳理和归纳。

《指要》分为十二章，主要包括增值税纳税人、增值税征税范围、增值税纳税申报、增值税减免退税和增值税会计处理等内容。

希望该书的出版发行能够对广大税务人员和纳税人学习、掌握和执行好增值税相关政策有所裨益。

《指要》在编写过程中得到了甘肃省国家税务局有关领导及甘肃省国家税务局货劳处、金昌市国家税务局货劳科等部门的热心帮助和大力支持,在此表示衷心感谢!

由于编辑水平有限,疏漏不妥之处在所难免。在使用过程中如发现不妥之处,敬请提出宝贵意见。

本书编写组

2011 年 5 月

目录

第一章　增值税的纳税人

1.1　增值税的纳税人

在中华人民共和国境内销售货物或者提供加工、修理修配劳务以及进口货物的单位和个人，为增值税的纳税人，应当依照本条例缴纳增值税。

（《中华人民共和国增值税暂行条例》）

中华人民共和国境外的单位或者个人在境内提供应税劳务，在境内未设有经营机构的，以其境内代理人为扣缴义务人；在境内没有代理人的，以购买方为扣缴义务人。

（《中华人民共和国增值税暂行条例》）

单位租赁或者承包给其他单位或者个人经营的，以承租人或者承包人为纳税人。

（《中华人民共和国增值税暂行条例实施细则》）

1.2　一般纳税人

会计核算健全，是指能够按照国家统一的会计制度规定设置账簿，根据合法、有效凭证核算。

除国家税务总局另有规定外，纳税人一经认定为一般纳税人后，不得转为小规模纳税人。

（《中华人民共和国增值税暂行条例实施细则》）

加强增值税一般纳税人的认定管理。凡达到增值税一般纳税人标准的，都应当申请认定增值税一般纳税人，并建立健全账簿。

对达到一般纳税人标准而不申请办理认定手续的，根据《中华人民共和国增值税暂行条例实施细则》第三十四条的规定，按销售额依照增值税税率计算应纳税额，不得抵扣进项税额，也不得开具专用发票。税务机关要分析小规模纳税人经营情况，对符合条件的企业及时做好宣传，按规定办理一般纳税人审核认定并配备防伪税控装置。

(2005年9月26日　国税发〔2005〕第153号)

一般纳税人注销或被取消辅导期一般纳税人资格，转为小规模纳税人时，其存货不作进项税额转出处理，其留抵税额也不予以退税。

(2005年11月28日　财税〔2005〕165号)

对于加工、销售珠宝玉石的纳税人应按现行有关增值税一般纳税人认定管理规定办理认定手续。凡认定为一般纳税人的，应依照适用税率征收增值税，不得实行简易征收办法征收增值税。

(2007年12月23日　国税函〔2007〕1286号)

2008年应税销售额超过新标准的小规模纳税人向主管税务机关申请一般纳税人资格认定的，主管税务机关应按照现行规定为其办理一般纳税人认定手续。

(2008年12月31日　国税函〔2008〕1079号)

2009年应税销售额超过新标准的小规模纳税人，应当按照《中华人民共和国增值税暂行条例》及其实施细则的有关规定向主管税务机关申请一般纳税人资格认定。未申请办理一般纳税人认定手续的，应按销售额依照增值税税率计算应纳税额，不得抵扣进项税额，也不得使用增值税专用发票。

(2008年12月31日　国税函〔2008〕1079号)

年应税销售额未超过新标准的小规模纳税人，可以按照现行规定向主管税务机关申请一般纳税人资格认定。

(2008年12月31日　国税函〔2008〕1079号)

增值税一般纳税人资格认定管理办法

第一条 为加强增值税一般纳税人（以下简称一般纳税人）资格认定管理，根据《中华人民共和国增值税暂行条例》及其实施细则，制定本办法。

第二条 一般纳税人资格认定和认定以后的资格管理适用本办法。

第三条 增值税纳税人（以下简称纳税人），年应税销售额超过财政部、国家税务总局规定的小规模纳税人标准的，除本办法第五条规定外，应当向主管税务机关申请一般纳税人资格认定。

本办法所称年应税销售额，是指纳税人在连续不超过12个月的经营期内累计应征增值税销售额，包括免税销售额。

第四条 年应税销售额未超过财政部、国家税务总局规定的小规模纳税人标准以及新开业的纳税人，可以向主管税务机关申请一般纳税人资格认定。

对提出申请并且同时符合下列条件的纳税人，主管税务机关应当为其办理一般纳税人资格认定：

（一）有固定的生产经营场所；

（二）能够按照国家统一的会计制度规定设置账簿，根据合法、有效凭证核算，能够提供准确税务资料。

第五条 下列纳税人不办理一般纳税人资格认定：

（一）个体工商户以外的其他个人；

（二）选择按照小规模纳税人纳税的非企业性单位；

（三）选择按照小规模纳税人纳税的不经常发生应税行为的企业。

第六条 纳税人应当向其机构所在地主管税务机关申请一般纳税人资格认定。

第七条 一般纳税人资格认定的权限，在县（市、区）国家税务局或者同级别的税务分局（以下称认定机关）。

第八条 纳税人符合本办法第三条规定的，按照下列程序办理一般纳税人资格认定：

(一)纳税人应当在申报期结束后40日(工作日,下同)内向主管税务机关报送《增值税一般纳税人申请认定表》(以下简称申请表),申请一般纳税人资格认定。

(二)认定机关应当在主管税务机关受理申请之日起20日内完成一般纳税人资格认定,并由主管税务机关制作、送达《税务事项通知书》,告知纳税人。

(三)纳税人未在规定期限内申请一般纳税人资格认定的,主管税务机关应当在规定期限结束后20日内制作并送达《税务事项通知书》,告知纳税人。

纳税人符合本办法第五条规定的,应当在收到《税务事项通知书》后10日内向主管税务机关报送《不认定增值税一般纳税人申请表》,经认定机关批准后不办理一般纳税人资格认定。认定机关应当在主管税务机关受理申请之日起20日内批准完毕,并由主管税务机关制作、送达《税务事项通知书》,告知纳税人。

第九条 纳税人符合本办法第四条规定的,按照下列程序办理一般纳税人资格认定:

(一)纳税人应当向主管税务机关填报申请表,并提供下列资料:

1.《税务登记证》副本;

2.财务负责人和办税人员的身份证明及其复印件;

3.会计人员的从业资格证明或者与中介机构签订的代理记账协议及其复印件;

4.经营场所产权证明或者租赁协议,或者其他可使用场地证明及其复印件;

5.国家税务总局规定的其他有关资料。

(二)主管税务机关应当当场核对纳税人的申请资料,经核对一致且申请资料齐全、符合填列要求的,当场受理,制作《文书受理回执单》,并将有关资料的原件退还纳税人。

对申请资料不齐全或者不符合填列要求的,应当当场告知纳税人需要补正的全部内容。

(三)主管税务机关受理纳税人申请以后,根据需要进行实地查验,并制作查验报告。

查验报告由纳税人法定代表人(负责人或者业主)、税务查验人员共同签字(签章)确认。

实地查验时,应当有两名或者两名以上税务机关工作人员同时到场。

实地查验的范围和方法由各省税务机关确定并报国家税务总局备案。

(四)认定机关应当自主管税务机关受理申请之日起20日内完成一般纳税人资格认定,并由主管税务机关制作、送达《税务事项通知书》,告知纳税人。

第十条 主管税务机关应当在一般纳税人《税务登记证》副本"资格认定"栏内加盖"增值税一般纳税人"戳记。

"增值税一般纳税人"戳记印色为红色,印模由国家税务总局制定。

第十一条 纳税人自认定机关认定为一般纳税人的次月起(新开业纳税人自主管税务机关受理申请的当月起),按照《中华人民共和国增值税暂行条例》第四条的规定计算应纳税额,并按照规定领购、使用增值税专用发票。

第十二条 除国家税务总局另有规定外,纳税人一经认定为一般纳税人后,不得转为小规模纳税人。

第十三条 主管税务机关可以在一定期限内对下列一般纳税人实行纳税辅导期管理:

(一) 按照本办法第四条的规定新认定为一般纳税人的小型商贸批发企业;

(二)国家税务总局规定的其他一般纳税人。

纳税辅导期管理的具体办法由国家税务总局另行制定。

第十四条 本办法自2010年3月20日起执行。《国家税务总局关于印发〈增值税一般纳税人申请认定办法〉的通知》(国税明电〔1993〕52号、国税发〔1994〕59号),《国家税务总局关于增值税一般纳税人申请认定办法的补充规定》(国税明电〔1993〕60号),《国家税务总局关于印发〈增值税一般纳税人年审办法〉的通知》(国

税函〔1998〕156号),《国家税务总局关于使用增值税防伪税控系统的增值税一般纳税人资格认定问题的通知》(国税函〔2002〕326号)同时废止。

《增值税一般纳税人资格认定管理办法》已经2009年12月15日国家税务总局第2次局务会议审议通过,自2010年3月20日起施行。

(2010年2月10日　国家税务总局令第22号)

为便于各地税务机关更好地贯彻执行《增值税一般纳税人资格认定管理办法》(以下简称认定办法),总局明确了认定办法若干条款的处理意见,现通知如下,请遵照执行。

一、认定办法第三条所称年应税销售额,包括纳税申报销售额、稽查查补销售额、纳税评估调整销售额、税务机关代开发票销售额和免税销售额。稽查查补销售额和纳税评估调整销售额计入查补税款申报当月的销售额,不计入税款所属期销售额。

二、认定办法第三条所称经营期,是指在纳税人存续期内的连续经营期间,含未取得销售收入的月份。

三、认定办法第五条第(一)款所称其他个人,是指自然人。

四、认定办法第五条第(二)款所称非企业性单位,是指行政单位、事业单位、军事单位、社会团体和其他单位。

五、认定办法第五条第(三)款所称不经常发生应税行为的企业,是指非增值税纳税人;不经常发生应税行为是指其偶然发生增值税应税行为。

六、认定办法第八条第(一)款所称申报期,是指纳税人年应税销售额超过小规模纳税人标准的月份(或季度)的所属申报期。

七、认定办法第八条第(二)款规定主管税务机关制作的《税务事项通知书》中需明确告知:同意其认定申请;一般纳税人资格确认的时间。

八、认定办法第八条第(三)款第1项规定主管税务机关制作的《税务事项通知书》中需明确告知:其年应税销售额已超过小规模纳税人标准,应在收到《税务事项通知书》后10日内向主管税务机关报送《增值税一般纳税人申请认定表》或《不认定增值税一般纳税人申请表》;逾期未报送的,将按《中华人民共和国增值税暂行条例实施细则》第三十四条规定,按销售额依照增值税税率计算应纳税额,不得抵扣进项税额,也不得使用增值税专用发票。

纳税人在《税务事项通知书》规定的时限内仍未向主管税务机关报送《一般纳税人资格认定表》或者《不认定增值税一般纳税人申请表》的,应按《中华人民共和国增值税暂行条例实施细则》第三十四条规定,按销售额依照增值税税率计算应纳税额,不得抵扣进项税额,也不得使用增值税专用发票。直至纳税人报送上述资料,并经主管税务机关审核批准后方可停止执行。

九、认定办法第九条第(一)款第3项所称会计人员的从业资格证明,是指财政部门颁发的会计从业资格证书。

认定办法第九条第(三)款所称实地查验的范围,是指需要进行实地查验的企业范围及实地查验的内容。

十、认定办法第十一条所称新开业纳税人,是指自税务登记日起30日内申请一般纳税人资格认定的纳税人。

(2010年4月7日　国税函〔2010〕139号)

一、办法第九条要求省税务机关确定并报国家税务总局备案的实地查验的方法和范围,现明确为:

实地查验方法:现场约谈、调阅相关证明材料、实地查看生产经营状况。

实地查验范围:主要核实纳税人的实际生产经营情况与申请认定信息是否相符;会计核算是否健全,能否准确提供税务资料;有无固定的生产经营场所;资金往来、费用结算、货物购销等情况。

(2010年3月10日　甘国税函发〔2010〕81号)

增值税一般纳税人纳税辅导管理办法

第一条　为加强增值税一般纳税人纳税辅导期管理,根据《增值税一般纳税人资格认定管理办法》(以下简称认定办法)第十三条规定,制定本办法。

第二条 实行纳税辅导期管理的增值税一般纳税人(以下简称辅导期纳税人),适用本办法。

第三条 认定办法第十三条第一款所称的"小型商贸批发企业",是指注册资金在80万元(含80万元)以下、职工人数在10人(含10人)以下的批发企业。只从事出口贸易,不需要使用增值税专用发票的企业除外。

批发企业按照国家统计局颁发的《国民经济行业分类》(GB/T4754-2002)中有关批发业的行业划分方法界定。

第四条 认定办法第十三条所称"其他一般纳税人",是指具有下列情形之一的一般纳税人:

(一)增值税偷税数额占应纳税额的10%以上并且偷税数额在10万元以上的;

(二)骗取出口退税的;

(三)虚开增值税扣税凭证的;

(四)国家税务总局规定的其他情形。

第五条 新认定为一般纳税人的小型商贸批发企业实行纳税辅导期管理的期限为3个月;其他一般纳税人实行纳税辅导期管理的期限为6个月。

第六条 对新办小型商贸批发企业,主管税务机关应在认定办法第九条第(四)款规定的《税务事项通知书》内告知纳税人对其实行纳税辅导期管理,纳税辅导期自主管税务机关制作《税务事项通知书》的当月起执行;对其他一般纳税人,主管税务机关应自稽查部门作出《税务稽查处理决定书》后40个工作日内,制作、送达《税务事项通知书》告知纳税人对其实行纳税辅导期管理,纳税辅导期自主管税务机关制作《税务事项通知书》的次月起执行。

第七条 辅导期纳税人取得的增值税专用发票(以下简称专用发票)抵扣联、海关进口增值税专用缴款书以及运输费用结算单据应当在交叉稽核比对无误后,方可抵扣进项税额。

第八条 主管税务机关对辅导期纳税人实行限量限额发售专用发票。

(一)实行纳税辅导期管理的小型商贸批发企业,领购专用发票的最高开票限额不得超过十万元;其他一般纳税人专用发票最高开票限额应根据企业实际经营情况重新核定。

(二)辅导期纳税人专用发票的领购实行按次限量控制,主管税务机关可根据纳税人的经营情况核定每次专用发票的供应数量,但每次发售专用发票数量不得超过25份。

辅导期纳税人领购的专用发票未使用完而再次领购的,主管税务机关发售专用发票的份数不得超过核定的每次领购专用发票份数与未使用完的专用发票份数的差额。

第九条 辅导期纳税人一个月内多次领购专用发票的,应从当月第二次领购专用发票起,按照上一次已领购并开具的专用发票销售额的3%预缴增值税,未预缴增值税的,主管税务机关不得向其发售专用发票。

预缴增值税时,纳税人应提供已领购并开具的专用发票记账联,主管税务机关根据其提供的专用发票记账联计算应预缴的增值税。

第十条 辅导期纳税人按第九条规定预缴的增值税可在本期增值税应纳税额中抵减,抵减后预缴增值税仍有余额的,可抵减下期再次领购专用发票时应当预缴的增值税。

纳税辅导期结束后,纳税人因增购专用发票发生的预缴增值税有余额的,主管税务机关应在纳税辅导期结束后的第一个月内,一次性退还纳税人。

第十一条 辅导期纳税人应当在"应交税金"科目下增设"待抵扣进项税额"明细科目,核算尚未交叉稽核比对的专用发票抵扣联、海关进口增值税专用缴款书以及运输费用结算单据(以下简称增值税抵扣凭证)注明或者计算的进项税额。

辅导期纳税人取得增值税抵扣凭证后,借记"应交税金——待抵扣进项税额"明细科目,贷记相关科目。交叉稽核比对无误后,借记"应交税金——应交增值税(进项税额)"科目,贷记"应交税金——待抵扣进项税额"科目。经核实不得抵扣的进项税额,红字借记"应交税金——待抵扣进项税额",红字贷记相关科目。

第十二条 主管税务机关定期接收交叉稽核比对结果,通过

《稽核结果导出工具》导出发票明细数据及《稽核结果通知书》并告知辅导期纳税人。

辅导期纳税人根据交叉稽核比对结果相符的增值税抵扣凭证本期数据申报抵扣进项税额,未收到交叉稽核比对结果的增值税抵扣凭证留待下期抵扣。

第十三条 辅导期纳税人按以下要求填写《增值税纳税申报表附列资料(表二)》。

(一)第2栏填写当月取得认证相符且当月收到《稽核比对结果通知书》及其明细清单注明的稽核相符专用发票、协查结果中允许抵扣的专用发票的份数、金额、税额。

(二)第3栏填写前期取得认证相符且当月收到《稽核比对结果通知书》及其明细清单注明的稽核相符专用发票、协查结果中允许抵扣的专用发票的份数、金额、税额。

(三)第5栏填写税务机关告知的《稽核比对结果通知书》及其明细清单注明的本期稽核相符的海关进口增值税专用缴款书、协查结果中允许抵扣的海关进口增值税专用缴款书的份数、金额、税额。

(四)第7栏"废旧物资发票"不再填写。

(五)第8栏填写税务机关告知的《稽核比对结果通知书》及其明细清单注明的本期稽核相符的运输费用结算单据、协查结果中允许抵扣的运输费用结算单据的份数、金额、税额。

(六) 第23栏填写认证相符但未收到稽核比对结果的增值税专用发票月初余额数。

(七) 第24栏填写本月已认证相符但未收到稽核比对结果的专用发票数据。

(八) 第25栏填写已认证相符但未收到稽核比对结果的专用发票月末余额数。

(九) 第28栏填写本月未收到稽核比对结果的海关进口增值税专用缴款书。

(十)第30栏"废旧物资发票"不再填写。

(十一) 第31栏填写本月未收到稽核比对结果的运输费用结

算单据数据。

第十四条 主管税务机关在受理辅导期纳税人纳税申报时，按照以下要求进行“一窗式”票表比对。

(一)审核《增值税纳税申报表》附表二第3栏份数、金额、税额是否等于或小于本期稽核系统比对相符的专用发票抵扣联数据。

(二)审核《增值税纳税申报表》附表二第5栏份数、金额、税额是否等于或小于本期交叉稽核比对相符和协查后允许抵扣的海关进口增值税专用缴款书合计数。

(三)审核《增值税纳税申报表》附表二中第8栏的份数、金额是否等于或小于本期交叉稽核比对相符和协查后允许抵扣的运输费用结算单据合计数。

(四)申报表数据若大于稽核结果数据的，按现行“一窗式”票表比对异常情况处理。

第十五条 纳税辅导期内，主管税务机关未发现纳税人存在偷税、逃避追缴欠税、骗取出口退税、抗税或其他需要立案查处的税收违法行为的，从期满的次月起不再实行纳税辅导期管理，主管税务机关应制作、送达《税务事项通知书》，告知纳税人；主管税务机关发现辅导期纳税人存在偷税、逃避追缴欠税、骗取出口退税、抗税或其他需要立案查处的税收违法行为的，从期满的次月起按照本规定重新实行纳税辅导期管理，主管税务机关应制作、送达《税务事项通知书》，告知纳税人。

第十六条 本办法自2010年3月20日起执行。《国家税务总局关于加强新办商贸企业增值税征收管理有关问题的紧急通知》(国税发明电〔2004〕37号)、《国家税务总局关于辅导期一般纳税人实施“先比对、后扣税”有关管理问题的通知》(国税发明电〔2004〕51号)、《国家税务总局关于加强新办商贸企业增值税征收管理有关问题的补充通知》(国税发明电〔2004〕62号)、《国家税务总局关于辅导期增值税一般纳税人增值税专用发票预缴增值税有关问题的通知》(国税函〔2005〕1097号)同时废止。

(2010年4月7日　国税发〔2010〕40号)

1.3 小规模纳税人

小规模纳税人以外的纳税人应当向主管税务机关申请资格认定。

小规模纳税人会计核算健全，能够提供准确税务资料的，可以向主管税务机关申请资格认定，不作为小规模纳税人，依照本条例有关规定计算应纳税额。

(《中华人民共和国增值税暂行条例》)

小规模纳税人的标准为：

(一)从事货物生产或者提供应税劳务的纳税人，以及以从事货物生产或者提供应税劳务为主，并兼营货物批发或者零售的纳税人，年应征增值税销售额(以下简称应税销售额)在50万元以下(含本数，下同)的；

(二)除本条第一款第(一)项规定以外的纳税人，年应税销售额在80万元以下的。

本条第一款所称以从事货物生产或者提供应税劳务为主，是指纳税人的年货物生产或者提供应税劳务的销售额占年应税销售额的比重在50%以上。

年应税销售额超过小规模纳税人标准的其他个人按小规模纳税人纳税；非企业性单位、不经常发生应税行为的企业可选择按小规模纳税人纳税。

小规模纳税人的销售额不包括其应纳税额。

小规模纳税人销售货物或者应税劳务采用销售额和应纳税额合并定价方法的，按下列公式计算销售额：

销售额=含税销售额÷(1+征收率)

小规模纳税人因销售货物退回或者折让退还给购买方的销售额，应从发生销售货物退回或者折让当期的销售额中扣减。

(《中华人民共和国增值税暂行条例实施细则》)

第二章 增值税征税范围

2.1 增值税征税范围的一般规定

货物,是指有形动产,包括电力、热力、气体在内。

加工,是指受托加工货物,即委托方提供原料及主要材料,受托方按照委托方的要求,制造货物并收取加工费的业务。

修理修配,是指受托对损伤和丧失功能的货物进行修复,使其恢复原状和功能的业务。

销售货物,是指有偿转让货物的所有权。

提供加工、修理修配劳务(以下称应税劳务),是指有偿提供加工、修理修配劳务。单位或者个体工商户聘用的员工为本单位或者雇主提供加工、修理修配劳务,不包括在内。

有偿,是指从购买方取得货币、货物或者其他经济利益。

单位或者个体工商户的下列行为,视同销售货物:

(一)将货物交付其他单位或者个人代销;

(二)销售代销货物;

(三)设有两个以上机构并实行统一核算的纳税人,将货物从一个机构移送其他机构用于销售,但相关机构设在同一县(市)的除外;

(四)将自产或者委托加工的货物用于非增值税应税项目;

(五)将自产、委托加工的货物用于集体福利或者个人消费;

(六)将自产、委托加工或者购进的货物作为投资,提供给其他单位或者个体工商户;

(七)将自产、委托加工或者购进的货物分配给股东或者投资者;

(八)将自产、委托加工或者购进的货物无偿赠送其他单位或

者个人。

一项销售行为如果既涉及货物又涉及非增值税应税劳务,为混合销售行为。除本细则第六条的规定外,从事货物的生产、批发或者零售的企业、企业性单位和个体工商户的混合销售行为,视为销售货物,应当缴纳增值税;其他单位和个人的混合销售行为,视为销售非增值税应税劳务,不缴纳增值税。

所称非增值税应税劳务,是指属于应缴营业税的交通运输业、建筑业、金融保险业、邮电通信业、文化体育业、娱乐业、服务业税目征收范围的劳务。

所称从事货物的生产、批发或者零售的企业、企业性单位和个体工商户,包括以从事货物的生产、批发或者零售为主,并兼营非增值税应税劳务的单位和个体工商户在内。

纳税人的下列混合销售行为,应当分别核算货物的销售额和非增值税应税劳务的营业额,并根据其销售货物的销售额计算缴纳增值税,非增值税应税劳务的营业额不缴纳增值税;未分别核算的,由主管税务机关核定其货物的销售额:

(一)销售自产货物并同时提供建筑业劳务的行为;

(二)财政部、国家税务总局规定的其他情形。

纳税人兼营非增值税应税项目的,应分别核算货物或者应税劳务的销售额和非增值税应税项目的营业额;未分别核算的,由主管税务机关核定货物或者应税劳务的销售额。

在中华人民共和国境内(以下简称境内)销售货物或者提供加工、修理修配劳务,是指:

(一)销售货物的起运地或者所在地在境内;

(二)提供的应税劳务发生在境内。

单位,是指企业、行政单位、事业单位、军事单位、社会团体及其他单位。

个人,是指个体工商户和其他个人。

(《中华人民共和国增值税暂行条例实施细则》)

2.2 征税范围的特殊规定

增值税由税务机关征收,进口货物的增值税由海关代征。

个人携带或者邮寄进境自用物品的增值税,连同关税一并计征。具体办法由国务院关税税则委员会会同有关部门制定。

(《中华人民共和国增值税暂行条例》)

二、食用植物油

植物油是从植物根、茎、叶、果实、花或胚芽组织中加工提取的油脂。

食用植物油仅指:芝麻油、花生油、豆油、菜籽油、米糠油、葵花籽油、棉籽油、玉米胚油、茶油、胡麻油,以及以上述油为原料生产的混合油。

三、自来水

自来水是指自来水公司及工矿企业经抽取、过滤、沉淀、消毒等工序加工后,通过供水系统向用户供应的水。

农业灌溉用水、引水工程输送的水等,不属于本货物的范围。

四、暖气、热水

暖气、热水是指利用各种燃料(如煤、石油、其他各种气体或固体、液体燃料)和电能将水加热,使之生成的气体和热水,以及开发自然热能,如开发地热资源或用太阳能生产的暖气、热气、热水。

利用工业余热生产、回收的暖气、热气和热水也属于本货物的范围。

五、冷气

冷气是指为了调节室内温度,利用制冷设备生产的,并通过供风系向用户提供的低温气体。

六、煤气

煤气是指由煤、焦炭、半焦和重油等经干馏或汽化等生产过程所得气体产物的总称。

煤气的范围包括：

1.焦炉煤气：是指煤在炼焦炉中进行干馏所产生的煤气。

2.发生炉煤气：是指用空气（或氧气）和少量的蒸气将煤或焦炭、半焦，在煤气发生炉中进行汽化所产生的煤气、混合煤气、水煤气、单水煤气、双水煤气等。

3.液化煤气：是指压缩成液体的煤气。

七、石油液化气

石油液化气是指由石油加工过程中所产生的低分子量的烃类炼厂气经压缩成的液体。主要成分是丙烷、丁烷、丁烯等。

八、天然气

天然气是蕴藏在地层内的碳氢化合物可燃气体。主要含有甲烷、乙烷等低分子烷烃和丙烷、丁烷、戊烷及其他重质气态烃类。

天然气包括气田天然气、油田天然气、煤矿天然气和其他天然气。

九、沼气

沼汽，主要成分为甲烷，由植物残体在与空气隔绝的条件下经自然分解而成，沼气主要作燃料。

本货物的范围包括：天然沼气和人工生产的沼气。

十、居民用煤炭制品

居民用煤炭制品是指煤球、煤饼、蜂窝煤和引火炭。

十一、图书、报纸、杂志

图书、报纸、杂志是采用印刷工艺，按照文字、图画和线条原稿印刷成的纸制品，本货物的范围是：

1.图书。是指由国家新闻出版署批准的出版单位出版，采用国际标准书号编序的书籍以及图片。

2.报纸。是指经国家新闻出版署批准，在各省、自治区、直辖市新闻出版部门登记，具有国内统一刊号(cn)的报纸。

3.杂志。是指经国家新闻出版署批准，在省、自治区、直辖市新闻出版管理部门登记，具有国内统一刊号(cn)的刊物。

十二、饲料

饲料是指用于动物饲养的产品或其加工品。

本货物的范围包括：

1.单一饲料：指作饲料用的某一种动物、植物、微生物产品或其加工品。

2.混合饲料：指采用简单方法，将两种以上的单一饲料混合到一起的饲料。

3.配合饲料：指根据不同的饲养对象、饲养对象的不同生长发育阶段对各种营养成分的不同需要量，采用科学的方法，将不同的饲料按一定的比例配合到一起，并均匀地搅拌，制成一定料型的饲料。

直接用于动物饲养的粮食、饲料添加剂不属于本货物的范围。

十三、化肥

化肥是指经化学和机械加工制成的各种化学肥料。

化肥的范围包括：

1.化学氮肥。主要品种有尿素和硫酸铵、硝酸铵、碳酸氢铵、氯化铵、石灰氨、氨水等。

2.磷肥。主要品种有磷矿粉、过磷酸钙(包括普通过磷酸钙和重过磷酸钙两种)、钙镁磷肥、钢渣磷肥等。

3.钾肥。主要品种有硫酸钾、氯化钾等。

4.复合肥料。是用化学方法合成或混配制成含有氮、磷、钾中的两种或两种以上的营养元素的肥料。含有两种的称二元复合肥，含有三种的称三元复合肥料，也有含三种元素和某些其他元素的叫多元复合肥料。主要产品有硝酸磷肥、磷酸铵、磷酸二氢钾肥、钙镁磷钾肥、磷酸一铵、磷粉二铵、氮磷钾复合肥等。

5.微量元素肥。是指含有一种或多种植物生长或必需的，但需要量又极少的营养元素的肥料，如硼肥、锰肥、锌肥、铜肥、钼肥等。

6.其他肥。是指上述列举以外的其他化学肥料。

十四、农药

农药是指用于农林业防治病虫害、除草及调节植物生长的药剂。

农药包括农药原药和农药制剂。如杀虫剂、杀菌剂、除草剂、植物生长调节剂、植物性农药、微生物农药、卫生用药、其他农药原药、制剂等等。

十五、农膜

农膜是指用于农业生产各种地膜、大棚膜。

十六、农机

农机是指用于农业生产(包括林业、牧业、副业、渔业)的各种机器和机械化和半机械化农具,以及小农具。

农机的范围为:

1.拖拉机。是以内燃机为驱动牵引机具从事作业和运载物资的机械。包括轮拖拉机、履带拖拉机、手扶拖拉机、机耕船。

2.土壤耕整机械。是对土壤进行耕翻整理的机械。包括机引犁、机引耙、旋耕机、镇压器、联合整地器、合壤器、其他土壤耕整机械。

3.农田基本建设机构。是指从事农田基本建设的专用机械。包括开沟筑埂机、开沟铺管机、铲抛机、平地机、其他农田基本建设机械。

4.种植机械是指将农物种子或身苗移植到适于作物生长的苗床机械。包括播作机、水稻插秧机、栽植机、地膜覆盖机、复式播种机、身苗准备机械。

5.植物保护和管理机械。是指农作物在生长过程中的管理、施肥、防治病虫害的机械。包括机动喷粉机、喷雾机(器)、弥雾喷粉机、修剪机、中耕除草机、播种中耕机、培土机具、施肥机。

6.收获机构是指收获各种农作物的机械。包括粮谷、棉花、薯类、甜菜、甘蔗、茶叶、油料等收获机。

7.场上作业机械,是指对粮食作物进行脱粒、清选、烘干的机械设备。包括各种脱粒机、清选机、粮谷干燥机、种子精选机。

8.排灌机械是指用于农牧业排水、灌溉的各种机械设备。包括喷灌机、半机械化提水机具、打井机。

9.农副产品加工机械,是指对农副产品进行初加工、加工后的产品仍属农副产品的机械。农括茶叶机械、剥壳机械、棉花加工机械(包括棉花打包机)、食用菌机械(培养木耳、蘑菇等)、小型粮谷机械。

以农副产品为原料加工工业产品的机械,不属于本货物的范围。

10.农业运输机械。是指农业生产过程所需的各种运输机械。包括人力车(不包括三轮运货车)、畜力车和拖拉机挂车。

农用汽车不属于本货物的范围。

11.畜牧业机械。是指畜牧业生产中所需的各种机械。包括草原建设机械、牧业收获机械、饲料加工机械、畜禽饲养机械、畜产品采集机械。

12.渔业机械。是指捕捞、养殖水产品所用的机械。包括捕捞机械、增氧机、饵料机。

机动渔船不属于本货物的范围。

13.林业机械。是指用于林业的种植、育林的机械。包括清理机械、育林机械、树苗栽植机械。

森林砍伐机械、集材机械不属于本货物征收范围。

14.小农具。包括畜力犁、畜力耙、锄头和镰刀等农具。

农机零部件不属于本货物的征收范围。

(1993年12月25日 国税发〔1993〕151号)

一、关于集邮商品征税问题

集邮商品,包括邮票、小型张、小本票、明信片、首日封、邮折、集邮簿、邮盘、邮票目录、护邮袋、贴片及其他集邮商品。

集邮商品的生产、调拨征收增值税。邮政部门销售集邮商品,征收营业税;邮政部门以外的其他单位与个人销售集邮商品,征收增值税。

二、关于报刊发行征税问题

邮政部门发行报刊,征收营业税;其他单位和个人发行报刊征收增值税。

三、关于销售无线寻呼机、移动电话征税问题

电信单位(电信局及电信局批准的其他从事电信业务的单

位)自己销售无线寻呼机、移动电话,并为客户提供有关的电信劳务服务的,属于混合销售,征收营业税;对单纯销售无线寻呼机、移动电话,不提供有关的电信劳务服务的,征收增值税。

五、关于代购货物征税问题

代购货物行为,凡同时具备以下条件的,不征收增值税;不同时具备以下条件的,无论会计制度规定如何核算,均征收增值税。

(一)受托方不垫付资金;

(二)销货方将发票开具给委托方,并由受托方将该项发票转交给委托方;

(三)受托方按销售方实际收取的销售额和增值税额(如系代理进口货物则为海关代征的增值税额)与委托方结算货款,并另外收取手续费。

七、关于出口"国务院另有规定的货物"征税问题

根据增值税暂行条例第二条:"纳税人出口国务院另有规定的货物,不得适用零税率"的规定,纳税人出口的原油,援外出口货物,国家禁止出口的货物,包括天然牛黄、麝香、铜及铜基合金、白金等,糖,应按规定征收增值税。

(1994年5月5日　财税字(1994)第26号)

对承租或承包的企业、单位和个人,有独立的生产、经营权,在财务上独立核算,并定期向出租者或发包者上缴租金或承包费的,应作为增值税纳税人按规定缴纳增值税。

(1994年8月19日　国税发〔1994〕186号)

根据国家税务总局《增值税若干具体问题的规定》,"货物期货应当征收增值税"。现将对货物期货征收增值税的具体办法规定如下:

一、货物期货交易增值税的纳税环节为期货的实物交割环节。

二、货物期货交易增值税的计税依据为交割时的不含税价格(不含增值税的实际成交额)。

不含税价格=含税价格÷(1+增值税税率)

三、货物期货交易增值税的纳税人为：

(一)交割时采取由期货交易所开具发票的，以期货交易所为纳税人。

期货交易所增值税按次计算，其进项税额为该货物交割时供货会员单位开具的增值税专用发票上注明的销项税额，期货交易所本身发生的各种进项不得抵扣。

(二) 交割时采取由供货的会员单位直接将发票开给购货会员单位的，以供货会员单位为纳税人。

(1994年11月9日　国税发〔1994〕244号)

磁卡业务属于货物销售行为，按照《中华人民共和国增值税暂行条例》及其实施细则的规定，对该公司制作销售磁卡产品的全部收入和价外费用包括返还利润，应一并按17%的税率征收增值税，不征管业税。

(1995年1月25日　国税函发〔1995〕062号)

对国家管理部门行使其管理职能，发放的执照、牌照和有关证书等取得的工本费收入，不征收增值税。

(1995年6月2日　国税函发〔1995〕288号)

一、《中华人民共和国增值税暂行条例》所列免税项目的第一项所称的“农业生产者销售的自产农业产品”，是指直接从事植物的种植、收割和动物的饲养、捕捞的单位和个人销售的注释所列的自产农业产品；对上述单位和个人销售的外购的农业产品，以及单位和个人外购农业产品生产、加工后销售的仍然属于注释所列的农业产品，不属于免税的范围，应当按照规定税率征收增值税。

二、农业生产者用自产的茶青再经筛分、风选、拣剔、碎块、干燥、匀堆等工序精制而成的精制茶，不得按照农业生产者销售的自产农业产品免税的规定执行，应当按照规定的税率征税。

本通知从1995年7月1日起执行，原各地国家税务局规定的农业产品范围同时废止。

附件：农业产品征税范围注释

农业产品征税范围注释

农业产品是指种植业、养殖业、林业、牧业、水产业生产的各种植物、动物的初级产品。农业产品的征税范围包括：

一、植物类

植物类包括人工种植和天然生长的各种植物的初级产品。具体征税范围为：

(一)粮食

粮食是指各种主食食科植物果实的总称。本货物的征税范围包括小麦、稻谷、玉米、高粱、谷子和其他杂粮(如：大麦、燕麦等)，以及经碾磨、脱壳等工艺加工后的粮食(如：面粉，米，玉米面、渣等)。

切面、饺子皮、馄饨皮、面皮、米粉等粮食复制品，也属于本货物的征税范围。

以粮食为原料加工的速冻食品、方便面、副食品和各种熟食品，不属于本货物的征税范围。

(二)蔬菜

蔬菜是指可作副食的草本、木本植物的总称。本货物的征税范围包括各种蔬菜、菌类植物和少数可作副食的木本植物。

经晾晒、冷藏、冷冻、包装、脱水等工序加工的蔬菜，腌菜、咸菜、酱菜和盐渍蔬菜等，也属于本货物的征税范围。

各种蔬菜罐头(罐头是指以金属罐、玻璃瓶和其他材料包装，经排气密封的各种食品。下同)不属于本货物的征税范围。

(二)烟叶

烟叶是指各种烟草的叶片和经过简单加工的叶片。本货物的征税范围包括晒烟叶、晾烟叶和初烤烟叶。

1.晒烟叶。是指利用太阳能露天晒制的烟叶。

2.晾烟叶。是指在晾房内自然干燥的烟叶。

3.初烤烟叶。是指烟草种植者直接烤制的烟叶。不包括专业复烤厂烤制的复烤烟叶。

(四)茶叶

茶叶是指从茶树上采摘下来的鲜叶和嫩芽(即茶青),以及经吹干、揉拌、发酵、烘干等工序初制的茶。本货物的征税范围包括各种毛茶(如红毛茶、绿毛茶、乌龙毛茶、白毛茶、黑毛茶等)。

精制茶、边销茶及掺兑各种药物的茶和茶饮料,不属于本货物的征税范围。

(五)园艺植物

园艺植物是指可供食用的果实,如水果、果干(如荔枝干、桂圆干、葡萄干等)、干果、果仁、果用瓜(如甜瓜、西瓜、哈密瓜等),以及胡椒、花椒、大料、咖啡豆等。

经冷冻、冷藏、包装等工序加工的园艺植物,也属于本货物的征税范围。

各种水果罐头,果脯,蜜饯,炒制的果仁、坚果,碾磨后的园艺植物(如胡椒粉、花椒粉等),不属于本货物的征税范围。

(六)药用植物

药用植物是指用作中药原药的各种植物的根、茎、皮、叶、花、果实等。

利用上述药用植物加工制成的片、丝、块、段等中药饮片,也属于本货物的征税范围。

中成药不属于本货物的征税范围。

(七)油料植物

油料植物是指主要用作榨取油脂的各种植物的根、茎、叶、果实、花或者胚芽组织等初级产品,如菜子(包括芥菜子)、花生、大豆、葵花子、蓖麻子、芝麻子、胡麻子、茶子、桐子、橄榄仁、棕榈仁、棉籽等。

提取芳香油的芳香油料植物,也属于本货物的征税范围。

(八)纤维植物

纤维植物是指利用其纤维作纺织、造纸原料或者绳索的植物,如棉(包括籽棉、皮棉、絮棉)、大麻、黄麻、槿麻、苎麻、苘麻、亚麻、罗布麻、蕉麻、剑麻等。

棉短绒和麻纤维经脱胶后的精干(洗)麻,也属于本货物的征税范围。

(九)糖料植物

糖料植物是指主要用作制糖的各种植物,如甘蔗、甜菜等。

(十)林业产品

林业产品是指乔木、灌木和竹类植物,以及天然树脂、天然橡胶。林业产品的征税范围包括:

1.原木。是指将砍伐倒的乔木去其枝芽、梢头或者皮的乔木、灌木,以及锯成一定长度的木段。

锯材不属于本货物的征税范围。

2.原竹。是指将砍倒的竹去其枝、梢或者叶的竹类植物,以及锯成一定长度的竹段。

3.天然树脂。是指木科植物的分泌物,包括生漆、树脂和树胶,如松脂、桃胶、樱胶、阿拉伯胶、古巴胶和天然橡胶(包括乳胶和干胶)等。

4.其他林业产品。是指除上述列举林业产品以外的其他各种林业产品,如竹笋、笋干、棕竹、棕榈衣、树枝、树叶、树皮、藤条等。

盐水竹笋也属于本货物的征税范围。

竹笋罐头不属于本货物的征税范围。

(十一)其他植物

其他植物是指除上述列举植物以外的其他各种人工种植和野生的植物,如树苗、花卉、植物种子、植物叶子、草、麦秸、豆类、薯类、藻类植物等。

干花、干草、薯干、干制的藻类植物,农业产品的下脚料等,也属于本货物的征税范围。

二、动物类

动物类包括人工养殖和天然生长的各种动物的初级产品。具体征税范围为:

(一)水产品

水产品是指人工放养和人工捕捞的鱼、虾、蟹、鳖、贝类、棘皮类、软体类、腔肠类、海兽类动物。本货物的征税范围包括鱼、虾、蟹、鳖、贝类、棘皮类、软体类、腔肠类、海兽类、鱼苗(卵)、虾苗、蟹苗、贝苗(秧),以及经冷冻、冷藏、盐渍等防腐处理和包装的水产品。

干制的鱼、虾、蟹、贝类、棘皮类、软体类、腔肠类,如干鱼、干虾、干虾仁、干贝等,以及未加工成工艺品的贝壳、珍珠,也属于本货物的征税范围。

熟制的水产品和各类水产品的罐头,不属于本货物的征税范围。

(二)畜牧产品

畜牧产品是指人工饲养、繁殖取得和捕获的各种畜禽。本货物的征税范围包括:

1.兽类、禽类和爬行类动物,如牛、马、猪、羊、鸡、鸭等。

2.兽类、禽类和爬行类动物的肉产品,包括整块或者分割的鲜肉、冷藏或者冷冻肉、盐渍肉,兽类、禽类和爬行类动物的内脏、头、尾、蹄等组织。

各种兽类、禽类和爬行类动物的肉类生制品,如腊肉、腌肉、熏肉等,也属于本货物的征税范围。

各种肉类罐头、肉类熟制品,不属于本货物的征税范围。

3.蛋类产品。是指各种禽类动物和爬行类动物的卵,包括鲜蛋、冷藏蛋。

经加工的咸蛋、松花蛋、腌制的蛋等,也属于本货物的征税范围。

各种蛋类的罐头不属于本货物的征税范围。

4.鲜奶。是指各种哺乳类动物的乳汁和经净化、杀菌等加工工序生产的乳汁。

用鲜奶加工的各种奶制品,如酸奶、奶酪、奶油等,不属于本货物的征税范围。

(三)动物皮张

动物皮张是指从各种动物(兽类、禽类和爬行类动物)身上直接剥取的,未经鞣制的生皮、生皮张。

将生皮、生皮张用清水、盐水或者防腐药水浸泡、刮里、脱毛、晒干或者熏干,未经鞣制的,也属于本货物的征税范围。

(四)动物毛绒

动物毛绒是指未经洗净的各种动物的毛发、绒发和羽毛。

洗净毛、洗净绒等不属于本货物的征税范围。

(五)其他动物组织

其他动物组织是指上述列举以外的兽类、禽类、爬行类动物的其他组织,以及昆虫类动物。

1.蚕茧。包括鲜茧和干茧,以及蚕蛹。

2.天然蜂蜜。是指采集的未经加工的天然蜂蜜、鲜蜂王浆等。

3.动物树脂,如虫胶等。

4.其他动物组织,如动物骨、壳、兽角、动物血液、动物分泌物、蚕种等。

(1995年6月15日　财税字〔1995〕52号)

一、执罚部门和单位查处的属于一般商业部门经营的商品,具备拍卖条件的, 由执罚部门或单位商同级财政部门同意后,公开拍卖。其拍卖收入作为罚没收入由执罚部门和单位如数上缴财政,不予征税。对经营单位购入拍卖物品再销售的应照章征收增值税。

二、执罚部门和单位查处的属于一般商业部门经营的商品,不具备拍卖条件的,由执罚部门、财政部门、国家指定销售单位会同有关部门按质论价,交由国家指定销售单位纳入正常销售渠道变价处理。执罚部门按商定价格所取得的变价收入作为罚没收入如数上缴财政,不予征税。国家指定销售单位将罚没物品纳入正常销售渠道销售的,应照章征收增值税。

三、执罚部门和单位查处的属于专管机关管理或专管企业经营的财物,如金银(不包括金银首饰)、外币、有价证券、非禁止出口文物,应交由专管机关或专营企业收兑或收购。执罚部门和单位按收兑或收购价所取得的收入作为罚没收入如数上缴财政,不予征税。专管机关或专营企业经营上述物品中属于应征增值税的货物,应照章征收增值税。

(1995年9月4日　财税字〔1995〕69号)

从1995年6月1日起，对销售除啤酒、黄酒外的其他酒类产品而收取的包装物押金，无论是否返还以及会计上如何核算，均应并入当期销售额征税。

(1995年10月18日　国税发〔1995〕192号)

按照《中华人民共和国增值税暂行条例》的有关规定，纳税人销售货物或者应税劳务的销售额包括向购买方收取的全部价款和价外费用。煤炭生产企业用自备铁路专用线运输煤炭取得的"铁路支线维护费"是在销售煤炭环节收取的，属于增值税条例规定的价外费用，因此，应按增值税的有关规定征收增值税。

(1996年5月25日　国税函〔1996〕561号)

自1996年6月1日起，对铁路工附业单位向其所在路局内部其他单位提供货物或应税劳务恢复征收增值税。

(1996年5月30日　财税字〔1996〕35号)

原油管理费是在国家规定的原油一、二档出厂价格的基础上按销售原油数量收取的，属于价外费用的一部分，因此，应按增值税的有关规定征收增值税。原油管理费征税后集中到总公司的部分，按《国家税务总局关于原油管理费缴纳营业税问题的复函》(国税函发[1996]101号)文件的规定不再征收营业税.

(1996年6月26日　国税发〔1996〕111号)

对金银首饰以旧换新业务，可以按销售方实际收取的不含增值税的全部价款征收增值税。

骨粉、鱼粉按照"饲料"征收增值税。

(1996年9月14日　财税字〔1996〕74号)

由煤炭生产销售企业向用户、运销企业、运输业户收取而未收取，由煤焦管理站补收的销售煤炭的价差、量差和各项基金、费用属于因销售煤炭而发生的价外费用，因此，对煤焦管理站收取的量差、价差和各项基金、费用应按规定征收增值税。

(1996年10月15日　国税函〔1996〕589号)

一、饮食店、餐馆(厅)、酒店(家)、宾馆、饭店等单位发生属于营业税"饮食业"应税行为的同时销售货物给顾客的,不论顾客是否在现场消费,其货物部分的收入均应当并入营业税应税收入征收营业税。

二、饮食店、餐馆(厅)、酒店(家)、宾馆、饭店等单位附设门市部、外卖点等对外销售货物的,仍按《增值税暂行条例实施细则》第七条和《营业税暂行条例实施细则》第八条关于兼营行为的征税规定征收增值税。

三、专门生产或销售货物(包括烧卤熟制食品在内)的个体经营者及其他个人应当征收增值税。

(1996年11月7日　国税发〔1996〕第202号)

从饲料添加剂预混料生产和原料构成看,它是由五种或六种添加剂加上一种或两种载体混合而成,添加剂的价值占预混料的70%以上。按照国家税务总局1993年12月25日印发的《增值税部分货物征税范围注释》(国税发〔1993〕151号)中"饲料"的解释范围的规定,饲料添加剂预混料难以归入上述"饲料"的解释范围,因此,不能享受规定的"饲料"免征增值税的待遇。

(1997年7月22日　国税函发〔1997〕424号)

电信单位自己销售无线寻呼机、移动电话,并为客户提供有关的电信劳务服务,是指电信单位自己销售无线寻呼机、移动电话,并为客户提供无线发射电信服务。因此,对厦门市邮电纵横股份有限公司移动通信设备维修中心(以下简称维修中心)的应税行为不能认定为提供电信劳务。

维修中心销售传呼机、移动电话、其他通讯器材以及修理通讯器材而取得的收入,均应征收增值税。

(1997年9月5日　国税函发〔1997〕504号)

供电工程贴费是指在用户申请用电或增加用电容量时,供电企业向用户收取的用于建设110千伏及以下各级电压外部供电工程建设和改造等费用的总称,包括供电和配电贴费两部分。经国务院批准同意的国家计委《关于调整供电贴费标准和加强贴费管理的请示》(计投资〔1992〕2569号)附件一规定:“根据贴费的性质和用途,凡电力用户新建的工程项目所支付的贴费,应从该工程的基建投资中列支:凡电力用户改建、扩建的工程项目所支付的贴费,从单位自有资金中列支”。同时,用贴费建设的工程项目由电力用户交由电力部门统一管理使用。根据贴费和用贴费建设的工程项目的性质以及增值税、营业税有关法规政策的规定,供电工程贴费不属于增值税销售货物和收取价外费用的范围,不应当征收增值税,也不属于营业税的应税劳务收入,不应当征收营业税。

(1997年9月5日　财税字〔1997〕102号)

对纳税人采取技术转让方式销售货物,其货物部分应照章征收增值税;技术转让收入部分征收营业税。如果货物部分价格明显偏低,按有关规定由主管税务机关核定其计税价格。

(1998年6月1日　国税函〔1998〕361号)

执罚部门和单位查处的属于一般商业部门经营的商品,其拍卖或变价收入作为罚没收入上缴财政,不予征税。

(1998年8月11日　国税函〔1998〕460号)

一、饲料指用于动物饲养的产品或其加工品。

本货物的范围包括:

1.单一大宗饲料。指以一种动物、植物、微生物或矿物质为来源的产品或其副产品。其范围仅限于糠麸、酒糟、油饼、骨粉、鱼粉、饲料级磷酸氢钙。

2.混合饲料。指由两种以上单一大宗饲料、粮食、粮食副产品及饲料添加剂按照一定比例配置,其中单一大宗饲料、粮食及粮食副产品的掺兑比例不低于95%的饲料。

3.配合饲料。指根据不同的饲养对象,饲养对象的不同生长发育阶段的营养需要,将多种饲料原料按饲料配方经工业生产后,形成的能满足饲养动物全部营养需要(除水分外)的饲料。

4.复合预混料。指能够按照国家有关饲料产品的标准要求量,

全面提供动物饲养相应阶段所需微量元素(4种或以上)、维生素(8种或以上),由微量元素、维生素、氨基酸和非营养性添加剂中任何两类或两类以上的组分与载体或稀释剂按一定比例配置的均匀混合物。

5.浓缩饲料。指由蛋白质、复合预混料及矿物质等按一定比例配制的均匀混合物。

用于动物饲养的粮食、饲料添加剂不属于本货物的范围。

二、原有的饲料生产企业及新办的饲料生产企业,应凭省级饲料质量检测机构出具的饲料产品合格证明及饲料工业管理部门审核意见,向所在地主管税务机关提出免税申请,经省级国家税务局审核批准后,由企业所在地主管税务机关办理免征增值税手续。

(1999年3月8日　国税发〔1999〕39号)

碘盐标志属于商标范畴,此项商标权归属中国盐业总公司,如果中国盐业总公司有偿许可各地盐业经营单位使用该商标,则总公司发生了转让商标权的行为,应当缴纳营业税。广东省盐业公司从定点生产单位购进“碘盐标志”商标,再有偿转让给生产或经营单位粘贴于包装上,不属于转让商标的所有权或使用权,纯属销售商标的载体,其取得的收入只是载体的工本费,不是转让商标的收入,因此,对此应当征收增值税,不应征收营业税。

(1999年8月19日　国税函〔1999〕564号)

自2000年1月1日起,对企业生产销售的银精矿含银、其他有色金属精矿含银、冶炼中间产品含银及成品银恢复征收增值税。

(2000年3月17日　国税发〔2000〕51号)

对经中国人民银行批准经营融资租赁业务的单位所从事的融资租赁业务,无论租赁的货物的所有权是否转让给承租方,均按《中华人民共和国营业税暂行条例》的有关规定征收营业税,不征收增值税。其他单位从事的融资租赁业务,租赁的货物的所有权转让给承租方,征收增值税,不征收营业税;租赁的货物的所有权未转让给承租方,征收营业税,不征收增值税。

融资租赁是指具有融资性质和所有权转移特点的设备租赁业务。即:出租人根据承租人所要求的规格、型号、性能等条件购入设备租赁给承租人,合同期内设备所有权属于出租人,承租人只拥有使用权,合同期满付清租金后,承租人有权按残值购入设备,以拥有设备的所有权。

(2000年7月7日　国税函〔2000〕514号)

一、关于非营利性医疗机构的税收政策

(一)对非营利性医疗机构按照国家规定的价格取得的医疗服务收入,免征各项税收。不按照国家规定价格取得的医疗服务收入不得享受这项政策。

医疗服务是指医疗服务机构对患者进行检查、诊断、治疗、康复和提供预防保健、接生、计划生育方面的服务,以及与这些服务有关的提供药品、医用材料器具、救护车、病房住宿和伙食的业务(下同)。

(二)对非营利性医疗机构从事非医疗服务取得的收入,如租赁收入、财产转让收入、培训收入、对外投资收入等应按规定征收各项税收。非营利性医疗机构将取得的非医疗服务收入,直接用于改善医疗卫生服务条件的部分,经税务部门审核批准可抵扣其应纳税所得额,就其余额征收企业所得税。

(三)对非营利性医疗机构自产自用的制剂,免征增值税。

(四)非营利性医疗机构的药房分离为独立的药品零售企业,应按规定征收各项税收。

二、关于营利性医疗机构的税收政策

(一)对营利性医疗机构取得的收入,按规定征收各项税收。但为了支持营利性医疗机构的发展,对营利性医疗机构取得的收入,直接用于改善医疗卫生条件的,自其取得执业登记之日起,3年内给予下列优惠:对其自产自用的制剂免征增值税,3年免税期满后恢复征税。

(二)对营利性医疗机构的药房分离为独立的药品零售企业,应按规定征收各项税收。

医疗机构需要书面向卫生行政主管部门申明其性质,按《医疗机构管理条例》进行设置审批和登记注册,并由接受其登记注册的卫生行政部门核定,在执业登记中注明“非营利性医疗机构”和“营利性医疗机构”。

上述医疗机构具体包括:各级各类医院、门诊部(所)、社区卫生服务中心(站)、急救中心(站)、城乡卫生院、护理院(所)、疗养院、临床检验中心等。上述疾病控制、妇幼保健等卫生机构具体包括:各级政府及有关部门举办的卫生防疫站(疾病控制中心)、各种专科疾病防治站(所),各级政府举办的妇幼保健所(站)、母婴保健机构、儿童保健机构等,各级政府举办的血站(血液中心)。

(2000年7月10日　财税〔2000〕42号)

对资产公司接受相关国有银行的不良债权,借款方以不动产抵充贷款本息的,免征资产公司销售转让该不动产和利用该不动产从事融资租赁业务应缴纳的增值税、营业税。以自有或第三方不动产抵充贷款本息的借款方在办理不动产过户手续时,应依法纳税。

(2001年8月3日　财金〔2001〕189号)

对新华通讯社系统销售印刷品应按照现行增值税政策规定征收增值税;鉴于新华社系统属于非企业性单位,对其销售印刷品可按小规模纳税人的征税办法征收增值税。

(2001年9月13日　国税发〔2001〕105号)

转让企业全部产权是整体转让企业资产、债权、债务及劳动力的行为,因此,转让企业全部产权涉及的应税货物的转让,不属于增值税的征税范围,不征收增值税。

(2002年5月17日　国税函〔2002〕420号)

一、关于纳税人销售自产货物提供增值税应税劳务并同时提供建筑业劳务征收增值税、营业税划分问题

纳税人以签订建设工程施工总包或分包合同(包括建筑、安装、装饰、修缮等工程总包和分包合同,下同)方式开展经营活动

时，销售自产货物、提供增值税应税劳务并同时提供建筑业劳务（包括建筑、安装、修缮、装饰、其他工程作业，下同），同时符合以下条件的，对销售自产货物和提供增值税应税劳务取得的收入征收增值税，提供建筑业劳务收入（不包括按规定应征收增值税的自产货物和增值税应税劳务收入）征收营业税：

（一）必须具备建设行政部门批准的建筑业施工（安装）资质；

（二）签订建设工程施工总包或分包合同中单独注明建筑业劳务价款。

凡不同时符合以上条件的，对纳税人取得的全部收入征收增值税。

以上所称建筑业劳务收入，以签订的建设工程施工总包或分包合同上注明的建筑业劳务价款为准。

纳税人通过签订建设工程施工合同，销售自产货物、提供增值税应税劳务的同时，将建筑业劳务分包或转包给其他单位和个人的，对其销售的货物和提供的增值税应税劳务征收增值税。

四、关于纳税人问题

本通知中所称纳税人是指从事货物生产的单位或个人。

纳税人销售自产货物、提供增值税应税劳务并同时提供建筑业劳务，应向营业税应税劳务发生地地方税务局提供其机构所在地主管国家税务局出具的纳税人属于从事货物生产的单位或个人的证明，营业税应税劳务发生地地方税务局根据纳税人持有的证明按本通知的有关规定征收营业税。

五、关于税款调整及执行时间问题

以上政策自2002年9月1日起执行。

（2002年9月11日　国税发〔2002〕117号）

根据《中华人民共和国增值税暂行条例》及实施细则有关价外费用的规定，福建雪津啤酒有限公司收取未退还的经营保证金，属于经销商因违约而承担的违约金，应当征收增值税；对其已退还的经营保证金，不属于价外费用，不征收增值税。

（2004年3月30日　国税函〔2004〕416号）

增值税一般纳税人在销售软件产品的同时向购买方收取的培训费、维护费等费用,应按现行规定征收增值税,也应享受软件产品增值税即征即退的政策。

(2004年5月12日　国税函〔2004〕553号)

鉴于电力公司利用自身电网为发电企业输送电力过程中,需要利用输变电设备进行调压,属于提供加工劳务。根据《中华人民共和国增值税暂行条例》有关规定,电力公司向发电企业收取的过网费,应当征收增值税,不征收营业税。

(2004年5月19日　国税函〔2004〕607号)

纳税人为销售货物出租出借包装物而收取的押金,无论包装物周转使用期限长短,超过一年(含一年)以上仍不退还的均并入销售额征税,自2004年7月1日起执行。

(2004年6月25日　国税函〔2004〕827号)

一、商业企业向供货方收取的部分收入,按照以下原则征收增值税或营业税:

(一)对商业企业向供货方收取的与商品销售量、销售额无必然联系,且商业企业向供货方提供一定劳务的收入,例如进场费、广告促销费、上架费、展示费、管理费等,不属于平销返利,不冲减当期增值税进项税金,应按营业税的适用税目税率征收营业税。

(二)对商业企业向供货方收取的与商品销售量、销售额挂钩(如以一定比例、金额、数量计算)的各种返还收入,均应按照平销返利行为的有关规定冲减当期增值税进项税金,不征收营业税。

二、商业企业向供货方收取的各种收入,一律不得开具增值税专用发票。

三、应冲减进项税金的计算公式调整为:

当期应冲减进项税金=当期取得的返还资金/(1+所购货物适用增值税税率)×所购货物适用增值税税率

四、本通知自2004年7月1日起执行。

(2004年10月13日　国税发〔2004〕136号)

对于农民个人按照竹器企业提供样品规格，自产或购买竹、芒、藤、木条等，再通过手工简单编织成竹制或竹芒藤柳混合坯具的，属于自产农业初级产品，应当免征销售环节增值税。收购坯具的竹器企业可以凭开具的农产品收购凭证计算进项税额抵扣。

(2005年1月18日　国税函〔2005〕56号)

食用农产品范围注释

食用农产品是指可供食用的各种植物、畜牧、渔业产品及其初级加工产品。范围包括：

一、植物类

植物类包括人工种植和天然生长的各种植物的初级产品及其初加工品。范围包括：

(一)粮食

粮食是指供食用的谷类、豆类、薯类的统称。范围包括

1.小麦、稻谷、玉米、高粱、谷子、杂粮(如：大麦、燕麦等)及其他粮食作物。

2.对上述粮食进行淘洗、碾磨、脱壳、分级包装、装缸发制等加工处理，制成的成品粮及其初制品，如大米、小米、面粉、玉米粉、豆面粉、米粉、荞麦面粉、小米面粉、莜麦面粉、薯粉、玉米片、玉米米、燕麦片、甘薯片、黄豆芽、绿豆芽等。

3.切面、饺子皮、馄饨皮、面皮、米粉等粮食复制品。

以粮食为原料加工的速冻食品、方便面、副食品和各种熟食品，不属于食用农产品范围。

(二)园艺植物

1.蔬菜

蔬菜是指可作副食的草本、木本植物的总称。范围包括

(1)各种蔬菜(含山野菜)、菌类植物和少数可作副食的木本植物。

(2)对各类蔬菜经晾晒、冷藏、冷冻、包装、脱水等工序加工的蔬菜。

(3)将植物的根、茎、叶、花、果、种子和食用菌通过干制加工处理后,制成的各类干菜,如黄花菜、玉兰片、萝卜干、冬菜、梅干菜,木耳、香菇、平菇等。

(4)腌菜、咸菜、酱菜和盐渍菜等也属于食用农产品范围。

各种蔬菜罐头(罐头是指以金属罐、玻璃瓶,经排气密封的各种食品。下同)及碾磨后的园艺植物(如胡椒粉、花椒粉等),不属于食用农产品范围。

2.水果及坚果

(1)新鲜水果。

(2)通过对新鲜水果(含各类山野果)清洗、脱壳、分类、包装、储藏保鲜、干燥、炒制等加工处理,制成的各类水果、果干(如荔枝干、桂圆干、葡萄干等)、果仁、坚果等。

(3)经冷冻、冷藏等工序加工的水果。

各种水果罐头,果脯,蜜饯,炒制的果仁、坚果,不属于食用农产品范围。

3.花卉及观赏植物

通过对花卉及观赏植物进行保鲜、储蓄、分级包装等加工处理,制成的各类用于食用的鲜、干花,晒制的药材等。

(三)茶叶

茶叶是指从茶树上采摘下来的鲜叶和嫩芽(即茶青),以及经吹干、揉拌、发酵、烘干等工序初制的茶。范围包括各种毛茶(如红毛茶、绿毛茶、乌龙毛茶、白毛茶、黑毛茶等)。

精制茶、边销茶及掺兑各种药物的茶和茶饮料,不属于食用农产品范围。

(四)油料植物

1.油料植物是指主要用作榨取油脂的各种植物的根、茎、叶、果实、花或者胚芽组织等初级产品,如菜籽(包括芥菜籽、花生、大豆、葵花籽、蓖麻籽、芝麻籽、胡麻籽、茶籽、桐籽、橄榄仁、棕榈仁、棉籽等)。

2.通过对菜籽、花生、大豆、葵花籽、蓖麻籽、芝麻、胡麻籽、茶籽、桐籽、棉籽及粮食的副产品等,进行清理、热炒、磨坯、榨油(搅油、墩油)等加工处理,制成的植物油(毛油)和饼粕等副产品,具体包括菜籽油、花生油、小磨香油、豆油、棉籽油、葵花油、米糠油以及油料饼粕、豆饼等。

3.提取芳香油的芳香油料植物。

精炼植物油不属于食用农产品范围。

(五)药用植物

1.药用植物是指用作中药原药的各种植物的根、茎、皮、叶、花、果实等。

2.通过对各种药用植物的根、茎、皮、叶、花、果实等进行挑选、整理、捆扎、清洗、晾晒、切碎、蒸煮、密炒等处理过程,制成的片、丝、块、段等中药材。

3.利用上述药用植物加工制成的片、丝、块、段等中药饮片。

中成药不属于食用农产品范围。

(六)糖料植物

1.糖料植物是指主要用作制糖的各种植物,如甘蔗、甜菜等。

2.通过对各种糖料植物,如甘蔗、甜菜等,进行清洗、切割、包装等加工处理的初级产品。

(七)热带、南亚热带作物初加工

通过对热带、南亚热带作物去除杂质、脱水、干燥等加工处理,制成的半成品或初级食品。具体包括:天然生胶和天然浓缩胶乳、生熟咖啡豆、胡椒籽、肉桂油、桉油、香茅油、木薯淀粉、腰果仁、坚果仁等。

(八)其他植物

其他植物是指除上述列举植物以外的其他各种可食用的人工种植和野生的植物及其初加工产品,如谷类、薯类、豆类、油料植物、糖料植物、蔬菜、花卉、植物种子、植物叶子、草、藻类植物等。

可食用的干花、干草、薯干、干制的藻类植物,也属于食用农产品范围。

二、畜牧类

畜牧类产品是指人工饲养、繁殖取得和捕获的各种畜禽及初加工品。范围包括:

(一)肉类产品

1.兽类、禽类和爬行类动物(包括各类牲畜、家禽和人工驯养、繁殖的野生动物以及其他经济动物),如牛、马、猪、羊、鸡、鸭等。

2.兽类、禽类和爬行类动物的肉产品。通过对畜禽类动物宰杀、去头、去蹄、去皮、去内脏、分割、切块或切片、冷藏或冷冻等加工处理,制成的分割肉、保鲜肉、冷藏肉、冷冻肉、冷却肉、盐渍肉,绞肉、肉块、肉片、肉丁等。

3.兽类、禽类和爬行类动物的内脏、头、尾、蹄等组织。

4.各种兽类、禽类和爬行类动物的肉类生制品,如腊肉、腌肉、熏肉等。

各种肉类罐头、肉类熟制品,不属于食用农产品范围。

(二)蛋类产品

1.蛋类产品。是指各种禽类动物和爬行类动物的卵,包括鲜蛋、冷藏蛋。

2.蛋类初加工品。通过对鲜蛋进行清洗、干燥、分级、包装、冷藏等加工处理,制成的各种分级、包装的鲜蛋、冷藏蛋等。

3.经加工的咸蛋、松花蛋、腌制的蛋等。

各种蛋类的罐头不属于食用农产品范围。

(三)奶制品

(1)鲜奶。是指各种哺乳类动物的乳汁和经净化、杀菌等加工工序生产的乳汁。

(2)通过对鲜奶进行净化、均质、杀菌或灭菌、灌装等,制成的巴氏杀菌奶、超高温灭菌奶、花色奶等。

用鲜奶加工的各种奶制品,如酸奶、奶酪、奶油等,不属于食用农产品范围。

(四)蜂类产品

1.是指采集的未经加工的天然蜂蜜、鲜蜂王浆等。

2.通过去杂、浓缩、熔化、磨碎、冷冻等加工处理,制成的蜂蜜、鲜王浆以及蜂蜡、蜂胶、蜂花粉等。

各种蜂产品口服液、王浆粉不属于食用农产品范围。

(五)其他畜牧产品

其他畜牧产品是指上述列举以外的可食用的兽类、禽类、爬行类动物的其他组织,以及昆虫类动物。如动物骨、壳、动物血液、动物分泌物、蚕种、动物树脂等。

三、渔业类

(一)水产动物产品

水产动物是指人工放养和人工捕捞的鱼、虾、蟹、鳖、贝类、棘皮类、软体类、腔肠类、两栖类、海兽及其他水产动物。范围包括:

1.鱼、虾、蟹、鳖、贝类、棘皮类、软体类、腔肠类、海兽类、鱼苗(卵)、虾苗、蟹苗、贝苗(秧)等。

2.将水产动物整体或去头、去鳞(皮、壳)、去内脏、去骨(刺)、擂溃或切块、切片,经冰鲜、冷冻、冷藏、盐渍、干制等保鲜防腐处理和包装的水产动物初加工品。

熟制的水产品和各类水产品的罐头,不属于食用农产品范围。

(二)水生植物

1.海带、裙带菜、紫菜、龙须菜、麒麟菜、江篱、浒苔、羊栖菜、莼菜等。

2.将上述水生植物整体或去根、去边梢、切段,经热烫、冷冻、冷藏等保鲜防腐处理和包装的产品,以及整体或去根、去边梢、切段,经晾晒、干燥(脱水)、粉碎等处理和包装的产品。

罐装(包括软罐)产品不属于食用农产品范围。

(三)水产综合利用初加工品

通过对食用价值较低的鱼类、虾类、贝类、藻类以及水产品加工下脚料等,进行压榨(分离)、浓缩、烘干、粉碎、冷冻、冷藏等加工处理制成的可食用的初制品。如鱼粉、鱼油、海藻胶、鱼鳞胶、鱼露(汁)、虾酱、鱼籽、鱼肝酱等。

以鱼油、海兽油脂为原料生产的各类乳剂、胶丸、滴剂等制品不属于食用农产品范围。

(2005年4月4日　商建发〔2005〕1号)

对从事热力、电力、燃气、自来水等公用事业的增值税纳税人收取的一次性费用,凡与货物的销售数量有直接关系的,征收增

值税;凡与货物的销售数量无直接关系的,不征收增值税。

(2005年11月28日　财税〔2005〕165号)

印刷企业接受出版单位委托,自行购买纸张,印刷有统一刊号(CN)以及采用国际标准书号编序的图书、报纸和杂志,按货物销售征收增值税。

(2005年11月28日　财税〔2005〕165号)

对增值税纳税人收取的会员费收入不征收增值税。

(2005年11月28日　财税〔2005〕165号)

水洗猪鬃是生猪鬃经过浸泡(脱脂)、打洗、分绒等加工过程生产的产品,已不属于农业产品征税范围,应按“洗净毛、洗净绒”征收增值税。

(2006年8月15日　国税函〔2006〕773号)

各燃油电厂从政府财政专户取得的发电补贴不属于规定的价外费用,不计入应税销售额,不征收增值税。

(2006年12月19日　国税函〔2006〕1235号)

中国电信子公司开展的以业务销售附带赠送实物业务(包括赠送用户小灵通(手机)、电话机、SIM卡、网络终端或有价物品等实物),属于电信单位提供电信业劳务的同时赠送实物的行为,按照现行流转税政策规定,不征收增值税,其进项税额不得予以抵扣;其附带赠送实物的行为是电信单位无偿赠与他人实物的行为,不属于营业税征收范围,不征收营业税。

(2007年4月6日　国税函〔2007〕414号)

水利工程单位向用户收取的水利工程水费,属于其向用户提供天然水供应服务取得的收入,按照现行流转税政策规定,不征收增值税,应按“服务业”税目征收营业税。

(2007年4月29日　国税函〔2007〕461号)

现就纳税人在机场、港口、车站、陆路边境等出境口岸海关隔离区(以下简称海关隔离区)设立免税店销售免税品,以及在城市区域内设立市内免税店销售免税品但购买者必须在海关隔离区提取后直接出境征收增值税问题明确如下：

一、海关隔离区是海关和边防检查划定的专供出国人员出境的特殊区域，在此区域内设立免税店销售免税品和市内免税店销售但在海关隔离区内提取免税品，由海关实施特殊的进出口监管，在税收管理上属于国境以内关境以外。因此，对于海关隔离区内免税店销售免税品以及市内免税店销售但在海关隔离区内提取免税品的行为，不征收增值税。对于免税店销售其他不属于免税品的货物，应照章征收增值税。

前款所称免税品具体是指免征关税、进口环节税的进口商品和实行退(免)税(增值税、消费税)进入免税店销售的国产商品。

二、纳税人兼营应征收增值税货物或劳务和免税品的，应分别核算应征收增值税货物或劳务和免税品的销售额。未分别核算或者不能准确核算销售额的，其免税品与应征收增值税货物或劳务一并征收增值税。

三、纳税人销售免税品一律开具出口发票，不得使用防伪税控专用器具开具增值税专用发票或普通发票。

四、纳税人经营范围仅限于免税品销售业务的，一律不得使用增值税防伪税控专用器具。已发售的防伪税控专用器具及增值税专用发票、普通发票一律收缴。收缴的发票按现行有关发票作废规定处理。

五、纳税人在关境以内销售免税品，仍按照《国家税务总局关于进口免税品销售业务征收增值税问题的通知》(国税发〔1994〕62号)及有关规定执行。

(2008年1月24日　国税函〔2008〕81号)

根据现行税收政策规定，淮北矿业(集团)煤业有限责任公司铁路运输处为煤业公司销售煤炭提供的铁路运输劳务，不属于增值税的混合销售行为，不征收增值税。

(2008年11月18日　国税函〔2008〕926号)

一、金属矿采选产品、非金属矿采选产品增值税税率由13%恢

复到17%.

二、食用盐仍适用13%的增值税税率，其具体范围是指符合《食用盐》(GB5461-2000)和《食用盐卫生标准》(GB2721-2003)两项国家标准的食用盐。

三、本通知所称金属矿采选产品，包括黑色和有色金属矿采选产品；非金属矿采选产品，包括除金属矿采选产品以外的非金属矿采选产品、煤炭和盐。

四、本通知自2009年1月1日起执行.

(2008年12月19日　财税〔2008〕171号)

自2009年1月1日起，增值税一般纳税人销售自己使用过的固定资产(以下简称已使用过的固定资产)，应区分不同情形征收增值税：

(一)销售自己使用过的2009年1月1日以后购进或者自制的固定资产，按照适用税率征收增值税；

(二)2008年12月31日以前未纳入扩大增值税抵扣范围试点的纳税人，销售自己使用过的2008年12月31日以前购进或者自制的固定资产，按照4%征收率减半征收增值税；

(三)2008年12月31日以前已纳入扩大增值税抵扣范围试点的纳税人，销售自己使用过的在本地区扩大增值税抵扣范围试点以前购进或者自制的固定资产，按照4%征收率减半征收增值税；销售自己使用过的在本地区扩大增值税抵扣范围试点以后购进或者自制的固定资产，按照适用税率征收增值税。

上述所称已使用过的固定资产，是指纳税人根据财务会计制度已经计提折旧的固定资产。

(2008年12月19日　财税〔2008〕170号)

自2009年4月1日起，对中远集团的轮船修理业务，恢复征收增值税。

(2009年3月4日　国税函〔2009〕100号)

纳税人为销售货物出租出借包装物而收取的押金，无论包装物周转使用期限长短，超过一年(含一年)以上仍不退还的均并入销售额征税。

(2004年7月24日　甘国税函发〔2004〕191号)

一、纳税人在资产重组过程中将所属资产、负债及相关权利和义务转让给控股公司，但保留上市公司资格的行为，不属于《国家税务总局关于转让企业全部产权不征收增值税问题的批复》(国税函〔2002〕420号)规定的整体转让企业产权行为。对其资产重组过程中涉及的应税货物转让等行为，应照章征收增值税。

二、上述控股公司将受让获得的实物资产再投资给其他公司的行为，应照章征收增值税。

三、纳税人在资产重组过程中所涉及的固定资产征收增值税问题，应按照《财政部国家税务总局关于全国实施增值税转型改革若干问题的通知》(财税〔2008〕170号)、《财政部国家税务总局关于部分货物适用增值税低税率和简易办法征收增值税政策的通知》(财税〔2009〕9号)及相关规定执行。

(2009年10月21日　国税函〔2009〕585号)

供电企业利用自身输变电设备对并入电网的企业自备电厂生产的电力产品进行电压调节，属于提供加工劳务。根据《中华人民共和国增值税暂行条例》和《中华人民共和国营业税暂行条例》有关规定，对于上述供电企业进行电力调压并按电量向电厂收取的并网服务费，应当征收增值税，不征收营业税。

(2009年11月19日　国税函〔2009〕641号)

融资性售后回租业务是指承租方以融资为目的将资产出售给经批准从事融资租赁业务的企业后，又将该项资产从该融资租赁企业租回的行为。融资性售后回租业务中承租方出售资产时，资产所有权以及与资产所有权有关的全部报酬和风险并未完全转移。

根据现行增值税和营业税有关规定，融资性售后回租业务中承租方出售资产的行为，不属于增值税和营业税征收范围，不征收增值税和营业税。

(2010年9月8日　国家税务总局公告2010年第13号)

第三章 增值税的税率、征收率

3.1 增值税税率的一般规定

（一）纳税人销售或者进口货物，除本条第（二）项、第（三）项规定外，税率为17%。

（二）纳税人销售或者进口下列货物，税率为13%：

1.粮食、食用植物油；

2.自来水、暖气、冷气、热水、煤气、石油液化气、天然气、沼气、居民用煤炭制品；

3.图书、报纸、杂志；

4.饲料、化肥、农药、农机、农膜；

5.国务院规定的其他货物。

（三）纳税人出口货物，税率为零；但是，国务院另有规定的除外。

（四）纳税人提供加工、修理修配劳务（以下称应税劳务），税率为17%。

（《中华人民共和国增值税暂行条例》）

用于人类日常生活的各种类型包装的日用卫生用药（如卫生杀虫剂、驱虫剂、驱蚊剂、蚊香、消毒剂等），不属于增值税“农药”的范围，应按17%的税率征税。

（1995年10月18日 国税发〔1995〕192号）

洗净毛属应按17%的税率征收增值税的应税货物。

（1996年10月29日 国税函〔1996〕609号）

从淀粉的生产工艺流程等方面看，淀粉不属于农业产品的范围，应按照17%的税率征收增值税。

（1996年12月31日 国税函〔1996〕744号）

工业燃气不属于石油液化气范围，应按17%的税率征收增值税。

(1999年5月25日　国税函〔1999〕343号)

根据《国家税务总局关于〈增值税部分货物征税范围注释〉的通知》(国税发〔1993〕151号)对“食用植物油”的注释,薄荷油未包括在内,因此,薄荷油应按17%的税率征收增值税;拖拉机底盘属于农机零部件,不属于农机产品,因此,拖拉机底盘也应按17%的税率征收增值税。

(2001年4月5日　国税函〔2001〕248号)

天然二氧化碳不属于天然气,不应比照天然气征税,仍应按17%的适用税率征收增值税。

(2003年12月10日　国税函〔2003〕1324号)

根据《财政部、国家税务总局关于自来水征收增值税问题的通知》(财税字〔1994〕第014号)规定,增值税一般纳税人销售自来水可按6%征收率征收增值税。桶装饮用水不属于自来水,应按照17%的适用税率征收增值税。

(2008年11月24日　国税函〔2008〕953号)

一、关于纳税人销售自己使用过的固定资产

(一)一般纳税人销售自己使用过的固定资产,凡根据《财政部、国家税务总局关于全国实施增值税转型改革若干问题的通知》(财税〔2008〕170号)和财税〔2009〕9号文件等规定,适用按简易办法依4%征收率减半征收增值税政策的，应开具普通发票,不得开具增值税专用发票。

(二)小规模纳税人销售自己使用过的固定资产,应开具普通发票,不得由税务机关代开增值税专用发票。

二、纳税人销售旧货,应开具普通发票,不得自行开具或者由税务机关代开增值税专用发票。

三、一般纳税人销售货物适用财税〔2009〕9号文件第二条第(三)项、第(四)项和第三条规定的,可自行开具增值税专用发票。

四、关于销售额和应纳税额

(一)一般纳税人销售自己使用过的物品和旧货,适用按简易办法依4%征收率减半征收增值税政策的,按下列公式确定销售额和应纳税额:

销售额=含税销售额/(1+4%)

应纳税额=销售额×4%/2

(二)小规模纳税人销售自己使用过的固定资产和旧货,按下列公式确定销售额和应纳税额:

销售额=含税销售额/(1+3%)

应纳税额=销售额×2%

五、小规模纳税人销售自己使用过的固定资产和旧货,其不含税销售额填写在《增值税纳税申报表(适用于小规模纳税人)》第4栏,其利用税控器具开具的普通发票不含税销售额填写在第5栏。

(2009年2月25日　国税函〔2009〕90号)

麦芽不属于《财政部、国家税务总局关于印发〈农业产品征税范围注释〉的通知》(财税字〔1995〕52号)规定的农业产品范围,应适用17%的增值税税率。

(2009年4月21日　国税函〔2009〕177号)

供应非临床用人体血液的纳税人系指单采血浆站,其经审批设立后可以采集非临床用的原料血浆并供应血液制品生产单位用于生产血液制品。现将有关增值税政策问题批复如下:

一、人体血液的增值税适用税率为17%。

二、属于增值税一般纳税人的单采血浆站销售非临床用人体血液,可以按照简易办法依照6%征收率计算应纳税额,但不得对外开具增值税专用发票;也可以按照销项税额抵扣进项税额的办法依照增值税适用税率计算应纳税额。

纳税人选择计算缴纳增值税的办法后,36个月内不得变更。

(2009年8月24日　国税函〔2009〕456号)

人发不属于《财政部国家税务总局关于印发〈农业产品征税范围注释〉的通知》(财税字〔1995〕52号)规定的农业产品范围,应适用17%的增值税税率。

(2009年10月28日　国税函〔2009〕625号)

肉桂油、桉油、香茅油不属于《财政部国家税务总局关于印发〈农业产品征税范围注释〉的通知》(财税字〔1995〕52号)中农业产品的范围,其增值税适用税率为17%,自2010年9月1日起施行。

(2010年7月27日　国家税务总局公告2010年第5号)

3.2 增值税低税率

棕榈油、棉籽油按照食用植物油13%的税率征收增值税;

(1994年5月5日　财税字〔1994〕26号)

农用水泵、农用柴油机按农机产品依13%的税率征收增值税。

农用水泵是指主要用于农业生产的水泵，包括农村水井用泵、农田作业面潜水泵、农用轻便离心泵、与喷灌机配套的喷灌自吸泵。其他水泵不属于农机产品征税范围。

农用柴油机是指主要配套于农田拖拉机、田间作业机具、农副产品加工机械以及排灌机械,以柴油为燃料,油缸数在3缸以下(含3缸)的往复式内燃动力机械。4缸以上(含4缸)柴油机不属于农机产品征税范围。

(1994年10月18日　财税字〔1994〕060号)

西气东输项目上游中外合作开采天然气增值税执行13%的统一税率,计算抵扣进项税额。

(2002年7月31日财税〔2002〕111号)

宠物饲料产品不属于免征增值税的饲料,应按照饲料产品13%的税率征收增值税。

(2002年9月12日　国税函〔2002〕812号)

茴油是八角树枝叶、果实简单加工后的农业产品，毛椰子油是椰子经初加工而成的农业产品，二者均属于农业初级产品，可按13%的税率征收增值税。

(2003年4月18日　国税函〔2003〕426号)

不带动力的手扶拖拉机和三轮农用运输车不属于农机增值税征收范围，依13%的增值税税率征收增值税。

(2003年10月9日　国税函〔2003〕1118号)

对由石油伴生气加工压缩而成的石油液化气，应当按照13%的增值税税率征收增值税。

(2005年5月18日　国税发〔2005〕83号)

按照《食品营养强化剂使用卫生标准》(GB14880-94)添加微量元素生产的鲜奶，可依照《农业产品征税范围注释》(财税字〔1995〕52号)中的"鲜奶"按13%的增值税税率征收增值税。

(2005年7月5日　国税函〔2005〕676号)

教材配套产品与中小学课本辅助使用，包括各种纸制品或图片，是课本的必要组成部分。对纳税人生产销售的与中小学课本相配套的教材配套产品（包括各种纸制品或图片），应按照税目"图书"13%的增值税税率征税。

(2006年8月15日　国税函〔2006〕770号)

一、自2007年2月1日起，硝酸铵适用的增值税税率统一调整为17%，同时不再享受化肥产品免征增值税政策。

二、自2007年2月1日起，出口企业出口的硝酸铵(税号：31023000)统一执行13%的退税率(以出口退税专用的出口货物报关单上注明的出口日期为准)。在此之前，出口企业已经出口的硝酸铵，按17%计算征收增值税的，按13%计算办理退税(含免抵退税，下同)；按13%计算征收增值税的，按11%计算办理退税。

三、外贸企业在2007年2月1日后出口的硝酸铵，取得的增值税专用发票是在2007年2月1日前开具，且注明的税率为13%的，准予继续按11%计算办理退税；增值税专用发票是在2007年2月1日后开具,且注明税率仍为13%的,不予办理退税。

四、税务机关对外贸企业上述出口退税申报,可采取人机结合的办法予以审核处理。

(2007年1月10日财税〔2007〕7号)

挂面按照粮食复制品适用13%的增值税税率。

(2008年12月8日　国税函〔2008〕1007号)

一、下列货物继续适用13%的增值税税率:

(一)农产品。

农产品,是指种植业、养殖业、林业、牧业、水产业生产的各种植物、动物的初级产品。具体征税范围暂继续按照《财政部国家税务总局关于印发〈农业产品征税范围注释〉的通知》(财税字〔1995〕52号)及现行相关规定执行。

(二)音像制品。

音像制品,是指正式出版的录有内容的录音带、录像带、唱片、激光唱盘和激光视盘。

(三)电子出版物。

电子出版物,是指以数字代码方式,使用计算机应用程序,将图文声像等内容信息编辑加工后存储在具有确定的物理形态的磁、光、电等介质上,通过内嵌在计算机、手机、电子阅读设备、电子显示设备、数字音/视频播放设备、电子游戏机、导航仪以及其他具有类似功能的设备上读取使用,具有交互功能,用以表达思想、普及知识和积累文化的大众传播媒体。载体形态和格式主要包括只读光盘(CD只读光盘CD-ROM、交互式光盘CD-I、照片光盘Photo-CD、高密度只读光盘DVD-ROM、蓝光只读光盘HD-DVD ROM和BD ROM)、一次写入式光盘(一次写入CD光盘CD-R、一次写入高密度光盘DVD-R、一次写入蓝光光盘HD-DVD/R,BD-R)、可擦写光盘(可擦写CD光盘CD-RW、可擦写高密度光盘DVD-RW、可擦写蓝光光盘HDDVD-RW和BD-RW、磁光盘MO)、软磁盘(FD)、硬磁盘(HD)、集成电路卡(CF卡、MD卡、SM卡、MMC卡、RS-

MMC卡、MS卡、SD卡、XD卡、T-Flash卡、记忆棒)和各种存储芯片。

(四)二甲醚。

二甲醚,是指化学分子式为CH3OCH3,常温常压下为具有轻微醚香味,易燃、无毒、无腐蚀性的气体。

二、下列按简易办法征收增值税的优惠政策继续执行,不得抵扣进项税额:

(一)纳税人销售自己使用过的物品,按下列政策执行:

1.一般纳税人销售自己使用过的属于条例第十条规定不得抵扣且未抵扣进项税额的固定资产,按简易办法依4%征收率减半征收增值税。

一般纳税人销售自己使用过的其他固定资产,按照《财政部、国家税务总局关于全国实施增值税转型改革若干问题的通知》(财税〔2008〕170号)第四条的规定执行。

一般纳税人销售自己使用过的除固定资产以外的物品,应当按照适用税率征收增值税。

2.小规模纳税人(除其他个人外,下同)销售自己使用过的固定资产,减按2%征收率征收增值税。

小规模纳税人销售自己使用过的除固定资产以外的物品,应按3%的征收率征收增值税。

(二)纳税人销售旧货,按照简易办法依照4%征收率减半征收增值税。

所称旧货,是指进入二次流通的具有部分使用价值的货物(含旧汽车、旧摩托车和旧游艇),但不包括自己使用过的物品。

(三)一般纳税人销售自产的下列货物,可选择按照简易办法依照6%征收率计算缴纳增值税:

1.县级及县级以下小型水力发电单位生产的电力。小型水力发电单位,是指各类投资主体建设的装机容量为5万千瓦以下(含5万千瓦)的小型水力发电单位。

2.建筑用和生产建筑材料所用的砂、土、石料。

3.以自己采掘的砂、土、石料或其他矿物连续生产的砖、瓦、石灰(不含黏土实心砖、瓦)。

4.用微生物、微生物代谢产物、动物毒素、人或动物的血液或组织制成的生物制品。

5.自来水。

6.商品混凝土(仅限于以水泥为原料生产的水泥混凝土)。

一般纳税人选择简易办法计算缴纳增值税后,36个月内不得变更。

(四)一般纳税人销售货物属于下列情形之一的,暂按简易办法依照4%征收率计算缴纳增值税:

1.寄售商店代销寄售物品(包括居民个人寄售的物品在内);

2.典当业销售死当物品;

3. 经国务院或国务院授权机关批准的免税商店零售的免税品。

三、对属于一般纳税人的自来水公司销售自来水按简易办法依照6%征收率征收增值税,不得抵扣其购进自来水取得增值税扣税凭证上注明的增值税税款。

(2009年1月19日　财税〔2009〕9号)

核桃油按照食用植物油13%的税率征收增值税。

(2009年8月21日　国税函〔2009〕455号)

根据《国家税务总局关于印发〈增值税部分货物征税范围注释〉的通知》(国税发〔1993〕151号)的规定,橄榄油可按照食用植物油13%的税率征收增值税。

(2010年4月8日　国税函〔2010〕144号)

干姜、姜黄属于《财政部国家税务总局关于印发〈农业产品征税范围注释〉的通知》(财税字〔1995〕52号)中农业产品的范围,根据《财政部国家税务总局关于部分货物适用增值税低税率和简易办法征收增值税政策的通知》(财税〔2009〕9号)规定,其增值税适用税率为13%。

干姜是将生姜经清洗、刨皮、切片、烘烤、晾晒、熏硫等工序加工后制成的产品。

姜黄包括生姜黄，以及将生姜黄经去泥、清洗、蒸煮、晾晒、烤干、打磨等工序加工后制成的产品。

本公告自2010年10月1日起执行。

（2010年8月19日　国家税务总局公告2010年第9号）

3.3　增值税的征收率

固定业户（指增值税一般纳税人）临时到外省、市销售货物的，必须向经营地税务机关出示“外出经营活动税收管理证明”回原地纳税，需要向购货方开具专用发票的，亦回原地补开。对未持“外出经营活动税收管理证明”的，经营地税务机关按6%的征收率征税。对擅自携票外出，在经营地开具专用发票的，经营地主管税务机关根据发票管理的有关规定予以处罚并将其携带的专用发票逐联注明“违章使用作废”字样。

（1995年5月16日　国税发〔1995〕87号）

自1998年8月1日起，下列特定货物销售行为的征收率由6%调减为4%：

一、寄售商店代销寄售物品（包括居民个人寄售的物品在内）；

二、典当业销售死当物品；

四、经国务院或国务院授权机关批准的免税商店零售免税货物。

（1998年8月11日　国税发〔1998〕122号）

对拍卖行受托拍卖增值税应税货物，向买方收取的全部价款和价外费用，应当按照4%的征收率征收增值税。拍卖货物属免税货物范围的，经拍卖行所在地县级主管税务机关批准，可以免征增值税。

（1999年3月11日　国税发〔1999〕40号）

对卫生防疫站调拨生物制品和药械，可按照小规模商业企业

3%的增值税征收率征收增值税。对卫生防疫站调拨或发放的由政府财政负担的免费防疫苗不征收增值税。

(1999年4月19日　国税函〔1999〕191号)

特别提示:国税发〔2009〕10号对该项目征收率已做了调整。

外国企业参加展览会后直接在我国境内销售展品、或者展销会期间销售商品,应按规定缴纳增值税。考虑到这些外国企业来华时间较短,属于临时发生应税行为,且销售的展品或商品数量有限,因此,对上述销售展品或商品可按小规模纳税人所适用的3%征收率征收增值税。

(1999年4月26日　国税函〔1999〕207号)

特别提示:国税发〔2009〕10号对该项目征收率已做了调整。

一、关于纳税人销售自己使用过的固定资产

(一)一般纳税人销售自己使用过的固定资产,凡根据《财政部、国家税务总局关于全国实施增值税转型改革若干问题的通知》(财税〔2008〕170号)和财税〔2009〕9号文件等规定,适用按简易办法依4%征收率减半征收增值税政策的,应开具普通发票,不得开具增值税专用发票。

(二)小规模纳税人销售自己使用过的固定资产,应开具普通发票,不得由税务机关代开增值税专用发票。

二、纳税人销售旧货,应开具普通发票,不得自行开具或者由税务机关代开增值税专用发票。

三、一般纳税人销售货物适用财税〔2009〕9号文件第二条第(三)项、第(四)项和第三条规定的,可自行开具增值税专用发票。

四、关于销售额和应纳税额

(一)一般纳税人销售自己使用过的物品和旧货,适用按简易办法依4%征收率减半征收增值税政策的,按下列公式确定销售额和应纳税额:

销售额=含税销售额/(1+4%)

应纳税额=销售额×4%/2

(二)小规模纳税人销售自己使用过的固定资产和旧货,按下

列公式确定销售额和应纳税额：

销售额=含税销售额/(1+3%)

应纳税额=销售额×2%

(2009年2月25日　国税函〔2009〕90号)

第四章　增值税纳税申报

4.1　增值税的申报纳税

增值税一般纳税人纳税申报办法

根据《中华人民共和国税收征收管理法》及其实施细则、《中华人民共和国增值税暂行条例》和《中华人民共和国发票管理办法》的有关规定，制定本办法。

一、凡增值税一般纳税人(以下简称纳税人)均按本办法进行纳税申报。

二、纳税人进行纳税申报必须实行电子信息采集。使用防伪税控系统开具增值税专用发票的纳税人必须在抄报税成功后，方可进行纳税申报。

三、纳税申报资料

(一)必报资料

1.《增值税纳税申报表(适用于增值税一般纳税人)》及其《增值税纳税申报表附列资料(表一)、(表二)、(表三)、(表四)》；

2.使用防伪税控系统的纳税人，必须报送记录当期纳税信息的IC卡(明细数据备份在软盘上的纳税人，还需报送备份数据软盘)、《增值税专用发票存根联明细表》及《增值税专用发票抵扣联明细表》；

3.《资产负债表》和《损益表》；

4.《成品油购销存情况明细表》(发生成品油零售业务的纳税人填报)；

5.主管税务机关规定的其他必报资料。

纳税申报实行电子信息采集的纳税人，除向主管税务机关报

送上述必报资料的电子数据外，还需报送纸介的《增值税纳税申报表(适用于一般纳税人)》(主表及附表)。

(二)备查资料

1.已开具的增值税专用发票和普通发票存根联；

2.符合抵扣条件并且在本期申报抵扣的增值税专用发票抵扣联；

3.海关进口货物完税凭证、运输发票、购进农产品普通发票及购进废旧物资普通发票的复印件；

4.收购凭证的存根联或报查联；

5.代扣代缴税款凭证存根联；

6.主管税务机关规定的其他备查资料。

备查资料是否需要在当期报送，由各省级国家税务局确定。

四、增值税纳税申报资料的管理

(一)增值税纳税申报必报资料

纳税人在纳税申报期内，应及时将全部必报资料的电子数据报送主管税务机关，并在主管税务机关按照税法规定确定的期限内(具体时间由各省级国家税务局确定)，将本办法第三条、第一款要求报送的纸介的必报资料(具体份数由省一级国家税务局确定)报送主管税务机关，税务机关签收后，一份退还纳税人，其余留存。

(二)增值税纳税申报备查资料

纳税人在月度终了后，应将备查资料认真整理并装订成册。

1.属于整本开具的手工版增值税专用发票及普通发票的存根联，按原顺序装订；开具的电脑版增值税专用发票，包括防伪税控系统开具的增值税专用发票的存根联，应按开票顺序号码每25份装订一册，不足25份的按实际开具份数装订。

2.对属于扣税凭证的单证，根据取得的时间顺序，按单证种类每25份装订一册，不足25份的按实际份数装订。

3.装订时，必须使用税务机关统一规定的《征税/扣税单证汇总簿封面》(以下简称“《封面》”)，并按规定填写封面内容，由办税人员和财务人员审核签章。启用《封面》后，纳税人可不再填写原增值税专用发票的封面内容。

4.纳税人当月未使用完的手工版增值税专用发票,暂不加装《封面》,两个月仍未使用完的,应在主管税务机关对其剩余部分剪角作废的当月加装《封面》。

纳税人开具的普通发票及收购凭证在其整本使用完毕的当月,加装《封面》。

5.《封面》的内容包括纳税人单位名称、本册单证份数、金额、税额、本月此种单证总册数及本册单证编号、税款所属时间等,具体格式由各省一级国家税务局制定。

五、《增值税纳税申报表(适用于增值税一般纳税人)》(主表及附表)由纳税人向主管税务机关购领。

六、申报期限

纳税人应按月进行纳税申报,申报期为次月1日起至10日止,遇最后1日为法定节假日的,顺延1日;在每月1日至10日内有连续3日以上法定休假日的,按休假日天数顺延。

七、罚则

(一)纳税人未按规定期限办理纳税申报和报送纳税资料的,按照《中华人民共和国税收征收管理法》第六十二条的有关规定处罚。

(二) 纳税人经税务机关通知申报而拒不申报或者进行虚假的纳税申报,不缴或者少缴应纳税款的,按偷税处理,并按《中华人民共和国税收征收管理法》第六十三条的有关规定处罚。

(三)纳税人不进行纳税申报,不缴或者少缴应纳税款的,按《中华人民共和国税收征收管理法》第六十四条的有关规定处罚。

附件:

1.增值税纳税申报表(适用于增值税一般纳税人)(略)

2.增值税纳税申报表附列资料(表一)(略)

3.增值税纳税申报表附列资料(表二)(略)

4.增值税纳税申报表附列资料(表三)(略)

5.增值税纳税申报表附列资料(表四)(略)

6.增值税纳税申报表(适用于一般纳税人)及其附表填表说明(略)

7.增值税纳税申报表逻辑关系审核表(略)

8.资产负债表(略)

9.损益表(略)

10.成品油购销存情况明细表及填表说明(略)

(2003年5月13日　国税发〔2003〕53号)

对实行定期定额征收方法的纳税人正常申报时,按以下方法进行清算:

(一)每月开票金额大于应征增值税税额的,以开票金额数为依据征收税款,并作为下一年度核定定期定额的依据。

(二)每月开票金额小于应征增值税税额的,按应征增值税税额数征收税款。

税务机关要加强对认证通过的代开增值税专用发票和纳税人申报表进行比对。对票表比对异常的要查清原因,依照有关规定分别进行处理。要对小规模纳税人申报的应纳税销售额进行审核,其当期申报的应纳税销售额不得小于税务机关为其代开的增值税专用发票上所注明的金额。

(2004年12月22日　国税函〔2004〕1404号)

海关进口增值税专用缴款书抵扣清单填制规范

目前,海关进口增值税专用缴款书均已通过H2000通关系统开具,H883通关系统已基本退出实际运行。

海关进口增值税专用缴款书号码在H2000通关系统中共有22位,各位的含义是:号码前4位为各海关代码;第5至8位为年份;第9位为进出口标志,其中“1”为进口标志,“0”为出口标志;第10至18位为报关单编号;第19位为征税标志,其中“–”为正常征税标志,“/”为补税标志,“#”为退税标志,“D”为删除标志,“@”为违规补滞纳金标志;第20位为税种标志,其中“A”为关税标志,“L”为增值税标志,“Y”为消费税标志,“I”为特别关税标志;第21位至22位为一票报关单所产生的专用缴款书顺序号。

以海关进口增值税专用缴款书号码“020720061074517594—

L02”为例，纳税人填制抵扣清单时，包括“—”、大写英文字母“L”在内的22位号码必须填写完整，其中英文字母“L”一律为大写。H2000通关系统开具的海关进口增值税专用缴款书号码上一行打印的四位日期如：“(0609)”不属于缴款书号码，不应当填写。

(2006年12月22日　国税函〔2006〕1244号)

4.2　增值税的纳税义务发生时间

增值税纳税义务发生时间：

(一)销售货物或者应税劳务，为收讫销售款项或者取得索取销售款项凭据的当天；先开具发票的，为开具发票的当天。

(二)进口货物，为报关进口的当天。

增值税扣缴义务发生时间为纳税人增值税纳税义务发生的当天。

(《中华人民共和国增值税暂行条例》)

收讫销售款项或者取得索取销售款项凭据的当天，按销售结算方式的不同，具体为：

(一)采取直接收款方式销售货物，不论货物是否发出，均为收到销售款或者取得索取销售款凭据的当天；

(二)采取托收承付和委托银行收款方式销售货物，为发出货物并办妥托收手续的当天；

(三)采取赊销和分期收款方式销售货物，为书面合同约定的收款日期的当天，无书面合同的或者书面合同没有约定收款日期的，为货物发出的当天；

(四)采取预收货款方式销售货物，为货物发出的当天，但生产销售生产工期超过12个月的大型机械设备、船舶、飞机等货物，为收到预收款或者书面合同约定的收款日期的当天；

(五)委托其他纳税人代销货物，为收到代销单位的代销清单或者收到全部或者部分货款的当天。未收到代销清单及货款的，为发出代销货物满180天的当天；

（六）销售应税劳务，为提供劳务同时收讫销售款或者取得索取销售款的凭据的当天；

（七）纳税人发生细则所列视同销售货物行为，为货物移送的当天。

以一个季度为纳税期限的规定仅适用于小规模纳税人。小规模纳税人的具体纳税期限，由主管税务机关根据其应纳税额的大小分别核定。

（《中华人民共和国增值税暂行条例实施细则》）

4.3 增值税的纳税地点

（一）固定业户应当向其机构所在地的主管税务机关申报纳税。总机构和分支机构不在同一县（市）的，应当分别向各自所在地的主管税务机关申报纳税；经国务院财政、税务主管部门或者其授权的财政、税务机关批准，可以由总机构汇总向总机构所在地的主管税务机关申报纳税。

（二）固定业户到外县（市）销售货物或者应税劳务，应当向其机构所在地的主管税务机关申请开具外出经营活动税收管理证明，并向其机构所在地的主管税务机关申报纳税；未开具证明的，应当向销售地或者劳务发生地的主管税务机关申报纳税；未向销售地或者劳务发生地的主管税务机关申报纳税的，由其机构所在地的主管税务机关补征税款。

（三）非固定业户销售货物或者应税劳务，应当向销售地或者劳务发生地的主管税务机关申报纳税；未向销售地或者劳务发生地的主管税务机关申报纳税的，由其机构所在地或者居住地的主管税务机关补征税款。

（四）进口货物，应当向报关地海关申报纳税。

扣缴义务人应当向其机构所在地或者居住地的主管税务机关申报缴纳其扣缴的税款。

（《中华人民共和国增值税暂行条例》）

固定业户的总、分支机构不在同一县(市),但在同一省、自治区、直辖市范围内的,其分支机构应纳的增值税是否可由总机构汇总缴纳,由省、自治区、直辖市税务局决定。

(1994年5月7日　国税发〔1994〕122号)

一、对跨地区经营的直营连锁企业,即连锁店的门店均由总部全资或控股开设,在总部领导下统一经营的连锁企业,凡按照国内贸易部《连锁店经营管理规范意见》(内贸政体法字〔1997〕第24号)的要求,采取微机联网,实行统一采购配送商品,统一核算,统一规范化管理和经营,并符合以下条件的,可对总店和分店实行由总店向其所在地主管税务机关统一申报缴纳增值税:

1.在直辖市范围内连锁经营的企业,报经直辖市国家税务局会同市财政局审批同意;

2.在计划单列市范围内连锁经营的企业,报经计划单列市国家税务局会同市财政局审批同意;

3.在省(自治区)范围内连锁经营的企业,报经省(自治区)国家税务局会同省财政厅审批同意;

4.在同一县(市)范围内连锁经营的企业,报经县(市)国家税务局会同县(市)财政局审批同意。

二、连锁企业实行由总店向总店所在地主管税务机关统一缴纳增值税后,财政部门应研究采取妥善办法,保证分店所在地的财政利益在纳税地点变化后不受影响。涉及省内地、市间利益转移的,由省级财政部门确定;涉及地、市内县(市)间利益转移的,由地、市财政部门确定;县(市)范围内的利益转移,由县(市)财政部门确定。

三、对自愿连锁企业,即连锁店的门店均为独立法人,各自的资产所有权不变的连锁企业和特许连锁企业,即连锁店的门店同总部签订合同,取得使用总部商标、商号、经营技术及销售总部开发商品的特许权的连锁企业,其纳税地点不变,仍由各独立核算门店分别向所在地主管税务机关申报缴纳增值税。

(1997年11月17日　财税字〔1997〕97号)

对实行统一核算的企业所属机构间移送货物,接受移送货物机构(以下简称受货机构)的经营活动是否属于销售应在当地纳税,各地执行不一。经研究,现明确如下:

《中华人民共和国增值税暂行条例实施细则》第四条视同销售货物行为的第(三)项所称的用于销售,是指受货机构发生以下情形之一的经营行为:

一、向购货方开具发票;

二、向购货方收取货款。

受货机构的货物移送行为有上述两项情形之一的,应当向所在地税务机关缴纳增值税;未发生上述两项情形的,则应由总机构统一缴纳增值税。

如果受货机构只就部分货物向购买方开具发票或收取货款,则应当区别不同情况计算并分别向总机构所在地或分支机构所在地缴纳税款。

(1998年8月26日　国税发〔1998〕137号)

纳税人以总机构的名义在各地开立账户,通过资金结算网络在各地向购货方收取销货款,由总机构直接向购货方开具发票的行为,不具备《国家税务总局关于企业所属机构间移送货物征收增值税问题的通知》(国税发〔1998〕137号)规定的受货机构向购货方开具发票、向购货方收取货款两种情形之一,其取得的应税收入应当在总机构所在地缴纳增值税。

(2002年9月3日　国税函〔2002〕802号)

甘肃众友医药连锁有限公司由公司总部向所在地主管税务机关统一申报缴纳增值税,该公司所属各连锁店应凭总部所在地主管税务机关核发的税务登记证件及一般纳税人认定证件,在当地办理注册税务登记,接受当地税务机关的监督管理和检查。对统一缴纳增值税后涉及各地(市)间财政利益转移问题,由省财政厅协调解决。

(2002年10月10日　甘财税〔2002〕52号)

一、关于集资电厂(电站、机组)增值税征收管理问题

国家电力体制改革后,我省仍有部分集资电厂(电站、机组)因核算地与生产经营地不一致而涉及增值税预征问题,考虑到集资电厂(电站、机组)投资主体、生产经营的特殊性以及上网电价的差异,对目前在发电环节按定额预征增值税的集资电厂(电站、机组),暂按照甘肃省国家税务局原分别核定的预征定额在发电环节预征增值税。

本通知从2005年8月1日起执行。

(2005年6月30日　甘国税发〔2005〕146号)

采取网上申报方式的纳税人,要按有关规定自行对照IC卡准确填写申报表,并在申报期内先将申报资料电子数据(不含税控IC卡)传递到主管税务机关,再携带记录专用发票存根联信息的税控IC卡到办税服务厅的窗口办理纳税申报事宜,其纸质申报资料也可于季度末申报期内报送至主管税务机关。税务机关必须坚持在窗口进行申报纳税的审核工作,要按照"一窗式"管理的要求,首先审核申报的销项税额,插卡比对IC卡记录数与网上传来的申报表所填专用发票销售数,确认后录下存根联信息;再比对认证信息、四小票数据,审核进项税额,经审核无误后计算应缴税额,开具缴款书等,发现异常的要及时处理。纳税人办理申报纳税后,即可凭卡去购买发票,这样可以一次性解决申报纳税(包括报税,即录取存根联数据)和购买发票等事宜,方便纳税人。

(2006年2月5日　国税发〔2006〕20号)

一、甘肃中油交通油品有限公司系中国石油天然气股份有限公司与甘肃省交通服务公司合资组建的有限公司,主要经营甘肃省境内高等级公路沿线加油站成品油零售业务,其所属的加油站均位于高等级公路服务区内,经营环境相对封闭,且公司财务实行统一核算。为保持地方财政利益相对稳定,同时便利企业经营管理,根据《国家税务总局关于增值税若干征收问题的通知》(国税发〔1994〕122号)和《国家税务总局关于规范汇总合并缴纳企业所得税范围的通知》(国税函〔2006〕48号)的规定,省局经研究,同

意该公司增值税缴纳方式采用“所属加油站(名单附后,见附件)按月以实际销售额向经营地主管国税机关预缴增值税,该公司按月向其所在地主管国税机关统一结算”的办法,该公司及其所属加油站均应按照一般纳税人管理,增值税专用发票分别向其所在地主管国税机关领购;该公司所属的加油站,统一由甘肃中油交通油品有限公司在其机构所在地汇总缴纳企业所得税。

二、鉴于甘肃中油交通油品有限公司所属加油站经营的成品油,均由其所在地区的中国石油天然气股有限公司甘肃销售分公司所属地区分公司按批发价供应,按照《中国石油天然气股有限公司甘肃销售分公司增值税征收管理办法 (试行)》(甘国税发〔2003〕150号)第九条、第十条、第十二条之规定,在上一销售环节已按1.2%的比例预缴了增值税,且根据测算中油甘肃交通油品有限公司的增值税税负在0.665%左右。据此,对甘肃中油交通油品有限公司所属加油站的增值税预征率暂定为0.4%。

如遇政策调整或企业经营状况发生变化,增值税预征率及企业所得税征缴方式由省局另行调整明确。

三、鉴于该公司是中国石油天然气股份有限公司甘肃销售分公司的控股公司,其普通发票仍使用“中国石油天然气股份有限公司甘肃销售分公司油品销售发票”,由该公司提出申请上报甘肃省国税局审批。该公司所属加油站的征收管理仍沿用原管理办法。

此批复从2006年5月1日起执行。

(2006年4月26日　甘国税函发〔2006〕114号)

一、金融机构开展个人实物黄金交易业务,实行“地市级分(支)行预缴、省级分行统一清算缴纳增值税”的办法。

二、各金融机构所属省级分行应向其机构所在地主管国税机关申请认定增值税一般纳税人资格,统一核算所属各金融机构个人实物黄金交易业务的增值税进、销项税额和应纳税额,省级分行向所属各金融机构调拨实物黄金时应开具内部调拨单;其所属的各地市级分(支)行应向机构所在地主管国家税务局办理税务登记，申请认定一般纳税人资格，申请领用国家税务局统一监制的普通发票，并按月向其所在地主管国税机关预缴增值税。如各金融机构所属分理处、储蓄所等机构需开展个人实物黄金交易业务，应按隶属关系汇总到地市级分(支)行统一预缴增值税。

三、各金融机构所属地市级分(支)行应于每月1日到10日期间申报预缴上月增值税，申报纳税时应按规定填报增值税纳税申报表及附列资料，同时填写《甘肃金融机构个人黄金实物交易业务预缴增值税传递单》，经主管国税机关审核签章后于当月20日前上报省级分行，省级分行在统一清算缴纳增值税时，据以冲抵应纳增值税额。

四、全省各金融机构所属地市级分(支)行开展个人黄金实物交易业务的增值税预征率暂定为0.4%；如遇个人黄金实物交易政策变动或黄金交易价格发生重大变化等情况，需调整预征率时，由省局再做另行调整。

(2007年7月26日　甘国税函发〔2007〕251号)

根据国家税务总局《电力产品增值税征收管理办法》(国家税务总局令第10号)第四条第一款第二项规定，永昌县闽榕水电开发有限责任公司东河湾梯级水电站、永昌县东方水电开发有限责任公司大干沟水电站实行发电环节预征、公司统一核算的征收办法。即：东河湾梯级水电站、大干沟水电站发电环节增值税由其生产地主管税务机关肃南裕固族自治县国家税务局预征，由公司向核算地主管税务机关永昌县国家税务局汇算缴纳。预征环节的征收定额暂定为20元/千千瓦时。如因政策调整及企业生产经营情况发生变化等因素，需调整预征定额时，由省国家税务局另行确定。

(2007年10月12日　甘国税函发〔2007〕323号)

一、中国石化甘肃销售分公司及其所属经营网点(各分公司、加油站、油库、营业室等)要分别在所在地国税机关办理税务登记，申请认定一般纳税人资格，安装防伪税控系统，按规定领购和使用发票。

二、中国石化甘肃销售分公司所属各经营网点按月填报《中

国石化甘肃销售分公司所属各经营网点增值税预缴申报表》(附件一)，就其所实现的增值税应税销售额向所在地主管税务机关预缴增值税,同时填写《中国石化甘肃销售分公司所属各经营网点增值税进项税额和销项税额统计表》(附件二)，经主管税务机关审核签字后报中国石化甘肃销售分公司;中国石化甘肃销售分公司按月汇算清缴增值税。

三、中国石化甘肃销售分公司所属各经营网点的增值税预缴比例暂定为0.8%。如遇政策调整或企业经营状况发生重大变化，需调整预缴比例时,由甘肃省国家税务局决定。

四、中国石化甘肃销售分公司新增经营网点需要汇总缴纳增值税时,须向公司所在地主管国税机关申请确认,公司所在地主管国税机关经审查同意汇总纳税后,应函告经营网点所在地主管国税机关。

五、本批复从2009年1月1日起执行。中国石化甘肃销售分公司所属各经营网点2008年12月31日前尚未抵扣的增值税留抵税额,经所在地国税机关核实后,报中国石化甘肃销售分公司统一抵扣。

(2008年12月29日　甘国税函发〔2008〕375号)

4.4　增值税的纳税期限

增值税的纳税期限分别为1日、3日、5日、10日、15日、1个月或者1个季度。纳税人的具体纳税期限,由主管税务机关根据纳税人应纳税额的大小分别核定;不能按照固定期限纳税的,可以按次纳税。

纳税人以1个月或者1个季度为1个纳税期的，自期满之日起15日内申报纳税;以1日、3日、5日、10日或者15日为1个纳税期的,自期满之日起5日内预缴税款,于次月1日起15日内申报纳税并结清上月应纳税款。

扣缴义务人解缴税款的期限,依照前两款规定执行。

纳税人进口货物，应当自海关填发海关进口增值税专用缴款书之日起15日内缴纳税款。

纳税人出口货物适用退(免)税规定的，应当向海关办理出口手续，凭出口报关单等有关凭证，在规定的出口退(免)税申报期内按月向主管税务机关申报办理该项出口货物的退(免)税。具体办法由国务院财政、税务主管部门制定。

出口货物办理退税后发生退货或者退关的，纳税人应当依法补缴已退的税款。

(《中华人民共和国增值税暂行条例》)

第五章　增值税的减免退税规定

5.1　增值税的减免退税规定

一、生产和销售免征增值税货物或劳务的纳税人要求放弃免税权，应当以书面形式提交放弃免税权声明，报主管税务机关备案。纳税人自提交备案资料的次月起，按照现行有关规定计算缴纳增值税。

二、放弃免税权的纳税人符合一般纳税人认定条件尚未认定为增值税一般纳税人的，应当按现行规定认定为增值税一般纳税人，其销售的货物或劳务可开具增值税专用发票。

三、纳税人一经放弃免税权，其生产销售的全部增值税应税货物或劳务均应按照适用税率征税，不得选择某一免税项目放弃免税权，也不得根据不同的销售对象选择部分货物或劳务放弃免税权。

四、纳税人自税务机关受理纳税人放弃免税权声明的次月起12个月内不得申请免税。

五、纳税人在免税期内购进用于免税项目的货物或者应税劳务所取得的增值税扣税凭证，一律不得抵扣。

(2007年9月25日　财税〔2007〕127号)

甘肃省增值税减免退税操作规程(试行)

第一章　总则

第一条　为了加强增值税管理，规范增值税减税、免税、即征即退、先征后退、先征后返(以下简称减免退税)等优惠政策的申报审批程序，保证国家各项增值税优惠政策的正确执行，维护纳税人的合法权益，根据《中华人民共和国税收征收管理法》(以下简称《征管法》)、《中华人民共和国增值税暂行条例》及其实施细则(以下简称《增值税暂行条例》及细则)、国家税务总局《税收减免管理办法(试行)》等有关规定,特制定本规程。

第二条 本规程适用于甘肃省国家税务局系统负责审核审批和备案确认的各项增值税减免退税的管理。

属于财政部驻甘肃省财政监察专员办事处负责审核、审批的减免退税管理仍按财政部、国家税务总局、中国人民银行《关于税制改革后对某些企业实行"先征后退"有关预算管理问题的暂行规定的通知》(〔94〕财预字第55号)的规定办理。

第三条 增值税减免退税审核审批应当以《增值税暂行条例》及细则和财政部、国家税务总局制定并出台有关政策为基本依据。

第四条 增值税减免退税分为报批类减免退税和备案类减免退税。报批类减免退税是指应由国税机关审批的减免退税项目;备案类减免退税是指取消审批手续的减免退税项目和不需国税机关审批的减免退税项目。

第五条 报批类减免退税每次审批可享受税收优惠政策的期限原则上不超过12个月;备案类减免退税应每年备案登记一次。

纳税人享受减免退税的条件发生变化的,应当自发生变化之日起15个工作日内向主管国税机关报告,经主管国税机关审核后,自变化之日起停止其减免退税。若由于企业名称变更、改组改制等形式要件发生变化的,经主管国税机关审核后,重新核定其是否享受增值税减免退税,不符合增值税减免退税条件的,停止其减免退税。

减免退税期满,应当自期满次日起恢复纳税。

在办理纸质文书资料审批手续的同时,应将CTAIS电子文书信息同步传递报送。

第六条 纳税人同时从事减免退税项目与非减免退税项目的,应分别核算,独立计算减免退税项目的计税依据及税额。不能分别核算的,不得享受减免退税。

第二章　报批类减免退税审批管理

第七条　纳税人享受报批类减免退税,应当在政策规定的减免退税期限内,向主管国税机关提出书面申请,并按规定报送有关资料,由主管国税机关逐级报送至具有审批权限的国税机关批准后,方可享受减免退税。未按规定申请或虽申请但未经有审批权限的国税机关审批确认的,纳税人不得享受减免退税。

第八条　纳税人申请享受报批类减免退税资格及直接减免税款的应报送以下资料:

一、减免退税书面申请报告,列明减免退税的理由、依据、范围、期限、数量、金额、生产经营等基本情况;

二、《纳税人减免退税申请审批表》(附件一)(报省局审批的一式五份);

三、有关部门出具的证明材料或检测报告;

四、企业财务会计报表、增值税纳税申报表(上月);

五、国税机关要求提供的与申请减免退税有关的其他资料。

第九条　主管国税机关收到纳税人提出的减免退税申请和有关资料后,应组织人员对纳税人提供的申请资料的真实性、实际经营状况、财务核算及税收政策适用等情况派两人(含)以上进行实地调查核实,写出调查报告,提出审核意见,逐级上报有审批权限的国税机关。

由市(州)级以上国税局审批的减免退税,对主管国税机关作出的调查报告,须由县(区)国税局审查并签署意见。

第十条　主管国税机关对纳税人提出的减免退税申请,应当根据以下情况分别作出处理:

一、申请的减免退税项目,依法不需要由国税机关审查的,应当即时告知纳税人不受理;

二、申请的减免退税材料不详或存在错误的,应当及时告知纳税人并允许更正;

三、申请的减免退税材料不齐全或者不符合法定形式的,应在5个工作日内一次告知纳税人需要补正的全部内容;

四、申请的减免退税材料齐全、符合法定形式的，或者纳税人按照国税机关的要求提交全部补正减免退税材料的，应当受理纳税人的申请。

第十一条 各级国税机关应自主管国税机关受理纳税人申请之日起，按以下规定时限完成审批或审核上报工作：

县(区)国税局负责审批的减免退税，必须在20个工作日内作出审批决定；市(州)国税局负责审批的，必须在30个工作日内作出审批决定；省国税局负责审批的，必须在60个工作日内作出审批决定。在规定期限内不能做出决定的，经本级国税机关负责人批准，可以延长10个工作日，并将延长期限的理由告知纳税人。

由上级国税机关审批的减免退税，各级国税机关自收到完整的申请资料之日起10个工作日内上报上级国税机关。

第十二条 国税机关作出的减免退税审批决定，应当自作出决定之日起10个工作日内送达纳税人。

减免退税批复未下达前，纳税人应按规定申报缴纳税款。

减免退税批复下达之后，纳税人应享受的减免退税已办理了入库手续而多缴的税款，有欠税的除抵顶欠税外，办理退税手续，退还多缴的税款。

第三章 备案类减免退税登记管理

第十三条 纳税人享受备案类减免退税，应提请备案，经县(区)国税局登记备案审查后，自登记备案之日起执行。纳税人未按规定备案的，一律不得减免退税。

第十四条 纳税人提请备案时，应向主管国税机关报送以下资料：

一、减免退税书面申请报告，列明减免退税理由、依据、项目、期限、数量、金额、生产经营等基本情况；

二、《纳税人减免退税备案登记确认表》(报送纸质信息用附件二，报送CTAIS电子信息暂用《减免税申请审批表》)；

三、有关部门出具的证明材料或检测报告；

四、企业财务会计报表、增值税纳税申报表(上月)；

五、国税机关要求提供的与减免退税有关的其他资料。

第十五条 备案类减免退税由主管国税机关核实后，报县(区)国税局备案登记。以上工作在7个工作日内完成,并告知纳税人自登记备案之日起执行。

第四章 退税管理

第十六条 经有审批权的国税机关批准，具有享受即征即退、先征后退、先征后返等税收优惠政策资格的纳税人,方可申请办理退税。

第十七条 申请办理退税的纳税人，必须按照有关税收政策规定如实办理纳税申报,并将税款缴纳入库后,方可办理退税手续。

第十八条 纳税人申请办理退税应报送以下资料：

一、已批复的享受税收优惠政策资格的文件或《纳税人减免退税申请审批表》;

二、《退税申请审批表》(附件三);

三、增值税税收缴款书复印件；

四、有关资料。

第十九条 主管国税机关自受理纳税人退税申请之日起5个工作日内完成审核上报工作,县(区)国税局5个工作日内完成退税审批工作。

第五章 有关产品或项目管理

第二十条 粮食经营企业增值税减免税管理

一、承担粮食收储任务的国有粮食购销企业销售粮食免税的审批管理

(一)报送资料

国有粮食购销企业申请免税时，除报送本规程第八条第一、四、五项资料外,还需向主管国税机关提供以下资料：

1.《甘肃省国有粮食购销企业免征增值税申请表》(报送纸质信息用附件四,报送CTAIS电子信息用《减免税申请审批表》);

2.粮食收购许可证复印件；

3.政府或粮食主管部门下达的当年粮食收储任务的有效证明或文件。

(二)审批程序

1.县(区)属国有粮食购销企业免税由县(区)国税局、同级财政、粮食主管部门审核批准;

2.市(州)所属国有粮食购销企业的免税由县(区)国税局进行初审后,报市(州)国税局,由市(州)国税局、同级财政、粮食主管部门审核批准;

3.省属及省属以上国有粮食购销企业的免税,由县(区)国税局初审,市(州)国税局复审后,报省级国税、财政、粮食部门审核批准。

二、其他粮食企业销售军队用粮、救灾救济粮、水库移民口粮、退耕还林还草补助粮以及销售政府储备食用植物油免税的审批管理

(一)报送资料

申请免税时,除报送本规程第八条第一、二、四、五项资料外,还应根据销售粮食的具体情况分别向主管国税机关提供以下资料:

1.销售军队用粮的,提供销售军队用粮的凭据;

2.销售救灾救济粮、水库移民口粮、退耕还林还草补助粮的,提供销售所依据的县(含)以上人民政府文件复印件;

3.销售政府储备食用植物油的,提供销售所依据的由省政府下达的储备计划和销售指令的复印件。

(二)审批程序

1.销售军队用粮、救灾救济粮、水库移民口粮、退耕还林还草补助粮的其他粮食企业以及销售政府储备食用植物油的单位,暂不需要办理免税手续。实际业务发生后,直接办理免税审批手续。

对经常发生军粮销售业务的企业,也可按年办理免税手续。

2.免税申请由主管国税机关初审,报县(区)国税局审核批准。

第二十一条 残疾人就业单位增值税即征即退管理

一、残疾人就业单位增值税即征即退资格审批管理

(一)报送资料

残疾人就业单位申请增值税即征即退资格时,除报送本规程第八条一、四、五项资料外,还应向主管国税机关提供以下资料:

1.享受残疾人税收优惠政策认定申请审批表(附件五);

2.民政或残联部门出具的书面审核认定意见书;

3.纳税人与残疾人签订的劳动合同或服务协议(副本)及复印件;

4.纳税人为残疾人缴纳养老、医疗、工伤、失业保险的缴费纪录(包括近三个月各类保险的核定明细表、缴款书以及能够证明为残疾人购买保险的相关证明);

5.纳税人为残疾人通过银行等金融机构实际支付的工资凭证;

6.残疾人残疾证、企业职工花名册。

以上资料需按顺序装订。

(二)审批程序

县(区)国税局初审,市(州)国税局复审,省国税局审核批准。

二、残疾人就业单位增值税退税审批

(一)报送资料

残疾人就业单位每月申请退还增值税时,除报送本规程第十八条三项的资料外,还需向主管国税机关提供以下资料:

1.《退抵税申请审批表 (享受残疾人税收优惠企业)》(附件六);

2.已批复的《享受残疾人税收优惠政策认定申请审批表》;

3.纳税人为残疾人退税月份缴纳的社会保险费(包括养老、医疗、工伤、失业)缴费纪录;

4.纳税人为残疾人退税月份通过银行等金融机构实际支付的工资凭证。

(二)审批程序

主管国税机关初审,县(区)国税局审核批准。

第二十二条 资源综合利用产品增值税减免退税管理

一、资源综合利用产品增值税即征即退资格和直接减免增值税的审批

(一)报送资料

申请资源综合利用产品增值税即征即退资格和直接减免增值税时,除报送本规程第八条规定的资料外,还需提供以下资料:

1.资源综合利用认定委员会颁发的资源综合利用企业(项目、产品)认定证书和认定结论。

2.省级以上质量技术监督部门出具的有关检测(检验)报告。其中,建材类产品,提供省级建材质量技术监督部门出具的掺兑废渣比例的检测报告。

3.根据第十一条规定,县(区)国税局向上级国税机关出具建材类企业调查报告时,应列明上期或上年生产的资源综合利用产品耗用的各种原材料和废渣的名称、数量、生产设备类型等基本情况,其中还应列明各种废渣购进、耗用、库存的数量等。

(二)审批程序

县(区)国税局初审,市(州)国税局复审,省国税局审核批准。

二、资源综合利用产品增值税退税审批

(一)报送资料

报送本规程第十八条规定的资料。

(二)审批程序

主管国税机关初审,县(区)国税局审核批准。

第二十三条 农业生产资料增值税减免税管理

一、报送资料

报送本规程第八条规定的资料。

二、审批程序

主管国税机关初审,县(区)国税局审核批准。

第二十四条 软件产品增值税退税管理

一、软件产品增值税退税资格审批

(一)报送资料

申请软件产品增值税退税资格时,除报送本规程第八条规定的资料外,还需向主管国税机关提供《软件产品登记证书》。

(二)审批程序

主管国税机关初审,县(区)国税局审核批准。

二、软件产品增值税退税审批

(一)报送资料

软件产品生产企业申请退还增值税时,除报送本规程第十八条规定的资料外,还需向主管国税机关提供以下资料:

1.退税软件产品销售明细账;

2.增值税超税负计算资料。

(二)审批程序

主管国税机关初审,县(区)国税局审核批准。

第二十五条 饲料生产企业增值税减免税管理

一、报送资料

饲料生产企业申请备案类减免税时,除报送本规程第十四条规定的资料外,还需提供省级国税局认可的饲料质量检测机构出具的饲料产品合格证明。

对单一大宗饲料中的糠麸、酒糟、草饲料、菜子粕、棉子粕、向日葵粕、花生粕等粕类产品,不需要提供饲料产品合格证明。

二、备案登记程序

主管国税机关核实后,报县(区)国税局办理备案登记手续。

第二十六条 纳税人申请享受本规程未列明的增值税减免退税其他项目优惠政策的,应报送的资料及审批程序,可比照本规程相关规定办理。

第六章 监督管理

第二十七条 主管国税机关应督促纳税人及时办理减免退税资格及直接减免税款的审批和备案手续。

享受减免退税的纳税人,在减免退税期间应当按照规定办理纳税申报。

减免退税审批和备案是对纳税人提供的资料与减免退税法定条件的相关性进行的审核,不改变纳税人真实申报责任。

第二十八条 减免退税审批和备案要实行公示制度。县级国税机关可根据实际情况,公开已审批和备案的减免退税项目,接受监督。

第二十九条 国税机关应结合纳税检查、执法检查或其他专项检查，对纳税人减免退税事项进行清查、清理，加强监督检查，主要内容包括：

一、纳税人是否符合减免退税的资格条件，是否以隐瞒有关情况或者提供虚假材料等手段骗取减免退税；

二、纳税人享受减免退税的条件发生变化时，是否根据变化情况经税务机关重新审查后办理减免退税或终止办理减免退税；

三、减免退税税款有规定用途的，纳税人是否按规定用途使用减免退税税款；有规定减免退税期限的，是否到期恢复纳税；

四、是否存在纳税人未经税务机关批准自行享受减免退税的情况；

五、已享受减免退税是否未申报。

第三十条 纳税人实际经营情况不符合减免退税规定条件的或采用欺骗手段获取减免退税的、享受减免退税条件发生变化未及时向国税机关报告的，以及未按本规程规定程序报批而自行减免退税的，国税机关按照有关税收法律规定予以处理。

第七章 附则

第三十一条 因机构设置等原因未设立县以下国税机关或县级国税机关的，本规程规定的职责由承担相同职能的部门或机构办理。

第三十二条 各级国税机关要建立增值税减免退税管理台账和增值税减免退税备案登记台账，记录减免退税政策依据、审批意见、政策执行时限、减免退税额(或销售额)等事项。建立各类审批资料案卷，并妥善保管各类案卷资料。

第三十三条 县（区）国税局应在每季度终了后3日内向市(州)国税局上报《甘肃省增值税减免退税情况统计表》，市(州)国税局汇总后于季度终了后5日内报省国税局。

第三十四条 本规程与国家新出台的有关规定相抵触的，依照国家有关规定执行。本规程未尽事宜，依照法律、行政法规的有关规定执行。以前规定与本规程相抵触的，按本规程执行。

第三十五条 本规程由甘肃省国家税务局负责解释，《甘肃省增值税减免退税管理办法》（试行）（甘国税发〔2002〕158号）同时废止。

附件一：

纳税人减免退税申请审批表

<table>
<tr><td>纳税人识别号</td><td colspan="2"></td><td colspan="2">生产经营地址</td><td colspan="2"></td><td>邮政编码</td><td></td></tr>
<tr><td>纳税人名称</td><td colspan="2"></td><td colspan="2">办税人员</td><td colspan="2"></td><td>联系电话</td><td></td></tr>
<tr><td>注册登记类型</td><td colspan="2"></td><td>开业日期</td><td></td><td colspan="2">生产经营期限</td><td colspan="2">年 月 日至 年 月 日</td></tr>
<tr><td>经营范围</td><td colspan="8"></td></tr>
<tr><td colspan="9">已享受减免税优惠情况</td></tr>
<tr><td>税种</td><td>适用税率</td><td>减免种类</td><td>减免原因</td><td>减免退方式</td><td>所属时期起</td><td>所属时期止</td><td>销售额/税额</td><td>余额</td></tr>
<tr><td></td><td></td><td></td><td></td><td></td><td></td><td></td><td></td><td></td></tr>
<tr><td colspan="9">企业欠税情况</td></tr>
<tr><td colspan="2">税 种</td><td colspan="2">所属时期起</td><td colspan="2">所属时期止</td><td>税额（幅度）</td><td colspan="2">欠税原因</td></tr>
<tr><td colspan="2"></td><td colspan="2"></td><td colspan="2"></td><td></td><td colspan="2"></td></tr>
<tr><td colspan="9">减免税申请情况</td></tr>
<tr><td colspan="2">申请减免税种</td><td colspan="2"></td><td colspan="2">第一次获利时间</td><td colspan="3"></td></tr>
<tr><td colspan="9">企业申请减免税理由：

（签章）
负责人： 办税人： 时间： 年 月 日</td></tr>
<tr><td>减免原因</td><td>减免种类</td><td>适用税率</td><td colspan="2">减免退方式</td><td>幅度/额度/税率</td><td>所属时期起</td><td colspan="2">所属时期止</td></tr>
<tr><td></td><td></td><td></td><td colspan="2"></td><td></td><td></td><td colspan="2"></td></tr>
<tr><td colspan="9">批准减免税情况</td></tr>
<tr><td>税 种</td><td>减免原因</td><td>减免种类</td><td>适用税率</td><td>减免退方式</td><td>幅度/额度/税率</td><td>所属时期起</td><td colspan="2">所属时期止</td></tr>
<tr><td></td><td></td><td></td><td></td><td></td><td></td><td></td><td colspan="2"></td></tr>
<tr><td colspan="4">主管税务机关：

（签章）
经办人：
负责人： 年 月 日</td><td colspan="5">县（区）国税局：

（签章）
经办人：
负责人： 年 月 日</td></tr>
<tr><td colspan="4">地（市）国税局：

（签章）
经办人：
负责人： 年 月 日</td><td colspan="5">省国税局：

（签章）
经办人：
负责人： 年 月 日</td></tr>
</table>

附件二：

纳税人减免退税备案登记确认表

纳税人识别号		纳税人名称			
生产经营地址		邮政编码		联系电话	
注册登记类型		开业日期		生产经营期限	年 月至 年 月
经营范围					

纳税人已享受减免税优惠情况

税种	适用税率	减免种类	减免退方式	所属时期起	所属时期止	销售额/税额	余额

纳 税 人 欠 税 情 况

税 种	所属时期起	所属时期止	税 额（幅度）	欠 税 原 因

纳税人减免退税申请备案登记情况

申请备案登记减免退税种		申请备案登记减免产品或项目	

申请减免退税备案登记的理由：

（签章）

负责人： 办税人： 时间： 年 月 日

减免原因	减免种类	适用税率	减免退方式	幅度/额度/税率	申请备案期起	申请备案期止

税务机关减免退税备案登记确认情况

税 种	减免原因	减免种类	适用税率	减免退方式	幅度/额度/税率	备案期起	备案期止

主管国税机关核实意见： （签章） 经办人： 负责人： 年 月 日	县（区）国税局登记意见： （签章） 经办人： 负责人： 年 月 日

注：报送纸质信息用此表，电子信息暂用《减免税申请审批表》报送。

附件三：

退税申请审批表

纳税人识别号：

纳税人名称：

金额 单位：元（列至角分）

退税种类		填表日期	
申请退还方式		税种	
申请退税额			

税票信息						
	征收品目	品目名称	税票号码	税款所属期起	税款所属期止	税额
1						
2						
3						
4						
5						
6						
7						
8						
9						
10						
	合计	……	……	……	……	

退税原因：

（签章）

办税人员：　　法人代表（负责人）：　　年　月　日

税务机关审批结果			
主管国税机关		县（区）级国税机关	
审批退税方式		审批退税方式	
审批退税金额		审批退税金额	
经办人：　　（签章） 负责人：　　年　月　日		经办人：　　（签章） 负责人：　　年　月　日	

附件四：

甘肃省国有粮食购销企业免征增值税申请表

<table>
<tr><td>纳税人识别号</td><td colspan="2"></td><td colspan="2">纳税人名称</td><td colspan="3"></td></tr>
<tr><td>生产经营地址</td><td colspan="2"></td><td>邮政编码</td><td colspan="2"></td><td>联系电话</td><td></td></tr>
<tr><td>注册登记类型</td><td colspan="2"></td><td>开业日期</td><td></td><td>生产经营期限</td><td colspan="2">年　月至　年　月</td></tr>
<tr><td>经营范围</td><td colspan="7"></td></tr>
<tr><td colspan="8">纳税人已享受减免税优惠情况</td></tr>
<tr><td>税种</td><td>适用税率</td><td>减免种类</td><td>减免退方式</td><td>所属时期起</td><td>所属时期止</td><td>销售额/税额</td><td>余额</td></tr>
<tr><td></td><td></td><td></td><td></td><td></td><td></td><td></td><td></td></tr>
<tr><td colspan="8">申请理由：</td></tr>
<tr><td colspan="8">基层税务机关意见</td></tr>
<tr><td colspan="3">主管国税机关：
经办人：
负责人：
（签章）
年　月　日</td><td colspan="3">县（区）级国税机关：
经办人：
负责人：
（签章）
年　月　日</td><td colspan="2">市（州）级国税机关：
经办人：
负责人：
（签章）
年　月　日</td></tr>
<tr><td colspan="8">审批机关意见</td></tr>
<tr><td colspan="3">粮食部门：
经办人：
负责人：
（签章）
年　月　日</td><td colspan="3">财政机关：
经办人：
负责人：
（签章）
年　月　日</td><td colspan="2">国税机关：
经办人：
负责人：
（签章）
年　月　日</td></tr>
</table>

注：报送纸质信息用此表、电子信息用《减免税申请审批表》。

附件五：

享受残疾人税收优惠政策认定申请审批表

<table>
<tr><td>纳税人识别号</td><td></td><td>行　业</td><td></td></tr>
<tr><td>纳税人名称</td><td></td><td>登记注册类型</td><td></td></tr>
<tr><td>税务认定、确认事项</td><td colspan="3"></td></tr>
<tr><td>联系电话</td><td colspan="3"></td></tr>
<tr><td colspan="4">纳税人申请理由：

经办人：　　　　法人代表（负责人）：　　　　申请日期：</td></tr>
</table>

<table>
<tr><td>在职职工人数</td><td></td><td>其中：符合条件的残疾人员人数</td><td></td></tr>
<tr><td>残疾人比例</td><td></td><td>每位残疾职工劳动合同是否均为一年以上</td><td></td></tr>
<tr><td>是否依法为每位残疾人缴纳社会保险（养老、医疗、失业、工伤等）</td><td></td><td>是否通过金融机构支付每位残疾职工工资</td><td></td></tr>
<tr><td>是否为特殊教育学校举办的企业</td><td></td><td></td><td></td></tr>
</table>

已享受减免税优惠情况

	文书凭证序号	税种	减免种类	减免原因	所属时期起	所属时期止	已纳税额	已退税额
1								
2								

<table>
<tr><td>主管税务机关：

（签章）
经办人：
负责人：　　年　月　日</td><td>县（区）国税局：

（签章）
经办人：
负责人：　　年　月　日</td></tr>
<tr><td>地（市）国税局：

（签章）
经办人：
负责人：　　年　月　日</td><td>省国税局：

（签章）
经办人：
负责人：　　年　月　日</td></tr>
</table>

附件六：

退抵税申请审批表(享受残疾人税收优惠企业)

纳税人识别号		填表日期		征收项目	
纳税人名称				年度月份	
退抵税类型		减税原因		申请抵退方式	
企业申请享受符合条件退税额					
退税原因：					

征收品目	税票号码	印刷税票号码	所属时期起	所属时期止	缴款日期	入库日期	税额	享受政策入库税额最高额	享受政策入库税额

安置残疾人企业增值税月度可审批退税额计算									
享受政策本期入库税额	享受政策入库税额期初余额	本期符合条件残疾人数	本期在职职工人数	本期残疾人员比例	每人每月退税限额	本期退税限额	退税限额	退税限额期初余额	本期可审批退税额

税务机关审批结果			
主管税务机关		县（区）国税局	
审批退税方式		审批退税方式	
审批退税金额		审批退税金额	
（签章） 经办人： 负责人：　　年　月　日		（签章） 经办人： 负责人：　　年　月　日	

(2009年3月31日　甘国税发〔2009〕64号)

一、主管税务机关受理享受增值税即征即退优惠政策的纳税人的退税申请后，应对其销售额变动率和增值税税负率开展纳税评估。

（一）销售额变动率的计算公式：

1.本期销售额环比变动率=（本期即征即退货物和劳务销售额−上期即征即退货物和劳务销售额）÷上期即征即退货物和劳务销售额×100%。

2. 本期累计销售额环比变动率=（本期即征即退货物和劳务累计销售额−上期即征即退货物和劳务累计销售额）÷上期即征即退货物和劳务累计销售额×100%。

3.本期销售额同比变动率=（本期即征即退货物和劳务销售额−去年同期即征即退货物和劳务销售额）÷去年同期即征即退货物和劳务销售额×100%。

4.本期累计销售额同比变动率=（本期即征即退货物和劳务累计销售额−去年同期即征即退货物和劳务累计销售额）÷去年同期即征即退货物和劳务累计销售额×100%。

（二）增值税税负率的计算公式

增值税税负率=本期即征即退货物和劳务应纳税额÷本期即征即退货物和劳务销售额×100%。

（三）销售额变动率和增值税税负率异常的具体标准由省税务机关确定，并报税务总局（货物和劳务税司）备案。

二、销售额变动率或者增值税税负率正常的，主管税务机关应办理退税手续。

三、销售额变动率或者增值税税负率异常的，主管税务机关应暂停退税审批，并在20个工作日内通过案头分析、税务约谈、实地调查等评估手段核实指标异常的原因。

（一）经过评估，指标异常的疑点可以排除的，主管税务机关可办理退税审批。

（二）经过评估，指标异常的疑点不能排除的，主管税务机关不得办理退税审批，并移交税务稽查部门查处。

四、主管税务机关应加强日常监督和后续管理工作，注意搜集和掌握纳税人的生产经营情况。除上述评估内容外，还可结合其他一些评估方法，认真做好纳税评估工作。要积极利用纳税评估这一有效机制，堵塞漏洞，确保增值税即征即退优惠政策落到实处。

五、本通知自2009年9月1日起执行。

(2009年8月13日　国税函〔2009〕432号)

现将《国家税务总局关于增值税即征即退实施先评估后退税有关问题的通知》(国税函〔2009〕432号)转发给你们，并将相关事项明确如下，请一并遵照执行。

一、销售额变动率异常的标准可按省局2006年下发的甘国税发〔2006〕159号文件相关规定执行。

二、增值税税负率异常的标准可按省局2009年下发的甘国税函发〔2009〕244号文件相关规定执行。

(2009年9月9日　甘国税函发〔2009〕303号)

5.2　增值税起征点

纳税人销售额未达到国务院财政、税务主管部门规定的增值税起征点的，免征增值税；达到起征点的，依照条例规定全额计算缴纳增值税。

(《中华人民共和国增值税暂行条例》)

增值税起征点的适用范围限于个人。

增值税起征点的幅度规定如下：

(一)销售货物的，为月销售额2000-5000元；

(二)销售应税劳务的，为月销售额1500-3000元；

(三)按次纳税的，为每次(日)销售额150-200元。

前款所称销售额，是指细则所称小规模纳税人的销售额。

(《中华人民共和国增值税暂行条例实施细则》)

一、自2004年1月1日起，对于销售水产品、畜牧产品、蔬菜、果品、粮食等农产品的个体工商户，以及以销售上述农产品为主的个体工商户，其起征点一律确定为月销售额5000元，按次纳税的，

起征点一律确定为每次(日)销售额200元。

农产品的具体范围由各省、自治区、直辖市和计划单列市国家税务局依据现行《农业产品征税范围注释》(财税字〔1995〕52号)确定,并报总局备案。

"以销售农产品为主"是指纳税人月(次)农产品销售额与其他货物销售额的合计数中,农产品销售额超过50%(含50%),其他货物销售额不到50%。

二、增值税起征点调整政策是国家鼓励社会就业、提高经营者收入的重要措施,各级国家税务局要高度重视,认真贯彻落实。对于从事农产品以外其他货物销售的纳税人,要严格执行起征点调整政策的规定,销售额未达到起征点的应一律免征增值税,不得以任何理由采取变通政策。

(2003年12月23日　国税发〔2003〕149号)

增值税起征点调整政策应自2003年1月1日起执行。对销售额未达到新起征点的个体双定户,其应免予征收而实际已征收的税款,税务机关应在核实无误后按照规定的税款退还程序予以退还。

(2003年12月29日　国税函〔2003〕1396号)

经请示省政府同意,决定把全省个人经营者增值税起征点调到最高档,即销售货物月销售额为5000元、销售应税劳务月销售额为3000元、按次(日)纳税的增值税起征点幅度为每次(日)销售额200元。调整后的增值税起征点从2006年4月1日起执行。

(2006年1月20日　甘国税发〔2006〕33号)

5.3 《增值税条例》中法定的减免税项目

下列项目免征增值税:

(一)农业生产者销售的自产农产品;

(二)避孕药品和用具;

(三)古旧图书;

(四)直接用于科学研究、科学试验和教学的进口仪器、设备;

(五)外国政府、国际组织无偿援助的进口物资和设备;

(六)由残疾人的组织直接进口供残疾人专用的物品;

(七)销售的自己使用过的物品。

纳税人兼营免税、减税项目的,应当分别核算免税、减税项目的销售额;未分别核算销售额的,不得免税、减税。

(《中华人民共和国增值税暂行条例》)

部分免税项目的范围,限定如下:

所称农业,是指种植业、养殖业、林业、牧业、水产业。

农业生产者,包括从事农业生产的单位和个人。

农产品,是指初级农产品,具体范围由财政部、国家税务总局确定。

所称古旧图书,是指向社会收购的古书和旧书。

所称自己使用过的物品,是指其他个人自己使用过的物品。

纳税人销售货物或者应税劳务适用免税规定的,可以放弃免税,依照条例的规定缴纳增值税。放弃免税后,36个月内不得再申请免税。

(《中华人民共和国增值税暂行条例实施细则》)

5.4 增值税减免税具体项目

5.4.1 农业生产资料

稀土磷肥属复混肥,如企业生产的稀土磷肥符合财政部、国家税务总局《关于对若干农业生产资料征免增值税问题的通知》(财税字〔1998〕78号)中有关复混肥免税的规定,即:企业生产复混肥产品成本中所用的免税化肥比重高于70%的,应给予免征增值税。

(1999年1月5日　国税函〔1999〕3号)

农业生产者销售自己饲养的生猪免缴增值税,非农业生产者销售生猪应当按照规定征收增值税,税务机关不得以任何理由擅

自改变纳税环节让农业生产者缴纳或代缴生猪增值税。

(1999年6月9日　国税发〔1999〕113号)

下列货物免征增值税：

1.农膜。

2.生产销售的除尿素以外的氮肥、除磷酸二铵以外的磷肥、钾肥以及免税化肥为主要原料的复混肥(企业生产复混肥产品所用的免税化肥成本占原料中全部化肥成本的比重高于70%)。“复混肥”是指用化学方法或物理方法加工制成的氮、磷、钾三种养分中至少有两种养分标明量的肥料,包括仅用化学方法制成的复合肥和仅用物理方法制成的混配肥(也称掺合肥)。

3.生产销售的阿维菌素、胺菊酯、百菌清、苯噻酰草胺、苄嘧磺隆、草除灵、吡虫啉、丙烯菊酯、哒螨灵、代森锰锌、稻瘟灵、敌百虫、丁草胺、啶虫脒、多抗霉素、二甲戊乐灵、二嗪磷、氟乐灵、高效氯氰菊酯、炔螨特、甲多丹、甲基硫菌灵、甲基异柳磷、甲(乙)基毒死蜱、甲(乙)基嘧啶磷、精恶唑禾草灵、精喹禾灵、井冈霉素、咪鲜胺、灭多威、灭蝇胺、苜蓿银纹夜蛾核型多角体病毒、噻磺隆、三氟氯氰菊酯、三唑磷、三唑酮、杀虫单、杀虫双、顺式氯氰菊酯、涕灭威、烯唑醇、辛硫磷、辛酰溴苯精、异丙甲草胺、乙阿合剂、乙草胺、乙酰甲胺磷、莠去津。

4.批发和零售的种子、种苗、化肥、农药、农机。

(2001年7月12日　财税〔2001〕113号)

自2004年12月1日起,对化肥生产企业生产销售的钾肥,由免征增值税改为实行先征后返。具体返还由财政部驻各地财政监察专员办事处按照(94)财预字第55号文件的规定办理。

(2004年12月14日　财税〔2004〕197号)

自2005年7月1日起,对国内企业生产销售的尿素产品增值税由先征后返50%调整为暂免征收增值税。

(2005年5月23日　财税〔2005〕87号)

2008年1月1日起,对纳税人生产销售的磷酸二铵产品免征增值税。

(2008年1月28日财税〔2007〕171号)

为科学调整农业施肥结构,改善农业生态环境,经国务院批准,现将有机肥产品有关增值税政策通知如下:

一、自2008年6月1日起,纳税人生产销售和批发、零售有机肥产品免征增值税。

二、享受上述免税政策的有机肥产品是指有机肥料、有机—无机复混肥料和生物有机肥。

(一)有机肥料

指来源于植物和(或)动物,施于土壤以提供植物营养为主要功能的含碳物料。

(二)有机—无机复混肥料

指由有机和无机肥料混合和(或)化合制成的含有一定量有机肥料的复混肥料。

(三)生物有机肥

指特定功能微生物与主要以动植物残体(如禽畜粪便、农作物秸秆等)为来源并经无害化处理、腐熟的有机物料复合而成的一类兼具微生物肥料和有机肥效应的肥料。

四、纳税人销售免税的有机肥产品,应按规定开具普通发票,不得开具增值税专用发票。

五、纳税人申请免征增值税,应向主管税务机关提供以下资料,凡不能提供的,一律不得免税。

(一)生产有机肥产品的纳税人

1.由农业部或省、自治区、直辖市农业行政主管部门批准核发的在有效期内的肥料登记证复印件,并出示原件。

2.由肥料产品质量检验机构一年内出具的有机肥产品质量技术检测合格报告原件。出具报告的肥料产品质量检验机构须通过相关资质认定。

3.在省、自治区、直辖市外销售有机肥产品的,还应提供在销售使用地省级农业行政主管部门办理备案的证明原件。

(二)批发、零售有机肥产品的纳税人

1.生产企业提供的在有效期内的肥料登记证复印件。

2.生产企业提供的产品质量技术检验合格报告原件。

3.在省、自治区、直辖市外销售有机肥产品的,还应提供在销售使用地省级农业行政主管部门办理备案的证明复印件。

六、主管税务机关应加强对享受免征增值税政策纳税人的后续管理,不定期对企业经营情况进行核实。凡经核实所提供的肥料登记证、产品质量技术检测合格报告、备案证明失效的,应停止其享受免税资格,恢复照章征税。

(2008年4月29日　财税〔2008〕56号)

享受免税政策的有机肥产品是指有机肥料、有机-无机复混肥料和生物有机肥。其产品执行标准为:有机肥料NY525-2002,有机-无机复混肥料GB18877-2002,生物有机肥NY884-2004.其他不符合上述标准的产品,不属于财税〔2008〕56号文件规定的有机肥产品,应按照现行规定征收增值税。

(2008年12月10日　国税函〔2008〕1020号)

氨化硝酸钙属于氮肥。根据《财政部国家税务总局关于若干农业生产资料征免增值税政策的通知》(财税〔2001〕113号)第一条第二款规定,对氨化硝酸钙免征增值税。

(2009年8月13日　国税函〔2009〕430号)

复合胶是以新鲜橡胶液为主要原料,经过压片、造粒、烤干等工序加工生产的橡胶制品。因此,复合胶不属于《农业产品征税范围注释》(财税字〔1995〕52号)规定的"天然橡胶"产品,适用增值税税率应为17%。

(2009年8月21日　国税函〔2009〕453号)

人工合成牛胚胎属于《农业产品征税范围注释》(财税字〔1995〕52号)第二条第(五)款规定的动物类"其他动物组织",人工合成牛胚胎的生产过程属于农业生产,纳税人销售自产人工合成牛胚胎应免征增值税。

(2010年3月4日　国税函〔2010〕97号)

5.4.2 饲料

一、免税饲料产品范围包括：

（一）单一大宗饲料。指以一种动物、植物、微生物或矿物质为来源的产品或其副产品。其范围仅限于糠麸、酒糟、鱼粉、草饲料、饲料级磷酸氢钙及除豆粕以外的菜子粕、棉子粕、向日葵粕、花生粕等粕类产品。

（二）混合饲料。指由两种以上单一大宗饲料、粮食、粮食副产品及饲料添加剂按照一定比例配置，其中单一大宗饲料、粮食及粮食副产品的掺兑比例不低于95%的饲料。

（三）配合饲料。指根据不同的饲养对象，饲养对象的不同生长发育阶段的营养需要，将多种饲料原料按饲料配方经工业生产后，形成的能满足饲养动物全部营养需要（除水分外）的饲料。

（四）复合预混料。指能够按照国家有关饲料产品的标准要求量，全面提供动物饲养相应阶段所需微量元素（4种或以上）、维生素（8种或以上），由微量元素、维生素、氨基酸和非营养性添加剂中任何两类或两类以上的组分与载体或稀释剂按一定比例配置的均匀混合物。

（五）浓缩饲料。指由蛋白质、复合预混料及矿物质等按一定比例配制的均匀混合物。

二、原有的饲料生产企业及新办的饲料生产企业，应凭省级税务机关认可的饲料质量检测机构出具的饲料产品合格证明，向所在地主管税务机关提出免税申请，经省级国家税务局审核批准后，由企业所在地主管税务机关办理免征增值税手续。饲料生产企业饲料产品需检测品种由省级税务机关根据本地区的具体情况确定。

（2001年7月12日　财税〔2002〕121号）

一、自2000年6月1日起，饲料产品分为征收增值税和免征增值税两类。

二、进口和国内生产的饲料，一律执行同样的征税或免税政策。

三、自2000年6月1日起,豆粕属于征收增值税的饲料产品,进口或国内生产豆粕,均按13%的税率征收增值税。其他粕类属于免税饲料产品,免征增值税,已征收入库的税款做退库处理。

(2002年8月7日　财税〔2002〕30号)

饲料生产企业申请免征增值税的饲料除单一大宗饲料、混合饲料以外,配合饲料、复合预混料和浓缩饲料均应由省一级税务机关确定的饲料检测机构进行检测。新办饲料生产企业或原饲料生产企业新开发的饲料产品申请免征增值税应出具检测证明。

(2003年10月10日　国税发〔2003〕114号)

饲料生产企业申请免征增值税的饲料除单一大宗饲料、混合饲料以外,配合饲料、复合预混料和浓缩饲料均应由省一级税务机关确定的饲料检测机构进行检测。新办饲料生产企业或原饲料生产企业新开发的饲料产品申请免征增值税应出具检测证明。

决定将饲料产品免征增值税的审批权限下放到地市一级国家税务局。

(2003年11月3日　甘国税发〔2003〕235号)

我省免征饲料产品增值税质量检测机构由甘肃省饲料质量监督检验站变更为甘肃省兽药饲料监察所。

饲料产品检测的样品由饲料产品质量检测机构与企业所在地主管国税局派员共同抽取。

(2006年11月3日　甘国税函发〔2006〕309号)

自2003年1月1日起,对饲用鱼油产品按照现行“单一大宗饲料”的增值税政策规定,免予征收增值税。

(2003年12月29日　国税函〔2003〕1395号)

符合免税条件的饲料生产企业,取得有计量认证资质的饲料质量检测机构(名单由省级国家税务局确认)出具的饲料产品合格证明后即可按规定享受免征增值税优惠政策,并将饲料产品合格证明报其所在地主管税务机关备案。

(2004年7月7日　国税函〔2004〕884号)

对饲料级磷酸二氢钙产品可按照现行“单一大宗饲料”的增值税政策规定，免征增值税。

纳税人销售饲料级磷酸二氢钙产品，不得开具增值税专用发票；凡开具专用发票的，不得享受免征增值税政策，应照章全额缴纳增值税。

本通知自2007年1月1日起执行。

(2007年1月8日　国税函〔2007〕10号)

根据《财政部国家税务总局关于饲料产品免征增值税问题的通知》(财税〔2001〕121号)及相关文件的规定，单一大宗饲料产品仅限于财税〔2001〕121号文件所列举的糠麸等饲料产品。膨化血粉、膨化肉粉、水解羽毛粉不属于现行增值税优惠政策所定义的单一大宗饲料产品，应对其照章征收增值税。混合饲料是指由两种以上单一大宗饲料、粮食、粮食副产品及饲料添加剂按照一定比例配置，其中单一大宗饲料、粮食及粮食副产品的掺兑比例不低于95%的饲料。添加其他成分的膨化血粉、膨化肉粉、水解羽毛粉等饲料产品，不符合现行增值税优惠政策有关混合饲料的定义，应对其照章征收增值税。

(2009年6月15日　国税函〔2009〕324号)

一、豆粕属于征收增值税的饲料产品，除豆粕以外的其他粕类饲料产品，均免征增值税。

二、本通知自2010年1月1日起执行。《国家税务总局关于出口甜菜粕准予退税的批复》(国税函〔2002〕716号)同时废止。

(2010年2月20日　国税函〔2010〕75号)

5.4.3　粮食

一、国有粮食购销储运企业，如农村粮管所(粮站)，军粮供应站，粮库，转运站等，按照国家统一规定的作价办法经营(包括批发，调拨，加工，零售)的政策性粮食免征增值税。进口粮，购进议价粮转作政策性粮食，按照国家统一规定的作价办法经营的，免征增值税。

政策性粮食是指:国家定购粮,中央和地方储备粮,城镇居民口粮,农村需救助人口的粮食,军队用粮食,救灾救济粮,水库移民口粮,平抑市场粮价的吞吐粮食。

二、国有粮油加工企业购进的政策性粮食,企业加工后按照国家统一规定的作价办法经营的,免征增值税。对其加工政策性粮食取得的加工费收入,免征增值税。

三、国有粮油零售企业,受政府委托按照国家统一规定的作价办法销售的政策性粮食,免征增值税。

四、其他国有粮食企业接受政府委托,代理一部分粮食政策性业务,比照上述规定办理。

五、国有粮食企业经营的食用植物油,仍按财政部,国家税务总局(94)财税字第004号文件第二条的有关政策规定执行.但对政府储备食用植物油的调拨,销售免征增值税。

六、国有粮食企业应对从事的政策性粮食经营业务单独核算,凡未单独核算的,一律照章征收增值税。

七、免税粮食品种不包括粮食复制品。

八、国有粮食企业销售的非政策性粮油,粮油加工企业加工非政策性粮食取得的加工费收入以及国有粮食部门其他经营收入照章征收增值税。

(1996年5月21日　财税字〔1996〕49号)

一、国有粮食购销企业必须按顺价原则销售粮食。对承担粮食收储任务的国有粮食购销企业销售的粮食免征增值税。免征增值税的国有粮食购销企业,由县(市)国家税务局会同同级财政、粮食部门审核确定。

二、对其他粮食企业经营粮食,除下列项目免征增值税外,一律征收增值税。

(一)军队用粮:指凭军用粮票和军粮供应证按军供价供应中国人民解放军和中国人民武装警察部队的粮食。

(二)救灾救济粮:指经县(含)以上人民政府批准,凭救灾救济粮食(证)按规定的销售价格向需救助的灾民供应的粮食。

(三)水库移民口粮:指经县(含)以上人民政府批准,凭水库移民口粮票(证)按规定的销售价格供应给水库移民的粮食。

三、对销售食用植物油业务,除政府储备食用植物油的销售继续免征增值税外,一律照章征收增值税。

四、对粮油加工业务,一律照章征收增值税。

五、承担粮食收储任务的国有粮食购销企业和经营本通知所列免税项目的其他粮食经营企业,以及有政府储备食用植物油销售业务的企业,均需经主管税务机关审核认定免税资格,未报经主管税务机关审核认定,不得免税。享受免税优惠的企业,应按期进行免税申报,违反者取消其免税资格。

粮食部门应向同级国家税务局提供军队用粮、救灾救济粮、水库移民口粮的单位、供应数量等有关资料,经国家税务局审核无误后予以免税。

六、属于增值税一般纳税人的生产、经营单位从国有粮食购销企业购进的免税粮食,可依据购销企业开具的销售发票注明的销售额按13%的扣除率计算抵扣进项税额;购进的免税食用植物油,不得计算抵扣进项税额。

(1999年6月29日　财税字〔1999〕198号)

对属于一般纳税人的生产、经营单位从国有粮食购销企业购进的免税粮食,可依据购销企业开具的销售发票注明的销售额按13%的扣除率计算抵扣进项税额。

一、享受免税优惠的国有粮食购销企业可继续使用增值税专用发票。

二、自1999年8月1日起,凡国有粮食购销企业销售粮食,暂一律开具增值税专用发票。

三、国有粮食购销企业开具增值税专用发票时,应当比照非免税货物开具增值税专用发票,企业记账销售额为“价税合计”数。

四、属于一般纳税人的生产、经营单位从国有粮食购销企业购进的免税粮食,可依照国有粮食购销企业开具的增值税专用发票注明的税额抵扣进项税额。

(1999年7月19日　国税明电〔1999〕10号)

一、凡享受免征增值税的国有粮食购销企业，均按增值税一般纳税人认定，并进行纳税申报、日常检查及有关增值税专用发票的各项管理。

二、经税务机关认定为增值税一般纳税人的国有粮食购销企业，1999年内要全部纳入增值税防伪税控系统管理，自2000年1月1日起，其粮食销售业务必须使用防伪税控系统开具增值税专用发票。对违反本条规定，逾期未使用防伪税控系统，擅自开具增值税专用发票的，按照《中华人民共和国发票管理办法》及其实施细则的有关规定进行处罚。

(1999年8月18日　国税函〔1999〕560号)

享受免征增值税政策的国有粮食购销企业，凡需要向购货方开具增值税专用发票的，应严格按照《国家税务总局关于加强国有粮食购销企业增值税管理有关问题的通知》(国税函〔1999〕560号）的有关规定，在1999年内纳入增值税防伪税控系统管理，自2000年1月1日起，停止供应手写版增值税专用发票。

(1999年12月3日　国税函〔1999〕829号)

对粮食部门经营的退耕还林还草补助粮，凡符合国家规定标准的，比照“救灾救济粮”免征增值税。

(2001年11月26日　国税发〔2001〕131号)

自2002年6月1日起，对中国储备粮总公司及各分公司所属的政府储备食用植物油承储企业，按照国家指令计划销售的政府储备食用植物油，可比照国家税务总局《关于国有粮食购销企业开具粮食销售发票有关问题的通知》(国税明电〔1999〕10号)及国家税务总局《关于加强国有粮食购销企业增值税管理有关问题的通知》(国税函〔1999〕560号)的有关规定执行，允许其开具增值税专用发票并纳入增值税防伪税控系统管理。

(2002年6月10日　国税函〔2002〕531号)

5.4.4 文化宣传

二、对下列出版物的增值税继续实行先征后退的办法。违规出版物和多次出现违规出版物的出版社不得享受此项政策。

(一)中国共产党和各民主党派的机关报和机关刊物。

(二)各级人民政府的机关报和机关刊物。

(三)各级人大、政协、工会、共青团、妇联组织的机关报和机关刊物。

(四)新华通讯社的机关报和机关刊物。

(五)军事部门的机关报和机关刊物。

(六) 大中小学的学生课本和专为少年儿童出版发行的报纸和刊物。

(七)科技图书和科技期刊。

三、全国县(含县级市)及县以下新华书店和农村供销社销售出版物的增值税,继续实行先征后退的办法。

四、继续实施下列发展电影事业的五项经济政策。

(一) 对经国务院批准成立的电影制片厂销售的电影拷贝收入,免征增值税;对电影发行单位向放映单位收取的发行收入,免征营业税。

(2000年12月18日 国税发〔2000〕41号)

《经济日报》和《光明日报》是中共中央宣传部管理的报刊,属于享受宣传文化税收优惠政策的范围。据此,同意对《经济日报》、《光明日报》按照《关于继续对宣传文化单位实行增值税优惠政策的通知》(财税字〔1996〕78号)的规定,享受出版物增值税先征后退的政策。

(2000年12月25日 财税〔2000〕101号)

党报、党刊将其发行、印刷业务及相应的经营性资产剥离组建的文化企业,自注册之日起所取得的党报、党刊发行收入和印刷收入免征增值税。

所称经营性文化事业单位是指从事新闻出版、广播影视和文化艺术的事业单位;转制包括文化事业单位整体转为企业和文化

事业单位中经营部分剥离转为企业。

执行期限为2009年1月1日至2013年12月31日。

（2009年3月26日　财税〔2009〕34号）

广播电影电视行政主管部门（包括中央、省、地市及县级）按照各自职能权限批准从事电影制片、发行、放映的电影集团公司（含成员企业）、电影制片厂及其他电影企业取得的销售电影拷贝收入、转让电影版权收入、电影发行收入以及在农村取得的电影放映收入免征增值税和营业税。

（2009年3月27日　财税〔2009〕31号）

为支持我国宣传文化事业的发展，经国务院批准，在2010年底以前，对宣传文化事业继续实行增值税和营业税税收优惠政策。现将有关事项通知如下：

一、自2009年1月1日起至2010年12月31日，实行下列增值税先征后退政策：

（一）对下列出版物在出版环节实行增值税100%先征后退的政策：

1.中国共产党和各民主党派的各级组织的机关报纸和机关期刊，各级人大、政协、政府、工会、共青团、妇联、科协、老龄委的机关报纸和机关期刊，新华社的机关报纸和机关期刊，军事部门的机关报纸和机关期刊。

上述各级组织的机关报纸和机关期刊，增值税先征后退范围掌握在一个单位一份报纸和一份期刊以内。

2.专为少年儿童出版发行的报纸和期刊，中小学的学生课本。

3.少数民族文字出版物。

4.盲文图书和盲文期刊。

5.经批准在内蒙古、广西、西藏、宁夏、新疆五个自治区内注册的出版单位出版的出版物。

6.列入本通知附件1的图书、报纸和期刊。

（二）对下列出版物在出版环节实行增值税先征后退50%的政策：

1.除本通知第一条第(一)项规定实行增值税100%先征后退的图书和期刊以外的其他图书和期刊、音像制品。

2.列入本通知附件2的报纸。

(三) 对下列印刷、制作业务实行增值税100%先征后退的政策:

1.对少数民族文字出版物的印刷或制作业务。

2. 列入本通知附件3的新疆维吾尔自治区印刷企业的印刷业务。

二、自2009年1月1日起至2010年12月31日,对下列新华书店实行增值税免税或先征后退政策:

(一)对全国县(含县级市、区、旗,下同)及县以下新华书店和农村供销社在本地销售的出版物免征增值税。对新华书店组建的发行集团或原新华书店改制而成的连锁经营企业,其县及县以下网点在本地销售的出版物,免征增值税。

县(含县级市、区、旗)及县以下新华书店包括地、县(含县级市、区、旗)两级合二为一的新华书店,不包括位于市(含直辖市、地级市)所辖的区中的新华书店。

(二)对新疆维吾尔自治区新华书店和乌鲁木齐市新华书店销售的出版物实行增值税100%先征后退的政策。

四、自2009年1月1日起至2010年12月31日,对依本通知第一条规定退还的增值税税款应专项用于技术研发、设备更新、新兴媒体的建设和重点出版物的引进开发。对依本通知第二条规定免征或退还的增值税税款应专项用于发行网点建设和信息系统建设。

五、享受本通知第一条第(一)项、第(二)项规定的增值税先征后退政策的纳税人必须是具有国家新闻出版总署颁发的具有相关出版物的出版许可证的出版单位(含以"租型"方式取得专有出版权进行出版物的印刷发行的出版单位)。承担省级以上新闻出版行政部门指定出版、发行任务的单位,因各种原因尚未办理出版、发行许可的出版单位,经省级财政监察专员办事处商同级新闻出版主管部门核准,可以享受相应的增值税先征后退政策。

纳税人应将享受上述税收优惠政策的出版物在财务上实行单独核算，不进行单独核算的不得享受本通知规定的优惠政策。违规出版物和多次出现违规的出版单位不得享受本通知规定的优惠政策，上述违规出版物和出版单位的具体名单由省级及以上新闻出版行政部门及时通知相应省级财政监察专员办事处。

六、本通知的有关定义

(一)本通知所述“科普单位”，是指科技馆，自然博物馆，对公众开放的天文馆(站、台)、气象台(站)、地震台(站)，以及高等院校、科研机构对公众开放的科普基地。

(二)本通知所述“出版物”，是指根据国家新闻出版总署的有关规定出版的图书、报纸、期刊、音像制品和电子出版物。所述图书、报纸和期刊，包括随同图书、报纸、期刊销售并难以分离的光盘、软盘和磁带等信息载体。

(三)图书、报纸、期刊(即杂志)的范围，仍然按照《国家税务总局关于印发〈增值税部分货物征税范围注释〉的通知》(国税发〔1993〕151号)的规定执行。

(四)本通知所述“专为少年儿童出版发行的报纸和期刊”，是指以初中及初中以下少年儿童为主要对象的报纸和期刊。

(五)本通知所述“中小学的学生课本”，是指普通中小学学生课本和中等职业教育课本。普通中小学学生课本是指根据教育部中、小学教学大纲的要求，由经国家新闻出版行政管理部门审定而具有“中小学教材”出版资质的出版单位出版发行的中、小学学生上课使用的正式课本，具体操作时按国家和省级教育行政部门每年春、秋两季下达的“中小学教学用书目录”中所列的“课本”的范围掌握；中等职业教育课本是指经国家和省级教育、人力资源社会保障行政部门审定，供中等专业学校、职业高中和成人专业学校学生使用的课本，具体操作时按国家和省级教育、人力资源社会保障行政部门每年下达的教学用书目录认定。中小学的学生课本不包括各种形式的教学参考书、图册、自读课本、课外读物、练习册以及其他各类辅助性教材和辅导读物。

(六)本通知第一条第(一)项和第(二)项规定的图书包括租

型出版的图书。

七、办理和认定

(一) 本通知规定的各项增值税先征后退政策由财政部驻各地财政监察专员办事处根据财政部、国家税务总局、中国人民银行《关于税制改革后对某些企业实行"先征后退"有关预算管理问题的暂行规定的通知》〔(94)财预字第55号〕的规定办理。各地财政监察专员办事处和负责增值税先征后退初审工作的财政机关要采取措施,按照本通知第四条规定的用途监督纳税人用好退税或免税资金。

(二)科普单位、科普活动和科普单位进口自用科普影视作品的认定仍按《科技部财政部国家税务总局海关总署新闻出版总署关于印发<科普税收优惠政策实施办法>的通知》(国科发政字〔2003〕416号)的有关规定执行。

八、本通知自2009年1月1日起执行。《财政部国家税务总局关于宣传文化增值税和营业税优惠政策的通知》(财税〔2006〕153号)同时废止。

按照本通知第二条和第三条规定应予免征的增值税或营业税,凡在接到本通知以前已经征收入库的,可抵减纳税人以后月份应缴纳的增值税、营业税税款或者办理税款退库。纳税人如果已向购买方开具了增值税专用发票,应将专用发票追回后方可申请办理免税。凡专用发票无法追回的,一律照章征收增值税。

财政部国家税务总局

2009年12月10日

附件1：

适用增值税100%先征后退政策的特定图书、报纸和期刊名单

1.《半月谈》(CN11-1271/D)和《半月谈内部版》(CN11-1599/D)

2. 新华通讯社的刊号为CN11-1363/D、CN11-4165/D、CN11-4166/D、CN11-4164/D、CN11-4139/D和CN11-4140/D的期刊

3.《法制日报》(CN11-0080)

4.《检察日报》(CN11-0187)

5.《人民法院报》(CN11-0194)

6.《中国日报》(CN11-0091)

7.《中国纪检监察报》(CN11-0176)

8.《光明日报》(CN11-0026)

9.《经济日报》(CN11-0014)

10.《农民日报》(CN11-0055)

11.《人民公安报》(CN11-0090)

12.《中国妇女》〔CN11-1245/C(英文),CN11-1704/C〕

13.《长安》(CN11-3295/D)

14.《中国火炬》(CN11-3316/C)

15.《中国监察》(CN11-2474/D)

16.《环球时报》〔CN11-0215,CN11-0272(英文版)〕

17.国务院侨办组织编写的背面印有“本书国务院侨办推展海外华文教育免费赠送”字样的华文教材(含多媒体教材)。

附件 2：

适用增值税50%先征后退政策的报纸名单

类别	享受政策的报纸	代码
一、综合类报纸	1.国际时政类报纸	133
	2.外宣类报纸	134
	3.其他类报纸	135
二、行业专业类报纸	1.经济类报纸	201
	2.工业产业类报纸	202
	3.农业类报纸	203
	4.文化艺术类报纸	206
	5.法制公安类报纸	207
	6.科技类报纸	208
	7.教育类报纸	209
	8.新闻出版类报纸	214
	9.信息技术类报纸	215
	10.综合信息类报纸	216

说明：

1.根据《新闻出版署关于印发〈报纸期刊年度核验办法〉的通知》(新出报刊〔2006〕181号)，报纸类别由各省新闻出版局根据报纸审批、变更时所认定的类别或根据报纸办报宗旨确定。具体类别或代码以新闻出版行政部门出具的《报纸出版许可证》中“类别”栏标明的内容为准。

2.对2008年底以前颁发的《报纸出版许可证》，如果没有标明相应报纸类别或代码的，应在报经新闻出版总署确认并出具证明后，再根据相应类别确定是否适用退税政策。

附件3：

适用增值税100%先征后退政策的新疆维吾尔自治区印刷企业名单

序号	企业名称
1	新疆新华印刷厂
2	新疆新华印刷二厂
3	新疆八艺印刷厂
4	新疆日报社印务中心
5	新疆生产建设兵团印刷厂
6	新疆蓝天铁路印务有限公司
7	新疆地矿彩印厂
8	乌鲁木齐隆益达印务有限公司
9	乌鲁木齐新金盾彩印厂
10	乌鲁木齐市海洋彩印有限公司
11	乌鲁木齐市大陆桥教育印刷厂
12	乌鲁木齐八家户彩印有限公司
13	乌鲁木齐晚报社印务中心
14	新疆金版印务有限公司
15	伊犁人民出版社印刷厂
16	伊犁日报社印刷厂
17	新疆石油报社印刷厂
18	克拉玛依市独山子天利人印务限公司
19	巴音郭楞报社印刷厂
20	塔里木油田建设工程有限责任公司印刷厂
21	阿克苏飞达印务有限责任公司
22	喀什日报社印刷厂
23	呼图壁县阳光彩印有限公司
24	喀什维吾尔文出版社印刷厂
25	新疆晨新印务有限公司
26	石河子报社印刷厂
27	博尔塔拉报社印刷厂
28	阿勒泰报社印刷厂
29	吐鲁番报社印刷中心
30	新疆阿克苏新华印务有限责任公司
31	柯孜勒苏报社印刷厂
32	和田日报社印刷厂
33	塔城地区印刷厂
34	新疆漠尔通印刷有限责任公司
35	新疆新华华龙印务有限责任公司
36	新疆一龙印刷有限公司

（2009年12月10日　财税〔2009〕147号）

5.4.5 残疾人

供残疾人专用的假肢、轮椅、矫形器(包括上肢矫形器、下肢矫形器、脊椎侧弯矫形器),免征增值税。

(1994年10月18日 〔1994〕财税字60号)

一、对安置残疾人单位的增值税和营业税政策

对安置残疾人的单位,实行由税务机关按单位实际安置残疾人的人数,限额即征即退增值税或减征营业税的办法。

(一) 实际安置的每位残疾人每年可退还的增值税或减征的营业税的具体限额,由县级以上税务机关根据单位所在区县(含县级市、旗,下同)适用的经省(含自治区、直辖市、计划单列市,下同)级人民政府批准的最低工资标准的6倍确定,但最高不得超过每人每年3.5万元。

(二)主管国税机关应按月退还增值税,本月已交增值税额不足退还的,可在本年度(指纳税年度,下同)内以前月份已交增值税扣除已退增值税的余额中退还,仍不足退还的可结转本年度内以后月份退还。

(三)上述增值税优惠政策仅适用于生产销售货物或提供加工、修理修配劳务取得的收入占增值税业务和营业税业务收入之和达到50%的单位,但不适用于上述单位生产销售消费税应税货物和直接销售外购货物(包括商品批发和零售)以及销售委托外单位加工的货物取得的收入。单位应当分别核算上述享受税收优惠政策和不得享受税收优惠政策业务的销售收入或营业收入,不能分别核算的,不得享受本通知规定的增值税或营业税优惠政策。

(四)兼营本通知规定享受增值税和营业税税收优惠政策业务的单位,可自行选择退还增值税或减征营业税,一经选定,一个年度内不得变更。

(五)如果既适用促进残疾人就业税收优惠政策,又适用下岗再就业、军转干部、随军家属等支持就业的税收优惠政策的,单位可选择适用最优惠的政策,但不能累加执行。

(六)本条所述“单位”是指税务登记为各类所有制企业(包括个人独资企业、合伙企业和个体经营户)、事业单位、社会团体和民办非企业单位。

五、享受税收优惠政策单位的条件

安置残疾人就业的单位(包括福利企业、盲人按摩机构、工疗机构和其他单位),同时符合以下条件并经过有关部门的认定后,均可申请享受本通知第一条和第二条规定的税收优惠政策:

(一)依法与安置的每位残疾人签订了一年以上(含一年)的劳动合同或服务协议,并且安置的每位残疾人在单位实际上岗工作。

(二)月平均实际安置的残疾人占单位在职职工总数的比例应高于25%(含25%),并且实际安置的残疾人人数多于10人(含10人)。

(三)为安置的每位残疾人按月足额缴纳了单位所在区县人民政府根据国家政策规定的基本养老保险、基本医疗保险、失业保险和工伤保险等社会保险。

(四)通过银行等金融机构向安置的每位残疾人实际支付了不低于单位所在区县适用的经省级人民政府批准的最低工资标准的工资。

(五)具备安置残疾人上岗工作的基本设施。

六、其他有关规定

(一)经认定的符合上述税收优惠政策条件的单位,应按月计算实际安置残疾人占单位在职职工总数的平均比例,本月平均比例未达到要求的,暂停其本月相应的税收优惠。在一个年度内累计三个月平均比例未达到要求的,取消其次年度享受相应税收优惠政策的资格。

(二)《财政部国家税务总局关于教育税收政策的通知》(财税〔2004〕39号)第一条第7项规定的特殊教育学校举办的企业,是指设立的主要为在校学生提供实习场所、并由学校出资自办、由学校负责经营管理、经营收入全部归学校所有的企业,上述企业只要符合第五条第(二)项条件,即可享受本通知第一条和第二条规定的税收优惠政策。这类企业在计算残疾人人数时可将在企业实际上岗工作的特殊教育学校的全日制在校学生计算在内,在计算单位在职职工人数时也要将上述学生计算在内。

(三)在除辽宁、大连、上海、浙江、宁波、湖北、广东、深圳、重庆、陕西以外的其他地区,2007年7月1日前已享受原福利企业税收优惠政策的单位,凡不符合本通知第五条第(三)项规定的有关缴纳社会保险条件,但符合本通知第五条规定的其他条件的,主管税务机关可暂予认定为享受税收优惠政策的单位。上述单位应按照有关规定尽快为安置的残疾人足额缴纳有关社会保险。2007年10月1日起,对仍不符合该项规定的单位,应停止执行本通知第一条和第二条规定的各项税收优惠政策。

(四)对安置残疾人单位享受税收优惠政策的各项条件实行年审办法,具体年审办法由省级税务部门会同同级民政部门及残疾人联合会制定。

七、有关定义

(一)本通知所述"残疾人",是指持有《中华人民共和国残疾人证》上注明属于视力残疾、听力残疾、言语残疾、肢体残疾、智力残疾和精神残疾的人员和持有《中华人民共和国残疾军人证(1至8级)》的人员。

(二)本通知所述"个人"均指自然人。

(三)本通知所述"单位在职职工"是指与单位建立劳动关系并依法应当签订劳动合同或服务协议的雇员。

(四)本通知所述"工疗机构"是指集就业和康复为一体的福利性生产安置单位,通过组织精神残疾人员参加适当生产劳动和实施康复治疗与训练,达到安定情绪、缓解症状、提高技能和改善生活状况的目的,包括精神病院附设的康复车间、企业附设的工疗车间、基层政府和组织兴办的工疗站等。

八、对残疾人人数计算的规定

(一)允许将精神残疾人员计入残疾人人数享受本通知第一条和第二条规定的税收优惠政策,仅限于工疗机构等适合安置精神残疾人就业的单位。具体范围由省级税务部门会同同级财政、民

政部门及残疾人联合会规定。

(二)单位安置的不符合《中华人民共和国劳动法》(主席令第二十八号)及有关规定的劳动年龄的残疾人,不列入本通知第五条第(二)款规定的安置比例及第一条规定的退税、减税限额和第二条规定的加计扣除额的计算。

九、单位和个人采用签订虚假劳动合同或服务协议、伪造或重复使用残疾人证或残疾军人证、残疾人挂名而不实际上岗工作、虚报残疾人安置比例、为残疾人不缴或少缴规定的社会保险、变相向残疾人收回支付的工资等方法骗取本通知规定的税收优惠政策的,除依照法律、法规和其他有关规定追究有关单位和人员的责任外,其实际发生上述违法违规行为年度内实际享受到的减(退)税款应全额追缴入库,并自其发生上述违法违规行为年度起三年内取消其享受本通知规定的各项税收优惠政策的资格。

十、本通知规定的各项税收优惠政策的具体征收管理办法由国家税务总局会同民政部、中国残疾人联合会另行制定。福利企业安置残疾人比例和安置残疾人基本设施的认定管理办法由民政部商财政部、国家税务总局、中国残疾人联合会制定,盲人按摩机构、工疗机构及其他单位安置残疾人比例和安置残疾人基本设施的认定管理办法由中国残疾人联合会商财政部、民政部、国家税务总局制定。

十一、本通知自2007年7月1日起施行。

(2007年6月15日　财税〔2007〕92号)

一、资格认定

(一)认定部门

申请享受《财政部国家税务总局关于促进残疾人就业税收优惠政策的通知》(财税〔2007〕92号)第一条、第二条规定的税收优惠政策的符合福利企业条件的用人单位,安置残疾人超过25%(含25%),且残疾职工人数不少于10人的,在向税务机关申请减免税前,应当先向当地县级以上地方人民政府民政部门提出福利企业的认定申请。

盲人按摩机构、工疗机构等集中安置残疾人的用人单位，在向税务机关申请享受《财政部国家税务总局关于促进残疾人就业税收优惠政策的通知》(财税〔2007〕92号)第一条、第二条规定的税收优惠政策前，应当先向当地县级残疾人联合会提出认定申请。

申请享受《财政部国家税务总局关于促进残疾人就业税收优惠政策的通知》(财税〔2007〕92号)第一条、第二条规定的税收优惠政策的其他单位，可直接向税务机关提出申请。

(二)认定事项

民政部门、残疾人联合会应当按照《财政部国家税务总局关于促进残疾人就业税收优惠政策的通知》(财税〔2007〕92号)第五条第(一)、(二)、(五)项规定的条件，对前项所述单位安置残疾人的比例和是否具备安置残疾人的条件进行审核认定，并向申请人出具书面审核认定意见。

《中华人民共和国残疾人证》和《中华人民共和国残疾军人证》的真伪，分别由残疾人联合会、民政部门进行审核。

具体审核管理办法由民政部、中国残疾人联合会分别商有关部门另行规定。

(三)各地民政部门、残疾人联合会在认定工作中不得直接或间接向申请认定的单位收取任何费用。如果认定部门向申请认定的单位收取费用，则本条第(一)项前两款所述单位可不经认定，直接向主管税务机关提出减免税申请。

二、减免税申请及审批

(一)取得民政部门或残疾人联合会认定的单位(以下简称“纳税人”)，可向主管税务机关提出减免税申请，并提交以下材料：

1.经民政部门或残疾人联合会认定的纳税人，出具上述部门的书面审核认定意见；

2.纳税人与残疾人签订的劳动合同或服务协议(副本)；

3.纳税人为残疾人缴纳社会保险费缴费记录；

4.纳税人向残疾人通过银行等金融机构实际支付工资凭证；

5.主管税务机关要求提供的其他材料。

（二）不需要经民政部门或残疾人联合会认定的单位以及本通知第一条第（三）项规定的单位（以下简称“纳税人”），可向主管税务机关提出减免税申请，并提交以下材料：

1.纳税人与残疾人签订的劳动合同或服务协议（副本）；

2.纳税人为残疾人缴纳社会保险费缴费记录；

3.纳税人向残疾人通过银行等金融机构实际支付工资凭证；

4.主管税务机关要求提供的其他材料。

（三）申请享受《财政部国家税务总局关于促进残疾人就业税收优惠政策的通知》（财税〔2007〕92号）第三条、第四条规定的税收优惠政策的残疾人个人（以下简称“纳税人”），应当出具主管税务机关规定的材料，直接向主管税务机关申请减免税。

（四）减免税申请由税务机关的办税服务厅统一受理，内部传递到有权审批部门审批。审批部门应当按照《财政部国家税务总局关于促进残疾人就业税收优惠政策的通知》（财税〔2007〕92号）第五条规定的条件以及民政部门、残疾人联合会出具的书面审核认定意见，出具减免税审批意见。

减免税审批部门对民政部门或残疾人联合会出具的书面审核认定意见仅作书面审核确认，但在日常检查或稽查中发现民政部门或残疾人联合会出具的书面审核认定意见有误的，应当根据《国家税务总局关于印发〈税收减免管理办法（试行）〉的通知》（国税发〔2005〕129号）等有关规定作出具体处理。

如果纳税人所得税属于其他税务机关征收的，主管税务机关应当将审批意见抄送所得税主管税务机关，所得税主管税务机关不再另行审批。

（五）主管税务机关在受理本条（二）、（三）项减免税申请时，可就残疾人证件的真实性等问题，请求当地民政部门或残疾人联合会予以审核认定。

三、退税减税办法

（一）增值税和营业税

增值税实行即征即退方式。主管税务机关对符合减免税条件的纳税人应当按月退还增值税，本月已交增值税不足退还的，可在本年度内以前月份已交增值税扣除已退增值税的余额中退还，仍不足退还的可结转本年度内以后月份退还。本年度应纳税额小于核定的年度退税限额的，以本年度应纳税额为限；本年度应纳税额大于核定的年度退税限额的，以核定的年度退税限额为限。纳税人本年度应纳税额不足退还的，不得结转以后年度退还。纳税人本月应退增值税额按以下公式计算：

本月应退增值税额=纳税人本月实际安置残疾人员人数×县级以上税务机关确定的每位残疾人员每年可退还增值税的具体限额÷12

营业税实行按月减征方式。主管税务机关应按月减征营业税，本月应缴营业税不足减征的，可结转本年度以后月份减征。本年度应纳税额小于核定的年度减税限额的，以本年度应纳税额为限；本年度应纳税额大于核定的年度减税限额的，以核定的本年度减税限额为限。纳税人本年度应纳税额不足减征的，不得结转以后年度减征。纳税人本月应减征营业税额按以下公式计算：

本月应减征营业税额=纳税人本月实际安置残疾人员人数×县级以上税务机关确定的每位残疾人员每年可减征营业税的具体限额÷12

兼营营业税“服务业”税目劳务和其他税目劳务的纳税人，只能减征“服务业”税目劳务的应纳税额；“服务业”税目劳务的应纳税额不足扣减的，不得用其他税目劳务的应纳税额扣减。

缴纳增值税或营业税的纳税人应当在取得主管税务机关审批意见的次月起，随纳税申报一并书面申请退、减增值税或营业税。

经认定的符合减免税条件的纳税人实际安置残疾人员占在职职工总数的比例应逐月计算，本月比例未达到25%的，不得退还本月的增值税或减征本月的营业税。

年度终了，应平均计算纳税人全年实际安置残疾人员占在职职工总数的比例，一个纳税年度内累计3个月平均比例未达到25%的，应自次年1月1日起取消增值税退税、营业税减税和企业所得税优惠政策。

纳税人新安置残疾人员从签订劳动合同并缴纳基本养老保险、基本医疗保险、失业保险和工伤保险等社会保险的次月起计

算，其他职工从录用的次月起计算；安置的残疾人员和其他职工减少的，从减少当月计算。

(二)所得税

1.对符合《财政部国家税务总局关于促进残疾人就业税收优惠政策的通知》(财税〔2007〕92号)第二条、第三条、第四条规定条件的纳税人，主管税务机关应当按照有关规定落实税收优惠政策。

2.原福利企业在2007年1月1日至2007年7月1日期间的企业所得税，凡符合原福利企业政策规定的企业所得税减免条件的，仍可按原规定予以减征或免征企业所得税，计算方法如下：

按规定享受免征企业所得税的原福利企业，2007年1月1日至2007年7月1日免征应纳税所得额=(2007年度企业所得税应纳税所得额÷12)×6

按规定享受减半征收企业所得税的原福利企业，2007年1月1日至2007年7月1日减征应纳税所得额=(2007年度企业所得税应纳税所得额÷12÷2)×6

2007年度企业所得税应纳税所得额的确定，应按原规定计算，不包括福利企业残疾职工工资加计扣除部分。

3.各地税务机关应当根据本次政策调整情况，按有关规定调整企业所得税就地预缴数额。

四、变更申报

(一)纳税人实际安置的残疾人员或在职职工人数发生变化，但仍符合退、减税条件的，应当根据变化事项按本通知第一、二条的规定重新申请认定和审批。

(二)纳税人因残疾人员或在职职工人数发生变化，不再符合退、减税条件时，应当自情况变化之日起15个工作日内向主管税务机关申报。

五、监督管理

(一)主管税务机关应当加强日常监督管理，并会同民政部门、残疾人联合会建立年审制度，对不符合退、减税条件的纳税人，取消其退、减税资格，追缴其不符合退、减税条件期间已退或减征的税款,并依照税收征管法的有关规定予以处罚。

对采取一证多用或虚构《财政部国家税务总局关于促进残疾人就业税收优惠政策的通知》(财税〔2007〕92号)第五条规定条件,骗取税收优惠政策的,一经查证属实,主管税务机关应当追缴其骗取的税款,并取消其3年内申请享受《财政部国家税务总局关于促进残疾人就业税收优惠政策的通知》(财税〔2007〕92号)规定的税收优惠政策的资格。

(二)税务机关和纳税人应当建立专门管理台账。在征管软件修改前,主管税务机关和纳税人都要建立专门管理台账,动态掌握纳税人年度退、减税限额及残疾人员变化等情况。

(三)各地税务机关应当加强与民政部门、劳动保障部门、残疾人联合会等有关部门的沟通,逐步建立健全与发证部门的信息比对审验机制。建立部门联席会议制度,加强对此项工作的协调、指导,及时解决出现的问题,保证此项工作的顺利进行。

本通知自2007年7月1日起执行,适用原政策的纳税人,一律按本通知规定执行。各省、自治区、直辖市、计划单列市税务机关可按本通知精神,制定具体实施办法。

(2007年6月15日　国税发〔2007〕67号)

5.4.6　黄金、铂金、白银

一、停止执行《财政部、国家税务总局、中国人民银行关于人民银行配售黄金征税问题的通知》〔(94)财税字第18号〕第四条的有关规定。

二、对按国际市场价格配售的黄金免征增值税,银行不开具增值税专用发票。

三、对出口黄金及出口金饰品的黄金原料部分不再予以出口退税,对此前已经报关出口的仍按原规定办理退税。

四、本通知自2000年6月20日起执行。

(2000年7月28日　财税〔2000〕3号)

一、黄金生产和经营单位销售黄金(不包括以下品种:成色为AU9999、AU9995、AU999、AU995;规格为50克、100克、1公斤、3公

斤、12.5公斤的黄金，以下简称标准黄金）和黄金矿砂（含伴生金），免征增值税；进口黄金（含标准黄金）和黄金矿砂免征进口环节增值税。

二、黄金交易所会员单位通过黄金交易所销售标准黄金（持有黄金交易所开具的《黄金交易结算凭证》），未发生实物交割的，免征增值税；发生实物交割的，由税务机关按照实际成交价格代开增值税专用发票，并实行增值税即征即退的政策，同时免征城市维护建设税、教育费附加。增值税专用发票中的单价、金额和税额的计算公式分别为：

单价=实际成交单价÷(1+增值税税率)

金额=数量×单价

税额=金额×税率

实际成交单价是指不含黄金交易所收取的手续费的单位价格。

纳税人不通过黄金交易所销售的标准黄金不享受增值税即征即退和免征城市维护建设税、教育费附加政策。

四、对黄金交易所收取的手续费等收入照章征收营业税。

(2002年9月12日　财税〔2002〕142号)

《黄金交易所黄金交易增值税征收管理办法》

一、关于黄金交易的品种

1.标准黄金产品

四种成色：AU9999、AU9995、AU999、AU995。

五种规格：50克、100克、1公斤、3公斤、12.5公斤。

2.非标准黄金产品

除上述四种成色、五种规格以外的黄金产品。

二、关于黄金交易的有关征税规定

1.为便于增值税的征收管理，按照黄金交易所章程规定注册登记的会员以及按照黄金交易所章程规定登记备案的客户，通过黄金交易所进行的标准黄金产品交易〔并持有黄金交易所开具的《黄金交易结算发票》(结算联)〕，未发生实物交割的，由卖出方会员单位或客户按实际成交价格向黄金交易所开具普通发票，并免征增值税;如发生实物交割的,由黄金交易所主管税务机关代黄金交易所按照实际成交价格向具有增值税一般纳税人资格的提货方会员单位或客户开具增值税专用发票(增值税专用发票的发票联、记账联、存根联由黄金交易所留存,抵扣联传递给提货方会员单位)。对提货方会员单位或客户为非增值税一般纳税人的,不得开具增值税专用发票。

"标准黄金实物交割"是指:会员单位或客户将在黄金交易所已成交的黄金从黄金交易所指定的金库提取黄金的行为。

2.黄金交易所交易环节发生标准黄金实物交割,应按实际成交价格开具增值税专用发票,实际成交价格为所提取黄金买卖双方按规定报价方式所成交的价格,不包括交易费、仓储费等费用。为准确计算所提黄金的实际成交价格,黄金交易所应按后进先出法原则确定。

3.为便于增值税的征收管理,在黄金交易所开业初期,对非黄金生产会员单位或客户(不包括银行系统),应按本单位的黄金实际使用量从黄金交易所的指定金库提取黄金。对没有按本单位黄金实际使用量而从黄金交易所指定金库多提取的黄金,不得再向黄金交易所指定的金库存入黄金进行交易,包括黄金交易所开业之前非黄金生产会员单位或客户(不包括银行系统)在本单位的库存黄金。

4.黄金交易所可享受增值税即征即返的优惠政策,同时免征城市建设维护税、教育费附加。

5.对纳税人不通过黄金交易所销售标准黄金的,不享受增值税即征即退和免征城市建设维护税、教育费附加的政策。

三、会员单位和客户增值税进项税额的核算

1.对会员单位(中国人民银行和黄金生产企业除外)或客户应对在黄金交易所黄金交易的进项税额实行单独核算,对按取得的黄金交易所开具的增值税专用发票上注明的增值税税额(包括相对应的买入量)单独记账。对会员或客户从黄金交易所购入黄金(指发生实物交割)再通过黄金交易所卖出时,应计算通过黄金交易所卖出黄金进项税额的转出额, 并从当期进项税额中转出,同

时计入成本；对企业当期账面进项税额小于通过下列公式计算出的应转出的进项税额，其差额部分应当立即补征入库。

应转出的进项税额=单位进项税额×当期黄金卖出量。

单位进项税额=购入黄金的累计进项税额÷累计黄金购入额。

2.对会员单位（中国人民银行和黄金生产企业除外）或客户通过黄金交易所销售企业原有库存黄金，应按实际成交价格计算相应的进项税金转出额，并从当期进项税额中转出，计入成本。

应转出的进项税额=销售库存黄金实际成交价格÷(1+17%)×17%

四、增值税一般纳税人的认定

1.为便于增值税的征收管理，黄金交易所应向所在地的主管税务机关申请办理增值税一般纳税人的认定手续，并申请印制《黄金交易结算发票》。

2.会员单位和客户符合增值税一般纳税人认定资格的，可向其所在地的主管税务机关申请办理增值税一般纳税人的认定手续。

会员和客户在黄金交易所所在地设有分支机构的，并由分支机构进行黄金交易的，对符合增值税一般纳税人资格的分支机构可向黄金交易所的主管税务机关申请办理一般纳税人的认定手续。

五、关于税务机关代开增值税专用发票

黄金交易所主管税务机关代开增值税专用发票中的单价、金额和税额的计算公式：

单价=实际成交单价÷(1+增值税税率)

金额=数额×单价

税额=金额×税率

单价小数点后保留四位。

六、对会员单位和客户应按黄金交易所开具的《黄金交易结算发票》作为会计记账凭证进行财务核算；对买入方会员单位和客户取得税务部门代开的增值税专用发票（增值税专用发票的发票联、记账联、存根联由黄金交易所留存，抵扣联传递给提货方会员单位），只作为核算进项税额的凭证，不得作为财务核算的凭证。

七、会员单位和客户未发生实物交割的，应凭黄金交易所开具的《黄金交易结算发票》（结算联），向会员单位和客户所在地税务机关办理免税手续。

八、为便于增值税的征收管理，黄金交易所应加强对会员单位和客户的基础管理工作，会员单位的自营黄金交易与代理客户的黄金交易应分别进行核算。

（2002年10月23日　国税发明电〔2002〕47号）

自2003年1月1日起，对进口黄金（含标准黄金）和黄金矿砂（含伴生矿）免征进口环节增值税。

（2002年12月27日　财税〔2002〕207号）

一、对进口铂金免征进口环节增值税。

二、对中博世金科贸有限责任公司通过上海黄金交易所销售的进口铂金，以上海黄金交易所开具的《上海黄金交易所发票》（结算联）为依据，实行增值税即征即退政策。采取按照进口铂金价格计算退税的办法，具体如下：

即征即退的税额计算公式：

进口铂金平均单价=Σ［（当月进口铂金报关单价×当月进口铂金数量）+上月末库存进口铂金总价值］÷（当月进口铂金数量+上月末库存进口铂金数量）

金额=销售数量×进口铂金平均单价÷（1+17%）

即征即退的税额=金额×17%

中博世金科贸有限责任公司进口的铂金没有通过上海黄金交易所销售的，不得享受增值税即征即退政策。

三、中博世金科贸有限责任公司通过上海黄金交易所销售的进口铂金，由上海黄金交易所主管税务机关按照实际成交价格代开增值税专用发票。增值税专用发票中的单价、金额和税额的计算公式为：

单价=实际成交单价÷（1+17%）

金额=成交数量×单价

税额=金额×17%

实际成交单价是指不含黄金交易所收取的手续费的单位价格。

四、国内铂金生产企业自产自销的铂金也实行增值税即征即退政策。

五、对铂金制品加工企业和流通企业销售的铂金及其制品仍按现行规定征收增值税。

六、铂金出口不退税。

七、铂金首饰消费税的征收环节由现行在生产环节和进口环节征收改为在零售环节征收,消费税税率调整为5%。具体征收管理比照财政部、国家税务总局《关于调整金银首饰消费税纳税环节有关问题的通知》〔(94)财税字第95号〕和国家税务总局关于印发《金银首饰消费税征收管理办法的通知》规定执行。

八、对黄金交易所收取的手续费等收入照章征收营业税。

九、黄金交易所铂金交易的增值税征收管理及增值税专用发票管理由国家税务总局另行制定。

十、本通知自2003年5月1日起执行。

(2003年4月28日　财税〔2003〕86号)

经国务院批准,自2008年1月1日起,上海期货交易黄金期货交易发生实物交割时,比照现行上海黄金交易所黄金交易的税收政策执行。现将有关政策明确如下:

一、上海期货交易所会员和客户通过上海期货交易所销售标准黄金(持上海期货交易所开具的《黄金结算专用发票》),发生实物交割但未出库的,免征增值税;发生实物交割并已出库的,由税务机关按照实际交割价格代开增值税专用发票,并实行增值税即征即退的政策,同时免征城市维护建设税和教育费附加。增值税专用发票中的单价、金额和税额的计算公式分别如下:

单价=实际交割单价÷(1+增值税税率)

金额=数量×单价

税额=金额×税率

实际交割单价是指不含上海期货交易所收取的手续费的单

位价格。

其中，标准黄金是指：成色为AU9999、AU9995、AU999、AU995；规格为50克、100克、1公斤、3公斤、12.5公斤的黄金。

二、上海期货交易所黄金期货交易的增值税征收管理办法及增值税专用发票管理办法由国家税务总局另行制订。

(2008年1月29日 财税〔2008〕5号)

5.4.7 农村电网维护费

从1998年1月1日起，对农村电管站在收取电价时一并向用户收取的农村电网维护费(包括低压线路损耗和维护费以及电工经费)给予免征增值税的照顾。

(1998年3月5日 财税字〔1998〕47号)

对供电企业收取的免征增值税的农村电网维护费，不应分摊转出外购电力产品所支付的进项税额。

(2005年8月5日 国税函〔2005〕778号)

根据《财政部国家税务总局关于免征农村电网维护费增值税问题的通知》(财税字〔1998〕47号)规定，对农村电管站在收取电价时一并向用户收取的农村电网维护费（包括低压线路损耗和维护费以及电工经费)免征增值税。鉴于部分地区农村电网维护费改由其他单位收取后，只是收费的主体发生了变化，收取方法、对象以及使用用途均未发生变化，为保持政策的一致性，对其他单位收取的农村电网维护费免征增值税，不得开具增值税专用发票。

(2009年10月23日 国税函〔2009〕591号)

5.4.8 再生资源

取消“废旧物资回收经营单位销售其收购的废旧物资免征增值税”和“生产企业增值税一般纳税人购入废旧物资回收经营单位销售的废旧物资，可按废旧物资回收经营单位开具的由税务机关监制的普通发票上注明的金额，按10%计算抵扣进项税额”的政策。

单位和个人销售再生资源，应当依照《中华人民共和国增值

税暂行条例》(以下简称增值税条例)、《中华人民共和国增值税暂行条例实施细则》及财政部、国家税务总局的相关规定缴纳增值税。但个人(不含个体工商户)销售自己使用过的废旧物品免征增值税。增值税一般纳税人购进再生资源,应当凭取得的增值税条例及其细则规定的扣税凭证抵扣进项税额,原印有"废旧物资"字样的专用发票停止使用,不再作为增值税扣税凭证抵扣进项税额。

在2010年底以前,对符合条件的增值税一般纳税人销售再生资源缴纳的增值税实行先征后退政策。

(2008年12月9日　财税〔2008〕157号)

负责初审的财政部门原则上是指各地(市、区、州)财政局,实行"省直管县"财政管理体制的,各县(县级市、区、旗)财政局为初审部门;负责复审的财政部门是指各省(自治区、直辖市、计划单列市)财政厅(局);专员办负责终审,并按规定办理退税手续。

(2009年2月13日　监字〔2009〕7号)

一、财税〔2008〕157号第四条第(一)款"通过金融机构结算",是指纳税人销售再生资源时按照中国人民银行《关于印发〈支付结算办法〉的通知》(银发〔1997〕393号)规定的票据、信用卡和汇兑、托收承付、委托收款等结算方式进行货币给付及其资金清算。

纳税人销售再生资源发生的应收账款,应在纳税人按照银发〔1997〕393号文件规定进行资金清算后方可计入通过金融机构结算的再生资源销售额。

纳税人销售再生资源按照银发〔1997〕393号文件规定取得的预收货款,应在销售实现后方可计入通过金融机构结算的再生资源销售额。

纳税人之间发生的互抵货款,不应计入通过金融机构计算的再生资源销售额。

纳税人通过金融机构结算的再生资源销售额占全部再生资源销售额的比重是否不低于80%的要求,应按纳税人退税申请办理时限(按月、按季等)进行核定。

二、财税〔2008〕157号文件所称再生资源的具体范围,操作时按照2008年底以前税务机关批准适用免征增值税政策的再生资源的具体范围执行,但必须符合财税〔2008〕157号文件第六条的规定,其中加工处理仅限于清洗、挑选、破碎、切割、拆解、打包等改变再生资源密度、湿度、长度、粗细、软硬等物理性状的简单加工。

三、财税〔2008〕157号文件第四条第(一)款规定按照《再生资源回收管理办法》(商务部令2007年第8号)第七条、第八条规定应当向有关部门备案的,应当自备案当月1日起享受退税政策。

四、纳税人申请退税时提供的2009年10月1日以后开具的再生资源收购凭证、扣税凭证或销售发票,除符合现行发票管理有关规定外,还应注明购进或销售的再生资源的具体种类(从废旧金属、报废电子产品、报废机电设备及其零部件、废造纸原料、废轻化工原料、废塑料、废玻璃和其他再生资源等8类之中选择填写),否则不得享受退税。

五、负责初审的财政机关和税务主管机关应当加强联系,及时就纳税人的征税和退税等情况进行沟通。负责初审的财政机关应当定期向税务主管机关通报受理和审批的申请退税纳税人名单及批准的退税额,税务主管机关对在日常税收征管、纳税检查、纳税评估、稽查等过程中发现的纳税人的异常情况及时通报给负责初审的财政机关。

对于税务主管机关通报有异常情况的纳税人,负责初审的财政机关应将有关情况及时上报负责复审和终审的财政机关,各级财政机关应暂停办理该纳税人的退税,并会同税务主管机关进一步查明情况。对于查实存在将非再生资源混作再生资源购进或销售等骗取退税行为的,除追缴其此前骗取的退税款并根据《财政违法行为处罚处分条例》(国务院令第427号)的规定进行处罚外,取消其以后享受再生资源退税政策的资格。

六、本通知自2009年10月1日起执行。

(2009年9月29日　财税〔2009〕119号)

一、自2009年1月1日起至2010年12月31日，对纳税人销售的以三剩物、次小薪材、农作物秸秆、蔗渣等4类农林剩余物为原料自产的综合利用产品（产品目录见附件）由税务机关实行增值税即征即退办法，具体退税比例2009年为100%，2010年为80%。

二、申请办理增值税即征即退的纳税人，必须同时符合以下条件：

1.2008年1月1日起，未因违反《中华人民共和国环境保护法》等环境保护法律法规受到刑事处罚或者县级以上环保部门相应的行政处罚。

2.综合利用产品送交由省级以上质量技术监督部门资质认定的产品质量检验机构进行质量检验，并取得该机构出具的符合产品质量标准要求的检测报告。

3.纳税人应单独核算综合利用产品的销售额和增值税销项税额、进项税额以及应纳税额。

三、纳税人申请退税时，除按有关规定提交的相关资料外，应提交下列材料：

1.自2008年1月1日起未因违反《中华人民共和国环境保护法》等环境保护法律法规受到刑事处罚或者县级以上环保部门相应的行政处罚的书面申明。

2.省级以上质量技术监督部门资质认定的产品质量检验机构出具的相关产品符合产品质量标准要求的检测报告。

四、税务机关应加强增值税即征即退管理，不定期对企业生产经营情况（包括本通知第三条第1项的书面申明内容）和退税申报资料的真实性进行核实，凡经核实有虚报资料、骗取退税等行为的，追缴其此前骗取的退税款，并取消其以后享受上述增值税优惠政策的资格。

五、本通知所述“三剩物”，是指采伐剩余物（指枝丫、树梢、树皮、树叶、树根及藤条、灌木等）、造材剩余物（指造材截头）和加工剩余物（指板皮、板条、木竹截头、锯末、碎单板、木芯、刨花、木块、篾黄、边角余料等）。

“次小薪材”，是指次加工材（指材质低于针、阔叶树加工用原木最低等级但具有一定利用价值的次加工原木，其中东北、内蒙古地区按LY/T1505—1999标准执行，南方及其他地区按LY/T1369—1999标准执行）、小径材（指长度在2米以下或径级8厘米以下的小原木条、松木杆、脚手杆、杂木杆、短原木等）和薪材。

"农作物秸秆"，是指农业生产过程中，收获了粮食作物（指稻谷、小麦、玉米、薯类等）、油料作物（指油菜籽、花生、大豆、葵花籽、芝麻籽、胡麻籽等）、棉花、麻类、糖料、烟叶、药材、蔬菜和水果等以后残留的茎秆。

"蔗渣"，是指以甘蔗为原料的制糖生产过程中产生的含纤维50%左右的固体废弃物。

六、《财政部国家税务总局关于以三剩物和次小薪材为原料生产加工的综合利用产品增值税即征即退政策的通知》（财税〔2006〕102号）和《国家税务总局关于沙柳箱纸板实行增值税即征即退政策的批复》（国税函〔2003〕840号）相应废止。

附件：

实行增值税即征即退的综合利用产品目录

序号	产品名称
1	木(竹)、秸秆纤维板
2	木(竹)、秸秆、蔗渣刨花板
3	细木工板
4	活性炭
5	栲胶
6	水解酒精、炭棒
7	沙柳箱纸板
8	以蔗渣为原料生产的纸张

（2009年12月7日财税〔2009〕148号）

5.4.9 资源综合利用

纳税人直接以三剩物和次小薪材为原料生产加工的综合利用产品实行增值税即征即退政策。对纳税人外购的已享受综合利用增值税优惠政策的木片为原料生产的中密度纤维板不属于财

税〔2001〕72号文件规定的综合利用产品，不实行增值税即征即退优惠政策。

(2005年8月24日　国税函〔2005〕826号)

粉煤灰(渣)是煤炭燃烧后的残留物，可以用作部分建材产品的生产原料，属于废渣产品，不属于建材产品。纳税人生产销售的粉煤灰(渣)不属于《财政部、国家税务总局关于对部分资源综合利用产品免征增值税的通知》(财税〔1995〕44号)规定的免征增值税产品的范围，也不属于《财政部、国家税务总局关于调整农业产品增值税税率和若干项目征免增值税的通知》(财税字〔1994〕4号)规定的按照简易办法征收增值税产品的范围。对纳税人生产销售的粉煤灰(渣)应当按照增值税适用税率征收增值税，不得免征增值税，也不得按照简易办法征收增值税。

(2007年2月5日　国税函〔2007〕158号)

依据国家质量监督检验检疫总局国家标准化管理委员会于2007年11月9日发布《中华人民共和国国家标准--通用硅酸盐水泥》(GB175-2007)精神，取消普通硅酸盐水泥中32.5、32.5R级品种，保留矿渣硅酸盐水泥、火山灰硅酸盐水泥、粉煤灰硅酸盐水泥、复合硅酸盐水泥中32.5、32.5R级及其他品种。此项标准自2008年6月1日起执行。

根据上述规定标准，各地国税机关在审核办理32.5、32.5R普通水泥享受资源综合利用产品即征即退政策时，应把握好时间界限问题，即企业6月1日后生产的32.5、32.5R普通水泥不得享受此项优惠政策。

(2008年5月15日　甘国税流便发〔2008〕10号)

氧化钙含量在45%以下的低品位石灰石，不属于《财政部、国家税务总局关于部分资源综合利用及其他产品增值税政策问题的通知》(财税〔2001〕第198号)第一条第四款所规定的“其他废渣”范围。对淮南舜岳水泥有限责任公司生产的水泥熟料，应按照现行规定征收增值税。

(2008年12月3日　国税函〔2008〕996号)

为了进一步推动资源综合利用工作，促进节能减排，经国务院批准，决定调整和完善部分资源综合利用产品的增值税政策。同时，为了规范对资源综合利用产品的认定管理，需对现行相关政策进行整合。现将有关资源综合利用及其他产品增值税政策统一明确如下：

一、对销售下列自产货物实行免征增值税政策：

（一）再生水。

再生水是指对污水处理厂出水、工业排水（矿井水）、生活污水、垃圾处理厂渗透（滤）液等水源进行回收，经适当处理后达到一定水质标准，并在一定范围内重复利用的水资源。再生水应当符合水利部《再生水水质标准》(SL368—2006)的有关规定。

（二）以废旧轮胎为全部生产原料生产的胶粉。

胶粉应当符合GB/T19208—2008规定的性能指标。

（三）翻新轮胎。

翻新轮胎应当符合GB7037—2007、GB14646—2007或者HG/T3979—2007规定的性能指标，并且翻新轮胎的胎体100%来自废旧轮胎。

（四）生产原料中掺兑废渣比例不低于30%的特定建材产品。

特定建材产品，是指砖（不含烧结普通砖）、砌块、陶粒、墙板、管材、混凝土、砂浆、道路井盖、道路护栏、防火材料、耐火材料、保温材料、矿（岩）棉。

二、对污水处理劳务免征增值税

污水处理是指将污水加工处理后符合GB18918—2002有关规定的水质标准的业务。

三、对销售下列自产货物实行增值税即征即退的政策：

（一）以工业废气为原料生产的高纯度二氧化碳产品。

高纯度二氧化碳产品，应当符合GB10621—2006的有关规定。

（二）以垃圾为燃料生产的电力或者热力。

垃圾用量占发电燃料的比重不低于80%，并且生产排放达到GB13223—2003第1时段标准或者GB18485—2001的有关规定。

所称垃圾，是指城市生活垃圾、农作物秸秆、树皮废渣、污泥、

医疗垃圾。

(三)以煤炭开采过程中伴生的舍弃物油母页岩为原料生产的页岩油。

(四)以废旧沥青混凝土为原料生产的再生沥青混凝土。

废旧沥青混凝土用量占生产原料的比重不低于30%。

四、销售下列自产货物实现的增值税实行即征即退50%的政策:

(一)以退役军用发射药为原料生产的涂料硝化棉粉。

退役军用发射药在生产原料中的比重不低于90%。

(二)对燃煤发电厂及各类工业企业产生的烟气、高硫天然气进行脱硫生产的副产品。

副产品,是指石膏(其二水硫酸钙含量不低于85%)、硫酸(其浓度不低于15%)、硫酸铵(其总氮含量不低于18%)和硫黄。

(三)以废弃酒糟和酿酒底锅水为原料生产的蒸汽、活性炭、白碳黑、乳酸、乳酸钙、沼气。

废弃酒糟和酿酒底锅水在生产原料中所占的比重不低于80%。

(四)以煤矸石、煤泥、石煤、油母页岩为燃料生产的电力和热力。

煤矸石、煤泥、石煤、油母页岩用量占发电燃料的比重不低于60%。

(五)利用风力生产的电力。

(六)部分新型墙体材料产品。

具体范围按本通知附件1《享受增值税优惠政策的新型墙体材料目录》执行。

五、对销售自产的综合利用生物柴油实行增值税先征后退政策。

综合利用生物柴油,是指以废弃的动物油和植物油为原料生产的柴油。废弃的动物油和植物油用量占生产原料的比重不低于70%。

六、对增值税一般纳税人生产的黏土实心砖、瓦,一律按适用税率征收增值税,不得采取简易办法征收增值税。2008年7月1日起,以立窑法工艺生产的水泥(包括水泥熟料),一律不得享受本通知规定的增值税即征即退政策。

七、申请享受本通知第一条、第三条、第四条第一项至第四项、第五条规定的资源综合利用产品增值税优惠政策的纳税人，应当按照《国家发展改革委财政部国家税务总局关于印发<国家鼓励的资源综合利用认定管理办法>的通知》(发改环资〔2006〕1864号)的有关规定，申请并取得《资源综合利用认定证书》，否则不得申请享受增值税优惠政策。

八、本通知规定的增值税免税和即征即退政策由税务机关，增值税先征后退政策由财政部驻各地财政监察专员办事处及相关财政机关分别按照现行有关规定办理。

九、本通知所称废渣，是指采矿选矿废渣、冶炼废渣、化工废渣和其他废渣。废渣的具体范围，按附件2《享受增值税优惠政策的废渣目录》执行。

本通知所称废渣掺兑比例和利用原材料占生产原料的比重，一律以重量比例计算，不得以体积计算。

附件：1.享受增值税优惠政策的新型墙体材料目录

2.享受增值税优惠政策的废渣目录

附件1

享受增值税优惠政策的新型墙体材料目录

一、砖类

(一)非黏土烧结多孔砖(符合GB13544—2000技术要求)和非黏土烧结空心砖(符合GB13545—2003技术要求)。

(二)混凝土多孔砖(符合JC943—2004技术要求)。

(三)蒸压粉煤灰砖(符合JC239—2001技术要求)和蒸压灰砂空心砖(符合JC/T637—1996技术要求)。

(四)烧结多孔砖(仅限西部地区，符合GB13544—2000技术要求)和烧结空心砖(仅限西部地区，符合GB13545—2003技术

要求)。

二、砌块类

(一)普通混凝土小型空心砌块(符合GB8239—1997技术要求)。

(二)轻集料混凝土小型空心砌块(符合GB15229—2002技术要求)。

(三)烧结空心砌块(以煤矸石、江河湖淤泥、建筑垃圾、页岩为原料,符合GB13545—2003技术要求)。

(四)蒸压加气混凝土砌块(符合GB/T11968—2006技术要求)。

(五)石膏砌块(符合JC/T698—1998技术要求)。

(六)粉煤灰小型空心砌块(符合JC862—2000技术要求)。

三、板材类

(一)蒸压加气混凝土板(符合GB15762—1995技术要求)。

(二)建筑隔墙用轻质条板(符合JG/T169—2005技术要求)。

(三)钢丝网架聚苯乙烯夹芯板(符合JC623—1996技术要求)。

(四)石膏空心条板(符合JC/T829—1998技术要求)。

(五)玻璃纤维增强水泥轻质多孔隔墙条板(简称GRC板,符合GB/T19631—2005技术要求)。

(六)金属面夹芯板。其中:金属面聚苯乙烯夹芯板(符合JC689—1998技术要求);金属面硬质聚氨酯夹芯板(符合JC/T868—2000技术要求);金属面岩棉、矿渣棉夹芯板(符合JC/T869—2000技术要求)。

(七)建筑平板。其中:纸面石膏板(符合GB/T9775—1999技术要求);纤维增强硅酸钙板(符合JC/T564—2000技术要求);纤维增强低碱度水泥建筑平板(符合JC/T626—1996技术要求);维纶纤维增强水泥平板(符合JC/T671—1997技术要求);建筑用石棉水泥平板(符合JC/T412技术要求)。

四、符合国家标准、行业标准和地方标准的混凝土砖、烧结保温砖(砌块)、中空钢网内模隔墙、复合保温砖(砌块)、预制复合墙板(体),聚氨酯硬泡复合板及以专用聚氨酯为材料的建筑墙体。

附件2

享受增值税优惠政策的废渣目录

本通知所述废渣,是指采矿选矿废渣、冶炼废渣、化工废渣和其他废渣。

一、采矿选矿废渣,是指在矿产资源开采加工过程中产生的废石、煤矸石、碎屑、粉末、粉尘和污泥。

二、冶炼废渣,是指转炉渣、电炉渣、铁合金炉渣、氧化铝赤泥和有色金属灰渣,但不包括高炉水渣。

三、化工废渣,是指硫铁矿渣、硫铁矿煅烧渣、硫酸渣、硫石膏、磷石膏、磷矿煅烧渣、含氰废渣、电石渣、磷肥渣、硫黄渣、碱渣、含钡废渣、铬渣、盐泥、总溶剂渣、黄磷渣、柠檬酸渣、脱硫石膏、氟石膏和废石膏模。

四、其他废渣,是指粉煤灰、江河(湖、海、渠)道淤泥、淤沙、建筑垃圾、城镇污水处理厂处理污水产生的污泥.

(2008年12月9日　财税〔2008〕156号)

《财政部国家税务总局关于资源综合利用及其他产品增值税政策的通知》(财税〔2008〕156号)发布后,各地陆续反映一些垃圾发电和资源综合利用水泥适用政策问题。为促进资源综合利用,推动循环经济发展,经研究,现补充通知如下:

一、财税〔2008〕156号第三条第(二)项"以垃圾为燃料生产的电力或者热力"的规定,包括利用垃圾发酵产生的沼气生产销售的电力或者热力。

二、将财税〔2008〕156号文件第三条第五项规定调整为:

采用旋窑法工艺生产的水泥(包括水泥熟料,下同)或者外购水泥熟料采用研磨工艺生产的水泥,水泥生产原料中掺兑废渣比例不低于30%。

1.对采用旋窑法工艺经生料烧制和熟料研磨阶段生产的水泥,其掺兑废渣比例计算公式为:

掺兑废渣比例=(生料烧制阶段掺兑废渣数量+熟料研磨阶段掺兑废渣数量)÷(除废渣以外的生料数量+生料烧制和熟料研磨阶段掺兑废渣数量+其他材料数量)×100%

2.对外购水泥熟料采用研磨工艺生产的水泥，其掺兑废渣比例计算公式为：

掺兑废渣比例=熟料研磨阶段掺兑废渣数量÷(熟料数量+熟料研磨阶段掺兑废渣数量+其他材料数量)×100%

三、本通知自2008年7月1日起执行。财税〔2008〕156号第三条第五项规定同时废止。

(2009年12月29日　财税〔2009〕163号)

《财政部国家税务总局关于以农林剩余物为原料的综合利用产品增值税政策的通知》(财税〔2009〕148号)发布后，部分地区建议明确以蔗渣为原料生产纸张的具体范围。为促进蔗渣的综合利用，推动循环经济的发展，经研究，现就此问题补充通知如下：

财税〔2009〕148号文件附件《实行增值税即征即退的综合利用产品目录》中"以蔗渣为原料生产的纸张"，是指生产原料中蔗渣掺兑比例不低于70%的各类纸制品。

本通知执行时间为2009年1月1日至2010年12月31日。

(2010年12月1日　财税〔2010〕114号)

5.4.10　软件、集成电路

一般纳税人销售其自行开发生产的计算机软件产品，可按法定17%的税率征收后，对实际税负超过6%的部分实行即征即退。

对随同计算机网络、计算机硬件、机器设备等一并销售的软件产品，应当分别核算销售额。如果未分别核算或核算不清，按照计算机网络或计算机硬件以及机器设备等的适用税率征收增值税，不予退税。

计算机软件产品是指记载有计算机程序及其有关文档的存储介质(包括软盘、硬盘、光盘等)。对经过国家版权局注册登记，在销售时一并转让著作权、所有权的计算机软件征收营业税，不征收增值税。

(1999年11月2日　财税字〔1999〕273号)

电子出版物属于软件范畴,应当享受软件产品的增值税优惠政策。

所谓电子出版物是指把应用软件和以数字代码方式加工的图文声像等信息存储在磁、光、电存储介质上,通过计算机或者具有类似功能的设备读取使用的大众传播媒体。电子出版物的标识代码为ISBN,其媒体形态为软磁盘(FD)、只读光盘(CD-ROM)、交互式光盘(CD-I)、照片光盘(Photo-CD)、高密度只读光盘(DVD-ROM)、集成电路卡(IC-Card)。

以录音带、录像带、唱片(LP)、激光唱盘(CD)和激光视盘(LD、VCD、DVD)等媒体形态的音像制品(标识代码为ISRC)不属于电子出版物,不得享受软件产品增值税优惠政策。

(2000年3月7日　国税函〔2000〕168号)

自2000年6月24日起至2010年底以前,对增值税一般纳税人销售其自行开发生产的软件产品,按17%的法定税率征收增值税后,对其增值税实际税负超过3%的部分实行即征即退政策。

增值税一般纳税人将进口的软件进行转换等本地化改造后对外销售,其销售的软件可按照自行开发生产的软件产品的有关规定享受即征即退的税收优惠政策。

本地化改造是指对进口软件重新设计、改进、转换等工作,单纯对进口软件进行汉字化处理后再销售的不包括在内。

企业自营出口或委托、销售给出口企业出口的软件产品,不适用增值税退征即退办法。

集成电路设计企业视同软件企业,享受软件企业的有关税收政策。

集成电路设计是将系统、逻辑与性能的设计要求转化为具体的物理版图的过程。

自2000年6月24日起至2010年底以前,对增值税一般纳税人销售其自行生产的集成电路产品(含单晶硅片),按17%的法定税率征收增值税后,对其增值税实际税负超过6%的部分实行即征即退政策。所退税款由企业用于研究开发集成电路产品和扩大再生

产，不作为企业所得税应税收入，不予征收企业所得税。

集成电路产品是指通过特定加工将电器元件集成在一块半导体单晶片或陶瓷基片上，封装在一个外壳内，执行特定电路或系统功能的产品。

单晶硅片是呈单晶状态的半导体硅材料。

企业自营出口或委托、销售给出口企业出口的集成电路产品，不适用增值税即征即退办法。

增值税一般纳税人在销售计算机软件、集成电路（含单晶硅片）的同时销售其他货物，其计算机软件、集成电路（含单晶硅片）难以单独核算进项税额的，应按照开发生产计算机软件、集成电路（含单晶硅片）的实际成本或销售收入比例确定其应分摊的进项税额。

（2000年5月12日　财税〔2000〕25号）

（一）嵌入式软件不属于财政部、国家税务总局《关于鼓励软件产业和集成电路产业发展有关税收政策问题的通知》（财税〔2000〕25号）规定的享受增值税优惠政策的软件产品。

（二）纳税人销售软件产品并随同销售一并收取的软件安装费、维护费、培训费等收入，应按照增值税混合销售的有关规定征收增值税，并可享受软件产品增值税即征即退政策。

对软件产品交付使用后，按期或按次收取的维护、技术服务费、培训费等不征收增值税。

（三）纳税人受托开发软件产品，著作权属于受托方的征收增值税，著作权属于委托方或属于双方共同拥有的不征收增值税。

（2005年11月28日　财税〔2005〕165号）

一、增值税一般纳税人随同计算机网络、计算机硬件和机器设备等一并销售其自行开发生产的嵌入式软件，如果能够按照《财政部、国家税务总局关于贯彻落实〈中共中央、国务院关于加强技术创新，发展高科技，实现产业化的决定〉有关税收问题的通知》（财税字〔1999〕273号）第一条第三款的规定，分别核算嵌入式软件与计算机硬件、机器设备等的销售额，可以享受软件产品增值税优惠政策。凡不能分别核算销售额的，仍按照《财政部、国家税务总局关于增值税若干政策的通知》(财税〔2005〕165号)第十一条第一款规定，不予退税。

二、纳税人按照下列公式核算嵌入式软件的销售额

嵌入式软件销售额=嵌入式软件与计算机硬件、机器设备销售额合计-[计算机硬件、机器设备成本×(1+成本利润率)]

上述公式中的成本是指，销售自产(或外购)的计算机硬件与机器设备的实际生产(或采购)成本。成本利润率是指，纳税人一并销售的计算机硬件与机器设备的成本利润率，实际成本利润率高于10%的，按实际成本利润率确定，低于10%的，按10%确定。

三、税务机关应按下列公式计算嵌入式软件的即征即退税额，并办理退税

即征即退税额=嵌入式软件销售额×17%-嵌入式软件销售额×3%

(2008年7月18日　财税〔2008〕92号)

5.4.11 "三北地区"供热

自2009年至2010年供暖期期间，对供热企业向居民个人(以下称居民)供热而取得的采暖费收入继续免征增值税。向居民供热而取得的采暖费收入，包括供热企业直接向居民收取的、通过其他单位向居民收取的和由单位代居民缴纳的采暖费。

免征增值税的采暖费收入，应当按照《中华人民共和国增值税暂行条例》第十六条的规定分别核算。通过热力产品经营企业向居民供热的热力产品生产企业，应当根据热力产品经营企业实际从居民取得的采暖费收入占该经营企业采暖费总收入的比例确定免税收入比例。

所述供热企业，是指热力产品生产企业和热力产品经营企业。热力产品生产企业包括专业供热企业、兼营供热企业和自供热单位。

三北地区，是指北京市、天津市、河北省、山西省、内蒙古自治区、辽宁省、大连市、吉林省、黑龙江省、山东省、青岛市、河南省、陕西省、甘肃省、青海省、宁夏回族自治区和新疆维吾尔自治区。

(2009年2月10日　财税〔2009〕11号)

5.3.12 特殊或单列政策

经国务院或国务院授权机关批准的从事免税品销售业务的专业公司(名单附后),对其所属免税品商店批发、调拨进口免税的货物,暂不征收增值税。

上述专业公司、免税品商店批发、调拨或零售非进口免税货物及不属于免税范围的免税品销售单位,均应按照《中华人民共和国增值税暂行条例》的规定征收增值税。

(1994年3月15日　国税发〔1994〕62号)

公安部所属研究所、公安侦察保卫器材厂研制生产的列明代号的侦察保卫器材产品(每年新增部分报国家税务总局审核批准后下发)凡销售给公安、司法以及国家安全系统使用的,免征增值税;销售给其他单位的,按规定征收增值税。

劳动工厂生产的民警服装销售给公安、司法以及国家安全系统使用的,免征增值税;销售给其他单位的,按规定征收增值税。

(1994年6月1日　财税字〔1994〕29号)

对国家物资储备局系统销售的储备物资,采取先征税后返还的办法,由税务部门照章征收增值税,财政部门将已征的税款返还给纳税单位。

(1994年10月11日　财税字〔1994〕63号)

对国家定点企业(名单见附件)生产和经销单位经销的专供少数民族饮用的边销茶,免征增值税。

边销茶,是指以黑茶、红茶末、老青茶、绿茶经蒸制、加压、发酵、压制成不同形状,专门销往边疆少数民族地区的紧压茶。

(1994年10月18日　财税字〔1994〕60号)

对公安部定点警服生产厂(名单附后)生产销售的人民警察制式服装、警用标志(以下简称"警察服装"),自一九九五年七月一日起免征增值税。

对公安部定点警服生产厂生产销售的非警察服装,应照章征税。对于发现有将警察服装销售给其他单位的定点警服生产厂,应取消对其免征增值税的政策。

本文所指的警察服装，是指警衔标志、公安臂章、警用复服、警用单裤、警用裙子、警用长袖衬衣、警用短袖衬衣、警用冬服、警用大衣、警用皮大衣、交警短皮大衣、警用大檐帽、警用女帽、警用栽绒帽、警用皮帽。

享受免征增值税政策的公安部定点警服生产厂及免征增值税的产品名单如需调整，将以正式文件另行通知。

(1995年7月20日　财税字〔1995〕59号)

军队系统所属企业生产并按军品作价原则作价在军队系统内部调拨或销售的钢材、木材、水泥、煤炭、营具、药品、锅炉、缝纫机机械免征增值税。对外销售的一律照章征收增值税。

(1997年11月27日　财税字〔1997〕135号)

自1998年1月1日起，对中国教育图书进出口公司销售给高等学校、教育科研单位和北京图书馆的进口图书、报刊资料给予免征增值税的照顾。

(1998年4月8日　财税字〔1998〕67号)

经国务院批准，自1998年7月1日起，将《人民法院报》列入享受宣传文化单位增值税先征后退政策的范围，具体按照财税字〔1996〕78号文规定执行。

(1998年9月11日　财税字〔1998〕133号)

一、外国驻华使(领)馆办公用房及馆长住宅所消费的自来水、煤气、暖气按13%税率办理退税，所消费的电按17%税率办理退税；外国驻华使(领)馆及其外交代表(领事官员)购买的其他中国产物品按17%税率办理退税。

二、本通知自1998年10月1日起执行，以增值税专用发票或普通发票注明的时间为准。

(1998年9月23日　国税发〔1998〕151号)

自1999年1月1日起，对中国经济进出口公司、中国出版对外

贸易总公司为大专院校和科研单位免税进口的图书、报刊等资料,在其销售给上述院校和单位时,免征国内销售环节的增值税。

(1999年9月29日 财税字〔1999〕255号)

自1999年11月1日起,对血站供应给医疗机构的临床用血免征增值税。所称血站,是指根据《中华人民共和国献血法》的规定,由国务院或省级人民政府卫生行政部门批准的,从事采集、提供临床用血,不以营利为目的的公益性组织。

(1999年10月13日 财税字〔1999〕264号)

凡属在国际招标中,投标商用国内产品进行投标,在投标书中只列产品实际负担的增值税金额,不应包含国家将退还的增值税金额。

国内产品中标后,项目业主单位只承担产品实际负担的增值税金额,不承担国家将退还的增值税金额。

(1999年11月15日 外经贸机电发〔1999〕第571号)

用废旧塑料经电动加热、溶化、挤出成条、切粒等工序加工而成的塑料粒子,属于工业产品,不属于税收优惠政策规定的废旧物资范畴,不应享受增值税先征后返的政策。

(2000年1月1日 财税字〔2000〕27号)

自2000年4月1日起,对生产销售的支线飞机(包括运十二、运七系列、运八、运五飞机)免征增值税。

(2000年4月3日 财税字〔2000〕51号)

一、校办企业生产的应税货物,凡用于本校教学、科研方面的,经严格审核确认后,免征增值税。

二、校办企业为本校教学、科研服务所提供的应税劳务("服务业"税目中的旅店业、饮食业和"娱乐业"税目除外),经严格审核确认后,免征营业税。

三、享受优惠政策的校办企业标准,继续按照国税发〔1994〕156号文件的规定执行。

四、本通知自2000年1月1日起执行。

(2000年9月28日　财税〔2000〕92号)

为支持飞机维修行业的发展,决定自2000年1月1日起对飞机维修劳务增值税实际税负超过6%的部分实行由税务机关即征即退的政策。

(2000年10月12日　财税〔2000〕102号)

对中国航天科技集团公司和中国航天机电集团公司及其所属企业和科研单位(名单略)生产销售的用于发射国外卫星的火箭零部件免征增值税。

(2000年12月26日　财税〔2000〕150号)

从2001年1月1日起对铁路系统内部单位为本系统修理货车的业务免征增值税。

(2001年4月3日　财税〔2001〕54号)

对各级政府及主管部门委托自来水厂(公司)随水费收取的污水处理费,免征增值税。

(2001年6月19日财税〔2001〕97号)

一、出口加工区内生产企业(以下简称区内企业)生产出口货物耗用的水、电、气,准予退还所含的增值税。区内企业须按季填报《出口加工区内生产企业耗用水、电、气退税申报表》(见附件),并附送下列凭证向主管出口退税的税务机关申报办理退税手续。

(一)供水、供电、供气公司(或单位)开具的增值税专用发票(抵扣联);

(二)支付水、电、气费用的银行结算凭证(复印件加盖银行印章)。

二、水、电、气应退税额按下列公式计算。

应退税额=增值税专用发票注明的进项金额×退税税率

水、电、气的退税率均为13%,如供应单位按简易办法征收增值税的,退税率为征收率。

三、区内生产企业从区外购进的水、电、气,凡用于出租、出让厂房的,不予办理退税。已办理退税的,区内企业应在出租、出让行为发生的次月，向主管出口退税的税务机关申报并缴纳已退还的税款。

四、区外企业销售并输入给出口加工区内企业的水、电、气，一律向区内企业开具增值税专用发票，不得开具普通发票或出口专用发票。

五、区内企业水、电、气退税的登记、审批、管理工作，由主管出口退税的税务机关负责。主管出口退税的税务机关应按季核查区内企业水、电、气的实际耗用情况，年度终了后，应按清算的规定，对上年水、电、气的退税进行清算。

六、本通知自2002年9月1日起执行。执行时间以增值税专用发票开具日期为准。

附件：

出口加工区内生产企业耗用水、电、气退税申报表

单位：人民币元至角分

企业名称：				纳税人识别号码： 退税登记证号码：				联系电话： 地址：
项目(水、电、气)	增值税专用发票号码	采购水、电、气						备注
		数量	单位	单价	金额	退税税率	退税额	
1	2	3	4	5	6	7	8=6×7	9
办税员： 财务负责人： 企业负责人：　　（公章） 年　月　日				经办人： 负责人：　　（公章） 年　月　日				

（2002年9月10日　国税发〔2002〕116号）

国内生产企业向国内海上石油天然气开采企业销售海洋工程结构物产品视同出口，按统一规定的出口货物退税率予以退税。

（2003年4月1日　财税〔2003〕46号）

一、军队保障性企业移交后，已脱离军队系统，不属于军队企业范围，为保证这部分企业平稳过渡，对移交后继续承担军品生产、维修、供应任务的企业，其生产的货物及销售对象凡符合财政部、国家税务总局《关于军队、军工系统所属单位征收流转税、资源税问题的通知》（财税字〔1994〕011号）和《关于军队系统所属企业征收增值税问题的通知》（财税字〔1997〕135）规定的，可按照现行对军品免征增值税的相关规定继续免征增值税。

二、保障性企业移交后为生产军品而相互协作的产品，继续免征增值税。

三、移交的物资供应机构直接向军队调拨供应的物资免征增值税，向其他移交企业调拨的物资按规定征收增值税。

（2003年8月28日　国税发〔2003〕104号）

一、按规定程序签订了展期协议的外汇借款逾期项目所在企业，原则上可以继续享受以税还贷政策；对于提前还贷的外汇借款项目，按照规定签订了提前还贷协议的，可以按当年实际还贷情况申请退税指标。各省、自治区、直辖市、计划单列市财政厅（局）、国家税务局和财政部驻所在地财政监察专员办事处（以下简称专员办）在每一年度联合申报时要对此类项目做单独说明，并将展期协议、提前还贷协议和还贷证明等相关材料报财政部和国家税务总局审核。

二、已享受减免或返还等其他流转税优惠政策的外汇借款项目所在地企业，不享受以税还贷政策。

三、外汇借款项目形成的资产已投入上市公司而相应债务留在母公司的项目，以及外汇借款债权已剥离到相关资产管理公司的项目，均不得享受以税还贷政策。

四、对于配套资金未完全落实的项目，各省、自治区、直辖市、计划单列市财政厅（局）、国家税务局和专员办要按政策规定严格审核把关，对其中少数情况特殊、仍需要执行以税还贷政策的项目，在每一年度联合申报时应单独列示、说明执行政策的理由，并按当年实际还贷情况申报退税指标，报财政部和国家税务总局审定。

五、对于同时交纳增值税、消费税的项目，应按照先退增值税、后退消费税的原则办理退税。交纳的增值税大于退税指标，只退增值税；小于退税指标的，差额部分退消费税。

六、为减少审批程序、提高工作效率，从2004年起，外汇借款项目以税还贷申报和退税工作程序做如下调整：

（一）符合条件的企业在每年5月底前，向其主管财政、税务部门一并提出上一年度外汇借款项目执行以税还贷政策申请和退税申请，逐级审核上报至省级财政厅（局）、国家税务局和专员办一并审核后在原规定时间内联合上报财政部和国家税务总局。

（二）各省、自治区、直辖市、计划单列市财政厅（局）、国家税务局和专员办收到财政部、国家税务总局联合下达的退税项目（名单）和退税指标后，由专员办直接办理退税手续。

（2003年11月19日　财企〔2003〕293号）

对黄河上游水电开发有限责任公司生产销售的电力产品，增值税税收负担超过8%的部分，实行增值税即征即退的政策。

本通知自2004年1月1日起执行。

（2004年1月7日　国税函〔2004〕52号）

自2004年1月1日起，对中国科技资料进出口总公司为科研单位、大专院校进口的用于科研、教学的图书、文献、报刊及其他资料（包括只读光盘、缩微平片、胶卷、地球资源卫星照片、科技和教学声像制品）免征国内销售环节增值税。

（2004年3月30日　财税〔2004〕69号）

一、中国航空油料总公司所属的北京首都国际机场中航油股份有限公司航空油料保税仓库、上海浦东国际机场航空油料有限责任公司保税油库、天津滨海国际机场中航油股份有限公司航空油料保税仓库、广州新白云国际机场华南蓝天航空油料有限公司航煤保税仓库、深圳宝安国际机场深圳市空港油料有限公司承海油品保税仓库,应以不含增值税的价格向民航国际航班提供进口保税的航空燃料油。

二、中国航空油料总公司所属的上述海关负责监管的保税油库,在按上述规定向民航国际航班提供保税进口的航空燃料油时免征国内销售环节增值税。

三、以上规定从2004年12月1日起施行。

(2004年12月30日　财税〔2004〕218号)

平板玻璃不享受免征增值税优惠政策。

(2005年1月14日　国税函〔2005〕34号)

根据《财政部、国家税务总局、外经贸部关于外国政府和国际组织无偿援助项目在华采购物资免征增值税问题的通知》(财税〔2002〕2号)规定,对附件所列供货单位向联合国儿童基金会驻中国办事处销售的货物进行核实,符合免税条件的,免征采购货物销项税额,同时允许其进项税额在其他内销货物中计算抵扣。

(2005年1月14日　国税函〔2005〕43号)

对中国国际图书贸易总公司广州分公司销售给高等学校、教育科研单位和北京图书馆的进口图书、报刊资料,可按照《财政部、国家税务总局关于中国国际图书贸易总公司销售给高等学校教育科研单位和北京图书馆的进口图书、报刊资料免征增值科问题的通知》(财税〔1998〕68号)有关规定,免征国内销售环节增值税。

纳税人所销售的免税图书资料,应一律开具普通发票,不得开具增值税专用发票,已开具增值税专用发票的必须全部追回后,方可免税。

(2005年4月21日　国税函〔2005〕360号)

一、对煤层气抽采企业的增值税一般纳税人抽采销售煤层气实行增值税先征后退政策。

煤层气是指赋存于煤层及其围岩中与煤炭资源伴生的非常规天然气，也称煤矿瓦斯。

煤层气抽采企业应将享受增值税先征后退政策的业务和其他业务分别核算，不能分别准确核算的，不得享受增值税先征后退政策。

煤层气抽采企业增值税先征后退政策由财政部驻各地财政监察专员办事处根据财政部、国家税务总局、中国人民银行《关于税制改革后对某些企业实行"先征后退"有关预算管理问题的暂行规定的通知》(〔94〕财预字第55号)的规定办理。

(2007年2月7日　财税〔2007〕16号)

自2007年1月1日起至2010年12月31日止，对国内定点生产企业生产的国产抗艾滋病病毒药品继续免征生产环节和流通环节增值税。国产抗艾滋病病毒药品的品种及定点生产企业名单见附件。

抗艾滋病病毒药品的生产企业和流通企业对于免税药品和征税药品应分别核算，不分别核算的不得享受增值税免税政策。

(2007年4月17日　财税〔2007〕49号)

一、自2007年7月1日起，纳税人生产销售和批发、零售滴灌带和滴灌管产品免征增值税。

滴灌带和滴灌管产品是指农业节水滴灌系统专用的、具有制造过程中加工的孔口或其他出流装置、能够以滴状或连续流状出水的水带和水管产品。滴灌带和滴灌管产品按照国家有关质量技术标准要求进行生产，并与PVC管(主管)、PE管(辅管)、承插管件、过滤器等部件组成为滴灌系统。

二、享受免税政策的纳税人应按照《中华人民共和国增值税暂行条例》及其实施细则等规定，单独核算滴灌带和滴灌管产品的销售额。未单独核算销售额的，不得免税。

三、纳税人销售免税的滴灌带和滴灌管产品，应一律开具普通发票，不得开具增值税专用发票。

四、生产滴灌带和滴灌管产品的纳税人申请办理免征增值税时,应向主管税务机关报送由产品质量检验机构出具的质量技术检测合格报告,出具报告的产品质量检验机构须通过省以上质量技术监督部门的相关资质认定。批发和零售滴灌带和滴灌管产品的纳税人申请办理免征增值税时,应向主管税务机关报送由生产企业提供的质量技术检测合格报告原件或复印件。未取得质量技术检测合格报告的,不得免税。

五、税务机关应加强对享受免税政策纳税人的后续管理,不定期对企业经营情况进行核实,凡经核实产品质量不符合有关质量技术标准要求的,应停止其继续享受免税政策的资格,依法恢复征税。

(2007年5月30日　财税〔2007〕83号)

根据《财政部、国家税务总局、外经贸部关于外国政府和国际组织无偿援助项目在华采购物资免征增值税问题的通知》(财税〔2002〕2号)和《财政部、国家税务总局关于外国政府和国际组织无偿援助项目在华采购物资免征增值税的补充通知》(财税〔2005〕13号)规定,对附件所列供货单位向国家环境保护总局环境保护对外合作中心销售的货物进行核实,符合免税条件的,免征供货单位销售货物应纳增值税,同时允许其进项税额在其他内销货物的销项税额中计算抵扣。

(2008年2月3日　国税函〔2008〕147号)

根据中国石油天然气集团公司要求,经研究,现对《财政部、国家税务总局关于海洋工程结构物增值税实行退税的通知》(财税〔2003〕46号)文件附件2的"海上石油开采企业名单"进行增补,即在中国石油天然气集团公司项下增补"中国石油海洋工程(青岛)有限公司"。

(2008年2月21日　财税〔2008〕11号)

商务部转来联合国儿童基金会无偿援助项目证明及《外国政府和国际组织无偿援助项目在华采购货物明细表》(见附件),请求对联合国儿童基金会无偿援助的下列项目在华采购物资免征

增值税：

1.母亲与儿童保健项目

2.母婴保健项目

3.消除碘缺乏症项目

4.儿童与艾滋病与运动伙伴合作项目

5.加强常规免疫项目

6.以家庭和社区为基础的支持项目

7.妇幼卫生项目

8.消除碘缺乏项目

9.无人看护儿童项目

请根据《财政部、国家税务总局、外经贸部关于外国政府和国际组织无偿援助项目在华采购物资免征增值税问题的通知》(财税〔2002〕2号)规定,对附件所列供货单位向联合国儿童基金会销售的货物进行核实,符合免税条件的,免征供货单位销售货物应纳增值税,同时允许其进项税额在其他内销货物的销项税额中计算抵扣。

附件：

外国政府和国际组织无偿援助项目在华采购货物明细表

项目名称：母亲和儿童保健

中方项目单位及联系电话：卫生部妇幼保健司　电话：010-68792301

援助方：联合国儿童基金会

货物采购方及联系电话：联合国儿童基金会驻中国办事处　电话：65323131-3004

单位：元

货物名称	规格型号	数量	单位	总额（不含税）	供货方名称	供货方注册地址	供货方经营地址	供货方联系电话	供货方联系人
多用途商用车	ZN6493HBG3	5	辆	RMB685000.00	郑州日产汽车有限公司	河南省郑州市中牟县国家税务局	郑州陇海东路62号	010-85846877	杨虎

项目名称:母婴保健

中方项目单位及联系电话:卫生部妇幼保健司　电话:010-68792301

援助方:联合国儿童基金会

货物采购方及联系电话:联合国儿童基金会驻中国办事处　电话:65323131-3004

单位:元

货物名称	规格型号	数量	单位	总额（不含税）	供货方名称	供货方注册地址	供货方经营地址	供货方联系电话	供货方联系人
多用途商用车	ZN6493HBG3	7	辆	RMB959000.00	郑州日产汽车有限公司	河南省郑州市中牟县国家税务局	郑州陇海东路62号	010-85846877	杨虎

项目名称:消除碘缺乏症

中方项目单位及联系电话:卫生部疾病预防控制局　电话:010-68792352

援　助　方:联合国儿童基金会

货物采购方及联系电话:联合国儿童基金会驻中国办事处　电话:65323131-3004

单位:元

货物名称	规格型号	数量	单位	总额（不含税）	供货方名称	供货方注册地址	供货方经营地址	供货方联系电话	供货方联系人
多用途乘用车	ZN6493HBG3	4	辆	RMB548000.00	郑州日产汽车有限公司	河南省郑州市中牟县国家税务局	郑州陇海东路62号	010-85846877	杨虎

项目名称:儿童与艾滋病与运动伙伴合作

中方项目单位及联系电话:国务院防治艾滋病工作委员会　电话:010-83157912

援助方:联合国儿童基金会

货物采购方及联系电话:联合国儿童基金会驻中国办事处　电话:65323131-3004

单位:元

货物名称	规格型号	数量	单位	总额（不含税）	供货方名称	供货方注册地址	供货方经营地址	供货方联系电话	供货方联系人
多用途乘用车	ZN6452WA G	1	辆	RMB172000.00	郑州日产汽车有限公司	河南省郑州市中牟县国家税务局	郑州陇海东路62号	010-85846877	杨虎

项目名称:加强常规免疫

中方项目单位及联系电话:中国疾病预防控制中心　电话:010-83159800

援助方:联合国儿童基金会

货物采购方及联系电话:联合国儿童基金会驻中国办事处 电话:65323131-3004

单位:元

货物名称	规格型号	数量	单位	总额（不含税）	供货方名称	供货方注册地址	供货方经营地址	供货方联系电话	供货方联系人
阁瑞斯轻型客车	SY6521DS2	3	辆	RMB315732.00	北京三江金客汽车销售有限公司	北京市密云县工业开发区东吉路57号	北京市朝阳区广渠路31号九龙花园 5号楼一层金杯展厅	010-87781292	信海丰
多用途乘用车	ZN6491EBG	5	辆	RMB685000.00	郑州日产汽车有限公司	河南省郑州市中牟县国家税务局	郑州陇海东路62号	010-85846877	杨虎

项目名称:以家庭和社区为基础的支持

中方项目单位及联系电话:民政部社会福利和社会事务司　电话:010-85203280

援助方:联合国儿童基金会

货物采购方及联系电话:联合国儿童基金会驻中国办事处 电话:010-65323131-3004

单位:元

货物名称	规格型号	数量	单位	总额（不含税）	供货方名称	供货方注册地址	供货方经营地址	供货方联系电话	供货方联系人
阁瑞斯轻型客车	SY6521DS2	2	辆	RMB210488.00	北京三江金客汽车销售有限公司	北京市密云县工业开发区东吉路57号	北京市朝阳区广渠路31号九龙花园 5号楼一层金杯展厅	010-87781292	信海丰
多用途乘用车	ZN6452WA G	2	辆	RMB344000.00	郑州日产汽车有限公司	河南省郑州市中牟县国家税务局	郑州陇海东路62号	010-85846877	杨虎

项目名称:妇幼卫生
中方项目单位及联系电话:卫生部妇幼保健与社区卫生司 电话:010-64298136
援助方:联合国儿童基金会
货物采购方及联系电话:联合国儿童基金会驻中国办事处 电话:65323131-3004

单位:元

货物名称	规格型号	数量	单位	总额（不含税）	供货方名称	供货方注册地址	供货方经营地址	供货方联系电话	供货方联系人
多用途乘用车	ZN6491EBG	6	辆	RMB822000.00	郑州日产汽车有限公司	河南省郑州市中牟县国家税务局	郑州陇海东路62号	010-85846877	杨虎

项目名称:消除碘缺乏项目
中方项目单位及联系电话:中国盐业总公司 电话:010-85203243
援助方:联合国儿童基金会
货物采购方及联系电话:联合国儿童基金会驻中国办事处 电话:65323131-3004

单位:元

货物名称	规格型号	数量	单位	总额（不含税）	供货方名称	供货方注册地址	供货方经营地址	供货方联系电话	供货方联系人
多用途商用车	ZN6452WA G	2	辆	RMB344000.00	郑州日产汽车有限公司	河南省郑州市中牟县国家税务局	郑州陇海东路62号	010-85846877	杨虎

项目名称:无人看护儿童项目
中方项目单位及联系电话:民政部社会福利和社会事务司 电话:010-5812 3265
援助方:联合国儿童基金会
货物采购方及联系电话:联合国儿童基金会驻中国办事处 电话:65323131-3004

单位:元

货物名称	规格型号	数量	单位	总额（不含税）	供货方名称	供货方注册地址	供货方经营地址	供货方联系电话	供货方联系人
阁瑞斯轻型客车	SY6521DS2	2	辆	RMB210488.00	北京三江金客汽车销售有限公司	北京市密云县工业开发区东吉路57号	北京市朝阳区广渠路31号九龙花园 5号楼一层金杯展厅	010-87781292	信海丰
多用途乘用车	ZN6452WA G	1	辆	RMB172000.00	郑州日产汽车有限公司	河南省郑州市中牟县国家税务局	郑州陇海东路62号	010-85846877	杨虎

(2008年8月20日 国税函〔2008〕746号)

一、关于核力发电企业的增值税政策

(一)核力发电企业生产销售电力产品,自核电机组正式商业投产次月起15个年度内,统一实行增值税先征后退政策,返还比例分三个阶段逐级递减。具体返还比例为:

1.自正式商业投产次月起5个年度内,返还比例为已入库税款的75%;

2.自正式商业投产次月起的第6至第10个年度内,返还比例为已入库税款的70%;

3.自正式商业投产次月起的第11至第15个年度内,返还比例为已入库税款的55%;

4.自正式商业投产次月起满15个年度以后,不再实行增值税先征后退政策。

(二)核力发电企业采用按核电机组分别核算增值税退税额的办法,企业应分别核算核电机组电力产品的销售额,未分别核算或不能准确核算的,不得享受增值税先征后退政策。单台核电机组增值税退税额可以按以下公式计算:

单台核电机组增值税退税额=(单台核电机组电力产品销售额÷核力发电企业电力产品销售额合计)×核力发电企业实际缴纳增值税额×退税比例

(三)原已享受增值税先征后退政策但该政策已于2007年内到期的核力发电企业,自该政策执行到期后次月起按上述统一政策核定剩余年度相应的返还比例;对2007年内新投产的核力发电企业,自核电机组正式商业投产日期的次月起按上述统一政策执行。

三、关于大亚湾核电站和广东核电投资有限公司税收政策

大亚湾核电站和广东核电投资有限公司在2014年12月31日前继续执行以下政策,不适用本通知第一、第二条规定的政策:

(一)对大亚湾核电站销售给广东核电投资有限公司的电力免征增值税。

(二)对广东核电投资有限公司销售给广东电网公司的电力实行增值税先征后退政策,并免征城市维护建设税和教育费附加。

(三)对大亚湾核电站出售给香港核电投资有限公司的电力及广东核电投资有限公司转售给香港核电投资有限公司的大亚湾核电站生产的电力免征增值税。

四、增值税先征后退具体操作办法由财政部驻当地财政监察专员办事处按《财政部、税务总局、中国人民银行关于税制改革后对某些企业实行"先征后退"有关预算管理问题的暂行规定的通知》[(1994)财预字第55号]有关规定办理。

(2008年4月3日　财税〔2008〕38号)

对农民专业合作社销售本社成员生产的农业产品,视同农业生产者销售自产农业产品免征增值税。

增值税一般纳税人从农民专业合作社购进的免税农业产品,可按13%的扣除率计算抵扣增值税进项税额。

对农民专业合作社向本社成员销售的农膜、种子、种苗、化肥、农药、农机,免征增值税。

所称农民专业合作社,是指依照《中华人民共和国农民专业合作社法》规定设立和登记的农民专业合作社。

本通知自2008年7月1日起执行。

(2008年6月24日　财税〔2008〕81号)

一、自2009年1月1日起,对外商投资企业在投资总额内采购国产设备可全额退还国产设备增值税的政策停止执行。

二、为保证政策调整平稳过渡,外商投资企业在2009年6月30日以前(含本日,下同)购进的国产设备,在增值税专用发票稽核信息核对无误的情况下,可选择按原规定继续执行增值税退税政策,但应当同时符合下列条件:

(一)2008年11月9日以前获得《符合国家产业政策的外商投资项目确认书》,并已于2008年12月31日以前在主管税务机关备案;

(二)2009年6月30日以前实际购进国产设备并开具增值税专用发票,且已在主管税务机关申报退税;

(三)购进的国产设备已列入《项目采购国产设备清单》。

三、外商投资企业购进的已享受增值税退税政策国产设备的增值税额，不得再作为进项税额抵扣销项税额。

四、外商投资企业购进的已享受增值税退税政策的国产设备，由主管税务机关负责监管，监管期为5年。在监管期内，如果企业性质变更为内资企业，或者发生转让、赠送等设备所有权转让情形，或者发生出租、再投资等情形的，应当向主管退税机关补缴已退税款，应补税款按以下公式计算：

应补税款=国产设备净值×适用税率

国产设备净值是指企业按照财务会计制度计提折旧后计算的设备净值。

(2008年12月25日　财税〔2008〕176号)

在2010年12月31日前，对属于增值税一般纳税人的动漫企业销售其自主开发生产的动漫软件，按17%的税率征收增值税后，对其增值税实际税负超过3%的部分，实行即征即退政策。退税数额的计算公式为：

应退税额=享受税收优惠的动漫软件当期已征税款-享受税收优惠的动漫软件当期不含税销售额×3%。

动漫软件出口免征增值税。上述动漫软件的范围，按照《文化部、财政部、国家税务总局关于印发〈动漫企业认定管理办法(试行)〉的通知》(文市发〔2008〕51号)的规定执行。

(2009年7月17日　财税〔2009〕65号)

为了鼓励科学研究和技术开发，促进科技进步，经国务院批准，对外资研发中心进口科技开发用品免征进口税收，对内外资研发机构采购国产设备全额退还增值税。现将有关事项具体明确如下：

一、外资研发中心适用《科技开发用品免征进口税收暂行规定》(财政部、海关总署、国家税务总局令第44号)免征进口税收，根据其设立时间，应分别满足下列条件：

(一)对2009年9月30日及其之前设立的外资研发中心，应同时满足下列条件：

1.研发费用标准：

(1)对新设立不足两年的外资研发中心，作为独立法人的，其投资总额不低于500万美元；作为公司内设部门或分公司的，其研发总投入不低于500万美元；

(2)对设立两年及以上的外资研发中心，企业研发经费年支出额不低于1000万元。

2.专职研究与试验发展人员不低于90人。

3.设立以来累计购置的设备原值不低于1000万元。

(二)对2009年10月1日及其之后设立的外资研发中心，应同时满足下列条件：

1.研发费用标准：作为独立法人的，其投资总额不低于800万美元；作为公司内设部门或分公司的，其研发总投入不低于800万美元。

2.专职研究与试验发展人员不低于150人。

3.设立以来累计购置的设备原值不低于2000万元。

具体审核办法由商务部会同财政部、海关总署、国家税务总局另行制定。

二、适用采购国产设备全额退还增值税政策的内外资研发机构包括：

(一)《科技开发用品免征进口税收暂行规定》(财政部、海关总署、国家税务总局令第44号)规定的科学研究、技术开发机构。

(二)《科学研究和教学用品免征进口税收规定》(财政部、海关总署、国家税务总局令第45号)规定的科学研究机构和学校。

(三)符合本通知第一条规定条件的外资研发中心。

具体退税管理办法由国家税务总局会同财政部另行制定。

三、本通知所述设备，是指本通知附件所列的为科学研究、教学和科技开发提供必要条件的实验设备、装置和器械。'

四、本通知执行期限为2009年7月1日至2010年12月31日。

附件：

科技开发、科学研究和教学设备清单

为科学研究、教学和科技开发提供必要条件的实验设备、装置和器械(不包括中试设备),具体包括以下三类：

一、实验环境方面

(一)教学实验仪器及装置；

(二)教学示教、演示仪器及装置；

(三)超净设备(如换气、灭菌、纯水、净化设备等)；

(四)特殊实验环境设备(如超低温、超高温、高压、低压、强腐蚀设备等)；

(五)特殊电源、光源(如电极、开关、线圈、各种光源等)；

(六)清洗循环设备；

(七)恒温设备(如水浴、恒温箱、灭菌仪等)；

(八)小型粉碎、研磨制备设备。

二、样品制备设备和装置

(一)特种泵类(如分子泵、离子泵、真空泵、蠕动泵、蜗轮泵、干泵等)；

(二)培养设备(如培养箱、发酵罐等)；

(三)微量取样设备(如移液管、取样器、精密天平等)；

(四)分离、纯化、浓缩设备(如离心机、层析、色谱、萃取、结晶设备、旋转蒸发器等)；

(五)气体、液体、固体混合设备(如旋涡混合器等)；

(六)制气设备、气体压缩设备；

(七)专用制样设备(如切片机、压片机、镀膜机、减薄仪、抛光机等),实验用注射、挤出、造粒、膜压设备;实验室样品前处理设备；

(八)实验室专用小器具(如分配器、量具、循环器、清洗器、工具等)。

三、实验室专用设备

(一)特殊照相和摄影设备(如水下、高空、高温、低温等)；

(二)科研飞机、船舶用关键设备和部件;

(三)特种数据记录设备及材料(如大幅面扫描仪、大幅面绘图仪、磁带机、光盘机等);

(四)特殊电子部件(如电路板、特种晶体管、专用集成电路等);

(五)材料科学专用设备(如干胶仪、特种坩埚、陶瓷、图形转换设备、制版用于板、特种等离子体源、离子源、外延炉、扩散炉、溅射仪、离子刻蚀机,材料实验机等),可靠性试验设备,微电子加工设备,通信模拟仿真设备,通信环境试验设备;

(六)小型熔炼设备(如真空、粉末、电渣等),特殊焊接设备;

(七)小型染整、纺丝试验专用设备;

(八)电生理设备。

(2009年10月10日　财税〔2009〕115号)

一、自2009年1月1日起至2009年9月30日,对民族贸易县内县级及其以下的民族贸易企业和供销社企业(以下简称民贸企业)销售货物(除石油、烟草外)继续免征增值税。

有关免税管理问题,仍按照《财政部、国家税务总局、国家民委关于民族贸易企业销售货物增值税有关问题的通知》(财税〔2007〕133号)和《国家税务总局关于加强民族贸易企业增值税管理的通知》(国税函〔2007〕1289号)的有关规定执行。

自2009年10月1日起,上述免征增值税政策停止执行,对民贸企业销售货物照章征收增值税。财税〔2007〕133号、国税函〔2007〕1289号文件同时废止。

二、自2009年1月1日起至2010年12月31日,对国家定点生产企业销售自产的边销茶及经销企业销售的边销茶免征增值税。上述国家定点生产企业,是指国家经贸委、国家计委、国家民委、财政部、工商总局、质检总局、全国供销合作社2002年第53号公告和商务部、发展改革委、国家民委、财政部、工商总局、质检总局、全国供销合作总社2003年第47号公告列名的边销茶定点生产企业。

三、纳税人销售本通知规定的免税货物,如果已向购买方开具了增值税专用发票，应将专用发票追回后方可申请办理免税。凡专用发票无法追回的,一律照章征收增值税,不予免税。

四、《财政部、国家税务总局、关于继续对民族贸易企业销售的货物及国家定点企业生产和经销单位经销的边销茶实行增值税优惠政策的通知》(财税〔2006〕103号）自2009年1月1日起废止。

(2009年12月7日　财税〔2009〕141号)

按照《财政部、国家发展改革委、工业和信息化部、海关总署、国家税务总局国家能源局关于调整重大技术装备进口税收政策的通知》(财关税〔2009〕55号)规定,根据国内相关产业发展情况,在广泛听取有关主管部门、行业协会及企业意见的基础上,经研究决定,对大型环保和资源综合利用设备、应急柴油发电机组、机场行李自动分拣系统、重型模锻液压机及其关键零部件、原材料进口税收政策予以调整,现通知如下：

一、自2010年6月1日起,对符合规定条件的国内企业为生产国家支持发展的大型环保和资源综合利用设备、应急柴油发电机组、机场行李自动分拣系统、重型模锻液压机(见附件1)而确有必要进口部分关键零部件、原材料(见附件2),免征关税和进口环节增值税。

附件1:

大型环保及资源综合利用设备等重大技术装备目录

编号	名称	技术规格要求	销售业绩要求
一	大型清洁高效发电装备		
（一）	百万千瓦级核电机组		
2	常规岛设备：应急柴油发电机组	50Hz/6.6Kv/10.5kV	持有合同订单
九	大型环保及资源综合利用设备		
（一）	大气污染治理设备		
4	300MW 及以上燃煤电站烟气脱硝成套设备：吸收剂系统、催化反应设备	脱硝效率：70-90%，氨逃逸率≤3ppm	持有合同订单
（二）	工业废水、城市污水、污泥处理设备		
1	城市污水处理成套设备：转盘式膜反应分离器、转盘式微滤机	转盘式膜反应分离器：过滤精度≤0.038μm，出水浊度＜2NTU；转盘式微滤机：过滤精度≤10μm，出水固体悬浮物＜10mg/l	持有合同订单
2	污泥处理成套设备：污泥浓缩脱水设备、中低温污泥干化处理设备	污泥浓缩脱水设备:处理能力≥$20m^3/h$; 中低温污泥干化处理设备：处理能力≥$50m^3/d$，出泥含固率≥60%DS	持有合同订单
3	水质在线监测系统	可在线监测 CODcr、总磷、氨氮、TOC、UV、高锰酸盐指数、总氮六价铬、正磷酸盐指数等项目。	持有合同订单
（四）	资源综合利用设备		
5	煤气综合利用净化设备：脱酸塔、喷淋式饱和器		持有合同订单
6	木塑产品生产线		持有合同订单
十		大型施工机械和基础设施专用设备	
（二）	机场专用设备		
1	机场行李自动分拣系统	单套分拣能力大于 5000 件/小时	持有合同订单
十二	大型、精密、高速数控设备、数控系统、功能部件与基础制造装备		
（三）	基础制造装备		
2	重型模锻液压机	400MN 及以上	持有合同订单

注：该目录的编号按照财关税[2010]17 号文件附件 1 已有序列编制。

附件 2：

大型环保及资源综合利用设备等重大技术装备进口关键零部件、原材料商品清单

一、大型清洁高效发电装备				
（一）百万千瓦级核电机组				
2.常规岛设备				
设备名称	一级部件	二级部件	单机用量	税则号列(供参考)
应急柴油发电机组	涡轮增压器		2 台	84148030
	机械动力泵		22 台	84133021 84138100 84133030
	曲轴		1 个	84831090
	滤清器		4 个	84212300
	核级转速控制系统		1 套	90328900 84099991
	喷油器总成		18 套	84248999
	1E 级控制柜		6 套	84133021
九、大型环保及资源综合利用设备				
（一）大气污染治理设备				
4.300MW 及以上燃煤电站烟气脱硝成套设备				
设备名称	一级部件	二级部件	单机用量	税则号列(供参考)
（1）吸收剂系统	氨逃逸分析仪		2 台/300MW	90271000
	氨喷射系统	喷嘴及喷枪	4 个/300MW	84242000
	气动调节球阀	气动执行器	4 个/300MW	84123900
（2）催化反应设备	催化剂模块		300 个/300MW	38151900
（二）工业废水、城市污水、污泥处理设备				
1.城市污水处理成套设备				
（2）转盘式膜反应分离器	过滤部件	板式盘片	48-720 片	84219990
（3）转盘式微滤机	过滤部件	扇形盘片	48-720 片	84219990
2.污泥处理成套设备				
（1）污泥浓缩脱水设备	过滤组件	不锈钢滤网	500-600kg	84219990
（2）中低温污泥干化处理设备	干化组件	连续式污泥进料布料装置	1 台	84798999
		烘干滤带	422.4-500m^2	59119000
		蒸发仓箱	3 个	73269010
		密封条	20m^2	40169390

续表附件2

3.水质在线监测系统	控制单元	PLC	1个	85371011
		PLC 主存储器	1个	85389000
		输出扩展模块	1个	85389000
		通讯插件	1个	85389000
	数据采集单元	GPRS 无线模块	1-8个	84717090
		GSM 无线模块	1-8个	84717090
		CPU 模块	1-8个	84717090
	测量单元	氨氮气敏电极	1个	83111000
		蠕动泵管	9米	39173200
（四）资源综合利用设备				
1.煤气综合利用净化设备				
（1）脱酸塔	塔体	镍基合金板	10吨	75062000
（2）喷淋式饱和器	罐体	镍基合金板	20吨	75062000
2.木塑产品生产线	挤出机部件	减速箱	1套	84834090
	控制系统	温控模块	4套	90330000
		直流调速器、变频器	2套	85044099
十、大型施工机械和基础设施专用设备				
（二）机场专用设备				
设备名称	一级部件	二级部件	单机用量	税则号列(供参考)
1.机场行李自动分拣系统	托盘倾翻式分拣机及导入线		1-4套	84798999
	360^0 自动条码读取站		1-60套	84719000
	行李称重仪		80-200台	84232090
	电动滚筒		240-600台	84313900
	变频器		100-1000台	85044099
十二、大型、精密、高速数控设备、数控系统、功能部件与基础制造装备				
（三）基础制造装备				
设备名称	一级部件	二级部件	单机用量	税则号列(供参考)
2.重型模锻液压机	液压系统	液压柱塞泵	51套	8413503190
		液压齿轮泵	7套	8413602290
		液压阀	25套	8481803990
		球胆蓄能器	69套	8412909000
		PLC 系统	1套	8537101101
		液压系统配件	17套	8412909000

注：该目录的编号按照财关税[2010]17号文件附件2已有序列编制。

（2010年9月30日　财关税〔2010〕第50号）

制种企业在下列生产经营模式下生产销售种子,属于农业生产者销售自产农业产品,应根据《中华人民共和国增值税暂行条例》有关规定免征增值税。

一、制种企业利用自有土地或承租土地,雇佣农户或雇工进行种子繁育,再经烘干、脱粒、风筛等深加工后销售种子。

二、制种企业提供亲本种子委托农户繁育并从农户手中收回,再经烘干、脱粒、风筛等深加工后销售种子。

本公告自2010年12月1日起施行。

(2010年10月25日　国家税务总局公告2010年第17号)

根据《国务院关于推进上海加快发展现代服务业和先进制造业建设国际金融中心和国际航运中心的意见》(国发〔2009〕19号)有关精神,上海期货交易所将试点开展期货保税交割业务。现将有关增值税问题通知如下:

一、期货保税交割是指以海关特殊监管区域或场所内处于保税监管状态的货物为期货实物交割标的物的期货实物交割。

二、上海期货交易所的会员和客户通过上海期货交易所交易的期货保税交割标的物,仍按保税货物暂免征收增值税。

期货保税交割的销售方,在向主管税务机关申报纳税时,应出具当期期货保税交割的书面说明及上海期货交易所交割单、保税仓单等资料。

三、非保税货物发生的期货实物交割仍按《国家税务总局关于下发〈货物期货征收增值税具体办法〉的通知》(国税发〔1994〕244号)的规定执行。

四、本通知自2010年12月1日起执行。

(2010年12月2日　财税〔2010〕108号)

经国务院批准,在"十二五"期间(2011年1月1日至2015年12月31日),对国内航空公司用于支线航线飞机、发动机维修的进口航空器材(包括送境外维修的零部件)免征进口关税和进口环节增值税。具体管理办法按《关于营运支线航线的国内航空公司维修用航空器材进口税收的暂行规定》执行。

(2010年12月9日　财关税〔2010〕58号)

第六章 增值税应纳税额的计算

6.1 增值税应纳税额计算的一般规定

纳税人兼营不同税率的货物或者应税劳务，应当分别核算不同税率货物或者应税劳务的销售额；未分别核算销售额的，从高适用税率。

（《中华人民共和国增值税暂行条例》）

纳税人销售货物或者提供应税劳务（以下简称销售货物或者应税劳务），应纳税额为当期销项税额抵扣当期进项税额后的余额。应纳税额计算公式：

应纳税额=当期销项税额-当期进项税额

当期销项税额小于当期进项税额不足抵扣时，其不足部分可以结转下期继续抵扣。

（《中华人民共和国增值税暂行条例》）

纳税人销售货物或者应税劳务，按照销售额和税率计算并向购买方收取的增值税额，为销项税额。销项税额计算公式：

销项税额=销售额×税率

销售额为纳税人销售货物或者应税劳务向购买方收取的全部价款和价外费用，但是不包括收取的销项税额。

销售额以人民币计算。纳税人以人民币以外的货币结算销售额的，应当折合成人民币计算。

纳税人销售货物或者应税劳务的价格明显偏低并无正当理由的，由主管税务机关核定其销售额。

纳税人购进货物或者接受应税劳务（以下简称购进货物或者应税劳务）支付或者负担的增值税额，为进项税额。

下列进项税额准予从销项税额中抵扣：

（一）从销售方取得的增值税专用发票上注明的增值税额。

（二）从海关取得的海关进口增值税专用缴款书上注明的增值税额。

（三）购进农产品，除取得增值税专用发票或者海关进口增值税专用缴款书外，按照农产品收购发票或者销售发票上注明的农产品买价和13%的扣除率计算的进项税额。进项税额计算公式：

进项税额=买价×扣除率

（四）购进或者销售货物以及在生产经营过程中支付运输费用的，按照运输费用结算单据上注明的运输费用金额和7%的扣除率计算的进项税额。进项税额计算公式：

进项税额=运输费用金额×扣除率

准予抵扣的项目和扣除率的调整，由国务院决定。

纳税人购进货物或者应税劳务，取得的增值税扣税凭证不符合法律、行政法规或者国务院税务主管部门有关规定的，其进项税额不得从销项税额中抵扣。

下列项目的进项税额不得从销项税额中抵扣：

（一）用于非增值税应税项目、免征增值税项目、集体福利或者个人消费的购进货物或者应税劳务；

（二）非正常损失的购进货物及相关的应税劳务；

（三）非正常损失的在产品、产成品所耗用的购进货物或者应税劳务；

（四）国务院财政、税务主管部门规定的纳税人自用消费品；

（五）本条第（一）项至第（四）项规定的货物的运输费用和销售免税货物的运输费用。

纳税人进口货物，按照组成计税价格和本条例第二条规定的税率计算应纳税额。组成计税价格和应纳税额计算公式：

组成计税价格=关税完税价格关税消费税

应纳税额=组成计税价格×税率

（《中华人民共和国增值税暂行条例》）

一般纳税人销售货物或者应税劳务，开具增值税专用发票后，发生销售货物退回或者折让、开票有误等情形，应按国家税务总局的规定开具红字增值税专用发票。未按规定开具红字增值税专用发票的，增值税额不得从销项税额中扣减。

(《中华人民共和国增值税暂行条例实施细则》)

价外费用，包括价外向购买方收取的手续费、补贴、基金、集资费、返还利润、奖励费、违约金、滞纳金、延期付款利息、赔偿金、代收款项、代垫款项、包装费、包装物租金、储备费、优质费、运输装卸费以及其他各种性质的价外收费。但下列项目不包括在内：

(一)受托加工应征消费税的消费品所代收代缴的消费税；

(二)同时符合以下条件的代垫运输费用：

1.承运部门的运输费用发票开具给购买方的；

2.纳税人将该项发票转交给购买方的。

(三)同时符合以下条件代为收取的政府性基金或者行政事业性收费：

1.由国务院或者财政部批准设立的政府性基金，由国务院或者省级人民政府及其财政、价格主管部门批准设立的行政事业性收费；

2.收取时开具省级以上财政部门印制的财政票据；

3.所收款项全额上缴财政。

(四)销售货物的同时代办保险等而向购买方收取的保险费，以及向购买方收取的代购买方缴纳的车辆购置税、车辆牌照费。

混合销售行为依照规定应当缴纳增值税的，其销售额为货物的销售额与非增值税应税劳务营业额的合计。

一般纳税人销售货物或者应税劳务，采用销售额和销项税额合并定价方法的，按下列公式计算销售额：

销售额=含税销售额÷(1+税率)

纳税人按人民币以外的货币结算销售额的，其销售额的人民币折合率可以选择销售额发生的当天或者当月1日的人民币汇率中间价。纳税人应在事先确定采用何种折合率，确定后1年内不得

变更。

纳税人有条例第七条所称价格明显偏低并无正当理由或者有本细则第四条所列视同销售货物行为而无销售额者，按下列顺序确定销售额：

(一)按纳税人最近时期同类货物的平均销售价格确定；

(二)按其他纳税人最近时期同类货物的平均销售价格确定；

(三)按组成计税价格确定。组成计税价格的公式为：

组成计税价格=成本×(1+成本利润率)

属于应征消费税的货物，其组成计税价格中应加计消费税额。

公式中的成本是指：销售自产货物的为实际生产成本，销售外购货物的为实际采购成本。公式中的成本利润率由国家税务总局确定。

所称买价，包括纳税人购进农产品在农产品收购发票或者销售发票上注明的价款和按规定缴纳的烟叶税。

所称运输费用金额，是指运输费用结算单据上注明的运输费用(包括铁路临管线及铁路专线运输费用)、建设基金，不包括装卸费、保险费等其他杂费。

所称增值税扣税凭证，是指增值税专用发票、海关进口增值税专用缴款书、农产品收购发票和农产品销售发票以及运输费用结算单据。

混合销售行为依照规定应当缴纳增值税的，该混合销售行为所涉及的非增值税应税劳务所用购进货物的进项税额，符合条例规定的，准予从销项税额中抵扣。

所称购进货物，不包括既用于增值税应税项目(不含免征增值税项目)也用于非增值税应税项目、免征增值税(以下简称免税)项目、集体福利或者个人消费的固定资产。

所称固定资产，是指使用期限超过12个月的机器、机械、运输工具以及其他与生产经营有关的设备、工具、器具等。

所称个人消费包括纳税人的交际应酬消费。

所称非增值税应税项目，是指提供非增值税应税劳务、转让无形资产、销售不动产和不动产在建工程。

所称不动产，是指不能移动或者移动后会引起性质、形状改变的财产，包括建筑物、构筑物和其他土地附着物。

纳税人新建、改建、扩建、修缮、装饰不动产，均属于不动产在建工程。

所称非正常损失，是指因管理不善造成被盗、丢失、霉烂变质的损失。

纳税人自用的应征消费税的摩托车、汽车、游艇，其进项税额不得从销项税额中抵扣。

一般纳税人兼营免税项目或者非增值税应税劳务而无法划分不得抵扣的进项税额的，按下列公式计算不得抵扣的进项税额：

不得抵扣的进项税额=当月无法划分的全部进项税额×当月免税项目销售额、非增值税应税劳务营业额合计÷当月全部销售额、营业额合计

已抵扣进项税额的购进货物或者应税劳务，发生条例第十条规定的情形的（免税项目、非增值税应税劳务除外），应当将该项购进货物或者应税劳务的进项税额从当期的进项税额中扣减；无法确定该项进项税额的，按当期实际成本计算应扣减的进项税额。

有下列情形之一者，应按销售额依照增值税税率计算应纳税额，不得抵扣进项税额，也不得使用增值税专用发票：

（一）一般纳税人会计核算不健全，或者不能够提供准确税务资料的；

（二）除细则第二十九条规定外，纳税人销售额超过小规模纳税人标准，未申请办理一般纳税人认定手续的。

（《中华人民共和国增值税暂行条例实施细则》）

6.2 准予抵扣进项税额的规定

一、运输费用进项税额的抵扣

1.准予计算进项税额扣除的货运发票种类。根据规定,增值税一般纳税人外购和销售货物所支付的运输费用,准予抵扣的运费结算单据(普通发票),是指国营铁路、民用航空、公路和水上运输单位开具的货票,以及从事货物运输的非国有运输单位开具的套印全国统一发票监制章的货票。准予计算进项税额扣除的货运发票种类,不包括增值税一般纳税人取得的货运定额发票。

2.准予计算进项税额扣除的货运发票,其发货人、收货人、起运地、到达地、运输方式、货物名称、货物数量、运输单价、运费金额等项目的填写必须齐全,与购货发票上所列的有关项目必须相符,否则不予抵扣。

3.纳税人购进、销售货物所支付的运输费用明显偏高、经过审查不合理的,不予抵扣运输费用。

二、购进货物或应税劳务支付货款、劳务费用的对象。纳税人购进货物或应税劳务,支付运输费用,所支付款项的单位,必须与开具抵扣凭证的销货单位、提供劳务的单位一致,才能够申报抵扣进项税额,否则不予抵扣。

(1995年10月18日　国税发〔1995〕192号)

自2000年1月1日起,企业购置增值税防伪税控系统专用设备和通用设备发生的费用,准予在当期计算缴纳所得税前一次性列支;同时可凭购货所取得的专用发票所注明的税额从增值税销项税额中抵扣。

增值税防伪税控专用设备包括税控金税卡、税控IC卡和读卡器;通用设备包括用于防伪税控系统开具专用发票的计算机和打印机。

有关企业要按照税务机关的要求及时安装使用税控系统,凡逾期不安装使用的, 税务机关停止向其发售增值税专用发票,并收缴其库存未用的增值税专用发票。

纳入税控系统管理的企业,必须通过该系统开具增值税专用发票;对使用非税控系统开具增值税专用发票的,税务机关要按照《中华人民共和国发票管理办法》的有关规定进行处罚;对破坏、擅自改动、拆卸税控系统进行偷税的,要依法予以严惩。

有关企业取得税控系统开具的增值税专用发票,属于扣税范围的,应按税务机关规定的时限申报认证;凡逾期未申报认证的,一律不得作为扣税凭证,已经抵扣税款的,由税务机关如数追缴,并按《中华人民共和国税收征收管理法》的有关规定进行处罚;凡认证不符的,不得作为扣税凭证,税务机关要查明原因,依法处理。

适当减轻企业使用税控系统的经济负担。税控系统专用和通用设备的购置费用准予在企业成本中列支,同时可凭购货发票(增值税专用发票)所注明的增值税税额,计入该企业当期的增值税进项税额。具体办法由国务院有关部门另行制定。

税控系统专用设备和技术维护实行国家统一定价,具体标准由国家计委制定。

(2000年11月9日　国税发〔2000〕183号)

与总机构实行统一核算的分支机构从总机构取得的日常工资、电话费、租金等资金,不应视为因购买货物而取得的返利收入,不应做冲减进项税额处理。

(2001年4月5日　国税函〔2001〕247号)

对增值税一般纳税人在商品交易所通过期货交易购进货物,其通过商品交易所转付货款可视同向销货单位支付货款,对其取得的合法增值税专用发票允许抵扣。

(2002年4月29日　国税发〔2002〕45号)

二、增值税一般纳税人认证通过的防伪税控系统开具的增值税专用发票,应在认证通过的当月按照增值税有关规定核算当期进项税额并申报抵扣,否则不予抵扣进项税额。

三、增值税一般纳税人取得防伪税控系统开具的增值税专用发票，其专用发票所列明的购进货物或应税劳务的进项税额抵扣时限，不再执行《国家税务总局关于加强增值税征收管理工作的通知》(国税发〔1995〕015号)中第二条有关进项税额申报抵扣时限的规定。

(2003年2月14日　国税发国税函〔2003〕17号)

中国铁路包裹快运公司(简称中铁快运)为客户提供运输劳务，属于铁路运输企业。因此，对增值税一般纳税人购进或销售货物取得的《中国铁路小件货物快运运单》列明的铁路快运包干费、超重费、到付运费和转运费，可按7%的扣除率计算抵扣进项税额。

(2003年8月22日　国税函〔2003〕970号)

一、增值税一般纳税人购置税控收款机所支付的增值税税额(以购进税控收款机取得的增值税专用发票上注明的增值税税额为准)，准予在该企业当期的增值税销项税额中抵扣。

二、增值税小规模纳税人或营业税纳税人购置税控收款机，经主管税务机关审核批准后，可凭购进税控收款机取得的增值税专用发票，按照发票上注明的增值税税额，抵免当期应纳增值税或营业税税额，或者按照购进税控收款机取得的普通发票上注明的价款，依下列公式计算可抵免税额：

$$可抵免税额=\frac{价款}{1+17\%}\times 7\%$$

当期应纳税额不足抵免的，未抵免部分可在下期继续抵免。

(2004年11月9日　财税〔2004〕167号)

对诺基亚各分公司购买货物从供应商取得的增值税专用发票，由总公司统一支付货款，造成购进货物的实际付款单位与发票上注明的购货单位名称不一致的，不属于《国家税务总局关于加强增值税征收管理若干问题的通知》(国税发〔1995〕192号)第一条第(三)款有关规定的情形，允许其抵扣增值税进项税额。

(2006年12月15日　国税函〔2006〕1211号)

增值税一般纳税人用于采集增值税专用发票抵扣联信息的扫描器具和计算机,属于防伪税控通用设备,可以按照《国务院办公厅转发国家税务总局关于全面推广应用增值税防伪税控系统意见的通知》(国办发〔2000〕12号)和《国家税务总局关于推行增值税防伪税控系统若干问题的通知》(国税发〔2000〕183号)的规定,可按购置上述设备取得的增值税专用发票所注明的增值税税额,计入当期增值税进项税额。

(2006年12月22日　国税函〔2006〕1248号)

纳税人从海关取得的完税凭证(修改为"纳税人从海关取得的海关进口增值税专用缴款书") 上注明的增值税额准予从销项税额中抵扣。因此,纳税人进口货物取得的合法海关完税凭证(修改为"进口货物取得的合法海关进口增值税专用缴款书"),是计算增值税进项税额的唯一依据,其价格差额部分以及从境外供应商取得的退还或返还的资金,不作进项税额转出处理。

(2007年3月22日　国税函〔2007〕350号)

外贸企业购进货物后,无论内销还是出口,须将所取得的增值税专用发票在规定的认证期限内到税务机关办理认证手续。凡未在规定的认证期限内办理认证手续的增值税专用发票,不予抵扣或退税。

外贸企业出口货物,凡未在规定期限内申报退(免)税或虽已申报退(免)税但未在规定期限内向税务机关补齐有关凭证,以及未在规定期限内申报开具《代理出口货物证明》的,自规定期限截止之日的次日起30天内,由外贸企业根据应征税货物相应的未办理过退税或抵扣的进项增值税专用发票情况,填具进项发票明细表(包括进项增值税专用发票代码、号码、开具日期、金额、税额等),向主管退税的税务机关申请开具《外贸企业出口视同内销征税货物进项税额抵扣证明》。

(2008年3月25日　国税函〔2008〕265号)

四川汶川地震灾害发生后,一些地区增值税一般纳税人(含

纳入增值税辅导期管理的纳税人,以下简称“纳税人”)不能按照规定期限办理增值税防伪税控系统的报税和认证,纳税人增值税进项税额无法正常抵扣。经研究,现就有关处理办法通知如下:

一、纳税人取得的增值税专用发票(以下简称“专用发票”)经金税工程稽核为“缺联票”的,由主管税务机关通过专用发票审核检查系统进行核查。属于地震灾害造成销售方不能按期报税的,由销售方主管税务机关或其上级税务机关出具证明,购买方出具付款凭证,据以抵扣进项税额。

二、受灾地区纳税人购进货物和劳务取得专用发票、货物运输发票,未能在开票之日起90天内认证的,可由纳税人提出申请,经主管税务机关审核,逐级上报税务总局进行逾期认证、稽核无误的,可作为增值税扣税凭证。

三、纳税人取得货物运输发票经金税工程稽核为“缺联票”的,可比照本通知第一条规定办理;受灾地区纳税人取得进口货物海关完税凭证未能在规定期限内向税务机关申报抵扣的,可比照本通知第二条规定办理。

四、受灾地区纳税人发生专用发票(包括相应电子数据)和防伪税控专用设备损毁等有关问题的处理办法另行通知。

(2008年5月26日　国税函〔2008〕513号)

自2009年1月1日起,增值税一般纳税人(以下简称纳税人)购进(包括接受捐赠、实物投资,下同)或者自制(包括改扩建、安装,下同)固定资产发生的进项税额(以下简称固定资产进项税额),可根据《中华人民共和国增值税暂行条例》(国务院令第538号,以下简称条例)和《中华人民共和国增值税暂行条例实施细则》(财政部国家税务总局令第50号,以下简称细则)的有关规定,凭增值税专用发票、海关进口增值税专用缴款书和运输费用结算单据(以下简称增值税扣税凭证)从销项税额中抵扣,其进项税额应当记入“应交税金—应交增值税(进项税额)”科目。

纳税人允许抵扣的固定资产进项税额,是指纳税人2009年1月1日以后(含1月1日,下同)实际发生,并取得2009年1月1日以后开具的增值税扣税凭证上注明的或者依据增值税扣税凭证计算的增值税税额。

东北老工业基地、中部六省老工业基地城市、内蒙古自治区东部地区已纳入扩大增值税抵扣范围试点的纳税人,2009年1月1日以后发生的固定资产进项税额,不再采取退税方式,其2008年12月31日以前(含12月31日,下同)发生的待抵扣固定资产进项税额期末余额,应于2009年1月份一次性转入"应交税金—应交增值税(进项税额)"科目。

纳税人已抵扣进项税额的固定资产发生条例第十条(一)至(三)项所列情形的,应在当月按下列公式计算不得抵扣的进项税额:

不得抵扣的进项税额=固定资产净值×适用税率

所称固定资产净值,是指纳税人按照财务会计制度计提折旧后计算的固定资产净值。

所称已使用过的固定资产,是指纳税人根据财务会计制度已经计提折旧的固定资产。

纳税人发生细则第四条规定固定资产视同销售行为,对已使用过的固定资产无法确定销售额的,以固定资产净值为销售额。

自2009年1月1日起,进口设备增值税免税政策和外商投资企业采购国产设备增值税退税政策停止执行。具体办法,财政部、国家税务总局另行发文明确。

(2008年12月19日　财税〔2008〕170号)

为了进一步加强海关进口增值税专用缴款书(以下简称海关缴款书)的增值税抵扣管理,税务总局决定自2009年4月1日起在河北省、河南省、广东省和深圳市试行"先比对后抵扣"的管理办法,现将有关问题通知如下:

二、每月申报期内,税务机关向纳税人提供上月《海关进口增值税专用缴款书稽核结果通知书》。

对稽核结果为相符的海关缴款书,纳税人应在税务机关提供稽核结果的当月申报期内申报抵扣,逾期不予抵扣。

对稽核结果为不符、缺联、重号的海关缴款书,属于纳税人数据采集错误的,纳税人可在税务机关提供稽核结果的当月申请数据修改,再次稽核比对,税务机关次月申报期内向其提供稽核比对结果,逾期未申请数据修改的不予抵扣进项税额;对不属于采集错误,纳税人仍要求申报抵扣的,由税务机关组织审核检查,经核查海关缴款书票面信息与纳税人真实进口货物业务一致的,纳税人应在收到税务机关书面通知的次月申报期内申报抵扣,逾期不予抵扣。

三、纳税人应在"应交税费"科目下设"待抵扣进项税额"明细科目,用于核算纳税人已申请稽核但尚未取得稽核相符结果的海关缴款书进项税额。纳税人取得海关缴款书后,应借记"应交税费——待抵扣进项税额"明细科目,贷记相关科目;稽核比对相符以及核查后允许抵扣的,应借记"应交税费——应交增值税(进项税额)"专栏,贷记"应交税费——待抵扣进项税额"科目。经核查不得抵扣的进项税额,红字借记"应交税费——待抵扣进项税额",红字贷记相关科目。

四、增值税纳税申报表及"一窗式"比对项目的调整规定:

(一)自2009年4月1日起,纳税人已申请稽核但尚未取得稽核相符结果的海关缴款书进项税额填入《增值税纳税申报表》附表二第28栏。

(二)自2009年5月1日起,海关缴款书"一窗式"比对项目调整为:审核《增值税纳税申报表》附表二第5栏税额是否等于或小于稽核系统比对相符和核查后允许抵扣的海关缴款书税额。

五、自2009年5月起,试点地区不再通过FTP上报海关缴款书第一联数据。自2009年7月起,税务总局不再通过FTP下发试点地区海关缴款书稽核比对结果。

六、对海关缴款书试行"先比对后抵扣"管理办法,是加强税收征管、堵塞税收漏洞的重要举措,涉及纳税人纳税申报程序的调整,各地要认真做好宣传辅导工作,并根据本地实际情况制定具体管理办法。执行中如有问题,请及时报告税务总局(货物和劳务税司)。

(2009年2月24日　国税函〔2009〕83号)

根据海关进口货物减免税管理规定,进口减免税货物,应当由海关在一定年限内进行监管,提前解除监管的,应向主管海关申请办理补缴税款。

为保证税负公平,对于纳税人在2008年12月31日前免税进口的自用设备,由于提前解除海关监管,从海关取得2009年1月1日后开具的海关进口增值税专用缴款书,其所注明的增值税额准予从销项税额中抵扣。纳税人销售上述货物,应当按照增值税适用税率计算缴纳增值税。

(2009年3月30日　国税函〔2009〕158号)

1.加强农产品抵扣增值税管理

各地要结合本地区实际,积极采取有效措施,加强农产品抵扣增值税管理,严厉打击利用农产品收购发票和销售发票偷骗税违法犯罪活动。及时了解农产品收购加工企业的生产经营规律,摸清生产环节农产品消耗率、业务成本构成、投入产出比等情况。对于以农产品为主要原料的加工企业要定期进行纳税评估,结合企业申报资料深入检查农产品进项税额是否属实,凡以现金支付农产品收购款且数额较大的,应重点评估,认真审核。对于管理中发现的涉嫌偷骗税问题,要及时移交稽查部门,依法严肃查处。

2.加强海关进口增值税专用缴款书抵扣管理

与海关部门共同推行海关专用缴款书“先比对、后抵扣”管理办法。由海关向税务机关传递专用缴款书电子信息,将“先抵扣、后比对”调整为“先比对、后抵扣”。增值税一般纳税人进口货物取得属于增值税扣税范围的海关专用缴款书,必须经稽核比对相符后方可申报抵扣税款,从根本上解决利用伪造海关专用缴款书骗抵税款问题。自2009年4月起,海关专用缴款书“先比对、后抵扣”的管理办法已在部分地区试行,待条件成熟时在全国范围内实行。

(2009年4月29日　国税发〔2009〕第85号)

《中华人民共和国增值税暂行条例实施细则》第二十三条第二款所称建筑物，是指供人们在其内生产、生活和其他活动的房屋或者场所，具体为《固定资产分类与代码》(GB/T14885-1994)中代码前两位为“02”的房屋；所称构筑物，是指人们不在其内生产、生活的人工建造物，具体为《固定资产分类与代码》(GB/T14885-1994)中代码前两位为“03”的构筑物；所称其他土地附着物，是指矿产资源及土地上生长的植物。

《固定资产分类与代码》(GB/T14885-1994) 电子版可在财政部或国家税务总局网站查询。

以建筑物或者构筑物为载体的附属设备和配套设施，无论在会计处理上是否单独记账与核算，均应作为建筑物或者构筑物的组成部分，其进项税额不得在销项税额中抵扣。附属设备和配套设施是指：给排水、采暖、卫生、通风、照明、通讯、煤气、消防、中央空调、电梯、电气、智能化楼宇设备和配套设施。

(2009年9月9日　财税〔2009〕113号)

一、增值税一般纳税人取得2010年1月1日以后开具的增值税专用发票、公路内河货物运输业统一发票和机动车销售统一发票，应在开具之日起180日内到税务机关办理认证，并在认证通过的次月申报期内，向主管税务机关申报抵扣进项税额。

二、实行海关进口增值税专用缴款书(以下简称海关缴款书)“先比对后抵扣”管理办法的增值税一般纳税人取得2010年1月1日以后开具的海关缴款书，应在开具之日起180日内向主管税务机关报送《海关完税凭证抵扣清单》(包括纸质资料和电子数据)申请稽核比对。

未实行海关缴款书“先比对后抵扣”管理办法的增值税一般纳税人取得2010年1月1日以后开具的海关缴款书，应在开具之日起180日后的第一个纳税申报期结束以前，向主管税务机关申报抵扣进项税额。

三、增值税一般纳税人取得2010年1月1日以后开具的增值税专用发票、公路内河货物运输业统一发票、机动车销售统一发票以及海关缴款书,未在规定期限内到税务机关办理认证、申报抵扣或者申请稽核比对的,不得作为合法的增值税扣税凭证,不得计算进项税额抵扣。

四、增值税一般纳税人丢失已开具的增值税专用发票,应在本通知第一条规定期限内,按照《国家税务总局关于修订〈增值税专用发票使用规定〉的通知》(国税发〔2006〕156号)第二十八条及相关规定办理。

增值税一般纳税人丢失海关缴款书,应在本通知第二条规定期限内,凭报关地海关出具的相关已完税证明,向主管税务机关提出抵扣申请。主管税务机关受理申请后,应当进行审核,并将纳税人提供的海关缴款书电子数据纳入稽核系统进行比对。稽核比对无误后,方可允许计算进项税额抵扣。

五、本通知自2010年1月1日起执行。纳税人取得2009年12月31日以前开具的增值税扣税凭证,仍按原规定执行。

(2009年11月9日　国税函〔2009〕617号)

项目运营方利用信托资金融资进行项目建设开发是指项目运营方与经批准成立的信托公司合作进行项目建设开发,信托公司负责筹集资金并设立信托计划,项目运营方负责项目建设与运营,项目建设完成后,项目资产归项目运营方所有。该经营模式下项目运营方在项目建设期内取得的增值税专用发票和其他抵扣凭证,允许其按现行增值税有关规定予以抵扣。

自2010年10月1日起施行。此前未抵扣的进项税额允许其抵扣,已抵扣的不作进项税额转出。

(2010年8月9日　国家税务总局公告2010年第8号)

6.3　不准抵扣进项税额的情形

增值税一般纳税人采取邮寄方式销售、购买货物所支付的邮寄费,不允许计算进项税额抵扣。

(1995年6月2日　国税函发〔1995〕288号)

对与周边国家易货贸易进口环节减征的增值税税款,不能作为下一道环节的进项税金抵扣。

(1996年9月17日　国税函发〔1996〕550号)

纳税人在计算不得抵扣进项税额时,对其取得的销售免税货物的销售收入和经营非应税项目的营业收入额,不得进行不含税收入的换算。

(1997年9月24日　国税函〔1997〕529号)

自1997年1月1日起,凡增值税一般纳税人,无论是否有平销行为,因购买货物而从销售方取得的各种形式的返还资金,均应依所购货物的增值税税率计算应冲减的进项税金,并从其取得返还资金当期的进项税金中予以冲减。应冲减的进项税金计算公式如下:

当期应冲减进项税金=当期取得的返还资金×所购货物适用的增值税税率

(1997年10月31日　国税发〔1997〕167号)

《中华人民共和国增值税暂行条例实施细则》第三十四条规定:有下列情形之一者,应按销售额依照增值税税率计算应纳税额,不得抵扣进项税额,也不得使用增值税专用发票:

(一)一般纳税人会计核算不健全,或者不能够提供准确税务资料的;

(二)除本细则第二十九条规定外,纳税人销售额超过小规模纳税人标准,未申请办理一般纳税人认定手续的。

此规定所称的不得抵扣进项税额是指纳税人在停止抵扣进项税额期间发生的全部进项税额,包括在停止抵扣期间取得的进项税额、上期留抵税额以及经批准允许抵扣的期初存货已征税款。

纳税人经税务机关核准恢复抵扣进项税额资格后,其在停止抵扣进项税额期间发生的全部进项税额不得抵扣。

(2000年8月2日　国税函〔2000〕584号)

《国家税务总局关于印发〈增值税问题解答(之一)〉的通知》

(国税发〔1995〕288号)规定,"纳税人为制作、印刷广告所用的购进货物不得计入进项税额抵扣,因此,纳税人应准确划分不得抵扣的进项税额;对无法准确划分不得抵扣的进项税额的,按《中华人民共和国增值税暂行条例实施细则》第二十三条的规定划分不得抵扣的进项税额"。由于该通知未明确应以何种标准进行"准确划分",因此各地执行不尽一致。经研究,现明确如下:

确定文化出版单位用于广告业务的购进货物的进项税额,应以广告版面占整个出版物版面的比例为划分标准,凡文化出版单位能准确提供广告所占版面比例的,应按此项比例划分不得抵扣的进项税额。

本通知自2000年12月1日起执行。此前一些地区的税务机关按照《中华人民共和国增值税暂行条例实施细则》第二十三条规定确定不得抵扣进项税额的,已征收入库的税款不再作纳税调整,凡征税不足的,一律按照本通知的规定计算应补征的税款。

(2000年11月17日　国税发〔2000〕188号)

《中华人民共和国增值税暂行条例实施细则》第二十四条规定,非正常损失是指因管理不善造成被盗、丢失、霉烂变质的损失。对于企业由于资产评估减值而发生流动资产损失,如果流动资产未丢失或损坏,只是由于市场发生变化,价格降低,价值量减少,则不属于《中华人民共和国增值税暂行条例实施细则》中规定的非正常损失,不作进项税额转出处理。

(2002年12月20日　国税函〔2002〕1103号)

增值税一般纳税人购进人体血液不属于购进免税农产品,也不得比照购进免税农业产品按照买价和13%的扣除率计算抵扣进项税额。

(2004年3月8日　国税函〔2004〕335号)

进口货物减免的进口环节增值税税款,一律不得作为下一环节进项税额计算抵扣。

(2004年6月21日　国税函〔2004〕830号)

国际货物运输代理业务是国际货运代理企业作为委托方和承运单位的中介人，受托办理国际货物运输和相关事宜并收取中介报酬的业务。因此，增值税一般纳税人支付的国际货物运输代理费用，不得作为运输费用抵扣进项税额。

(2005年1月18日　国税函〔2005〕54号)

鉴于纳税人采用账外经营手段进行偷税，其取得的账外经营部分防伪税控专用发票，未按90日规定的时限进行认证，或者未在认证通过的当月按照增值税有关规定核算当期进项税额并申报抵扣，因此，不得抵扣其账外经营部分的销项税额。

(2005年8月3日　国税函〔2005〕763号)

一、自2009年1月1日起，从事废旧物资回收经营业务的增值税一般纳税人销售废旧物资，不得开具印有“废旧物资”字样的增值税专用发票(以下简称废旧物资专用发票)。

纳税人取得的2009年1月1日以后开具的废旧物资专用发票，不再作为增值税扣税凭证。

二、纳税人取得的2008年12月31日以前开具的废旧物资专用发票，应在开具之日起90天内办理认证，并在认证通过的当月核算当期增值税进项税额申报抵扣。

自2009年4月1日起，废旧物资专用发票一律不得作为增值税扣税凭证计算抵扣进项税额。

(2008年12月31日　国家税务总局2008年第1号公告)

6.4　小规模纳税人应纳税额的计算

小规模纳税人销售货物或者应税劳务，实行按照销售额和征收率计算应纳税额的简易办法，并不得抵扣进项税额。应纳税额计算公式：

应纳税额=销售额×征收率

小规模纳税人的标准由国务院财政、税务主管部门规定。

小规模纳税人增值税征收率为3%.

小规模纳税人以外的纳税人应当向主管税务机关申请资格认定。具体认定办法由国务院税务主管部门制定。

小规模纳税人会计核算健全，能够提供准确税务资料的，可以向主管税务机关申请资格认定，不作为小规模纳税人，依照本条例有关规定计算应纳税额。

（《中华人民共和国增值税暂行条例》）

小规模纳税人以外的纳税人（以下称一般纳税人）因销售货物退回或者折让而退还给购买方的增值税额，应从发生销售货物退回或者折让当期的销项税额中扣减；因购进货物退出或者折让而收回的增值税额，应从发生购进货物退出或者折让当期的进项税额中扣减。

（《中华人民共和国增值税暂行条例实施细则》）

纳税人破产、倒闭、解散、停业后，其期初存货中尚未抵扣的已征税款，以及征税后出现的进项税额大于销项税额后不足抵扣部分（即留抵税额），税务机关不再退税。

（1998年7月16日　国税函发〔1998〕429号）

纳税人账外经营部分的销售额（计税价格）难以核实的，应根据《中华人民共和国增值税暂行条例实施细则》第十六条第（三）项规定按组成计税价格核定其销售额。

（1999年11月12日　国税函〔1999〕739号）

对在进口环节与国内环节，以及国内地区间个别货物（如初级农产品、矿产品等）增值税适用税率执行不一致的，纳税人应按其取得的增值税专用发票和海关进口完税凭证上注明的增值税额抵扣进项税额。

主管税务机关发现同一货物进口环节与国内环节以及地区间增值税税率执行不一致的，应当将有关情况逐级上报至共同的上一级税务机关，由上一级税务机关予以明确。

（2005年11月28日　财税〔2005〕165号）

第七章 增值税专用发票的管理

7.1 增值税专用发票的管理

第一条 为加强增值税征收管理,规范增值税专用发票(以下简称专用发票)使用行为,根据《中华人民共和国增值税暂行条例》及其实施细则和《中华人民共和国税收征收管理法》及其实施细则,制定本规定。

第二条 专用发票,是增值税一般纳税人(以下简称一般纳税人)销售货物或者提供应税劳务开具的发票,是购买方支付增值税额并可按照增值税有关规定据以抵扣增值税进项税额的凭证。

第三条 一般纳税人应通过增值税防伪税控系统(以下简称防伪税控系统)使用专用发票。使用,包括领购、开具、缴销、认证纸质专用发票及其相应的数据电文。

本规定所称防伪税控系统,是指经国务院同意推行的,使用专用设备和通用设备、运用数字密码和电子存储技术管理专用发票的计算机管理系统。

本规定所称专用设备,是指金税卡、IC卡、读卡器和其他设备。

本规定所称通用设备,是指计算机、打印机、扫描器具和其他设备。

第四条 专用发票由基本联次或者基本联次附加其他联次构成,基本联次为三联:发票联、抵扣联和记账联。发票联,作为购买方核算采购成本和增值税进项税额的记账凭证;抵扣联,作为购买方报送主管税务机关认证和留存备查的凭证;记账联,作为销售方核算销售收入和增值税销项税额的记账凭证。其他联次用途,由一般纳税人自行确定。

第五条 专用发票实行最高开票限额管理。最高开票限额，是指单份专用发票开具的销售额合计数不得达到的上限额度。

最高开票限额由一般纳税人申请，税务机关依法审批。最高开票限额为十万元及以下的，由区县级税务机关审批；最高开票限额为一百万元的，由地市级税务机关审批；最高开票限额为一千万元及以上的，由省级税务机关审批。防伪税控系统的具体发行工作由区县级税务机关负责。

税务机关审批最高开票限额应进行实地核查。批准使用最高开票限额为十万元及以下的，由区县级税务机关派人实地核查；批准使用最高开票限额为一百万元的，由地市级税务机关派人实地核查；批准使用最高开票限额为一千万元及以上的，由地市级税务机关派人实地核查后将核查资料报省级税务机关审核。

一般纳税人申请最高开票限额时，需填报《最高开票限额申请表》(附件1)。

第六条 一般纳税人领购专用设备后，凭《最高开票限额申请表》、《发票领购簿》到主管税务机关办理初始发行。

本规定所称初始发行，是指主管税务机关将一般纳税人的下列信息载入空白金税卡和IC卡的行为。

(一)企业名称；

(二)税务登记代码；

(三)开票限额；

(四)购票限量；

(五)购票人员姓名、密码；

(六)开票机数量；

(七)国家税务总局规定的其他信息。

一般纳税人发生上列第一、三、四、五、六、七项信息变化，应向主管税务机关申请变更发行；发生第二项信息变化，应向主管税务机关申请注销发行。

第七条 一般纳税人凭《发票领购簿》、IC卡和经办人身份证明领购专用发票。

第八条 一般纳税人有下列情形之一的，不得领购开具专用

发票：

(一)会计核算不健全，不能向税务机关准确提供增值税销项税额、进项税额、应纳税额数据及其他有关增值税税务资料的。

上列其他有关增值税税务资料的内容，由省、自治区、直辖市和计划单列市国家税务局确定。

(二)有《税收征管法》规定的税收违法行为，拒不接受税务机关处理的。

(三)有下列行为之一，经税务机关责令限期改正而仍未改正的：

1.虚开增值税专用发票；

2.私自印制专用发票；

3.向税务机关以外的单位和个人买取专用发票；

4.借用他人专用发票；

5.未按本规定第十一条开具专用发票；

6.未按规定保管专用发票和专用设备；

7.未按规定申请办理防伪税控系统变更发行；

8.未按规定接受税务机关检查。

有上列情形的，如已领购专用发票，主管税务机关应暂扣其结存的专用发票和IC卡。

第九条 有下列情形之一的，为本规定第八条所称未按规定保管专用发票和专用设备：

(一)未设专人保管专用发票和专用设备；

(二)未按税务机关要求存放专用发票和专用设备；

(三)未将认证相符的专用发票抵扣联、《认证结果通知书》和《认证结果清单》装订成册；

(四)未经税务机关查验，擅自销毁专用发票基本联次。

第十条 一般纳税人销售货物或者提供应税劳务，应向购买方开具专用发票。

商业企业一般纳税人零售的烟、酒、食品、服装、鞋帽(不包括劳保专用部分)、化妆品等消费品不得开具专用发票。

增值税小规模纳税人(以下简称小规模纳税人)需要开具专

用发票的,可向主管税务机关申请代开。

销售免税货物不得开具专用发票,法律、法规及国家税务总局另有规定的除外。

第十一条 专用发票应按下列要求开具:

(一)项目齐全,与实际交易相符;

(二)字迹清楚,不得压线、错格;

(三)发票联和抵扣联加盖财务专用章或者发票专用章;

(四)按照增值税纳税义务的发生时间开具。

对不符合上列要求的专用发票,购买方有权拒收。

第十二条 一般纳税人销售货物或者提供应税劳务可汇总开具专用发票。汇总开具专用发票的,同时使用防伪税控系统开具《销售货物或者提供应税劳务清单》(附件2),并加盖财务专用章或者发票专用章。

第十三条 一般纳税人在开具专用发票当月,发生销货退回、开票有误等情形,收到退回的发票联、抵扣联符合作废条件的,按作废处理;开具时发现有误的,可即时作废。

作废专用发票须在防伪税控系统中将相应的数据电文按"作废"处理,在纸质专用发票(含未打印的专用发票)各联次上注明"作废"字样,全联次留存。

第十四条 一般纳税人取得专用发票后,发生销货退回、开票有误等情形但不符合作废条件的,或者因销货部分退回及发生销售折让的,购买方应向主管税务机关填报《开具红字增值税专用发票申请单》(以下简称《申请单》,附件3)。

《申请单》所对应的蓝字专用发票应经税务机关认证。

经认证结果为"认证相符"并且已经抵扣增值税进项税额的,一般纳税人在填报《申请单》时不填写相对应的蓝字专用发票信息。

经认证结果为"纳税人识别号认证不符"、"专用发票代码、号码认证不符"的,一般纳税人在填报《申请单》时应填写相对应的蓝字专用发票信息。

第十五条 《申请单》一式两联:第一联由购买方留存;第二联由购买方主管税务机关留存。

《申请单》应加盖一般纳税人财务专用章。

第十六条 主管税务机关对一般纳税人填报的《申请单》进行审核后，出具《开具红字增值税专用发票通知单》(以下简称《通知单》，附件4)。《通知单》应与《申请单》一一对应。

第十七条 《通知单》一式三联：第一联由购买方主管税务机关留存；第二联由购买方送交销售方留存；第三联由购买方留存。

《通知单》应加盖主管税务机关印章。

《通知单》应按月依次装订成册，并比照专用发票保管规定管理。

第十八条 购买方必须暂依《通知单》所列增值税税额从当期进项税额中转出，未抵扣增值税进项税额的可列入当期进项税额，待取得销售方开具的红字专用发票后，与留存的《通知单》一并作为记账凭证。属于本规定第十四条第四款所列情形的，不作进项税额转出。

第十九条 销售方凭购买方提供的《通知单》开具红字专用发票，在防伪税控系统中以销项负数开具。

红字专用发票应与《通知单》一一对应。

第二十条 同时具有下列情形的，为本规定所称作废条件：

(一) 收到退回的发票联、抵扣联时间未超过销售方开票当月；

(二)销售方未抄税并且未记账；

(三) 购买方未认证或者认证结果为“纳税人识别号认证不符”、“专用发票代码、号码认证不符”。

本规定所称抄税，是报税前用IC卡或者IC卡和软盘抄取开票数据电文。

第二十一条 一般纳税人开具专用发票应在增值税纳税申报期内向主管税务机关报税，在申报所属月份内可分次向主管税务机关报税。

本规定所称报税，是纳税人持IC卡或者IC卡和软盘向税务机关报送开票数据电文。

第二十二条 因IC卡、软盘质量等问题无法报税的，应更换IC

卡、软盘。

因硬盘损坏、更换金税卡等原因不能正常报税的，应提供已开具未向税务机关报税的专用发票记账联原件或者复印件，由主管税务机关补采开票数据。

第二十三条 一般纳税人注销税务登记或者转为小规模纳税人，应将专用设备和结存未用的纸质专用发票送交主管税务机关。

主管税务机关应缴销其专用发票，并按有关安全管理的要求处理专用设备。

第二十四条 本规定第二十三条所称专用发票的缴销，是指主管税务机关在纸质专用发票监制章处按“V”字剪角作废，同时作废相应的专用发票数据电文。

被缴销的纸质专用发票应退还纳税人。

第二十五条 用于抵扣增值税进项税额的专用发票应经税务机关认证相符(国家税务总局另有规定的除外)。认证相符的专用发票应作为购买方的记账凭证，不得退还销售方。

本规定所称认证，是税务机关通过防伪税控系统对专用发票所列数据的识别、确认。

本规定所称认证相符，是指纳税人识别号无误，专用发票所列密文解译后与明文一致。

第二十六条 经认证，有下列情形之一的，不得作为增值税进项税额的抵扣凭证，税务机关退还原件，购买方可要求销售方重新开具专用发票。

(一)无法认证。

本规定所称无法认证，是指专用发票所列密文或者明文不能辨认，无法产生认证结果。

(二)纳税人识别号认证不符。

本规定所称纳税人识别号认证不符，是指专用发票所列购买方纳税人识别号有误。

(三)专用发票代码、号码认证不符。

本规定所称专用发票代码、号码认证不符，是指专用发票所列密文解译后与明文的代码或者号码不一致。

第二十七条 经认证,有下列情形之一的,暂不得作为增值税进项税额的抵扣凭证,税务机关扣留原件,查明原因,分别情况进行处理。

(一)重复认证。

本规定所称重复认证,是指已经认证相符的同一张专用发票再次认证。

(二)密文有误。

本规定所称密文有误,是指专用发票所列密文无法解译。

(三)认证不符。

本规定所称认证不符,是指纳税人识别号有误,或者专用发票所列密文解译后与明文不一致。

本项所称认证不符不含第二十六条第二项、第三项所列情形。

(四)列为失控专用发票。

本规定所称列为失控专用发票,是指认证时的专用发票已被登记为失控专用发票。

第二十八条 一般纳税人丢失已开具专用发票的发票联和抵扣联,如果丢失前已认证相符的,购买方凭销售方提供的相应专用发票记账联复印件及销售方所在地主管税务机关出具的《丢失增值税专用发票已报税证明单》(附件5),经购买方主管税务机关审核同意后,可作为增值税进项税额的抵扣凭证;如果丢失前未认证的,购买方凭销售方提供的相应专用发票记账联复印件到主管税务机关进行认证,认证相符的凭该专用发票记账联复印件及销售方所在地主管税务机关出具的《丢失增值税专用发票已报税证明单》,经购买方主管税务机关审核同意后,可作为增值税进项税额的抵扣凭证。

一般纳税人丢失已开具专用发票的抵扣联,如果丢失前已认证相符的,可使用专用发票发票联复印件留存备查;如果丢失前未认证的,可使用专用发票发票联到主管税务机关认证,专用发票发票联复印件留存备查。

一般纳税人丢失已开具专用发票的发票联,可将专用发票抵扣联作为记账凭证，专用发票抵扣联复印件留存备查。

第二十九条 专用发票抵扣联无法认证的，可使用专用发票发票联到主管税务机关认证。专用发票发票联复印件留存备查。

附件1

最高开票限额申请表

<table>
<tr><td rowspan="4">申请事项
(由企业填写)</td><td>企业名称</td><td></td><td>税务登记代码</td><td></td></tr>
<tr><td>地　址</td><td></td><td>联系电话</td><td></td></tr>
<tr><td>申请最高
开票限额</td><td colspan="3">□一亿元　□一千万元　□一百万元
□十万元　□一万元　□一千元
(请在选择数额前的□内打“√”)</td></tr>
<tr><td colspan="4">经办人(签字)：　　　　企业(印章)：
年　月　日　　　　年　月　日</td></tr>
<tr><td>区县级
税务机
关意见</td><td colspan="4">批准最高开票限额：

经办人(签字)：　批准人(签字)：　税务机关(印章)
年　月　日　年　月　日　年　月　日</td></tr>
<tr><td>地市级
税务机
关意见</td><td colspan="4">批准最高开票限额：

经办人(签字)：　批准人(签字)：　税务机关(印章)
年　月　日　年　月　日　年　月　日</td></tr>
<tr><td>省级税
务机关
意见</td><td colspan="4">批准最高开票限额：

经办人(签字)：　批准人(签字)：　税务机关(印章)
年　月　日　年　月　日　年　月　日</td></tr>
</table>

注：本申请表一式两联：第一联，申请企业留存；第二联，区县级税务机关留存。

附件2

销售货物或者提供应税劳务清单

购买方名称：

销售方名称：

所属增值税专用发票代码：　　　号码：　　　　共　页　第　页

序号	货物(劳务)名称	规格型号	单位	数量	单价	金额	税率	税额
备注								

填开日期：　　年　月　日

注：本清单一式两联：第一联，销售方留存；第二联，销售方送交购买方。

附件3

开具红字增值税专用发票申请单

No.

<table>
<tr><td rowspan="2">销售方</td><td>名 称</td><td></td><td rowspan="2">购买方</td><td>名 称</td><td></td></tr>
<tr><td>税务登记代码</td><td></td><td>税务登记代码</td><td></td></tr>
<tr><td rowspan="8">开具红字专用发票内容</td><td>货物(劳务)名称</td><td>单价</td><td>数量</td><td>金额</td><td>税额</td></tr>
<tr><td></td><td></td><td></td><td></td><td></td></tr>
<tr><td></td><td></td><td></td><td></td><td></td></tr>
<tr><td></td><td></td><td></td><td></td><td></td></tr>
<tr><td></td><td></td><td></td><td></td><td></td></tr>
<tr><td></td><td></td><td></td><td></td><td></td></tr>
<tr><td></td><td></td><td></td><td></td><td></td></tr>
<tr><td>合计</td><td>——</td><td>——</td><td></td><td></td></tr>
<tr><td>说明</td><td colspan="5">对应蓝字专用发票抵扣增值税销项税额情况：
已抵扣□
未抵扣□
纳税人识别号认证不符□
专用发票代码、号码认证不符□
对应蓝字专用发票密码区内打印的代码：
号码：
开具红字专用发票理由：</td></tr>
</table>

申明：我单位提供的《申请单》内容真实，否则将承担相关法律责任。

购买方经办人：　　　　　购买方名称(印章)：　　　年　　月　　日

注：本申请单一式两联：第一联，购买方留存；第二联，购买方主管税务机关留存。

附件4

开具红字增值税专用发票通知单

填开日期：年　月　日　　　　　　　　　　　　　　　　　　　　　　№.

销售方	名　称		购买方	名　称	
	税务登记代码			税务登记代码	
开具红字专用发票内容	货物(劳务)名称	单价	数量	金额	税额
	合计	——	——		
说明	需要作进项税额转出□ 不需要作进项税额转出□ 纳税人识别号认证不符□ 专用发票代码、号码认证不符□ 对应蓝字专用发票密码区内打印的代码： 号码： 开具红字专用发票理由：				

经办人：　　　负责人：　　　　　　　主管税务机关名称(印章)：

注：1.本通知单一式三联：第一联，购买方主管税务机关留存；第二联，购买方送交销售方留存；第三联，购买方留存。

2.通知单应与申请单一一对应。

3.销售方应在开具红字专用发票后到主管税务机关进行核销。

附件5

丢失增值税专用发票已报税证明单

No.

<table>
<tr><td rowspan="2">销售方</td><td>名 称</td><td colspan="2"></td><td rowspan="2">购买方</td><td>名 称</td><td colspan="2"></td></tr>
<tr><td>税务登记代码</td><td colspan="2"></td><td>税务登记代码</td><td colspan="2"></td></tr>
<tr><td rowspan="6">丢失增值税专用发票</td><td>发票代码</td><td>发票号码</td><td>货物(劳务)名称</td><td>单价</td><td>数量</td><td>金额</td><td>税额</td></tr>
<tr><td></td><td></td><td></td><td></td><td></td><td></td><td></td></tr>
<tr><td></td><td></td><td></td><td></td><td></td><td></td><td></td></tr>
<tr><td></td><td></td><td></td><td></td><td></td><td></td><td></td></tr>
<tr><td></td><td></td><td></td><td></td><td></td><td></td><td></td></tr>
<tr><td></td><td></td><td></td><td></td><td></td><td></td><td></td></tr>
<tr><td></td><td colspan="7">报税时间：
纳税申报时间：

经办人：　　　　负责人：

主管税务机关名称(印章)：

年　　月　　日</td></tr>
<tr><td>备注</td><td colspan="7"></td></tr>
</table>

注：本证明单一式三联：第一联，销售方主管税务机关留存；第二联，销售方留存；第三联，购买方主管税务机关留存。

(2006年10月17日　国税发〔2006〕156号)

7.2 增值税专用发票的开具

四、为了减少开具专用发票的工作量，降低专用发票的使用成本，销售货物品种较多的，可以汇总开具专用发票。如果所售货物适用的税率不一致，应按不同税率分别汇总填开专用发票。汇总填开专用发票，可以不填写“商品或劳务名称”、“计量单位”、“数量”和“单价”栏。

汇总填开专用发票，必须附有销售方开具并加盖财务专用章或发票专用章的销货清单。销货清单应填写购销双方的单位名称、商品或劳务名称、计量单位、数量、单价、销售额，销货清单的汇总销售额应与专用发票“金额”栏的数字一致。购货方应索取销货清单一式两份，分别附在发票联和抵扣联之后。

销货清单的样式，暂由省、自治区、直辖市、计划单列市税务局制定。

五、销售货物或应税劳务收取价外费用（指增值税额以外的价外收费）者，如果价格与价外费用需要分别填写，可以在专用发票的“单价”栏填写价、费合计数，另附价外费用项目表交与购货方。但如果价外费用属于按规定不征收增值税的代收代缴的消费税，则该项合计数中不应包括此项价外费用，此项价外费用应另行开具普通发票。

六、为了有利于专用发票的管理，零售单位销售货物给一般纳税人可以开具专用发票，销售货物给其他单位和个人均不得开具专用发票。一般纳税人到零售单位购买货物，必须出示盖有一般纳税人认定专章的税务登记证副本，否则不得为其开具专用发票。

（1994年2月14日　国税明电〔1994〕35号）

一、商业零售企业销售商品凡向购买方开具专用发票的，必须按照国税明电〔1994〕35号的规定，即购买方必须持盖有一般纳税人戳记的税务登记证（副本），未提供证件的，销货方一律不得开具专用发票。

二、商业零售企业及其他企业开具专用发票时，必须按规定将全部联次一次性逐项如实填开。已使用的专用发票其存根联、记帐联如有应填而未填或填写不实、填写差错的，属于未按要求开具专用发票，税务机关一经查出，可依《中华人民共和国发票管理办法》罚则的有关规定处以10000元以下的罚款。

三、购买方（一般纳税人）向商业零售企业购买商品时，对取得的专用发票如发现有不符合开具要求的，购买方有权拒收或退回，销货方应重新按要求开具，否则，不得作为抵扣税款的凭证。

（1994年2月25日　国税明电〔1994〕39号）

一般纳税人将货物无偿赠送给他人，如果受赠者为一般纳税人，可以根据受赠者的要求开具专用发票。

关于增值税专用发票的填写问题

（一）专用发票的"单价"栏，必须填写不含税单价。纳税人如果采用销售额和增值税额合并定价方法的，其不含税单价应按下列公式计算：

1.一般纳税人按增值税税率计算应纳税额的，不含税单价计算公式为：

不含税单价=含税单价/(1+税率)

2.一般纳税人按简易办法计算应纳税额的和由税务所代开专用发票的小规模纳税人，不含税单价计算公式为：

不含税单价=含税单价/(1+征收率)

（二）专用发票"金额"栏的数字，应按不含税单价和数量相乘计算填写，计算公式为：

金额栏数字=不含税单价×数量

不含税单价的尾数，"元"以下一般保留到"分"，特殊情况下也可以适当增加保留的位数。

（三）专用发票的"税率"栏，应填写销售货物或应税劳务的适用税率，"税额"栏的数字应按"金额"栏数字和"税率"相乘计算填写。计算公式为：

税额=金额×税率

（1994年5月7日　国税发〔1994〕122号）

棉麻企业销售棉花时,要按国家有关规定开具增值税专用发票,不得借故使用一般发票。由于棉花发票需载明的项目较多,可同时用原棉花销售专用发票作附件。

(1994年6月22日　内贸农字〔1994〕166号)

一、对增值税一般纳税人(包括纳税人自己或代其他部门)向购买方收取的价外费用和逾期包装物押金,应视为含税收入,在征税时换算成不含税收入并入销售额计征增值税。

二、对福利企业未按规定进行申报,事后被税务机关查补的增值税应纳税额,不得按"即征即退"办法退还给企业。

五、免税货物恢复征税后,其免税期间外购的货物,一律不得作为当期进项税额抵扣。恢复征税后收到的该项货物免税期间的增值税专用发票,应当从当期进项税额中剔除。

(1996年9月9日　国税发〔1996〕155号)

纳税人以含税单价销售货物或应税劳务的,应换算成不含税单价填开专用发票,如果换算使单价、销售额和税额等项目发生尾数误差的,应按以下方法计算填开:

(一)销售额计算公式如下:

销售额=含税总收入÷(1+税率或征收率)

(二)税额计算公式如下:

税额=含税总收入-销售额

(三)不含税单价计算公式如下:

不含税单价=销售额÷数量

按照上述方法计算开具的专用发票,如果票面"货物数量×不含税单价=销售额"这一逻辑关系存在少量尾数误差,属于正常现象,可以作为购货方的扣税凭证。

(1996年9月18日　国税发〔1996〕166号)

关于赊销或分期收款与实际收款差异的税务处理问题

销售方采取赊销和分期收款方式销售货物,应当在合同约定付款日的当天开具增值税专用发票。而销售方不论以何种原因,既已开具了增值税专用发票,则须根据《国家税务总局关于加强增值税征管工作的通知》(国税发〔1999〕015号)的规定,以增值税发票金额作为企业销售收入;购货方则可据此计算进项税额。如果发生合同未到期而提前支付货款或其他原因导致实际付款与增值税专用发票金额不一致的,若实际付款大于发票金额的,则应补开发票;否则,应按销售折让的发票开具办法处理。

(1999年9月3日 国税函〔1999〕598号)

一、税务机关专用发票管理部门在运用防伪税控发售系统进行发票入库管理或向纳税人发售专用发票时,要认真录入发票代码、号码,并与纸质专用发票进行仔细核对,确保发票代码、号码电子信息与纸质发票的代码、号码完全一致。

二、纳税人在运用防伪税控系统开具专用发票时,应认真检查系统中的电子发票代码、号码与纸质发票是否一致。如发现税务机关错填电子发票代码、号码的,应持纸质专用发票和税控IC卡到税务机关办理退回手续。

三、对税务机关错误录入代码或号码后又被纳税人开具的专用发票,按以下办法处理:

(一)纳税人当月发现上述问题的,应按照专用发票使用管理的有关规定,对纸质专用发票和防伪税控发票系统中专用发票电子信息同时进行作废,并及时报主管税务机关。纳税人在以后月份发现的,应按有关规定开具负数专用发票。

(二)主管税务机关按照有关规定追究有关人员责任,同时将有关情况,如发生原因、主管税务机关名称、编号、纳税人名称、纳税人识别号、发票代码号码(包括错误的和正确的)、发生时间、责任人以及处理意见或请求等,逐级上报至总局。

(三)对涉及发票数量多,影响面较大的,总局将按规定程序对"全国作废发票数据库"进行修正。

四、在未收回专用发票抵扣联及发票联,或虽已收回专用发票抵扣联及发票联但购货方已将专用发票抵扣联报送税务机关认证的情况下,销货方一律不得作废已开具的专用发票。

(2003年7月2日 国税函〔2003〕785号)

鉴于债转股企业投入到新公司的实物资产享受免征增值税政策,因此债转股企业将实物资产投入到新公司时不得开具增值税专用发票。

(2003年12月29日　国税函〔2003〕1394号)

一、增值税一般纳税人(以下简称"一般纳税人")销售免税货物,一律不得开具专用发票(国有粮食购销企业销售免税粮食除外)。如违反规定开具专用发票的,则对其开具的销售额依照增值税适用税率全额征收增值税,不得抵扣进项税额,并按照《中华人民共和国发票管理办法》及其实施细则的有关规定予以处罚。

二、一般纳税人销售的货物,由先征后返或即征即退改为免征增值税后,如果其销售的货物全部为免征增值税的,税务机关应收缴其结存的专用发票,并不得再对其发售专用发票。税务机关工作人员违反规定为其发售专用发票的,应按照有关规定予以严肃处理。

(2005年8月8日　国税函〔2005〕780号)

对申报异常的一般纳税人要重点审核其取得的专用发票或销货清单注明的货物品名与其经营范围或生产耗用原料是否相符。要根据纳税人的购销合同、银行结算凭据等有关资料审核实际交易方与专用发票开具方是否一致。

对违反《增值税专用发票使用规定》的,应当按照有关规定进行处理;有涉嫌为第三方开票、涉嫌骗取进项税额抵扣和出口退税的,应移交稽查部门实施稽查。

税务机关在办理专用发票认证时,应认真审核专用发票的内容,对密文有误、认证不符(不包括纳税人识别号认证不符合发票代码号码认证不符)和重复认证的发票,应当即扣留,并移交稽查部门实施稽查。

(2005年9月12日　国税发〔2005〕150号)

卷烟消费税最低计税价格调整以后,其差价结算如何开具增值税专用发票问题,经研究,现明确如下:

根据重新核定的各牌号规格卷烟消费税最低计税价格，卷烟工业企业和卷烟批发企业之间应对2009年5月份的购销情况进行汇总计算。对于汇总计算后卷烟工业企业应向卷烟批发企业补收价款的，卷烟工业企业可按补收价款的数额向卷烟批发企业汇总开具蓝字增值税专用发票；对于汇总计算后卷烟工业企业应向卷烟批发企业退还价款的，可由卷烟批发企业依据退还价款的数额向主管税务机关填报《开具红字增值税专用发票申请单》，在《开具红字增值税专用发票申请单》上选择“购买方申请\已抵扣”栏次，主管税务机关出具《开具红字增值税专用发票通知单》，在《开具红字增值税专用发票通知单》上选择“购买方申请\需要作进项税额转出”栏次，卷烟工业企业依据《开具红字增值税专用发票通知单》开具红字增值税专用发票。

(2009年6月11日　货便函〔2009〕95号)

7.3　增值税专用发票管理的规定

纳税人销售货物或者应税劳务，应当向索取增值税专用发票的购买方开具增值税专用发票，并在增值税专用发票上分别注明销售额和销项税额。

属于下列情形之一的，不得开具增值税专用发票：

(一)向消费者个人销售货物或者应税劳务的；

(二)销售货物或者应税劳务适用免税规定的；

(三)小规模纳税人销售货物或者应税劳务的。

(中华人民共和国国务院令第538号　《中华人民共和国增值税暂行条例》)

一、加强增值税专用发票的验收入库管理

1.增值税专用发票的验收工作必须由办税服务厅主任和发票库房管理人员负责；

2.发票库房要对运抵的专用发票的种类和数量与上级税务机关提供的《发票出库单》和本级发票库房从CTAIS中打出的《发票入库单》进行核对，核对一致后，方可做验收入库处理；

3.验收过程中,如发现有质量问题,应将有质量问题的发票统一集中收缴、封存,由市国税局报省国税局处理;

4.各级发票库房要建立健全专用发票管理账簿,做好专用发票收、发、存台账的登记工作,台账填写须字迹清晰、内容完整、数字准确,并确保账实、账表、账证相符。

二、加强增值税专用发票出库管理

1.发票出库时要认真审核、清点发票种类及份数,填写《发票出库单》,登记《专用发票收、发、存台账》,做好序时记录。

2.对各环节退回的增值税专用发票,发票库房管理人员应及时做好电子和纸质发票的退库处理,填写《发票入库单》调整库存,并在《专用发票收、发、存台账》中登记。

三、加强增值税专用发票的库存管理

1.各级发票库房在专用发票开箱时,必须由两人以上负责,必须有办税服务厅主任在场监开;没有特殊情况,不得随意更换。开箱过程中如发现短缺、印刷质量不好等问题,应立即向上级专用发票主管部门报告。

2.各级发票库房对库存的专用发票必须建立定期盘存制度。市级发票库房每季度应进行1次盘存,盘存时应认真填写《增值税专用发票盘库报告表》。县级国税局每个月应进行1次盘存,同时每次盘存必须填写《增值税专用发票盘库报告表》。

3.各级发票库房应将《增值税专用发票盘库报告表》与《增值税专用发票收发存台账》进行核对,确保账实相符。

4.各发票库房每季根据日常的收、发、存情况编制《增值税专用发票收、发、存情况报表》、《增值税专用发票收费金额统计表》和《增值税专用发票盘库报告表》,上报市局专用发票管理部门。

四、加强增值税专用发票的发售管理

1.在专用发票的发售过程中,发票发售人员要认真录入发票代码、号码,并与纸质发票进行仔细核对,确保发票代码、号码电子信息与纸质发票的代码、号码完全一致。

2.增值税专用发票按照上级税务机关下发的价格配售,各单位不得自行向增值税一般纳税人收取规定价格以外的任何费用或加价。

五、加强增值税专用发票的安全管理

1.增值税专用发票实行专人管理、专库储存、专柜存放。

2.库房必须安装防盗门和监控设备，库房管理必须做到防盗、防火、防水、防鼠咬虫蛀、防腐烂变质的要求。

3.发票库房的管理要严格执行双人上岗、双人佩带钥匙开门制度。

4.严格控制非库管人员进入库房，非库管人员一般不得进入库房，如因工作需要临时进入库房的，应经领导审批并严格执行登记制度。

5.加强日常时期发票库房的安全，配备专用发票库房值班人员，实行24小时值班制度，值班要有值班记录。

6.节假日期间，各发票库房要制定值班计划，安排人员实行24小时轮流值班，将安全职责及措施落实到人。同时要组织人员对库房的存储及安全情况进行认真检查，发现问题及时予以解决，以确保各项安全设施的正常使用。

六、加强增值税专用发票的缴销管理

1.对于政策性作废的专用发票，或由于字轨号不清楚、缺页、缺份、错联、错号及没有防伪标志等因质量问题不能使用的专用发票，由发票库房收缴后，造册当即封存，统一报上级税务机关按规定销毁。

2.发票的销毁经省国税局审批后，由省国税局或委托地(州、市)国税局在指定的造纸厂化纸浆，或者采取集中烧毁的方法销毁。销毁过程要按规定做好监销工作。

3.市局增值税专用发票管理部门要建立健全销毁专用发票制度，专人负责，严防在发票销毁过程中，发生被盗或丢失事件。

4.在专用发票销毁过程中，必须对销毁的专用发票实行双人管理制、经手责任制，做到数字准确无误、责任清楚。在待销毁的专用发票运输过程中，要有专人押运，确保安全。

5.定期对需要核销的增值税专用发票和普通发票，进行分类整理、登记造册，填制《发票核销审批表》。

七、加强增值税专用发票的日常监管

1.纳税人在办理领用增值税专用发票手续时,主管税务机关应与纳税人签订《增值税专用发票保管使用责任书》;督促纳税人建立健全发票管理制度,确保专用发票的安全。

2.各级税务机关要根据纳税人的经营规模及销售额核定专用发票的月用量及限额。实行限量、限面额供应,对因生产经营需要,尚需开具超出授权的发票,应在CTAIS中填写《超限量申请审批表》,按规定逐级审批,批准后由流转税管理科和主管税务机关分别负责更改原授权。开具完毕后,流转税管理科和主管税务机关应立即更改授权限额,恢复原授权。

3.坚持领导干部抽查增值税专用发票管理情况的制度,主管税务局(分局)局长每月要对纳税人专用发票管理工作进行抽查,抽查面不低于增值税一般纳税人总户数的百分之八,原则上一年要对所辖增值税一般纳税人全部抽查一次。主要抽查纳税人专用发票的领用、开具、取得、保管等情况是否符合要求,结余数量与实物是否一致,抽查要有抽查记录。同时市局将此项抽查工作列入目标管理考核范围进行考核。

4.各单位要加强对企业会计人员的宣传辅导力度,提高防伪税控企业的开票水平,降低专用发票作废率和红字发票率。

5.各税务分局税收管理员应切实做好增值税专用发票的作废管理工作,在每月月初企业抄报税申报时,税收管理员应认真审核专用发票的作废情况,如有作废发票,企业应携带全部联次作废发票,由税收管理员在税务监制章处剪角作废后,退企业按规定进行保管,并由税收管理员在企业打印出的增值税专用发票明细表上签字。

6.严格落实好防伪税控企业"盯管"责任制,加强对防伪税控开票子系统的日常管理, 加强对纸质发票与电子信息的核对,确保存根联信息采集的完整性和准确性,从源头上消除影响存根联数据采集的隐患。

7.各单位要每两年对专用发票用量及限额定期进行一次清理检查,确保审批用量及限额与CTAIS和防伪税控系统保持一致。对清理检查中发现的问题,要及时在各个系统中予以解决。

8.认真做好增值税专用发票管理工作的检查。今后我们要将增值税专用发票管理情况的检查形成定期化和制度化、各级发票库房每季度要进行一次自查,专用发票管理部门每半年要对所辖区域的发票库房进行一次清理检查,清理检查工作的重点:检查专用发票管理岗位人员职责及专库储存、专柜存放的落实情况,查看专用发票出入库登记手续是否健全,发票交接手续是否明确,账务记载及实物保管是否做到账实相符;实地检查专用发票库房"五防"设施,查看值班记录,试用报警器是否正常工作等情况,对检查中发现的问题,严格追究相关人员的有关责任。

(2007年9月13日　金国税发〔2005〕210号)

一、自2007年9月1日起,原省、地市税务机关的增值税一般纳税人专用发票最高开票限额审批权限下放至区县税务机关。地市税务机关对此项工作要进行监督检查。

二、区县税务机关对纳税人申请的专用发票最高开票限额要严格审核,根据企业生产经营和产品销售的实际情况进行审批,既要控制发票数量以利于加强管理,又要保证纳税人生产经营的正常需要。

三、区县税务机关应结合本地实际情况,从加强发票管理和方便纳税人的要求出发,采取有效措施,合理简化程序、办理专用发票最高开票限额审批手续。

四、专用发票最高开票限额审批权限下放和手续简化后,各地税务机关要严格按照"以票控税、网络比对、税源监控、综合管理"的要求,落实各项管理措施,通过纳税申报"一窗式"管理、发票交叉稽核、异常发票检查以及纳税评估等日常管理手段,切实加强征管,做好增值税管理工作。

(2007年8月28日　国税函〔2007〕918号)

一、将中国印钞造币总公司印制的增值税专用电脑三联票、电脑六联票销售价格分别由每份0.7元和1.1元降低为0.55元和0.9

元(含税,下同);电脑二联、五联普通发票价格维持每份0.35元和0.7元不变。

上述价格是指中国印钞造币总公司将发票送达各省、自治区、直辖市国家税务局发票保管仓库时的结算价格。税务机关在发售增值税发票过程中,不得加收任何费用。

二、将增值税防伪税控系统专用设备技术维护中准价格由每户每年450元降低为370元。各省、自治区、直辖市价格主管部门可根据本地情况,在上下10%的浮动幅度内制定具体价格,报我委备案。

上述规定自2009年7月1日起执行。

(2009年6月23日　发改价格〔2009〕第1607号)

7.4 税务机关代开发票

7.4.1 代开普通发票

凡从事机动车零售业务的纳税人(包括销售摩托车)收取款项时,都必须开具新式电脑版机动车销售统一发票。

凡不具备电脑开票条件的增值税小规模纳税人销售摩托车,其所需发票由主管税务机关代开。

税务机关在为销售摩托车的增值税小规模纳税人代开机动车销售统一发票时,应在发票联加盖税务机关代开发票专用章。

(2006年7月13日　国税函〔2006〕681号)

7.4.2 代开专用发票

《中华人民共和国增值税暂行条例》第十七条规定销售额未达到起征点的纳税人免征增值税,第二十一条规定纳税人销售免税货物不得开具专用发票。对销售额未达到起征点的个体工商业户,税务机关不得为其代开专用发票。

(2003年12月29日　国税函〔2003〕1396号)

一、主管税务机关为小规模纳税人(包括小规模纳税人中的企业、企业性单位及其他小规模纳税人,下同)代开专用发票,应在专用发票“单价”栏和“金额”栏分别填写不含增值税税额的单价和销售额;“税率”栏填写增值税征收率3%;“税额”栏填写按销售额依照征收率计算的增值税税额。增值税一般纳税人取得由税务机关代开的专用发票后,应以专用发票上填写的税额为进项税额。

二、主管税务机关为小规模纳税人代开专用发票时,按代开的专用发票上注明的税额即时征收增值税。

三、主管税务机关为小规模纳税人代开专用发票后,发生退票的,可比照增值税一般纳税人开具专用发票后作废或开具红字发票的有关规定处理。由销售方到税务机关办理,对于重新开票的,应同时进行新开票税额与原开票税额的清算,多退少补;对无需重新开票的,退还其已征的税款。

(2004年7月14日　国税函〔2004〕895号)

《税务机关代开增值税专用发票管理办法》

(试行)

第一条　为了进一步加强税务机关为增值税纳税人代开增值税专用发票(以下简称专用发票)管理,防范不法分子利用代开专用发票进行偷骗税活动,优化税收服务,特制定该办法。

第二条　本办法所称代开专用发票是指主管税务机关为所辖范围内的增值税纳税人代开专用发票,其他单位和个人不得代开。

第三条　主管税务机关应设立代开专用发票岗位和税款征收岗位,并分别确定专人负责代开专用发票和税款征收工作。

第四条　代开专用发票统一使用增值税防伪税控代开票系统开具。非防伪税控代开票系统开具的代开专用发票不得作为增值税进项税额抵扣凭证。

增值税防伪税控代开票系统由防伪税控企业发行岗位按规

定发行。

第五条 本办法所称增值税纳税人是指已办理税务登记的小规模纳税人(包括个体经营者)以及国家税务总局确定的其他可予代开增值税专用发票的纳税人。

第六条 增值税纳税人发生增值税应税行为、需要开具专用发票时,可向其主管税务机关申请代开。

第七条 增值税纳税人申请代开专用发票时,应填写《代开增值税专用发票缴纳税款申报单》(式样见附件,以下简称《申报单》),连同税务登记证副本,到主管税务机关税款征收岗位按专用发票上注明的税额全额申报缴纳税款,同时缴纳专用发票工本费。

第八条 税款征收岗位接到《申报单》后,应对以下事项进行审核:

(一)是否属于本税务机关管辖的增值税纳税人;

(二)《申报单》上增值税征收率填写、税额计算是否正确。

审核无误后,税款征收岗位应通过防伪税控代开票征收子系统录入《申报单》的相关信息,按照《申报单》上注明的税额征收税款,开具税收完税凭证,同时收取专用发票工本费,按照规定开具有关票证,将有关征税电子信息及时传递给代开发票岗位。

在防伪税控代开票征税子系统未使用前暂传递纸质凭证。

税务机关可采取税银联网划款、银行卡(POS机)划款或现金收取三种方式征收税款。

第九条 增值税纳税人缴纳税款后,凭《申报单》和税收完税凭证及税务登记证副本,到代开专用发票岗位申请代开专用发票。

代开发票岗位确认税款征收岗位传来的征税电子信息与(申报单》和税收完税凭证上的金额、税额相符后,按照《申报单》、完税凭证和专用发票一一对应即“一单一证一票“原则,为增值税纳税人代开专用发票。

在防伪税控代开票征税子系统未使用前,代开票岗位凭《申报单》和税收完税凭证代开发票。

第十条 代开发票岗位应按下列要求填写专用发票的有关项目：

1.“单价”栏和“金额”栏分别填写不含增值税税额的单价和销售额；

2.“税率”栏填写增值税征收率；

3.销货单位栏填写代开税务机关的统一代码和代开税务机关名称；

4.销方开户银行及账号栏内填写税收完税凭证号码；

5.备注栏内注明增值税纳税人的名称和纳税人识别号。

其他项目按照专用发票填开的有关规定填写。

第十一条 增值税纳税人应在代开专用发票备注栏上，加盖本单位的财务专用章或发票专用章。

第十二条 代开专用发票遇有填写错误、销货退回或销售折让等情形的，按照专用发票有关规定处理。

税务机关代开专用发票时填写有误的，应及时在防伪税控代开票系统中作废，重新开具。代开专用发票后发生退票的，税务机关应按照增值税一般纳税人作废或开具负数专用发票的有关规定进行处理。对需要重新开票的，税务机关应同时进行新开票税额与原开票税额的清算，多退少补；对无需重新开票的，按相关规定退还增值税纳税人已缴的税款或抵顶下期正常申报税款。

第十三条 为增值税纳税人代开的专用发票应统一使用六联专用发票，第五联代开发票岗位留存，以备发票的扫描补录，第六联交税款征收岗位，用于代开发票税额与征收税款的定期核对，其他联次交增值税纳税人。

第十四条 代开专用发票岗位领用专用发票，经发票管理部门负责人批准后，到专用发票发售窗口领取专用发票，并将相应发票的电子信息读入防伪税控代开票系统。

第十五条 代开专用发票岗位应在每月纳税申报期的第一个工作日，将上月所开具的代开专用发票数据抄取、传递到防伪税控报税系统。代开专用发票的金税卡等专用设备发生故障的，税务机关应使用留存的专用发票第五联进行扫描补录。

第十六条 代开发票岗位应妥善保管代开专用发票数据，及时备份。

第十七条 税务机关应按月对代开专用发票进行汇总统计，对代开专用发票数据通过增值税计算机稽核系统比对后属于滞留、缺联、失控、作废、红字缺联等情况，应及时分析，查明原因，按规定处理，确保代开专用发票存根联数据采集的完整性和准确性。

第十八条 代开专用发票各岗位人员应严格执行本办法及有关规定。对违反规定的，追究有关人员的责任。

第十九条 各省、自治区、直辖市和计划单列市国家税务局可根据实际在本办法基础上制定实施细则。

第二十条 本办法自二〇〇五年一月一日起实施，凡与本办法相抵触的规定同时停止执行。

(2004年12月20日　国税发〔2004〕153号)

(一)对小规模纳税人申请代开增值税专用发票时，应由其法人代表或主要负责人和办税人员办理，应填写《代开增值税专用发票缴纳税款申报单》，连同税务登记证副本，到主管税务机关办理，其他人员不得代为办理。

(二)代开增值税专用发票单份最高开票限额不得超过十万元。对代开增值税专用发票销售额有超过纳税人实际生产经营状况疑点的，国税部门应加强与公安、工商行政管理部门的沟通与衔接，主管税务机关应核对个人身份信息、工商登记信息，确保相关信息准确可靠；现场察看其实际生产经营能力，查验购销合同原件，资金往来、货物的运输方式等情况以保证货物交易的真实性。

(三)对纳税人申请单次代开增值税专用发票金额或者纳税人在连续不超过12个月的经营期内累计应征增值税销售额(含已申请代开增值税专用发票金额)，超过财政部、国家税务总局规定的小规模纳税人标准的，主管税务机关不得再为其代开增值税专用发票，应告知纳税人申请增值税一般纳税人资格认定。

(2010年6月29日　甘国税发电〔2010〕1号)

7.5 虚开、丢失、被盗增值税专用发票的处理

纳税人必须严格按《增值税专用发票使用规定》保管使用专用发票，对违反规定发生被盗、丢失专用发票的纳税人，主管税务机关必须严格按《中华人民共和国税收征收管理法》和《中华人民共和国发票管理办法》的规定，处以一万元以下的罚款，并可视具体情况，对丢失专用发票的纳税人，在一定期限内(最长不超过半年)停止领购专用发票。对纳税人申报遗失的专用发票，如发现非法代开、虚开问题的，该纳税人应承担偷税、骗税的连带责任。

二、为便于各地税务机关、纳税人对照查找被盗、丢失的专用发票，减轻各地税务机关相互之间传(寄)专用发票遗失通报的工作量，对发生被盗、丢失专用发票的纳税人，必须要求统一在《中国税务报》上刊登"遗失声明"。

三、纳税人丢失专用发票后，必须按规定程序向当地主管税务机关、公安机关报失。各地税务机关对丢失专用发票的纳税人规定进行处罚的同时，代收取"挂失登报费"，并将丢失专用发票纳税人名称、发票份数、字轨号码、盖章与否等情况，统一传(寄)国税务报社刊登"遗失声明"。传(寄)中国税务报社的"遗失明"，必须经县(市)国家税务机关审核盖章、签注意见。

四、实行在《中国税务报》上刊登"遗失声明"这一办法后，各地税务机关不再相互传递专用发票遗失通报，可对照《中国税务报》上刊登的"遗失声明"及字轨号码审核进项发票。

(1995年6月6日　国税函发〔1995〕292号)

对代开、虚开专用发票的，一律按票面所列货物的适用税率全额征补税款，并按《中华人民共和国税收征收管理法》的规定给予处罚。

(1995年7月26日　国税函发〔1995〕415号)

对纳税人取得虚开代开的增值税专用发票，不得作为增值税

合法的抵扣凭证抵扣进项税额。

(1995年10月18日　国税发〔1995〕192号)

为了惩治虚开、伪造和非法出售增值税专用发票和其他发票进行偷税、骗税等犯罪活动,保障家税收,特作如下决定:

一、虚开增值税专用发票的,处三年以下有期徒刑或者拘役,并处二万元以上二十万元以下罚金;虚开的税款数额巨大或者有其他严重情节的,处三年以上十年以下有期徒刑,并处五万元以上五十万元以下罚金;虚开的税款数额特别巨大或者有其他特别严重情节的,处十年以上有期徒刑或者无期徒刑,并处没收财产。

有前款行为骗取国家税款,数额特别巨大、情节特别严重、给国家利益造成特别重大损失的,处无期徒刑或者死刑,并处没收财产。

虚开增值税专用发票的犯罪集团的首要分子,分别依照前两款的规定从重处罚。

虚开增值税专用发票是指有为他人虚开、为自己虚开、让他人为自己虚开、介绍他人虚开增值税专用发票行为之一的。

二、伪造或者出售伪造的增值税专用发票的,处三年以下有期徒刑或者拘役,并处二万元以上二十万元以下罚金;数量较大或者有其他严重情节的,处三年以上十年以下有期徒刑,并处五万元以上五十万元以下罚金;数量巨大或者有其他特别严重情节的,处十年以上有期徒刑或者无期徒刑,并处没收财产。

伪造并出售伪造的增值税专用发票,数量特别巨大、情节特别严重、严重破坏经济秩序的,处无期徒刑或者死刑,并处没收财产。

伪造、出售伪造的增值税专用发票的犯罪集团的首要分子,分别依照前两款的规定从重处罚。

三、非法出售增值税专用发票的,处三年以下有期徒刑或者拘役,并处二万元以上二十万元以下罚金;数量较大的,处三年以上十年以下有期徒刑,并处五万元以上五十万元以下罚金;数量巨大的,处十年以上有期徒刑或者无期徒刑,并处没收财产。

四、非法购买增值税专用发票或者伪造的增值税专用发票的，处五年以下有期徒刑、拘役，并处或者单处二万元以上二十万元以下罚金。

非法购买增值税专用发票或者伪造的增值税专用发票又虚开或者出售的，分别依照第一条、第二条、第三条的规定处罚。

五、虚开用于骗取出口退税、抵扣税款的其他发票的，依照本决定第一条的规定处罚。

虚开用于骗取出口退税、抵扣税款的其他发票是指有为他人虚开、为自己虚开、让他人为自己虚开、介绍他人虚开用于骗取出口退税、抵扣税款的其他发票行为之一的。

六、伪造、擅自制造或者出售伪造、擅自制造的可以用于骗取出口退税、抵扣税款的其他发票的，处三年以下有期徒刑或者拘役，并处二万元以上二十万元以下罚金；数量巨大的，处三年以上七年以下有期徒刑，并处五万元以上五十万元以下罚金；数量特别巨大的，处七年以上有期徒刑，并处没收财产。

伪造、擅自制造或者出售伪造、擅自制造的前款规定以外的其他发票的，比照刑法以第一百二十四条的规定处罚。

非法出售可以用于骗取出口退税、抵扣税款的其他发票的，依照第一款的规定处罚。

非法出售前款规定以外的其他发票的，比照刑法第一百二十四条的规定处罚。

七、盗窃增值税专用发票或者其他发票的，依照刑法关于盗窃罪的规定处罚。

使用欺骗手段骗取增值税专用发票或者其他发票的，依照刑法关于诈骗罪的规定处罚。

八、税务机关或者其他国家机关的工作人员有下列情形之一的，依照本决定的有关规定从重处罚。

（一）与犯罪分子相勾结，实施本决定规定的犯罪的；

（二）明知是虚开的发票，予以退税或者抵扣税款的；

（三）明知犯罪分子实施本决定规定的犯罪，而提供其他帮助的。

九、税务机关的工作人员违反法律、行政法规的规定，在发售发票、抵扣税款、出口退税工作中玩忽职守，致使国家利益遭受重大损失的，处五年以下有期徒刑或者拘役；致使国家利益遭受特别重大损失的，处五年以上有期徒刑。

十、单位犯本决定第一条、第二条、第三条、第四条、第五条、第六条、第七条第二款规定之罪的，对单位判处罚金，并对直接负责的主管人员和其他直接责任人员依照各该条的规定追究刑事责任。

十一、有本决定第二条、第三条、第四条第一款、第六条规定的行为，情节显著轻微，尚不构成犯罪的，由公安机关处十五日以下拘留、五千元以下罚款。

十二、对追缴犯本决定规定之罪的犯罪分子的非法抵扣和骗取的税款，由税务机关上缴国库，其他的违法所得和供犯罪使用的财物一律没收。

供本决定规定的犯罪所使用的发票和伪造的发票一律没收。

（1995年10月30日　中华人民共和国主席令第57号）

一、虚开增值税专用发票的，构成虚开增值税专用发票罪。

具有下列行为之一的，属于“虚开增值税专用发票”：

(1) 没有货物购销或者没有提供或接受应税劳务而为他人、为自己、让他人为自己、介绍他人开具增值税专用发票；

(2)有货物购销或者提供或接受了应税劳务但为他人、为自己、让他人为自己、介绍他人开具数量或者金额不实的增值税专用发票；

(3)进行了实际经营活动，但让他人为自己代开增值税专用发票。

虚开税款数额1万元以上的或者虚开增值税专用发票致使国家税款被骗取5000元以上的，应当依法定罪处罚。

虚开税款数额10万元以上的，属于“虚开的税款数额较大”；具有下列情形之一的，属于“有其他严重情节”：

(1)因虚开增值税专用发票致使国家税款被骗取5万元以上的；

(2)具有其他严重情节的。

虚开税款数额50万元以上的，属于“虚开的税款数额巨大”；具有下列情形之一的，属于“有其他特别严重情节”：

(1)因虚开增值税专用发票致使国家税款被骗取30万元以上的；

(2)虚开的税款数额接近巨大并有其他严重情节的；

(3)具有其他特别严重情节的。

利用虚开的增值税专用发票实际抵扣税款或者骗取出口退税100万元以上的，属于“骗取国家税款数额特别巨大”；造成国家税款损失50万元以上并且在侦查终结前仍无法追回的，属于“给国家利益造成特别重大损失”。利用虚开的增值税专用发票骗取国家税款数额特别巨大、给国家利益造成特别重大损失，为“情节特别严重”的基本内容。

虚开增值税专用发票犯罪分子与骗取税款犯罪分子均应当对虚开的税款数额和实际骗取的国家税款数额承担刑事责任。

利用虚开的增值税专用发票抵扣税款或者骗取出口退税的，应当依照《决定》第一条的规定定罪处罚；以其他手段骗取国家税款的，仍应依照《全国人民代表大会常务委员会关于惩治偷税、抗税犯罪的补充规定》的有关规定定罪处罚。

二、伪造或者出售伪造的增值税专用发票的，构成伪造、出售伪造的增值税专用发票罪。

伪造或者出售伪造的增值税专用发票25份以上或者票面额(百元版以每份100元，千元版以每份1000元，万元版以每份1万元计算，以此类推。下同)累计10万元以上的应当依法定罪处罚。

伪造或者出售伪造的增值税专用发票100份以上或者票面额累计50万元以上的，属于“数量较大”；具有下列情形之一的，属于“有其他严重情节”：

(1)违法所得数额在1万元以上的；

(2)伪造并出售伪造的增值税专用发票60份以上或者票面额累计30万元以上的；

(3)造成严重后果或者具有其他严重情节的。

伪造或者出售伪造的增值税专用发票500份以上或者票面额累计250万元以上的，属于“数量巨大”；具有下列情形之一的，属于“有其他特别严重情节”：

(1)违法所得数额在5万元以上的；

(2)伪造并出售伪造的增值税专用发票300份以上或者票面额累计200万元以上的；

(3)伪造或者出售伪造的增值税专用发票接近“数量巨大”并有其他严重情节的；

(4)造成特别严重后果或者具有其他特别严重情节的。

伪造并出售伪造的增值税专用发票1000份以上或者票面额累计1000万元以上的，属于“伪造并出售伪造的增值税专用发票数量特别巨大”；具有下列情形之一的，属于“情节特别严重”：

(1)违法所得数额在5万元以上的；

(2)因伪造、出售伪造的增值税专用发票致使国家税款被骗取100万元以上的；

(3)给国家税款造成实际损失50万元以上的；

(4)具有其他特别严重情节的。对于伪造并出售伪造的增值税专用发票数量达到特别巨大，又具有特别严重情节，严重破坏经济秩序的，应当依照《决定》第二条第二款的规定处罚。

伪造并出售同一宗增值税专用发票的，数量或者票面额不重复计算。

变造增值税专用发票的，按照伪造增值税专用发票行为处理。

三、非法出售增值税专用发票的，构成非法出售增值税专用发票罪。

非法出售增值税专用发票案件的定罪量刑数量标准按照本解释第二条第二、三、四款的规定执行。

四、非法购买增值税专用发票或者购买伪造的增值税专用发票的，构成非法购买增值税专用发票、伪造的增值税专用发票罪。

非法购买增值税专用发票或者购买伪造的增值税专用发票25份以上或者票面额累计10万元以上的，应当依法定罪处罚。

非法购买真、伪两种增值税专用发票的，数量累计计算，不实行数罪并罚。

五、虚开用于骗取出口退税、抵扣税款的其他发票的，构成虚开专用发票罪，依照《决定》第一条的规定处罚。

“用于骗取出口退税、抵扣税款的其他发票”是指可以用于申请出口退税、抵扣税款的非增值税专用发票，如运输发票、废旧物品收购发票、农业产品收购发票等。

六、伪造、擅自制造或者出售伪造、擅自制造的可以用于骗取出口退税、抵扣税款的其他发票的，构成非法制造专用发票罪或出售非法制造的专用发票罪。

伪造、擅自制造或者出售伪造、擅自制造的可以用于骗取出口退税、抵扣税款的其他发票50份以上的，应当依法定罪处罚；伪造、擅自制造或者出售伪造、擅自制造的可以用于骗取出口退税、抵扣税款的其他发票200份以上的，属于“数量巨大”；伪造、擅自制造或者出售伪造、擅自制造的可以用于骗取出口退税、抵扣税款的其他发票1000份以上的，属于“数量特别巨大”。

七、盗窃增值税专用发票或者可以用于骗取出口退税、抵扣税款的其他发票25份以上，或者其他发票50份以上的；诈骗增值税专用发票或者可以用于骗取出口退税、抵扣税款的其他发票50份以上，或者其他发票100份以上的，依照刑法第一百五十一条的规定处罚。

盗窃增值税专用发票或者可以用于骗取出口退税、抵扣税款的其他发票250份以上，或者其他发票500份以上的；诈骗增值税专用发票或者可以用于骗取出口退税、抵扣税款的其他发票500份以上，或者其他发票1000份以上的，依照刑法第一百五十二条的规定处罚。

盗窃增值税专用发票或者其他发票情节特别严重的，依照《全国人民代表大会常务委员会关于严惩严重破坏经济的罪犯的决定》第一条第(一)项的规定处罚。

盗窃、诈骗增值税专用发票或者其他发票后，又实施《决定》

规定的虚开、出售等犯罪的，按照其中的重罪定罪处罚，不实行数罪并罚。

(1996年11月15日　国税发〔1996〕210号)

7.6　增值税普通发票

一、增值税普通发票的格式、字体、栏次、内容与增值税专用发票完全一致，按发票联次分为两联票和五联票两种，基本联次为两联，第一联为记账联，销货方用作记账凭证；第二联为发票联，购货方用作记账凭证。此外为满足部分纳税人的需要，在基本联次后添加了三联的附加联次，即五联票，供企业选择使用。

增值税普通发票代码的编码原则与专用发票基本一致，发票左上角10位代码的含义：第1~4位代表各省；第5~6位代表制版年度；第7位代表印制批次；第8位代表发票种类，普通发票用“6”表示；第9位代表几联版，普通发票二联版用“2”表示，普通发票五联版用“5”表示；第10位代表金额版本号，“0”表示电脑版。

二、增值税普通发票第二联(发票联)采用防伪纸张印制。代码采用专用防伪油墨印刷，号码的字形为专用异型体。各联次的颜色依次为蓝、橙、绿蓝、黄绿和紫红色。

三、凡纳入“一机多票”系统(包括试运行)的一般纳税人，自纳入之日起，一律使用全国统一的增值税普通发票，并通过防伪税控系统开具。对于一般纳税人已领购但尚未使用的旧版普通发票，由主管税务机关限期缴销或退回税务机关；经税务机关批准使用印有本单位名称发票的一般纳税人，允许其暂缓纳入“一机多票”系统，以避免库存发票的浪费，但最迟不得超过2005年年底。

四、增值税普通发票的价格由国家发改委统一制定。

(2005年8月19日　国税发明电〔2005〕34号)

7.7 增值税专用发票的其他规定

一、受票方利用他人虚开的专用发票，向税务机关申报抵扣税款进行偷税的，应当依照《中华人民共和国税收征收管理法》及有关规定追缴税款，处以偷税数额五倍以下的罚款；进项税金大于销项税金的，还应当调减其留抵的进项税额。利用虚开的专用发票进行骗取出口退税的，应当依法追缴税款，处以骗税数额五倍以下的罚款。

二、在货物交易中，购货方从销售方取得第三方开具的专用发票，或者从销货地以外的地区取得专用发票，向税务机关申报抵扣税款或者申请出口退税的，应当按偷税、骗取出口退税处理，依照《中华人民共和国税收征收管理法》及有关规定追缴税款，处以偷税、骗税数额五倍以下的罚款。

三、纳税人以上述第一条、第二条所列的方式取得专用发票未申报抵扣税款，或者未申请出口退税的，应当依照《中华人民共和国发票管理办法》及有关规定，按所取得专用发票的份数，分别处以1万元以下的罚款；但知道或者应当知道取得的是虚开的专用发票，或者让他人为自己提供虚开的专用发票的，应当从重处罚。

四、利用虚开的专用发票进行偷税、骗税，构成犯罪的，税务机关依法进行追缴税款等行政处理，并移送司法机关追究刑事责任。

(1997年8月8日　国税发〔1997〕134号)

有下列情形之一的，无论购货方(受票方)与销售方是否进行了实际的交易，增值税专用发票所注明的数量、金额与实际交易是否相符，购货方向税务机关申请抵扣进项税款或者出口退税的，对其均应按偷税或者骗取出口退税处理。

一、购货方取得的增值税专用发票所注明的销售方名称、印章与其进行实际交易的销售方不符的，即134号文件第二条规定的

“购货方从销售方取得第三方开具的专用发票”的情况。

二、购货方取得的增值税专用发票为销售方所在省(自治区、直辖市和计划单列市)以外地区的，即134号文件第二条规定的“从销货地以外的地区取得专用发票”的情况。

三、其他有证据表明购货方明知取得的增值税专用发票系销售方以非法手段获得的,即134号文件第一条规定的“受票方利用他人虚开的专用发票,向税务机关申报抵扣税款进行偷税”的情况。

(2000年11月6日　国税发〔2000〕182号)

购货方与销售方存在真实的交易,销售方使用的是其所在省(自治区、直辖市和计划单列市)的专用发票,专用发票注明的销售方名称、印章、货物数量、金额及税额等全部内容与实际相符,且没有证据表明购货方知道销售方提供的专用发票是以非法手段获得的,对购货方不以偷税或者骗取出口退税论处。但应按有关规定不予抵扣进项税款或者不予出口退税;购货方已经抵扣的进项税款或者取得的出口退税,应依法追缴。

购货方能够重新从销售方取得防伪税控系统开出的合法、有效专用发票的,或者取得手工开出的合法、有效专用发票且取得了销售方所在地税务机关已经或者正在依法对销售方虚开专用发票行为进行查处证明的,购货方所在地税务机关应依法准予抵扣进项税款或者出口退税。

如有证据表明购货方在进项税款得到抵扣、或者获得出口退税前知道该专用发票是销售方以非法手段获得的,对购货方应按《国家税务总局关于纳税人取得虚开的增值税专用发票处理问题的通知》(国税发〔1997〕134号)和《国家税务总局关于〈国家税务总局关于纳税人取得虚开的增值税专用发票处理问题的通知〉的补充通知》(国税发〔2000〕182号)的规定处理。

(2000年11月6日　国税发〔2000〕187号)

关于完税证明遗失刊登遗失声明有关问题，经省局研究决定,本省报刊刊登遗失声明的,指定为《甘肃经济日报》,刊登声明联系方式如下:

通讯地址：兰州市城关区庆阳路1号《纳税人》编辑部
联系电话：0931-88295263883493
传真：0931-8829526联系人：杨存泰
邮编：730030。
网址：nashui_ren.sina.com

(2005年6月21日　甘国税函发〔2005〕155号)

一、关于防伪税控认证系统发现涉嫌违规发票的处理

目前，防伪税控认证系统发现涉嫌违规发票分“无法认证”、“认证不符”、“密文有误”、“重复认证”、“认证时失控”、“认证后失控”和“纳税人识别号认证不符(发票所列购买方纳税人识别号与申报认证企业的纳税人识别号不符)”等类型。

(一)属于“无法认证”、“纳税人识别号认证不符”和“认证不符”中的“发票代码号码认证不符(密文与明文相比较，发票代码或号码不符)”的发票，不得作为增值税进项税额的抵扣凭证。税务机关应将发票原件退还企业，企业可要求销售方重新开具。

(二)属于“重复认证”、“密文有误”和“认证不符(不包括发票代码号码认证不符)”、“认证时失控”和“认证后失控”的发票，暂不得作为增值税进项税额的抵扣凭证，税务机关扣留原件，移送稽查部门作为案源进行查处。经税务机关检查确认属于税务机关责任以及技术性错误造成的，允许作为增值税进项税额的抵扣凭证；不属于税务机关责任以及技术性错误造成的，不得作为增值税进项税额的抵扣凭证。属于税务机关责任的，由税务机关误操作的相关部门核实后，区县级税务机关出具书面证明；属于技术性错误的，由税务机关技术主管部门核实后，区县级税务机关出具书面证明。

二、关于增值税专用发票稽核系统发现涉嫌违规发票的处理

目前，增值税专用发票稽核系统发现涉嫌违规发票分“比对不符”、“缺联”和“作废”等类型。

凡属于上述涉嫌违规的发票，暂不得作为增值税进项税额的抵扣凭证，由管理部门按照审核检查的有关规定进行核查，并

按有关规定进行处理。经税务机关检查确认属于税务机关责任以及技术性错误造成的,允许作为增值税进项税额的抵扣凭证;不属于税务机关责任以及技术性错误造成的,不得作为增值税进项税额的抵扣凭证。属于税务机关责任的,由税务机关误操作的相关部门核实后,区县级税务机关出具书面证明;属于技术性错误的,由税务机关技术主管部门核实后,区县级税务机关出具书面证明。

(2006年10月30日 国税函〔2006〕969号)

根据《国家税务总局关于纳税人善意取得虚开的增值税专用发票处理问题的通知》(国税发〔2000〕187号)规定,纳税人善意取得虚开的增值税专用发票指购货方与销售方存在真实交易,且购货方不知取得的增值税专用发票是以非法手段获得的。纳税人善意取得虚开的增值税专用发票,如能重新取得合法、有效的专用发票,准许其抵扣进项税款;如不能重新取得合法、有效的专用发票,不准其抵扣进项税款或追缴其已抵扣的进项税款。

纳税人善意取得虚开的增值税专用发票被依法追缴已抵扣税款的,不属于《税收征收管理法》第三十二条"纳税人未按照规定期限缴纳税款"的情形,不适用该条"税务机关除责令限期缴纳外,从滞纳税款之日起,按日加收滞纳税款万分之五的滞纳金"的规定。

(2007年12月12日 国税函〔2007〕1240号)

在税务机关按非正常户登记失控增值税专用发票(以下简称失控发票)后,增值税一般纳税人又向税务机关申请防伪税控报税的,其主管税务机关可以通过防伪税控报税子系统的逾期报税功能受理报税。

购买方主管税务机关对认证发现的失控发票,应按照规定移交稽查部门组织协查。属于销售方已申报并缴纳税款的,可由销售方主管税务机关出具书面证明,并通过协查系统回复购买方主管税务机关,该失控发票可作为购买方抵扣增值税进项税额的凭证。

(2008年06月19日 国税函〔2008〕607号)

第八章　增值税其他抵扣凭证

8.1　货物运输发票

你局《关于南京萃食品有限公司饮料折扣销售额免征增值税问题的请示》(苏国税发〔1996〕430号)收悉。关于该公司采用数量折扣方式销售货物,在开具增值税专用发票时,在发票的"数量"栏中同时反映购买数量和折扣数量,在"单价"栏中注明统一价格,只是在"金额"栏没有列明折扣金额,是否可按折扣后的金额征收增值税问题,经研究,同意你局意见:对该公司以上述方式销售货物可按《国家税务总局关于印发〈增值税若干具体问题的规定〉的通知》(国税发〔1993〕154号)第二条第二款的规定依折扣后的销售额征收增值税,并且应要求该公司今后在开具增值税专用发票时,按规定逐栏填写。

(1996年10月22日　国税函〔1996〕598号)

二、关于运输费用计算进项税额问题

根据《国家税务总局关于印发〈增值税问题解答(之一)〉的通知》(国税函发〔1995〕288号)的规定,企业外购或销售货物所支付的费用,在计算运输费用进项税额时,必须根据铁路、公路、民用航空等单位开具的"铁路运输货票"、"公路运输货票"等货票。不得依照联运发票计算进项税额。

三、关于境外运输费用能否计算进项税额进行抵扣问题

根据《国家税务总局关于〈关于印发出口退(免)税管理办法〉的通知》(国税发〔1994〕031号)第七条的规定,企业出口货物的销项金额是指出口货物离岸价格按外汇牌价计算的人民币金额。所以,企业从中国口岸到境外目的地之间所收取的运费不包括在销

项金额内,其所发生的运输费用,也不能计算增值税的进项税额。

(1999年9月3日　国税函〔1999〕598号)

从2003年11月1日起，提供货物运输劳务的纳税人必须经主管地方税务局认定方可开具货物运输业发票。凡未经地方税务局认定的纳税人开具的货物运输业发票不得作为记账凭证和增值税抵扣凭证。

从2003年12月1日起，国家税务局将对增值税一般纳税人申请抵扣的所有运输发票与营业税纳税人开具的货物运输业发票进行比对。凡比对不符的,一律不予抵扣。对比对异常情况进行核查,并对违反有关法律法规开具或取得货物运输业发票的单位进行处罚。

纳税人取得的2003年10月31日以后开具的运输发票,应当自开票之日起90天内向主管国家税务局申报抵扣,超过90天的不得予以抵扣。纳税人取得的2003年10月31日以前开具的运输发票,必须在2004年1月31日前抵扣完毕，逾期不再抵扣。纳税人办理时,应附抵扣发票清单。

(2003年10月18日　国税发〔2003〕120号)

(一)一般纳税人购进或销售货物通过铁路运输,并取得铁路部门开具的运输发票,如果铁路部门开具的铁路运输发票托运人或收货人名称与其不一致,但铁路运输发票托运人栏或备注栏注有该纳税人名称的(手写无效),该运输发票可以作为进项税额抵扣凭证,允许计算抵扣进项税额。

(二)一般纳税人在生产经营过程中所支付的运输费用,允许计算抵扣进项税额。

(三)一般纳税人取得的国际货物运输代理业发票和国际货物运输发票,不得计算抵扣进项税额。

(四)一般纳税人取得的汇总开具的运输发票,凡附有运输企业开具并加盖财务专用章或发票专用章的运输清单,允许计算抵扣进项税额。

(五)一般纳税人取得的项目填写不齐全的运输发票(附有运

输清单的汇总开具的运输发票除外)不得计算抵扣进项税额。

(2005年11月28日　财税〔2005〕165号)

自2007年1月1日起，增值税一般纳税人购进或销售货物，取得的作为增值税扣税凭证的货运发票，必须是通过货运发票税控系统开具的新版货运发票。

纳税人取得的2007年1月1日以后开具的旧版货运发票，不再作为增值税扣税凭证抵扣进项税额。

(2006年12月14日　国家税务总局公告〔2006〕2号)

8.2　海关进口增值税专用缴款书

一、对海关代征进口环节增值税开具的增值税专用缴款书上标明有两个单位名称，即既有代理进口单位名称，又有委托进口单位名称的，只准予其中取得专用缴款书原件的一个单位抵扣税款。

二、申报抵扣税款的委托进口单位，必须提供相应的海关代征增值税专用缴款书原件、委托代理合同及付款凭证，否则，不予抵扣进项税款。

(1996年2月4日　国税发〔1996〕32号)

纳税人进口货物，凡已缴纳了进口环节增值税的，不论其是否已经支付货款，其取得的海关完税凭证均可作为增值税进项税额抵扣凭证，在《国家税务总局关于加强海关进口增值税专用缴款书和废旧物资发票管理有关问题的通知》(国税函〔2004〕128号)中规定的期限内申报抵扣进项税额(国税函〔2009〕617号文件已将抵扣时限改为180日)。

(2004年11月18日　国税发〔2004〕148号)

增值税一般纳税人取得所有需抵扣增值税进项税额的海关进口增值税专用缴款书(以下简称海关完税凭证)，应根据相关海关完税凭证逐票填写《海关完税凭证抵扣清单》，在进行增值税纳

税申报时随同纳税申报表一并报送。如果纳税人未按照规定要求填写《海关完税凭证抵扣清单》或者填写内容不全的，该张凭证不得抵扣进项税额。

主管税务机关在受理增值税纳税申报时应当进行以下审核工作：

（一）审核《增值税纳税申报表附列资料（二）》中"海关完税凭证"（第5栏）"是否有数据，如有数据，检查是否报送《海关完税凭证抵扣清单》；

（二）《海关完税凭证抵扣清单》内容填写的是否完整；

（三）《海关完税凭证抵扣清单》中"税款金额"栏数据是否等于《增值税纳税申报表附列资料（二）》"海关完税凭证"（第5栏）中"税款金额"栏数据。

税务机关审核时发现纳税人未报送《海关完税凭证抵扣清单》或审核结果有误的，应要求其补报或对相关数据修改后重新申报。

五、增值税一般纳税人当期未取得海关完税凭证可不向主管税务机关报送《海关完税凭证抵扣清单》。

（2005年1月21日　国税函〔2004〕128号）

规范填制海关代征进口增值税专用缴款书抵扣清单

目前通过审核检查发现纳税人填制海关代征进口增值税专用缴款书（以下简称缴款书）抵扣清单和税务机关填制缴款书第五联清单信息不规范是造成缴款书比对异常的主要原因。为提高缴款书比对相符率，对缴款书有关问题说明如下：

（一）缴款书号码的编制原则

目前，海关H2000通关系统与H883通关系统并行，预计H883通关系统将于2005年退出实际运行。

缴款书号码在H883通关系统中共有19位，各位的含义是：号码前6位（包括括号）代表进口报关的年份和月份；第7到15位数字为报关单编号；第16个字符为征税标志，其中"—"为正常征税标志，"/"为补税标志，"#"为退税标志，"D"为删除标志，"@"为违规补滞纳金标志；第17位字母为税种标志，其中"A"为关税标志，"L"为增值税标志，"Y"为消费税标志，"I"为特别关税标志；第18、19位数字为报关单所产生的专用缴款书顺序号。如：缴款书号码为"(0407)024114793—L02"，纳税人填制抵扣清单时，缴款书号码应包括括号及括号内四位数字和"—"在内的19位均需填写，应填写为"(0407)024114793—L02"。

缴款书号码在H2000通关系统中共有22位，各位的含义是：号码前4位为各海关代码；第5至8位为年份；第9位为进出口标志，其中"1"为进口标志，"0"为出口标志；第10至18位为报关单编号；第19位为征税标志（含义同H883系统），第20位为税种标志（含义同H883系统）；第21位至22位为报关单所产生的专用缴款书顺序号（含义同H883通关系统）。如：缴款书号码为"020720041074517694—L02"，纳税人填制抵扣清单时（包括"—"在内）的22位均需填写，应填写为"020720041074517694—L02"。H2000通关系统开具的缴款书中号码上一行打印的四位日期如："(0311)"不属于缴款书号码，不应当填写。

（二）关于海关口岸代码

纳税人在填制缴款书抵扣清单和税务机关填制缴款书第五联清单信息时，一律在清单"进口口岸"栏填"征税口岸代码"。H2000通关系统开具的缴款书号码前4位即为海关征税口岸代码，如：缴款书号码为"020720041074517694—L02"，"0207"即为海关征税口岸代码；H883通关系统开具的缴款书号码需根据缴款书左上方打印的海关口岸名称或缴款书上加盖的海关口岸名称戳记对照本通知所附海关总署提供的《海关关区代码表》(见附件)正确填写。国税机关要辅导纳税人正确录入海关征税口岸代码，并做好清单的审核工作。

（三）关于开票日期

纳税人在填制抵扣清单时，应填写缴款书上打印的"填发日期"所列内容，不应填写纳税人"实际申报日期"。

（四）关于抵扣方纳税人识别号

负责进口货物或委托进口货物申报业务的单位和个人应当在进口报关单上准确填写实际抵扣方纳税人识别号(15位),不得遗漏或错填。缴款书备注栏中“国标代码”即为实际抵扣方纳税人识别号(15位)。

附件:

海关关区代码表

关区代码	关区名称	关区代码	关区名称	关区代码	关区名称
100	北京关区	101	机场单证	102	京监管处
103	京关展览	104	京一处	105	京二处
106	京关关税	107	机场库区	108	京通关处
109	机场旅检	110	平谷海关	111	京五里店
112	京邮办处	113	京中关村	114	京国际局
115	京东郊站	116	京信	117	京开发区
118	十八里店	119	机场物流	121	京调查局
123	机场调度	124	北京站	125	西客站
126	京加工区	127	京快件	128	京顺义办
200	天津关区	201	天津海关	202	新港海关
203	津开发区	204	东港海关	205	津塘沽办
206	津驻邮办	207	津机场办	208	津保税区
209	蓟县海关	210	武清海关	211	津加工区
212	津物流园	213	天津东疆	220	津关税处
400	石家庄区	401	石家庄关	402	秦皇岛关
403	唐山海关	404	廊坊海关	405	保定海关
406	石关邯办	407	秦加工区	408	沧州海关
500	太原海关	501	并关监管	502	并机场关
503	大同海关	504	侯马海关	600	满洲里关
601	海拉尔关	602	额尔古纳	603	满十八里
604	满赤峰办	605	满通辽办	606	满哈沙特
607	满室韦	608	满互贸区	609	满铁路

续附件表

关区代码	关区名称	关区代码	关区名称	关区代码	关区名称
610	满市区	700	呼特关区	701	呼和浩特
702	二连海关	703	包头海关	704	呼关邮办
705	二连公路	706	包头箱站	707	策克口岸
708	毛道口岸	709	满达口岸	710	珠恩口岸
712	呼加工区	800	沈阳关区	801	沈阳海关
802	锦州海关	803	沈驻邮办	804	沈驻抚顺
805	沈开发区	806	沈驻辽阳	807	沈机场办
808	沈集装箱	809	沈阳东站	810	葫芦岛关
811	辽沈加区	812	沈张出加	900	大连海关
901	大连港湾	902	大连机场	903	连开发区
904	连加工区	905	开北良办	906	连保税区
907	连物流园	908	连大窑湾	909	大连邮办
910	连保税港	930	丹东海关	931	丹本溪办
932	丹太平湾	940	营口海关	941	营盘锦办
950	鲅鱼圈关	960	大东港关	980	鞍山海关
1500	长春关区	1501	长春海关	1502	长开发区
1503	长白海关	1504	临江海关	1505	图们海关
1506	集安海关	1507	珲春海关	1508	吉林海关
1509	延吉海关	1511	长春机办	1515	图们车办
1516	集海关村	1517	珲长岭子	1518	吉关车办
1519	延吉三合	1521	一汽场站	1525	图们桥办
1526	集安青石	1527	珲春圈河	1529	延吉南坪
1531	长春东站	1537	珲沙坨子	1539	延开山屯
1547	珲加工区	1549	延古城里	1557	珲春车办
1559	延吉邮办	1569	延吉机办	1591	长春邮办
1593	长白邮办	1595	图们邮办	1596	集安邮办
1900	哈尔滨区	1901	哈尔滨关	1902	绥关铁路

续附件表

关区代码	关区名称	关区代码	关区名称	关区代码	关区名称
1903	黑河海关	1904	同江海关	1905	佳木斯关
1906	牡丹江关	1907	东宁海关	1908	逊克海关
1909	齐齐哈尔	1910	大庆海关	1911	密山海关
1912	虎林海关	1913	富锦海关	1914	抚远海关
1915	漠河海关	1916	萝北海关	1917	嘉荫海关
1918	饶河海关	1919	哈内陆港	1920	哈开发区
1922	哈关邮办	1923	哈关车办	1924	哈关机办
1925	绥关公路	2200	上海海关	2201	浦江海关
2202	吴淞海关	2203	沪机场关	2204	闵开发区
2205	沪车站办	2206	沪邮局办	2207	沪稽查处
2208	宝山海关	2209	龙吴海关	2210	浦东海关
2211	卢湾监管	2212	奉贤海关	2213	莘庄海关
2214	漕河泾发	2215	虹桥开发	2216	沪金山办
2217	嘉定海关	2218	外高桥关	2219	杨浦监管
2220	金山海关	2221	松江海关	2222	青浦海关
2223	南汇海关	2224	崇明海关	2225	外港海关
2226	贸易网点	2227	普陀区站	2228	长宁区站
2229	航交办	2230	徐汇区站	2231	洋山市内
2232	船监管处	2233	浦东机场	2234	沪钻交所
2235	松江加工	2236	洋山芦潮	2237	松江 B 区
2238	青浦加工	2239	闵行加工	2240	漕河泾加
2241	沪业一处	2242	沪业二处	2243	沪业三处
2244	上海快件	2245	沪金桥办	2246	保税物流
2247	沪化工区	2248	洋山港区	2249	洋山保税
2300	南京海关	2301	连云港关	2302	南通海关
2303	苏州海关	2304	无锡海关	2305	张家港关
2306	常州海关	2307	镇江海关	2308	新生圩关

续附件表

关区代码	关区名称	关区代码	关区名称	关区代码	关区名称
2309	盐城海关	2310	扬州海关	2311	徐州海关
2312	江阴海关	2313	张保税区	2314	苏工业区
2315	淮安海关	2316	泰州海关	2317	禄口机办
2318	南京现场	2321	常溧阳办	2322	镇丹阳办
2324	常熟海关	2325	昆山海关	2326	吴江海关
2327	太仓海关	2328	苏吴县办	2329	通启东办
2330	泰泰兴办	2331	锡宜兴办	2332	锡锡山办
2333	南通关办	2335	昆山加工	2336	苏园加工
2337	连开发办	2338	苏关邮办	2339	南通加工
2340	无锡加工	2341	连关加工	2342	南京加工
2343	宁南加工	2344	苏高加工	2345	镇江加工
2346	苏园物流	2347	苏园 B 区	2348	张物流园
2349	宁关邮办	2350	苏高物流	2351	江宁办
2352	龙潭物流	2353	常关出加	2354	扬关出加
2355	常熟出加	2356	吴江出加	2357	常关武办
2358	苏园保税	2359	吴中出加	2360	盐关港办
2900	杭州关区	2901	杭州海关	2903	温州海关
2904	舟山海关	2905	台州海关	2906	绍兴海关
2907	湖州海关	2908	嘉兴海关	2909	杭经开关
2910	杭州机场	2911	杭关邮办	2912	杭关萧办
2915	丽水海关	2916	杭州快件	2917	衢州海关
2918	杭关余办	2919	杭富阳办	2920	金华海关
2921	金关义办	2922	金关永办	2931	温关邮办
2932	温经开关	2933	温关机办	2934	温关鳌办
2935	温关瑞办	2936	温关乐办	2941	舟关嵊办
2951	台关临办	2952	台关温办	2961	绍关虞办
2962	绍关诸办	2981	嘉关乍办	2982	嘉关善办

续附件表

关区代码	关区名称	关区代码	关区名称	关区代码	关区名称
2983	嘉兴加工	2984	嘉关宁办	2991	杭加工区
3100	宁波关区	3101	宁波海关	3102	镇海海关
3103	甬开发区	3104	北仑海关	3105	甬保税区
3106	大榭海关	3107	甬驻余办	3108	甬驻慈办
3109	甬机场办	3110	象山海关	3111	甬加工区
3112	甬物流区	3113	慈加工区	3300	合肥海关
3301	芜湖海关	3302	安庆海关	3303	马鞍山关
3304	黄山海关	3305	蚌埠海关	3306	铜陵海关
3307	阜阳海关	3310	合肥现场	3312	芜关加办
3500	福州关区	3501	马尾海关	3502	福清海关
3503	宁德海关	3504	三明海关	3505	福保税区
3506	莆田海关	3507	福关机办	3508	福榕通办
3509	福关邮办	3510	南平海关	3511	武夷山关
3513	福现业处	3518	福关鳌办	3519	福关马港
3520	福州加工	3521	福清加工	3700	厦门关区
3701	厦门海关	3702	泉州海关	3703	漳州海关
3704	东山海关	3705	石狮海关	3706	龙岩海关
3707	厦肖厝关	3710	厦高崎办	3711	东渡海关
3712	厦海沧办	3713	厦驻邮办	3714	象屿保税
3715	机场海关	3716	厦同安办	3717	厦物流园
3718	泉州加工	3719	厦门加工	3722	大嶝监管
3777	厦稽查处	3788	厦侦查局	4000	南昌关区
4001	南昌海关	4002	九江海关	4003	赣州海关
4004	景德镇关	4005	吉安海关	4006	昌北机办
4007	洪关高新	4008	洪关龙南	4009	新余海关
4010	浔关区办	4011	洪关区办	4200	青岛海关
4201	烟台海关	4202	日照海关	4203	龙口海关

续附件表

关区代码	关区名称	关区代码	关区名称	关区代码	关区名称
4204	威海海关	4205	济南海关	4206	潍坊海关
4207	淄博海关	4208	烟加B区	4209	荣成海关
4210	青保税区	4211	济宁海关	4212	泰安海关
4213	临沂海关	4214	青前湾港	4215	青菏泽办
4216	东营海关	4217	青枣庄办	4218	青开发区
4219	蓬莱海关	4220	青机场关	4221	烟机场办
4222	莱州海关	4223	青邮局办	4224	龙长岛办
4225	威开发区	4226	青聊城办	4227	青岛大港
4228	烟关快件	4229	德州海关	4230	青物流园
4231	烟开发区	4232	日岚山办	4233	济机场办
4234	济加工区	4235	济邮局办	4236	荣龙眼办
4237	济通关处	4238	威海快件	4239	潍诸城办
4240	青关快件	4241	烟加工区	4242	威加工区
4243	济曲阜办	4244	青滨州办	4245	烟台邮办
4246	青加工区	4247	威机场办	4248	青莱芜办
4249	潍加工区	4250	青西加区	4600	郑州关区
4601	郑州海关	4602	洛阳海关	4603	南阳海关
4604	郑州机办	4605	郑州邮办	4606	郑铁东办
4607	郑安阳办	4608	郑加工区	4609	郑关商办
4610	周口海关	4700	武汉海关	4701	宜昌海关
4702	荆州海关	4703	襄樊海关	4704	黄石海关
4705	武汉沌口	4706	宜三峡办	4707	鄂加工区
4708	武关江办	4710	武关货管	4711	武关江岸
4712	武关机场	4713	武关邮办	4716	十堰海关
4718	东湖海关	4900	长沙关区	4901	衡阳海关
4902	岳阳海关	4903	衡关郴办	4904	常德海关
4905	长沙海关	4906	株洲海关	4907	韶山海关

续附件表

关区代码	关区名称	关区代码	关区名称	关区代码	关区名称
4908	湘关机办	4909	株关醴办	4910	郴加工区
5000	广东分署	5100	广州海关	5101	广州新风
5103	清远海关	5104	清远英德	5105	新风白云
5106	小虎码头	5107	肇庆封开	5108	肇庆德庆
5109	新风窖心	5110	南海海关	5111	南海官窑
5112	南海九江	5113	南海北村	5114	南海平洲
5116	南海业务	5117	桂江车场	5118	平洲旅检
5119	南海三山	5120	广州内港	5121	内港芳村
5122	内港洲嘴	5123	内港四仓	5125	从化海关
5126	内港赤航	5130	广州萝岗	5131	花都海关
5132	花都码头	5133	萝岗石牌	5134	穗保税处
5135	穗稽查处	5136	穗统计处	5137	穗价格处
5138	穗调查局	5139	穗监管处	5140	穗关税处
5141	广州机场	5142	民航快件	5143	广州车站
5144	穗州头咀	5145	广州邮办	5146	穗交易会
5147	穗邮办监	5148	穗大郎站	5149	大铲海关
5150	顺德海关	5151	顺德保税	5152	顺德食出
5153	顺德车场	5154	北窖车场	5155	顺德旅检
5157	陈村车场	5158	顺德勒流	5160	番禺海关
5161	沙湾车场	5162	番禺旅检	5163	番禺货柜
5164	番禺船舶	5165	南沙旅检	5166	南沙新港
5167	南沙货港	5168	番禺保税	5169	番禺东发
5170	肇庆海关	5171	肇庆高要	5172	肇庆车场
5173	肇庆保税	5174	肇庆旅检	5175	肇庆码头
5176	肇庆四会	5177	肇庆三榕	5178	云浮海关
5179	罗定海关	5180	佛山海关	5181	高明海关
5182	佛山澜石	5183	三水码头	5184	佛山窖口

续附件表

关区代码	关区名称	关区代码	关区名称	关区代码	关区名称
5185	佛山快件	5186	佛山保税	5187	佛山车场
5188	佛山火车	5189	佛山新港	5190	韶关海关
5191	韶关乐昌	5192	三水海关	5193	三水车场
5194	三水港	5195	审单中心	5196	云浮六都
5197	机场旅检	5198	穗河源关	5199	穗技术处
5200	黄埔关区	5201	埔老港办	5202	埔新港办
5203	新塘海关	5204	东莞海关	5205	太平海关
5206	惠州海关	5207	凤岗海关	5208	埔开发区
5210	埔红海办	5211	河源海关	5212	新沙海关
5213	埔长安办	5214	常平办事处	5216	沙田办
5217	寮步车场	5218	江龙车场	5300	深圳海关
5301	皇岗海关	5302	罗湖海关	5303	沙头角关
5304	蛇口海关	5305	深关现场	5306	笋岗海关
5307	南头海关	5308	沙湾海关	5309	布吉海关
5310	淡水办	5311	深关车站	5312	深监管处
5313	深调查局	5314	深关邮办	5315	惠东海关
5316	大鹏海关	5317	深关机场	5318	梅林海关
5319	同乐海关	5320	文锦渡关	5321	福保税关
5322	沙保税关	5323	深审单处	5324	深审价办
5325	深关税处	5326	深数统处	5327	深法规处
5328	深规范处	5329	深保税处	5330	盐保税关
5331	三门岛办	5332	深财务处	5333	深侦查局
5334	深稽查处	5335	深技术处	5336	深办公室
5337	大亚湾核	5338	惠州港关	5339	深加工区
5340	深关特办	5341	深惠州关	5342	深红海办
5343	深盐物流	5344	惠石化办	5345	深圳湾关
5346	深机快件	5700	拱北关区	5701	拱稽查处

续附件表

关区代码	关区名称	关区代码	关区名称	关区代码	关区名称
5710	拱关闸办	5720	中山海关	5721	中山港
5724	中石岐办	5725	坦洲货场	5727	中小揽办
5728	神湾办	5730	拱香洲办	5740	湾仔海关
5741	湾仔船舶	5750	九洲海关	5760	拱白石办
5770	斗门海关	5771	斗井岸办	5772	斗平沙办
5780	高栏海关	5790	拱监管处	5791	拱跨工区
5792	拱保税区	5793	万山海关	5795	横琴海关
5798	拱行监邮	5799	拱行监处	6000	汕头海关
6001	汕关货一	6002	汕关货二	6003	汕关行邮
6004	汕关机场	6006	汕关保税	6007	汕关业务
6008	汕保税区	6009	汕关邮包	6011	揭阳海关
6012	汕关普宁	6013	澄海海关	6014	广澳海关
6015	南澳海关	6018	汕关惠来	6019	汕关联成
6020	汕关港口	6021	潮州海关	6022	饶平海关
6028	潮阳海关	6031	汕尾海关	6032	汕关海城
6033	汕关陆丰	6038	汕关快件	6041	梅州海关
6042	梅州兴宁	6400	海口关区	6401	海口海关
6402	三亚海关	6403	八所海关	6404	洋浦海关
6405	海保税区	6406	清澜海关	6407	美兰机场
6700	湛江关区	6701	湛江海关	6702	茂名海关
6703	徐闻海关	6704	湛江南油	6705	湛江水东
6706	湛江吴川	6707	湛江廉江	6708	湛江高州
6709	湛江信宜	6710	东海岛组	6711	霞山海关
6712	湛江霞海	6713	湛江机场	6714	湛江博贺
6800	江门关区	6810	江门海关	6811	江门高沙
6812	江门外海	6813	江门旅检	6816	江门车场
6817	江门保税	6820	新会海关	6821	新会港

续附件表

关区代码	关区名称	关区代码	关区名称	关区代码	关区名称
6827	新会稽查	6830	台山海关	6831	台公益港
6837	台山稽查	6840	开平海关	6841	开平码头
6847	开平稽查	6850	恩平海关	6851	恩平港
6857	恩平稽查	6860	鹤山海关	6861	鹤山码头
6867	鹤山稽查	6870	阳江海关	6871	阳江港
6872	阳江车场	6877	阳江稽查	7200	南宁关区
7201	南宁海关	7202	北海海关	7203	梧州海关
7204	桂林海关	7205	柳州海关	7206	防城海关
7207	东兴海关	7208	凭祥海关	7209	贵港海关
7210	水口海关	7211	龙邦海关	7212	钦州海关
7213	桂林机办	7214	北海加工	7900	成都关区
7901	成都海关	7902	成关机办	7903	乐山海关
7904	攀枝花关	7905	绵阳海关	7906	成关邮办
7907	成都自贡	7908	成都加工	7909	公路场站
7910	非邮快件	7911	泸州办	7912	宜宾办
7913	南充办	8000	重庆关区	8001	重庆海关
8002	南坪开发	8003	重庆机办	8004	重庆邮办
8005	万州海关	8006	重庆东站	8007	九龙坡港
8008	渝加工区	8300	贵阳海关	8301	贵阳总关
8302	贵关机办	8600	昆明关区	8601	昆明海关
8602	畹町海关	8603	瑞丽海关	8604	章凤海关
8605	盈江海关	8606	孟连海关	8607	南伞海关
8608	孟定海关	8609	打洛海关	8610	腾冲海关
8611	沧源海关	8612	勐腊海关	8613	河口海关
8614	金水河关	8615	天保海关	8616	田蓬海关
8617	大理海关	8618	芒市海关	8619	保山监管
8620	昆明机场	8621	昆明邮办	8622	西双版纳

续附件表

关区代码	关区名称	关区代码	关区名称	关区代码	关区名称
8623	昆丽江办	8624	思茅海关	8626	六库监管
8800	拉萨海关	8801	聂拉木关	8802	日喀则关
8803	狮泉河关	8804	拉萨机办	8805	拉萨现场
8808	吉隆海关	9000	西安关区	9001	西安海关
9002	咸阳机场	9003	宝鸡海关	9004	西关邮办
9005	陕加工 A	9006	陕加工 B	9400	乌关区
9401	乌鲁木齐	9402	霍尔果斯	9403	吐尔尕特
9404	阿拉山口	9405	塔城海关	9406	伊宁海关
9407	吉木乃办	9408	喀什海关	9409	红其拉甫
9410	阿勒泰关	9411	塔克什肯	9412	乌拉斯太
9413	老爷庙	9414	红山嘴	9415	伊尔克什
9416	库尔勒办	9417	乌机场关	9418	乌加工区
9419	都拉塔关	9500	兰州关区	9501	兰州海关
9502	酒泉海关	9505	天水监管	9600	银川海关
9601	银川现场	9602	银机办	9700	西宁关区
9701	西宁海关	9900	政法司		

(2005年1月10日　国税发〔2005〕6号)

8.3　农产品收购发票

一、各级税务机关要进一步加强对农产品增值税抵扣管理，要经常深入企业，全面掌握和了解有关生产企业的生产经营特点、农产品原料的消耗、采购规律以及纳税申报情况，检查农产品收购凭证的开具情况是否正常，查找征管的薄弱环节，积极采取有针对性的管理措施，堵塞漏洞，切实加强管理。

三、对有条件的地区，税务机关可运用信息化管理手段促进农产品收购凭证的使用管理。

四、税务机关应当积极引导和鼓励纳税人通过银行或农村信用社等金融机构支付农产品货款，对采用现金方式结算且支付数额较大的，应作为重点评估对象，严格审核，防止发生虚假收购行为，骗取国家税款。

五、税务机关应对农产品经销和生产加工企业定期开展增值税纳税评估，特别是要加强以农产品为主要原料的生产企业的纳税评估，发现问题的，要及时移交稽查部门处理。

六、税务机关应根据日常管理掌握的情况，有计划地组织开展对农产品经销和生产加工企业的重点稽查，凡查有偷骗税问题的，应依法严肃查处。

(2005年5月27日　国税函〔2005〕545号)

第九章　税收信息化管理

9.1　金税工程

增值税防伪税控系统管理办法

第一章　总则

第一条　为保证增值税防伪税控系统(以下简称防伪税控系统)的顺利推行和正常运转,防范利用增值税专用发票(以下简称专用发票)偷骗税的不法行为,进一步加强增值税征收管理,特制定本办法。

第三条　防伪税控系统的推广应用由国家税务总局(以下简称总局)统一领导,省级以下税务机关逐级组织实施。

第四条　各级税务机关增值税业务管理部门(以下简称业务部门)负责防伪税控系统推行应用的组织及日常管理工作,计算机技术管理部门(以下简称技术部门)提供技术支持。

第二章　认定登记

第七条　防伪税控企业认定登记事项发生变化,应到主管税务机关办理变更认定登记手续。

第八条　防伪税控企业发生下列情形,应到主管税务机关办理注销认定登记,同时由主管税务机关收缴金税卡和IC卡(以下简称两卡)。

(一)依法注销税务登记,终止纳税义务;

(二)被取消一般纳税人资格;

(三)减少分开票机。

第三章　系统发行

第九条　防伪税控系统发行实行分级管理。

总局负责发行省级税务发行子系统以及省局直属征收分局认证报税子系统、企业发行子系统和发票发售子系统；

省级税务机关负责发行地级税务发行子系统以及地级直属征收分局认证报税子系统、企业发行子系统和发票发售子系统；

地级税务机关负责发行县级认证报税子系统、企业发行子系统和发票发售子系统；

地级税务机关经省级税务机关批准，可发行县级所属征收单位认证报税子系统、企业发行子系统和发票发售子系统。

第十条　防伪税控企业办理认定登记后，由主管税务机关负责向其发行开票子系统。

第十一条　防伪税控企业发生本办法第七条情形的，应同时办理变更发行。

第四章　发放发售

第十二条　防伪税控系统专用设备（以下简称专用设备）包括：金税卡、IC卡、读卡器、延伸板及相关软件等。防伪税控系统税务专用设备由总局统一配备并逐级发放；企业专用设备由防伪税控系统技术服务单位（以下简称服务单位）实施发售管理。

第十三条　主管税务机关需要增配专用设备的，应填制《防伪税控系统专用设备需求表》（附件3）报上级税务机关核发。

第十四条　地级以上税务机关接收和发放专用设备，应严格交接制度，分别填写《防伪税控系统专用设备入库单》（附件4）和《防伪税控系统专用设备出库单》（附件5），及时登记《防伪税控系统专用设备收、发、存台账》（附件6）。

各级税务机关对库存专用设备实行按月盘存制度，登记《防伪税控系统专用设备盘存表》（附件7）。

第十五条　服务单位凭主管税务机关下达的《增值税防伪税控系统使用通知书》向防伪税控企业发售专用设备。

第十六条 服务单位应参照本办法第十四条的规定,加强企业专业设备的仓储发售管理,认真记录收发存情况。对库存专用设备实行按月盘点制度,登记《防伪税控系统专用设备盘存表》(同附件7),并报同级税务机关备案。

第五章 购票开票

第十七条 防伪税控企业凭税控IC卡向主管税务机关领购电脑版专用发票。主管税务机关核对企业出示的相关资料与税控IC卡记录内容,确认无误后,按照专用发票发售管理规定,通过企业发票发售子系统发售专用发票,并将专用发票的起始号码及发售时间登录在税控IC卡内。

第十八条 新纳入防伪税控系统的企业,在系统启用后十日内将启用前尚未使用完的专用发票(包括误填作废的专用发票)报主管税务机关缴销。

第十九条 防伪税控企业必须使用防伪税控系统开具专用发票,不得以其他方式开具手工版或电脑版专用发票。

第二十条 防伪税控企业应按照《增值税专用发票使用规定》开具专用发票,打印压线或错格的,应作废重开。

第六章 认证报税

第二十一条 防伪税控企业应在纳税申报期限内将抄有申报所属月份纳税信息的IC卡和备份数据软盘向主管税务机关报税。

第二十二条 防伪税控企业和未纳入防伪税控系统管理的企业取得的防伪税控系统开具的专用发票抵扣联,应据增值税有关扣税规定核算当期进项税额,如期申报纳税,属于扣税范围的,应于纳税申报时或纳税申报前报主管税务机关认证。

第二十三条 主管税务机关应在企业申报月份内完成企业申报所属月份的防伪税控专用发票抵扣联的认证。对因褶皱、揉搓等无法认证的加盖"无法认证"戳记,认证不符的加盖"认证不符"戳记,属于利用丢失被盗金税卡开具的加盖"丢失被盗"戳记。认证完毕后,应将认证相符和无法认证的专用发票抵扣联退还企业，并同时向企业下达《认证结果通知书》(附件8)。对认证不符合确认为丢失、被盗金税卡开具的专用发票应及时组织查处。

认证戳记式样由各省级税务机关统一制定。

第二十四条 防伪税控企业应将税务机关认证相符的专用发票抵扣联连同《认证结果通知书》和认证清单一起按月装订成册备查。

第二十五条 经税务机关认证确定为“无法认证”、“认证不符”以及“丢失被盗”的专用发票，防伪税控企业如已申报扣税的，应调减当月进项税额。

第二十六条 报税子系统采集的专用发票存根联数据和认证子系统采集的专用发票抵扣联数据应按规定传递到增值税计算机稽核系统。

第二十七条 防伪税控企业金税卡需要维修或更换时，其存储的数据，必须通过磁盘保存并列印出清单。税务机关应核查金税卡内尚未申报的数据和软盘中专用发票开具的明细信息，生成专用发票存根联数据传递到增值税计算机稽核系统；企业计算机主机损坏不能抄录开票明细信息的，税务机关应对企业开具的专用发票存根联通过防伪税控认证子系统进行认证，产生专用发票存根联数据传递到增值税计算机稽核系统。

第七章 技术服务

第二十八条 防伪税控系统研制生产单位应按照总局制定的推行计划组织专用设备的生产，确保产品质量。严格保密、交接等各项制度。两卡等关键设备在出厂时要进行统一编号，标贴国家密码管理委员会办公室核发的“商密产品认证标识”。

第二十九条 各地税务机关技术部门应做好税务机关内部防伪税控系统的技术支持和日常维护工作。

第三十条 系统研制生产单位应在各地建立服务单位，负责防伪税控系统的安装调试、操作培训、维护服务和企业用防伪税控系统专用设备的销售。

第三十一条 税务机关应与当地服务单位签订协议，明确工

作程序、业务规范和双方的权利义务等事项。

第三十二条 服务单位在向防伪税控企业发售专用设备时，应和企业签订系统维护合同，按照税务机关的有关要求明确服务标准和违约责任等事项，并报当地税务机关备案。

第三十三条 防伪税控系统使用过程中出现的技术问题，税务机关、服务单位应填制《防伪税控系统故障登记表》(附件9)，分别逐级上报总局和系统研制生产单位，重大问题及时上报。

第八章 安全措施

第三十四条 税务机关用两卡应由专人使用保管，使用或保管场所应有安全保障措施。发生丢失、被盗的，应立即报公安机关侦破追缴，并报上级税务机关进行系统处理。

第三十五条 按照密码安全性的要求，总局适时统一布置更换系统密钥，部分地区由于两卡丢失被盗等原因需要更换密钥的，由上一级税务机关决定。

第三十六条 有关防伪税控系统管理的表、账、册及税务文书等资料保存期为五年。

第三十七条 防伪税控企业应采取有效措施保障开票设备的安全，对税控IC卡和专用发票应分开专柜保管。

第三十八条 任何单位和个人未经总局批准不得擅自改动防伪税控系统软、硬件。

第三十九条 服务单位和防伪税控企业专用设备发生丢失被盗的，应迅速报告公安机关和主管税务机关。各级税务机关按月汇总上报《丢失、被盗金税卡情况表》(附件10)。总局建立丢失被盗金税卡数据库下发各地录入认证子系统。

第四十条 税务机关或企业损坏的两卡以及按本办法第八条规定收缴的两卡，由省级税务机关统一登记造册并集中销毁。

第九章 监督检查

第四十一条 税务机关应定期检查服务单位的两卡收发存和技术服务情况。督促服务单位严格两卡发售工作程序，落实安全措施。严格履行服务协议,不断改进服务工作。

第四十二条 防伪税控企业逾期未报税，经催报仍不报的，主管税务机关应立即进行实地查处。

第四十三条 防伪税控企业未按规定使用保管专用设备,发生下列情形之一的,视同未按规定使用和保管专用发票处罚:

(一) 因保管不善或擅自拆装专用设备造成系统不能正常运行;

(二)携带系统外出开具专用发票。

第四十四条 各级税务机关应定期检查系统发行情况,地级以上税务机关对下一级税务机关的检查按年进行,地级对县级税务机关的检查按季进行。

第十章 附则

第四十五条 本办法由国家税务总局负责解释。各地可根据本办法制定具体实施细则。

第四十六条 本办法自2000年1月1日起施行。

附件:

1.增值税防伪税控系统使用通知书
2.防伪税控企业认定登记表
3.防伪税控系统专用设备需求表
4.防伪税控系统专用设备入库单
5.防伪税控系统专用设备出库单
6.防伪税控系统(专用设备)收、发、存台账
7.增值税防伪税控专用设备盘存表
8.认证结果通知书
9.防伪税控系统故障登记表
10.丢失、被盗金税卡情况表

附件一：

增值税防伪税控系统使用通知书

_____________(纳税人识别号：)：

经研究决定，你单位自　　年　　月　　日使用增值税防伪税控系统，办理以下事项。

一、选派人员于　　年　　月　　日到(增值税防伪税控系统技术服务单位)接受操作培训，购买企业开票设备。

二、按照防伪税控系统的技术要求和安全要求配备计算机，打印机等设备，落实安全措施。

三、于　　月　　日前带本通知书及下列资料到我局办理登记认定手续。

1.加盖增值税一般纳税人确认章的〈税务登记证〉(副本)；

2.经办人和企业法人代表的身份证。

3.税务机关要求的其他资料。

______________国家税务局

__________年　　月　　日

__________本通知书一式三联，第一联主管税务机关留存；第二联交企业；第三联交服务单位。

附件二：

防伪税控企业认定登记表

<table>
<tr><td rowspan="8">登记事项（由企业填写）</td><td>企业名称</td><td></td><td>纳税人识别号</td><td></td></tr>
<tr><td>地址</td><td></td><td>联系电话</td><td></td></tr>
<tr><td>经办人</td><td></td><td>身份证号</td><td></td></tr>
<tr><td>经济性质</td><td></td><td>主营业务</td><td></td></tr>
<tr><td>开户银行及账号</td><td colspan="3"></td></tr>
<tr><td>一般纳税人类别</td><td></td><td>发票月用量</td><td>份</td></tr>
<tr><td>申请开票最大限额</td><td colspan="3">□亿元□千万元□百万元□十万元□万元□千元
（请在选择数额前的□内打“✓”）</td></tr>
<tr><td>开票机数量</td><td>台</td><td>企业经办人签字</td><td></td></tr>
<tr><td rowspan="3">主管税务机关业务部门意见</td><td>批准开票最大限额</td><td></td><td colspan="2" rowspan="3">签字：________
年　月　日</td></tr>
<tr><td>准予领购专用设备数量</td><td></td></tr>
<tr><td>启用时间</td><td></td></tr>
<tr><td>审批意见</td><td colspan="4">__________国家税务局（章）
年　月　日</td></tr>
</table>

附件三：

防伪税控系统专用设备需求表

填报单位：

设备名称	单位	数量	使用单位

需求原因说明：

填报单位签章

填报人：　　　　　　　　　　电话：

附件四：

防伪税控系统专用设备入库表

设备名称	单位	数量	编号		备注
			起始号码	终止号码	

交货人：　　　　验收人：　　　　入库日期：　　年　　月　　日

附件五：

防伪税控系统专用设备出库表

接收单位：　　　　　　　　　　　　　　　发放日期：　　年　　月　　日

设备名称	单位	数量	编号		备注
			起始号码	终止号码	

提货人：　　　　　　　　库管员：

附件六：

防伪税控系统______(专用设备)收、发、存台账

时间			摘要	接收			发出			结存		
年	月	日		数量	起号	止号	数量	起号	止号	数量	起号	止号

附件七：

增值税防伪税控专用设备盘存表

盘存日期：　　年　　月　　日

设备名称	计量单位	账面数量	实际数量	实际比账面增(+)减(-)	备注

盘点人(单位签章)：　　　　　　　　监盘人(签章)：

附件八：

认证结果通知书

__________________(单位名称)：

你单位于　　月　　日报送的防伪税控系统开具的专用发票抵扣联共 份。经过认证,认证相符的专用发票 份,税额 ;无法认证的 份,税额 ;认证不符的 份,税额 ;属于丢失被盗金税卡开具的 份,税额 。现将认证相符和无法认证的专用发票抵扣联退还给你单位,请查收。认证不符合利用丢失被盗金税卡开具的发票抵扣联暂留我局检查。

请将认证相符专用发票抵扣联与本通知书一起装订成册,作为纳税检查的备查资料。对无法认证、认证不符合利用丢失、被盗金税卡开具的专用发票,如已申报扣税的,应调减本月进项税额。

认证详细情况请见本通知所附清单。

_______________国家税务局(盖章)

年　　月　　日

__________________本通知书一式两联，第一联税务机关留存,第二联送达企业。

附件九：

防伪税控系统故障登记表

出现故障的子系统名称		出现故障的单位	
故障现象		发生次数	
发现日期		填报人	
故障原因描述：			
解决办法：			
意见或建议：			
备注：			

填报单位：　　　　　　　　　　填表日期：

联系人：　　　　　　　　　　　电话：

附件十：

丢失、被盗金税卡情况表

<table>
<tr><td>企业名称</td><td colspan="3"></td></tr>
<tr><td>纳税人识别号</td><td colspan="3"></td></tr>
<tr><td>法人代表</td><td colspan="3"></td></tr>
<tr><td>联系电话</td><td colspan="3"></td></tr>
<tr><td>金税卡编号</td><td colspan="3"></td></tr>
<tr><td colspan="4">案情经过：</td></tr>
<tr><td>基层征收机关
（签章）</td><td>县级税务机关
（签章）</td><td>地级税务机关
（签章）</td><td>省级税务机关
（签章）</td></tr>
</table>

（1999年12月1日　国税发〔1999〕221号）

一、各地征收机关将防伪税控认证不符合密文有误专用发票原件和软盘数据移送稽查局时，须同时移送国税明电〔2000〕51号附件1（《防伪税控认证不符合密文有误增值税专用发票情况表》），并填写《防伪税控认证不符合密文有误增值税专用发票移送一接收台账》。

二、稽查局须通过协查系统对征收机关移送的软盘数据与专用发票原件进行核对；两者数据一致的，将软盘数据读入协查系统，同时签收；两者数据不一致的，不予签收，征收机关须带回软盘，审核后重新移送。

三、稽查局接收认证不符合密文有误的专用发票后，直接电传总局稽查局；同时，对辖区外认证不符合密文有误专用发票的协查，依协查系统推行的范围分别采取以下方法：

（一）认证不符合密文有误专用发票发现地和涉票地税务机关同属推行协查系统的地区，按照《协查信息管理系统暂行管理办法》（国税发〔2000〕210号，以下简称《办法》）的规定，从2001年1月1日起，经协查系统传递协查信息或组织协查信息。

（二）认证不符合密文有误专用发票发现地和涉票地税务机关有一方或双方属尚来推行协查系统的地区，须人工进行协查或组织协查。在委托发出、委托收到、查处终结时，填写《委托协查台账》（见附件2）；在受托收到和受托回复时，填写《受托协查台账》（见附件3）。

附件1

防伪税控认证不符合密文有误增值税专用发票移送——接收台账

序号	日期	发票编号	问题类型	发票金额	税额	购货方纳税人名称	销货方纳税人名称	软盘	移送人	签收人	备注

注：一、发票编号栏填写税务机关对移送——接收发票自行编制的号码。

二、问题类型栏，可按下列编号只填写号码：1.发票代码认证不符。2.发票号码认证不符。3.开票日期认证不符。4.销货方纳税人识别号认证不符。5.销货方纳税人识别号认证不符。6.金额认证不符。7.税额认证不符。8.密文有误。

三、软盘栏填写读入协查系统成功且与发票原件相符的软件数量。

附件2

委托协查台账

金额：元

序号	协查编号	发函日期	经办人	纳税人名称	纳税人识别号	发出发票份数	涉及金额	受托地区	组织协查单位	查处情况										是否移送司法	收回回复发票份数	收到回复函日期	备注
										合计		查补税款		罚款		滞纳金		非法所得					
										应入库	已入库	应入库	已入库	应入库	已入库	应入库	已入库	应入库	已入库				
1	2	3	4	5	6	7	8	9	10	11	12	13	14	15	16	17	18	19	20	21	22	23	24

注：委托方台账分三个环节进行登记：一是发出协查信息时进行登记；二是收到受托方回复信息时进行登记；三是查处终结后进行登记。委托台账具体内容说明如下：

1.序号：按照发生时间顺序编制。

2.协查编号：登记委托协查函上的协查编号。

3.发函日期：即发出委托协查函的日期。

4.经办人：发出委托协查的具体办案人员。

5.纳税人名称：委托方纳税人名称。

6.纳税人识别号：委托方纳税人的纳税人识别号。

7.发出发票份数：委托协查函后面所附发票清单的发票份数。

8.涉及金额：涉及发票的金额。

9.受托地区：委托协查发票涉及的区域。只写省、自治区、直辖市、计划单列市级。

10.组织协查单位：上级组织协查的税务机关名称。

11.查处情况：根据受托方协查反馈的情况，进行处理，把查处情况进行登记台账，具体包括查补税款(应入库、已入库)、罚款(应入库、已入库)、滞纳金(应入库、已入库)、非法所得(应入库、已入库)。

12.是否移送司法机关：如果案件移送时，登记“是”，不移送，登记“否”。

13.收到回复发票份数：受托方协查结束后，向委托方回复所有发票份数。

附件3

受托协查台账

金额：元

序号	协查编号	收函日期	经办人	纳税人名称	纳税人识别号	收到发票份数	是否移送司法机关	发出回复函日期	查处情况										发出回复发票份数	备注
									合计		查补税款		罚款		滞纳金		非法所得			
									应入库	已入库	应入库	已入库	应入库	已入库	应入库	已入库	应入库	已入库		
1	2	3	4	5	6	7	8	9	10	11	12	13	14	15	16	17	18	19	20	21

注：受托协查台账在两个环节进行登记：一是受托方接到委托协查以后登记受托台账，二是协查结束后，登记受托台账。

受托台账具体内容如下：

1.序号。

2.协查编号：登记委托协查函上的协查编号。

3.收函日期：收到委托协查函的具体时间。

4.经办人：具体实施协查的人员。

5.纳税人名称:受托方纳税人名称。

6.纳税人识别号:受托方纳税人的纳税人识别号。

7.收到发票份数:收到委托协查函后面附的发票数。

8.发出回复票份数:协查结束后,回复协查结果时,所附发票数。

9.查处情况:协查结束后,受托方应当将协查结果登记入账。具体内容包括查补税款(应入库、已入库)、罚款数(应入库、已入库)、滞纳金(应入库、已入库)、非法所得(应入库、已入库)。

10.是否移送司法机关:如果移送时登记"是",不移送登记"否"。

11.发出回复函日期:回复协查结果时的具体时间。

(2000年12月26日　国税发明电〔2000〕55号)

一、防伪税控认证系统名词解释

1.认证不符是指打印在增值税专用发票抵扣联票面上的84位密文,经解密后的数据与同一增值税专用发票票面上的"发票代码"、"发票号码"、"开票时间"、"购货方纳税人识别号"、"销货方纳税人识别号"、"金额"、"税额" 等七项数据有一项或多项不符,或增值税专用发票购货方纳税人识别号与所申报企业纳税人识别号不一致。

2.重复认证是指企业拿已经认证相符的发票抵扣联,再次到税务机关进行认证。

3.无法认证是指打印在增值税专用发票抵扣联票面上的84位密文或票面上的 "发票代码"、"发票号码"、"开票时间"、"购货方纳税人识别号"、"销货方纳税人识别号"、"金额"、"税额" 等七项数据有一项或多项由于污损、褶皱、揉搓等原因无法辨认,导致防伪税控认证子系统不能产生认证结果。

4.纳税人识别号认证不符是指发票所列购货方纳税人识别号与申报认证企业的纳税人识别号不符。

二、增值税计算机稽核系统名词解释

1.比对不符是指发票抵扣联与发票存根联数据的开票日期,购货单位纳税人识别号、销货单位纳税人识别号、金额合计、税额合计五要素中存在不同。不符的优先级次序为:税额、金额、购货单位纳税人识别号、销货单位纳税人识别号、开票日期。

2.缺联是指系统内有抵扣联而无存根联并且按规定不需留待下期继续比对的发票。

3.抵扣联重号是指系统内存在两份或两份以上相同发票代码和号码和发票抵扣联。

4.失控是指在与全国失控、作废发票库比对中发现属于失控发票的抵扣联。

5.作废是指在与全国失控、作废发票库比对中发现属于作废发票的抵扣联。

6.缺红字抵扣联是指系统内有红字存根联而无红字抵扣联并且按规定不需留待下期继续比对的发票。

(2001年9月28日　国税函〔2001〕730号)

有关企业要按照税务机关的要求及时安装使用税控系统,凡逾期不安装使用的,税务机关停止向其发售增值税专用发票,并收缴其库存未用的增值税专用发票。

纳入税控系统管理的企业,必须通过该系统开具增值税专用发票;对使用非税控系统开具增值税专用发票的,税务机关要按照《中华人民共和国发票管理办法》的有关规定进行处罚;对破坏、擅自改动、拆卸税控系统进行偷税的,要依法予以严惩。

有关企业取得税控系统开具的增值税专用发票,属于扣税范围的,应按税务机关规定的时限申报认证;凡逾期未申报认证的,一律不得作为扣税凭证,已经抵扣税款的,由税务机关如数追缴,并按《中华人民共和国税收征收管理法》的有关规定进行处罚;凡认证不符的,不得作为扣税凭证,税务机关要查明原因,依法处理。

适当减轻企业使用税控系统的经济负担。税控系统专用和通用设备的购置费用准予在企业成本中列支,同时可凭购货发票(增值税专用发票)所注明的增值税税额,计入该企业当期的增值税进项税额。具体办法由国务院有关部门另行制定。

税控系统专用设备和技术维护实行国家统一定价,具体标准由国家计委制定。

(2000年11月9日　国税发〔2000〕183号)

纳入税控系统管理的企业，必须通过该系统开具专用发票；对使用非税控系统开具专用发票的，税务机关要按照《中华人民共和国发票管理办法》的有关规定进行处罚；对破坏、擅自改动、拆卸税控系统进行偷税的，要依法予以严惩。

(2000年11月21日　国税发〔2000〕191号)

金税工程增值税管理部门岗位设置及职责(试行)

为加强金税工程管理，明确管理责任，严肃管理纪律，提高金税工程的质量与效率，确保金税工程顺利推行和正常运转，根据金税工程有关工作规程，结合金税工程工作实际，制订本岗位职责。

金税工程日常工作在国家税务总局(以下简称总局)及省、自治区、直辖市、计划单列市国家税务局(以下简称省局)由流转税管理部门牵头负责(其中防伪税控系统、稽核系统由流转税管理部门主管)，在地、市国家税务局(以下简称市局)及地、市以下国家税务局由增值税管理部门负责。金税工程增值税管理部门岗位设置及职责，是指各级国家税务机关增值税管理部门负责金税工程所设的岗位及其工作职责。

一、总局岗位设置及职责

总局设置稽核管理岗位。

(一)负责全国金税工程有关系统运行的组织实施及相关政策法规的贯彻落实，不得随意变通。

(二)研究解决金税工程有关系统运行中存在的问题。

(三)按规定的权限操作稽核系统，不得擅自改动软件，不得擅自改写数据，也不得擅自允许他人进行操作。

(四)负责对发票协查情况进行统计。

(五)负责对下列统计表进行统计分析：

1.《增值税专用发票存根联采集情况统计表》；

2.《增值税专用发票抵扣联认证采集情况统计表》；

3.《增值税一般纳税人分类统计表》；

4.《增值税专用发票本级比对情况统计表》;

5.《增值税专用发票本级比对不符详细情况统计表》;

6.《上月协查结果返回统计表》;

7.《增值税专用发票下级上报比对情况统计表》;

8.《增值税专用发票下级上报比对不符详细情况统计表》;

9.《全国增值税专用发票比对情况汇总统计表(含各级比对情况)》。

(六)负责对省局金税工程有关系统运行的业务管理及考核。

二、省局岗位设置及职责

省局设置稽核管理岗位。

(一)严格按照规定组织实施金税工程有关系统的运行工作,不得随意变通。

(二)负责接收下一级收回的防伪税控专用设备,妥善保管,按规定统一登记造册并集中销毁,不得隐匿、丢失或擅自处理。

(三)按规定的权限操作稽核系统,不得改动软件,不得擅自改写数据,也不得擅自允许他人进行操作。

(四)负责对发票协查情况进行统计。

(五)负责对下列统计表进行统计分析:

1.《增值税专用发票存根联采集情况统计表》;

2.《增值税专用发票抵扣联认证采集情况统计表》;

3.《增值税一般纳税人分类统计表》;

4.《增值税专用发票本级比对情况统计表》;

5.《增值税专用发票本级比对不符详细情况统计表》;

6.《上月协查结果返回统计表》;

7.《增值税专用发票下级上报比对情况统计表》;

8.《增值税专用发票下级上报比对不符详细情况统计表》;

9.《增值税专用发票本地比对情况统计表(含下级比对情况)》;

10.《增值税专用发票比对情况汇总统计表(含各级比对情况)》。

(六)负责对市局金税工程有关系统运行的业务管理及考核。

(七)对在工作中出现的问题随时进行记录和总结,并及时上报。

三、市局岗位设置及职责

市局设置稽核管理岗位。

(一)严格按照规定组织实施金税工程有关系统的运行工作,不得随意变通。

(二)负责接收下一级税务机关收回的防伪税控专用设备,妥善保管,并按规定上缴省局,不得隐匿、丢失或擅自处理。

(三)按规定的权限操作稽核系统,不得改动软件,不得擅自改写数据,也不得擅自允许他人进行操作。

(四)负责统计打印新认定一般纳税人和已取消一般纳税人资格的纳税人档案信息(若属稽核系统初次运行,则统计打印全部一般纳税人档案信息)。

(五)负责对发票协查情况进行统计。

(六)负责对下列统计表进行统计分析:

1.《增值税专用发票存根联采集情况统计表》;

2.《增值税专用发票抵扣联认证采集情况统计表》;

3.《增值税一般纳税人分类统计表》;

4.《增值税专用发票本级比对情况统计表》;

5.《增值税专用发票本级比对不符详细情况统计表》;

6.《上月协查结果返回统计表》;

7.《增值税专用发票比对情况汇总统计表(含各级比对情况)》。

(七)负责对县局金税工程有关系统运行的业务管理及考核。

(八)对在工作中出现的问题随时进行记录和总结,并及时上报。

四、县局岗位设置及职责

县局(含省、地市直属分局、涉外分局)设置税务登记岗位、增值税一般纳税人认定岗位、发票发售岗位、报税管理岗位、认证管理岗位、数据采集岗位、日常稽核岗位、设备管理岗位。(其中,若下级征收机关已设有发票发售岗位、报税管理岗位、认证管理岗位、日常稽核岗位,则在本级不再设立相同岗位,工作量较少的地区,可一人多岗或一岗多责。)

(一)税务登记岗位

1.对企业向税务机关申请办理税务登记时提供的营业执照、注册资金证明、银行账号证明、身份证明(居民身份证、护照或者其他合法证件)、房屋产权证明、房屋租赁合同等有关证件、资料的合法性进行审核,对其经营场所、货物仓库必须进行实地察访,确认无误后,按有关规定办理税务登记。严禁在未经核实的情况下办理税务登记。

2.办理税务登记工作结束后,及时将企业的有关税务登记资料和电子信息传递给增值税一般纳税人认定岗位。

(二)增值税一般纳税人认定岗位

1.对向税务机关申请办理增值税一般纳税人认定手续的企业报送的营业执照、税务登记证副本、法人代表、办税人员的身份证明 (包括居民身份证原件及复印件、护照原件及复印件)及经营场地(如房产证或租赁合同)等有关证件、资料与其申请办理税务登记的资料进行核验,经核验无误后,应按有关规定办理一般纳税人资格认定。对有问题的企业,一律不得认定为一般纳税人。

2.根据商贸企业上报的预计年销售额核定其使用专用发票的数量及限额,并将有关资料和电子信息传递给发票发售岗位。新认定的商贸企业月专用发票发售量原则上不得超过25份,且首次只能领购限额万元版的专用发票。

3.接受发票发售岗位传递来的商贸企业要求调整已核定的专用发票数量及限额的申请,并通知管理部门对企业领购专用发票的使用情况及经营情况(主要指有无真实的货物交易)进行核实。根据反馈情况调整企业专用发票的使用数量或限额。专用发票的

数量及限额调整后，及时将有关资料和电子信息传递给发票发售岗位。

(三)发票发售岗位

1.在发票发售前，必须按规定审核企业提供的资料及有关申报纳税情况，不得违反规定向企业发售发票，也不得无故对企业拒售发票。

2.做好纸质发票的保管工作，不得丢失、损毁。

3.按规定的权限操作发票发售子系统，不得改动软件，也不得擅自允许他人进行操作。

4.负责使用发票发售子系统对企业发售发票，包括纸质发票和写在企业税控IC卡上的电子发票，并确认两者的号码、数量一致。在发票入库、发售过程中，不得出现纸质发票与电子发票的号码、代码或数量不一致的情况。

5.负责查询由本岗位售出专用发票的流向。

6.在税控企业依法注销税务登记、终止纳税义务、被取消一般纳税人资格、减少分开票机时，应及时核查金税卡内尚未申报的数据和软盘中专用发票开具的明细信息，并收缴两卡，登记造册，逐级交上级部门集中销毁。

7.接受商贸企业提出的调整已核定的专用发票数量及限额的申请，并将申请传递给认定岗位，根据认定岗位调整的数量和限额发售专用发票。

8.接受日常稽核岗位要求暂停向经评估异常的商贸企业发售专用发票的通知，暂停向其发售专用发票，并收缴其尚未使用的专用发票。

9.对发票发售子系统的有关数据按规定定期进行备份。

10.发售管理岗位人员的授权卡应妥善保管，不得擅自借与他人使用。

11.按照规定正确使用和保管系统设备，不得因使用或保管不当造成系统设备损坏。

12.对在工作中出现的问题随时进行记录和总结，并及时上报。

(四)报税管理岗位

1.按规定的权限操作报税子系统,不得改动软件,也不得擅自允许他人进行操作。

2.对企业的报税软盘必须首先进行病毒检测,未经检测不得接收数据。

3.负责所辖防伪税控企业报税数据(包括由认证系统补录的发票存根联数据)的接收和处理工作。

4.在受理报税的过程中,应认真审核企业的报税数据,对不符合规定的不得接收。

5.按规定时间及内容向稽核系统传递数据,不得无故滞后或错传数据;对数据按规定定期进行备份。

6. 负责对已取消防伪税控资格企业的报税情况进行检查处理,并按规定在报税系统中注销该企业登记信息。

7.负责督促所辖防伪税控企业按照规定时间报税。

8. 负责配合征收岗位对防伪税控企业纳税申报情况进行核查。

9.负责对所辖防伪税控企业报税的辅导和培训工作。

10.对报税金税卡的时钟不得擅自修改。

11.报税管理岗位人员的授权卡应妥善保管,不得擅自借与他人使用。

12.正确使用和保管系统设备,不得因使用或保管不当而造成系统设备损坏。

13.对在工作中出现的问题随时进行记录和总结,并及时上报。

(五)认证管理岗位

1.按规定的权限操作认证子系统,不得改动软件,也不得擅自允许他人进行操作。

2.负责对所辖防伪税控企业取得的增值税专用发票抵扣联进行防伪认证,并按规定加盖相应认证戳记。

3.负责向防伪税控企业下达《认证结果通知书》和认证清单,督促防伪税控企业将认证相符的专用发票抵扣联连同《认证结果

通知书》和认证清单一起按月装订成册备查。

4.在进行发票认证时,对计算机不能识别的发票,如果票面清晰,按票面信息进行人工校正。

5.在发票认证过程中,对认证不符或密文有误的专用发票必须扣留,并按规定及时将发票及相关电子信息传递给稽查局,不得拖延或交由企业自行处理。

6.接收稽查局协查结果为正常的发票原件,不得拒收。

7.对按规定需要通过认证子系统补录的发票存根联必须及时进行补录,不得无故拒绝。

8.按照规定的时间及内容向稽核系统传递数据,不得无故滞后或错传数据;对数据按规定定期进行备份。

9.对认证金税卡的时钟不得擅自修改。

10.认证管理岗位人员的授权卡及认证印章应妥善保管,不得擅自借与他人使用。

11.按照规定正确使用和保管系统设备,不得因使用或保管不当造成系统设备损坏。

12.对在工作中出现的问题随时进行记录和总结,并及时上报。

(六)数据采集岗位

1.按规定的权限操作稽核系统,不得改动软件,也不得擅自允许他人进行操作。

2.接收数据前必须首先对软盘进行病毒检测,未经检测不得接收。

3.负责专用发票进、销项数据采集,对征收机关报送的数据进行审核,如发现发票明细数据和统计表数据不符的,不得接收或自行修改数据。

4.负责一般纳税人基本情况数据采集。从征管系统通过软盘或网络传递取得一般纳税人档案、非独立核算分支机构明细表和一般纳税人资格注销审批信息,录至一般纳税人档案库。无法从征管系统取得的数据,依据纳税人填写的《增值税一般纳税人申请认定表》、《非独立核算分支机构明细表》和一般纳税人资格注销审批信息,手工录入各项数据至一般纳税人档案库。

5.负责失控发票数据采集,根据失控发票清单的内容,及时录入计算机。

6.必须按规定的时间完整地录入一般纳税人档案变动信息及失控发票数据,不得无故滞后或漏采、错采数据。

7.在规定的时间内完成数据的准备工作,不得无故滞后。

8.将采集到的数据完整读入稽核系统,不得重复或遗漏。

9.负责对采集的进、销项数据进行统计分析。

10.负责对下级征收机关发售、报税、认证岗位的业务管理及考核。

11.按照规定正确使用和保管系统设备,不得因使用或保管不当造成系统设备损坏。

12.对在工作中出现的问题随时进行记录和总结,并及时上报。

(七)日常稽核岗位

根据《增值税日常稽查管理办法》对商贸企业按月进行增值税的纳税评估,对使用防伪税控系统开具专用发票的商贸企业要重点进行审核评估,凡纳税申报情况异常且无正当理由的,须立即移送稽查部门进行检查,同时必须通知发票发售岗位,暂停向其发售专用发票,并收缴其尚未使用的专用发票。待检查结束后,视其情况再进行专用发票的发售。

(八)税控设备管理岗位

1.对收回的防伪税控专用设备应妥善保管,并按规定上缴上一级税务机关,不得隐匿、丢失或擅自处理。

2.及时汇总上报《丢失、被盗金税卡情况表》,对出现的丢失、被盗金税卡情况不得隐瞒或拖延上报。

3.定期检查防伪税控系统的运行情况,监督服务单位的“两卡”收发存及技术服务情况。

4.对在工作中出现的问题随时进行记录和总结,并及时上报。

五、税务征收机关岗位设置及职责

税务征收机关岗位设置:发票发售岗位、报税管理岗位、认证管理岗位、日常稽核岗位。

(一)发票发售岗位同县局发票发售岗位。

(二)报税管理岗位同县局报税管理岗位。

(三)认证管理岗位同县局认证管理岗位。

(四)日常稽核岗位同县局日常稽核岗位。

(2001年6月15日　国税发〔2001〕76号)

无论是税务机关还是中介机构为纳税人开具增值税专用发票,其使用的共享系统均应放置在国税机关办税服务厅,并做好共享系统的安全管理工作。

(2003年4月24日　甘国税函发〔2003〕98号)

增值税防伪税控主机共享服务系统管理暂行办法

第一条　为规范社会中介机构(以下简称中介机构)和税务机关使用增值税防伪税控主机共享服务系统(以下简称共享系统)为增值税一般纳税人(以下简称纳税人)开具增值税专用发票(以下简称专用发票)提供服务的管理,保证共享系统正常运行,特制定本办法。

第二条　共享系统是指能够为多户纳税人利用防伪税控系统开具专用发票提供服务(以下简称开票服务)的计算机应用系统。

第三条　共享系统必须符合国家税务总局制定的业务和技术规范,经国家税务总局组织测评合格后方可推广使用。

第四条　纳税人使用共享系统开具专用发票的具体范围,由省级税务机关确定。

第五条　纳税人使用共享系统开具专用发票的最高开票限额为十万元(不含十万元)。

第六条　纳税人自愿选择使用共享系统开具专用发票。纳税人申请使用共享系统开具专用发票的，应报主管税务机关批准。纳税人停止使用共享系统开具专用发票的，应提前1个月向主管税务机关提出申请,办妥有关手续后便可退出。

第七条 中介机构自愿为纳税人提供开票服务,没有中介机构提供开票服务的县(市、区),由税务机关无偿为纳税人提供开票服务。

第八条 为纳税人提供开票服务的中介机构,须向省级注册税务师管理机构提出资格确认申请;经确认取得资格的,报经地市级税务机关增值税管理部门审批后,方可提供开票服务。地市级税务机关增值税管理部门须将审批通过的中介机构报省级税务机关增值税管理部门和省级注册税务师管理机构备案。

第九条 中介机构为纳税人提供开票服务的管理,由注册税务师管理机构负责。

第十条 中介机构为纳税人提供开票服务必须按国家物价管理部门规定的收费标准收取费用。

第十一条 中介机构提供开票服务必须与纳税人签订服务协议,明确双方责任。中介机构应有以下责任:

(一)妥善保管纳税人的防伪税控专用设备;

(二)定期备份有关开票数据;

(三)为纳税人开票信息保密;

(四)纳税人未按规定抄报税的,应及时通知纳税人抄报税;

(五)与防伪税控系统技术服务单位及共享系统供应商签订服务协议,以保证共享系统正常运行。

第十二条 中介机构和税务机关要严格按照纳税人提供的《增值税专用发票开票信息录入委托单》(样式附后) 录入开票信息。已开具专用发票的《增值税专用发票开票信息录入委托单》由中介机构和税务机关按专用发票的保管年限保存。

第十三条 因管理或使用不善导致纳税人专用设备丢失被盗、损毁的,中介机构或税务机关应负责赔偿,并恢复所丢失数据。

第十四条 纳税人应按照《增值税防伪税控系统管理办法》办理防伪税控开票系统的发行、专用发票的领购、抄税报税和专用设备的缴销等业务。

第十五条 纳税人必须自行保管增值税专用发票和税控IC卡,不得委托任何单位和个人代管。

第十六条 中介机构在提供开票服务中发生下列情形的,由其所在地县(市、区)税务机关上报地市级税务机关增值税管理部门按以下规定处理。

(一)发生下列情形之一者,责令其限期改正,逾期不改正的,取消其开票服务资格。

1.未按规定程序操作使用共享系统的;

2.未按规定及时进行数据备份的;

3.未按规定采取安全保管措施的;

4.未及时排除故障,影响纳税人开具专用发票的;

5.为纳税人代管专用发票和税控IC卡的;

6.擅自将纳税人有关开票数据及资料提供给其他单位和个人的。

(二)发生下列情形之一者,取消其开票服务资格。

1.采取虚假手段取得的开票服务资格的;

2.与纳税人勾结或盗用纳税人税控IC卡、开票密码虚开专用发票的。

第十七条 各省、自治区、直辖市和计划单列市税务机关依据本办法,制定具体管理办法。

第十八条 本办法由国家税务总局负责解释。

第十九条 本办法自2003年6月1日起施行。

附件:增值税专用发票开票信息录入委托单

增值税专用发票开票信息录入委托单

委托单位(公章)　　　　　日期：　年　　月　　日　　　编号：

购货单位	名称			纳税人识别号			
	地址、电话			开户行及账号			
货物或应税劳务名称	规格型号	计量单位	数量	单价	金额	税率	税额
价税合计	拾　万　仟　佰　拾　元　角　分						
备注：							
销货单位	名称			纳税人识别号			
	地址、电话			开户行及账号			
经核对，所开发票信息与委托单信息一致。 委托单位经办人(签字)：				受托单位(公章) 受托单位经办人(签字)：			

委托单位财务负责人(签字)　　　　　　　　制表人：

注：第一联：存根联，委托单位留存。第二联：开票联，受托单位留存。第三联：回执联，委托单位留存。

(2003年6月16日　国税发〔2003〕67号)

增值税专用发票抵扣联信息企业采集方式管理规定

第一条　为保证金税工程的顺利运行，规范采用增值税专用发票抵扣联信息企业采集方式的认证工作，特制定本规定。

第二条　增值税专用发票抵扣联信息企业采集方式是指由增值税一般纳税人(以下简称纳税人)采集抵扣联的明文和密文信息形成电子数据，通过网络或磁盘报送税务机关，由税务机关

认证的一种专用发票认证方式。

第三条 采用增值税专用发票抵扣联信息企业采集方式应坚持纳税人自愿的原则。

第四条 纳税人必须使用经国家税务总局组织测评合格的增值税专用发票抵扣联信息企业采集方式软件。

第五条 增值税专用发票抵扣联信息企业采集方式的推行由各省、自治区、直辖市和计划单列市国家税务局增值税业务主管部门负责。

第六条 纳税人采用增值税专用发票抵扣联信息企业采集方式,必须提出书面申请,报经主管税务机关批准。

第七条 采用增值税专用发票抵扣联信息企业采集方式的纳税人, 对取得需报税务机关认证的增值税专用发票抵扣联,应通过自动扫描识别生成电子数据,如遇特殊情况,可持防伪税控抵扣联原件到税务机关认证。

第八条 纳税人将通过自动扫描识别生成的抵扣联电子数据,在每月月底前,一次或分次报送税务机关认证。

第九条 纳税人将专用发票抵扣联电子信息报送税务机关认证未通过的,可将抵扣联原件报税务机关认证。

第十条 每次认证结束后,税务机关应及时将最终认证结果以电子数据的形式反馈给纳税人。

第十一条 纳税人丢失未认证的防伪税控抵扣联,不得使用专用发票抵扣联信息企业采集方式认证。

第十二条 纳税人发生下列情形之一的,税务机关取消其抵扣联信息企业采集方式的使用资格。

(一)注销税务登记;

(二)纳税人要求采用其他认证方式;

(三)被取消增值税一般纳税人资格。

第十三条 本规定由国家税务总局负责解释。

第十四条 本规定自2003年6月1日起施行。

(2003年6月19日 国税发〔2003〕71号)

增值税专用发票数据采集管理规定

防伪税控报税子系统(以下简称报税子系统)和防伪税控认证子系统(以下简称认证子系统)采集的增值税专用发票(以下简称专用发票)存根联数据和抵扣联数据,是增值税计算机稽核系统(以下简称稽核系统)发票比对的唯一数据来源。为了保证专用发票数据的及时性、准确性和完整性,特规定如下:

第一条 征收机关采集专用发票存根联数据时,对使用DOS版防伪税控开票子系统(以下简称开票子系统)的企业,必须要求其报送专用发票存根联明细数据软盘(以下简称软盘)和IC卡;对使用Windows版开票子系统的企业,只要求其报送IC卡。

第二条 对有主、分开票机且使用DOS版开票子系统的企业,征收机关必须要求其报送汇总软盘和汇总的主开票机IC卡,或所有软盘(软盘数量不小于开票机数量)和汇总的主开票机IC卡;对使用Windows版开票子系统的企业,征收机关必须要求其报送所有主、分开票机IC卡。

第三条 征收机关通过报税子系统,对使用DOS版开票子系统企业报送的软盘数据和IC卡数据进行核对;对使用Windows版企业报送的IC卡中明细数据和汇总数据进行核对,两者一致的,存入报税子系统。

第四条 征收机关对使用DOS版开票子系统企业报送的软盘数据和IC卡数据,通过报税子系统核对不一致的,区别不同情况处理:

(一)因企业硬盘损坏等原因造成软盘中专用发票存根联份数小于IC卡的,必须要求企业提供当月全部专用发票存根联(或其他联,下同),通过认证子系统进行扫描补录,并经过报税子系统中的“非常规报税/存根联补录补报”采集。

(二)因企业更换金税卡等原因造成软盘中专用发票存根联份数大于IC卡(不含IC卡为零的情况)的,其软盘中所含专用发票存根联明细数据可经过“非常规报税/软盘补报”采集,但当月必须查明产生此种不一致情况的原因并采取措施解决。

（三）因企业计算机型号不匹配造成IC卡中专用发票存根联数据为零的，根据系统提示，其软盘数据存入报税子系统或要求企业持专用发票存根联到征收机关通过认证子系统进行扫描补录，并经过报税子系统中的“非常规报税/存根联补录补报”采集。

（四）征收机关因企业软盘质量问题致使无法采集专用发票存根联数据的，必须要求企业重新报送软盘。

第五条 征收机关对使用Windows版开票子系统的企业因更换金税卡或硬盘损坏等原因，不能报税的，区别不同情况处理：

（一）因企业更换金税卡等原因造成企业实际开具专用发票存根联份数大于IC卡的，应要求企业提供当月全部专用发票存根联，通过认证子系统进行扫描补录，并经过报税子系统的“非常规报税/存根联补录补报”采集；如扫描补录有困难的，可以通过企业开票子系统传出报税软盘，并经过报税子系统的“非常规报税/软盘补报”采集。

（二）因企业硬盘、金税卡同时损坏等原因不能报税的，必须要求企业提供当月全部专用发票存根联，通过认证子系统进行扫描补录，并经过报税子系统的“非常规报税/存根联补录补报”采集。

第六条 纳税申报期结束后，征收机关必须运用报税子系统查询未申报企业，并要求其限期报税，以便采集专用发票存根联数据。

在专用发票存根联数据传入稽核系统前，对逾期来报税的企业，可经过报税子系统中的“非常规报税/逾期报税”采集。

第七条 征收机关对上月漏采的专用发票存根联数据，必须经过“非常规报税/逾期报税”采集。

第八条 对注销或取消增值税一般纳税人资格的企业当月开具的专用发票存根联数据，必须经过“非常规报税/注销一般纳税人资格企业报税”采集。

第九条 征收机关应及时从地市级税务机关服务器下载企业申报的专用发票存根联数据并打印《增值税专用发票存根联采集情况统计表》；于每月13日前（遇节假日、公休日按规定顺延，下同)将专用发票存根联明细数据和《增值税专用发票存根联采集情况统计表》数据核对无误后报告区县级税务机关。

第十条 区县级税务机关接到所属征收机关核对无误的报告后,于每月14日前从地市级税务机关服务器下载全部征收机关的专用发票存根联数据,并传入本级稽核系统。

第十一条 征收机关运用认证子系统对企业报送的专用发票抵扣联或专用发票抵扣联软盘数据进行识伪认证,认证相符(包括计算机自动认证相符合人工校正认证相符)的,读入认证子系统。

征收机关必须每日查询地市级税务机关服务器中的网上认证数据,并于每月1日打印网上认证数据的相关报表。

第十二条 征收机关应要求利用软盘认证的企业,认证时必须同时携带专用发票抵扣联原件。

第十三条 征收机关运用认证子系统对企业报送的专用发票抵扣联或专用发票抵扣联软盘数据进行识伪认证时,对认证不符或密文有误的专用发票,必须当即扣留;对网上认证结果为"认证未通过"的专用发票抵扣联,应在发现的当日通知企业于2日内持专用发票抵扣联原件到税务机关再次认证,对认证不符的或密文有误的专用发票,必须当即扣留。

征收机关应将扣留的专用发票抵扣联原件及电子数据移送稽查局查处。

第十四条 企业报送的专用发票抵扣联,如果报送征收机关时已褶皱、揉搓,无法运用认证子系统进行认证的,征收机关可对企业所取得相应的发票联进行认证(采集)。

第十五条 征收机关应及时从地市级税务机关服务器下载企业申报的专用发票抵扣联数据并打印《增值税专用发票抵扣联采集情况统计表》;于每月13日前将专用发票抵扣联数据和《增值税专用发票抵扣联采集情况表》数据核对无误后报告区县级税务机关。

第十六条 区县级税务机关接到所属征收机关核对无误报告后,于每月14日从地市级税务机关服务器下载全部征收机关的

专用发票抵扣联数据，并传入本级稽核系统。

第十七条 本规定自2003年9月1日起执行，原《增值税专用发票数据采集管理规定》(国税发〔2000〕207号)同时废止。

附：

《增值税专用发票数据采集管理规定》相关概念说明

一、增值税专用发票存根联数据是指纳入增值税防伪税控系统管理的一般纳税人，运用防伪税控开票子系统开具增值税专用发票存根联电子信息。

二、增值税专用发票抵扣联数据是指购货方取得的由销货方运用防伪税控开票子系统开具增值税专用发票抵扣联电子信息。

三、认证相符是指打印在增值税专用发票抵扣联票上的84位密文，经解密后的数据与同一增值税专用发票票面上的"发票代码"、"发票号码"、"开票时间"、"购货方纳税人识别号"、"销货方纳税人识别号"、"金额"、"税额"等七项数据比对完全相符，且增值税专用发票购货方纳税人识别号与所申报企业纳税人识别号一致。

四、认证不符是指打印在增值税专用发票抵扣联票面上的84位密文，经解密后的数据与同一增值税专用发票票面上的"发票代码"、"发票号码"、"开票时间"、"购货方纳税人识别号"、"销货方纳税人识别号"、"金额"、"税额" 等七项数据有一项或多项不符，或增值税专用发票购货方纳税人识别号与所申报企业纳税识别号不一致。

五、密文有误是指打印在增值税专用发票抵扣联票上的84位密文清晰可辨且识别或录入正确无误，但防伪税控认证子系统无法解密。

六、无法认证是指打印在增值税专用发票抵扣联票面上的84位密文或票面上的 "发票代码"、"发票号码"、"开票时间"、"购货方纳税人识别号"、"销货方纳税人识别号"、"金额"、"税额" 等七项数据有一项或多项由于污损、褶皱、揉搓等原因无法辨认，导致防伪税控认证子系统不能产生认证结果。

七、增值税专用发票存根联数据为零是指纳入增值税防伪税控系统管理的一般纳税人开具增值税专用发票时，因操作有误或计算机与金税卡不匹配等原因，造成已开具的增值税专用发票在抄税时，税控IC卡中“本期发票开具数”、“金额”、“税额”为零，但“本期期初发票库存”、“本期发票购进”、“期末发票库存” 完整的一种现象。

(2003年8月13日　国税发〔2003〕97号)

为提高增值税计算机稽核系统发票比对工作效率，缩短发票比对周期，加强税收征管，现将修订后的《增值税计算机稽核系统发票比对操作规程(试行)》印发给你们，自2004年6月1日起施行。《国家税务总局关于印发〈增值税计算机稽核系统发票比对操作规程(试行)〉的通知》(国税发〔2000〕208号)同时废止。这次修订的主要内容包括：

一、将征收机关采集发票存根联、抵扣联，区县级税务机关采集失控发票、纳税人档案变动情况数据时限提前到11日；地市级税务机关数据处理时限提前到13日；省级税务机关数据处理时限提前到14日；国家税务总局数据处理时限提前到16日。

二、取消区县级税务机关对专用发票存根联数据和抵扣联数据的采集和上传过程，改为地市级税务机关直接从防伪税控系统服务器将数据提入本地稽核数据库。

三、地市级税务机关、省级税务机关数据清分完成后立即上传异地发票等数据，然后再对本地发票数据进行比对。

各级税务机关应及时做好新规程的转发、宣传、培训工作，确保数据采集质量，减少操作失误。

附件：

1.名词解释

2.增值税计算机稽核系统发票比对表证单书

3.增值税专用发票稽核比对三级(地市、省、总局)工作图

附件1：

名词解释

一、**失控发票**指防伪税控企业丢失被盗金税卡中未开具的发票以及被列为非正常户的防伪税控企业未向税务机关申报或未按规定缴纳税款的发票。

二、**作废发票**指防伪税控企业通过防伪税控开票子系统予以作废的发票。

三、**本地发票**指购货单位、销货单位均属本主管税务机关所辖区域范围内的发票。

四、**异地发票**指购货单位、销货单位双方中只有一方在本税务机关主管范围内的发票。

五、**清分**指把下级上报的发票数据区分为本地发票和异地发票的数据处理过程。

六、**相符发票**指发票抵扣联与发票存根联的五要素相同。五要素包括：开票日期、购货单位纳税人识别号、销货单位纳税人识别号、金额合计、税额合计。其中抵扣联与存根联的金额合计、税额合计差异在1.00元内，系统按相符处理。

七、**不符发票**指发票抵扣联与发票存根联数据的开票日期、购货单位纳税人识别号、销货单位纳税人识别号、金额合计、税额合计五要素中存在不同。不符的优先级次序为：税额、金额、购货单位纳税人识别号、销货单位纳税人识别号、开票日期。

八、**缺联发票**指系统内有抵扣联而无存根联并且按规定不需留待下期继续比对的发票。

九、**红字缺联发票**指系统内有红字存根联而无红字抵扣联并且按规定不需留待下期继续比对的发票。

十、**抵扣联重号发票**指系统内存在两份或两份以上相同发票代码和号码的发票抵扣联。

十一、**滞留存根联**指系统内有存根联而无抵扣联并且需要留待下期继续比对的发票。

十二、**滞留抵扣联**指系统内有抵扣联而无存根联并且按规定需要留待下期继续比对的发票。

十三、**属于失控发票**指在与全国失控、作废发票库比对中发现属于失控发票的抵扣联。

十四、**属于作废发票**指在与全国失控、作废发票库比对中发现属于作废发票的抵扣联。

附件2：

增值税计算机稽核系统发票比对表证单书

一、表证单书列表

单位	序号	表证单书名称	备注
征收机关	1.1	(单位名称)增值税专用发票存根联采集情况统计表	
	1.2	(单位名称)增值税专用发票抵扣联认证采集情况统计表	
区县级税务机关	2.1	(单位名称)增值税专用发票存根联采集情况统计表	
	2.2	(单位名称)增值税专用发票抵扣联认证采集情况统计表	
	2.3	(地区名称)失控发票明细表	
	2.4	(单位名称)增值税一般纳税人分类统计表	
	2.5	(单位名称)增值税专用发票比对情况汇总统计表(含各级比对结果)	
地市级税务机关	3.1	(单位名称)增值税专用发票存根联采集情况统计表	格式同表2.1
	3.2	(单位名称)增值税专用发票抵扣联认证采集情况统计表	格式同表2.2
	3.3	(单位名称)增值税一般纳税人分类统计表	格式同表2.4
	3.4	(单位名称) 增值税专用发票本级比对情况统计表	
	3.5	(单位名称) 增值税专用发票本级比对不符详细情况统计表	
	3.6	(单位名称)增值税专用发票比对情况汇总统计表(含各级比对结果)	格式同表2.5
	3.7	(单位名称)上月协查结果返回统计表	

续表

单位	序号	表证单书名称	备注
省级税务机关	4.1	(单位名称)增值税专用发票存根联采集情况统计表	格式同表 2.1
	4.2	(单位名称)增值税专用发票抵扣联认证采集情况统计表	格式同表 2.2
	4.3	(单位名称)增值税一般纳税人分类统计表	格式同表 2.4
	4.4	(单位名称) 增值税专用发票本级比对情况统计表	格式同表 3.4
	4.5	(单位名称) 增值税专用发票本级比对不符详细情况统计表	格式同表 3.5
	4.6	(单位名称) 增值税专用发票本地比对情况统计表(含下级比对结果)	格式同表 3.4
	4.7	(单位名称)增值税专用发票比对情况汇总统计表(含各级比对结果)	格式同表 2.5
	4.8	(单位名称)上月协查结果返回统计表	格式同表 3.7
总局	5.1	(单位名称)增值税专用发票存根联采集情况统计表	格式同表 2.1
	5.2	(单位名称)增值税专用发票抵扣联认证采集情况统计表	格式同表 2.2
	5.3	(单位名称)增值税一般纳税人分类统计表	格式同表 2.4
	5.4	(单位名称) 增值税专用发票本级比对情况统计表	格式同表 3.4
	5.5	(单位名称) 增值税专用发票本级比对不符详细情况统计表	格式同表 3.5
	5.6	全国增值税专用发票比对情况汇总统计表 (含各级比对结果)	格式同表 2.5
	5.7	(单位名称)上月协查结果返回统计表	格式同表 3.7
合计	29		格式不同 10 张表

二、表证单书格式

(一)征收机关

1.1 (单位名称)增值税专用发票存根联采集情况统计表

所属月份:

征收机关代码: 金额单位:万元

申报户数			正常发票			作废发票		
应申报户数	已申报户数	未申报户数	份数	金额	税额	份数	金额	税额

打印日期: 操作员:

1.2 (单位名称)增值税专用发票抵扣联认证采集情况统计表

所属月份:

征收机关代码: 金额单位:万元

认证总户数	合计			认证相符									存在问题发票												无法认证		
				自动认证			人工干预			小计			认证不符			密文有误			重复认证			小计					
	份数	金额	税额	份数	金额	税额	份数	金额	税额	份数	金额	税额	份数	金额	税额	份数	金额	税额	份数	金额	税额	份数	金额	税额	份数	金额	税额

打印日期: 操作员:

(二)区县级税务机关

2.1 (单位名称)增值税专用发票存根联采集情况统计表

所属月份:

税务机关代码: 金额单位:万元

单位	申报户数			正常发票			作废发票		
	应申报户数	已申报户数	未申报户数	份数	金额	税额	份数	金额	税额
合计									

打印日期: 操作员:

2.2 (单位名称)增值税专用发票抵扣联认证采集情况统计表

所属月份:

税务机关代码: 金额单位:万元

<table>
<tr><th rowspan="3">单位</th><th rowspan="3">认证总户数</th><th colspan="3" rowspan="2">合计</th><th colspan="9">认证相符</th><th colspan="12">存在问题发票</th><th colspan="3" rowspan="2">无法认证</th></tr>
<tr><th colspan="3">自动认证</th><th colspan="3">人工干预</th><th colspan="3">小计</th><th colspan="3">认证不符</th><th colspan="3">密文有误</th><th colspan="3">重复认证</th><th colspan="3">小计</th></tr>
<tr><th>份数</th><th>金额</th><th>税额</th><th>份数</th><th>金额</th><th>税额</th><th>份数</th><th>金额</th><th>税额</th><th>份数</th><th>金额</th><th>税额</th><th>份数</th><th>金额</th><th>税额</th><th>份数</th><th>金额</th><th>税额</th><th>份数</th><th>金额</th><th>税额</th><th>份数</th><th>金额</th><th>税额</th><th>份数</th><th>金额</th><th>税额</th></tr>
<tr><td></td><td></td><td></td><td></td><td></td><td></td><td></td><td></td><td></td><td></td><td></td><td></td><td></td><td></td><td></td><td></td><td></td><td></td><td></td><td></td><td></td><td></td><td></td><td></td><td></td><td></td><td></td><td></td><td></td></tr>
<tr><td>合计</td><td></td><td></td><td></td><td></td><td></td><td></td><td></td><td></td><td></td><td></td><td></td><td></td><td></td><td></td><td></td><td></td><td></td><td></td><td></td><td></td><td></td><td></td><td></td><td></td><td></td><td></td><td></td><td></td></tr>
</table>

打印日期: 操作员:

2.3 (地区名称)失控发票明细表

税务机关代码: 所属月份:

所属征收机关名称	类别	纳税人识别号	纳税人名称	发票代码	发票起始号码	发票终止号码	份数	报失日期
合计	—	—	—	—	—	—		—

打印日期: 操作员:

2.4 (单位名称)增值税一般纳税人分类统计表(略)

2.5 (单位名称)增值税专用发票比对情况汇总统计表(含各级比对结果)

税务机关代码: 所属月份:

<table>
<tr><th rowspan="2">单位</th><th colspan="4">存根联</th><th colspan="3">抵的联</th><th colspan="7">抵扣联稽核结果</th><th colspan="2">存根联稽核结果</th></tr>
<tr><th>当月总票数</th><th>其中作废数</th><th>上月滞留数</th><th>合计</th><th>当月总票数</th><th>上月滞留数</th><th>合计</th><th>相符</th><th>不符</th><th>缺联</th><th>滞留</th><th>重号</th><th>属于失控</th><th>属于作废</th><th>红字缺联</th><th>滞留</th></tr>
<tr><td>1</td><td>2</td><td>3</td><td>4</td><td>5</td><td>6</td><td>7</td><td>8</td><td>9</td><td>10</td><td>11</td><td>12</td><td>13</td><td>14</td><td>15</td><td>16</td><td>17</td></tr>
<tr><td></td><td></td><td></td><td></td><td></td><td></td><td></td><td></td><td></td><td></td><td></td><td></td><td></td><td></td><td></td><td></td><td></td></tr>
<tr><td>合计</td><td></td><td></td><td></td><td></td><td></td><td></td><td></td><td></td><td></td><td></td><td></td><td></td><td></td><td></td><td></td><td></td></tr>
</table>

打印日期: 操作员:

栏次关系：(1)5=2−3+4

(2)8=6+7=9至15栏合计

(3)17=5−9−10−16

(三)地市级税务机关

3.1 (单位名称)增值税专用发票存根联采集情况统计表(同表2.1)

3.2 (单位名称)增值税专用发票抵扣联认证采集情况统计表(同表2.2)

3.3 (单位名称)增值税一般纳税人分类统计表(略)

3.4 (单位名称)增值税专用发票本级比对情况统计表

税务机关代码：　　　　　　　　　　　　　　所属月份：

<table>
<tr><td rowspan="2">单位</td><td colspan="5">存根联</td><td colspan="5">抵的联</td><td colspan="7">抵扣联稽核结果</td><td colspan="2">存根联稽核结果</td></tr>
<tr><td>当月总票数</td><td>本地票数</td><td>异地票数</td><td>上月滞留数</td><td>合计</td><td>当月总数</td><td>本地票数</td><td>异地票数</td><td>上月滞留数</td><td>本级稽核数</td><td>相符</td><td>不符</td><td>缺联</td><td>滞留</td><td>重号</td><td>属于失控</td><td>属于作废</td><td>红字缺联</td><td>滞留</td></tr>
<tr><td>1</td><td>2</td><td>3</td><td>4</td><td>5</td><td>6</td><td>7</td><td>8</td><td>9</td><td>10</td><td>11</td><td>12</td><td>13</td><td>14</td><td>15</td><td>16</td><td>17</td><td>18</td><td>19</td><td>20</td></tr>
<tr><td></td><td></td><td></td><td></td><td></td><td></td><td></td><td></td><td></td><td></td><td></td><td></td><td></td><td></td><td></td><td></td><td></td><td></td><td></td><td></td></tr>
<tr><td>合计</td><td></td><td></td><td></td><td></td><td></td><td></td><td></td><td></td><td></td><td></td><td></td><td></td><td></td><td></td><td></td><td></td><td></td><td></td><td></td></tr>
</table>

栏次关系：(1)2=3+4　　(2)6=3+5　　(3)7=8+9+16+17+18

(4)11=7−9+10=12至18栏合计　(5)20=6−12−13−19

3.5 (单位名称)增值税专用发票本级比对不符详细情况统计表

税务机关代码：　　　　　　　　　　　　　　所属月份：

<table>
<tr><td rowspan="2">单位</td><td colspan="6">不符结果</td></tr>
<tr><td>税额不符</td><td>金额不符</td><td>购销方均不符</td><td>购方号不符</td><td>销方号不符</td><td>开票日期不符</td></tr>
<tr><td></td><td></td><td></td><td></td><td></td><td></td><td></td></tr>
<tr><td></td><td></td><td></td><td></td><td></td><td></td><td></td></tr>
<tr><td>合计</td><td></td><td></td><td></td><td></td><td></td><td></td></tr>
</table>

打印日期：　　　　　　　　　　　　　　操作员：

3.6 (单位名称)增值税专用发票比对情况汇总统计表(含各级比对结果)(同表2.5)

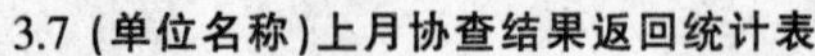
3.7 (单位名称)上月协查结果返回统计表

税务机关代码：　　　　　　　　　　　　　　　　所属月份：

单位	期初无结果票数	本期产生票数	上月协查结果返回							期末无结果票数
			合计	正常	虚开	查无此户	查无此票	假票废票	其他	
小计										
本级										
合计										

打印日期：　　　　　　　　　　　　　　　　操作员：

(四)省级税务机关

4.1 (单位名称)增值税专用发票存根联采集情况统计表(同表2.1)

4.2 (单位名称)增值税专用发票抵扣联认证采集情况统计表(同表2.2)

4.3 增值税一般纳税人档案统计表(略)

4.4 (单位名称)增值税专用发票本级比对情况统计表(同表3.4)

4.5 (单位名称)增值税专用发票本级比对不符详细情况统计表(同表3.5)

4.6 (单位名称)增值税专用发票本地比对情况统计表(同表3.4)

4.7 (单位名称)增值税专用发票比对情况汇总统计表(含各级比对结果)(同表2.5)

4.8 (单位名称)上月协查结果返回统计表(同表3.7)

(五)总局

5.1 (单位名称)增值税专用发票存根联采集情况统计表(同表2.1)

5.2 (单位名称)增值税专用发票抵扣联认证采集情况统计表(同表2.2)

5.3 增值税一般纳税人档案统计表(略)

5.4 (单位名称)增值税专用发票本级比对情况统计表(同表4.4)

5.5 (单位名称)增值税专用发票本级比对不符详细情况统计表(同表3.5)

5.6 全国增值税专用发票比对情况汇总统计表(含各级比对结果)(同表2.5)

5.7 (单位名称)上月协查结果返回统计表(同表3,7)

附件 3：

增值税专用发票稽核比对三级(地市、省、总局)工作图

单位	部门	时间									
		11 日前(含)	12 日前	13 日前	14 日前	15 日前	16 日前	17 日前	18 日前	19 日前	20 日前
征收机关		运用防伪税控报税子系统采集发票存根联数据，对未申报企业及时催报；运用防伪税控认证子系统采集发票抵扣联数据									
区县局	增值税管理部门	录入失控发票数据；录入纳税人档案变动情况数据；统计打印《失控发票明细表》和《增值税一般纳税人分类统计表》	统计下列统计表：《增值税专用发票存根联采集情况统计表》；《增值税专用发票抵扣联认证采集情况统计表》								统计打印：《增值税专用发票比对情况汇总统计表(含各级比对结果)》
	信息中心	将下列数据报上级税务机关：失控发票数据；纳税人档案变更情况数据。	从地市级防伪税控系统服务器下载下列数据并提入本地稽核系统数据库：发票存根联；发票抵扣联；《增值税专用发票存根联采集情况统计表》；《增值税专用发票抵扣联认证采集情况统计表》。							从上级税务机关提取下列数据：相符发票数据；不符发票数据；缺联发票数据；抵扣联重号发票数据；属于失控发票数据；属于作废发票数据；红字缺联发票数据	

续表

单位	部门	时间									
		11日前（含）	12日前	13日前	14日前	15日前	16日前	17日前	18日前	19日前	20日前
地市局	增值税管理部门			统计打印下列统计表:《失控发票明细表》;《增值税一般纳税人分类统计表》;《增值税专用发票存根联采集情况统计表》;《增值税专用发票抵扣联认证采集情况统计表》;《增值税专用发票本级比对情况统计表》;《增值税专用发票本级比对不符详细情况统计表》;《上月协查返回结果统计表》						统计打印：《增值税专用发票比对情况汇总统计表（含各级比对结果）》	
	信息中心		1.将下列数据提入本地数据库:发票存根联；发票抵扣联;《增值税专用发票存根联采集情况统计表》;《增值税专用发票抵扣联认证采集情况统计表》;失控发票;纳税人档案变更情况。2.将提入本地数据库的数据中的数据进行如下处理：当月发票抵扣联数据与本地失控、作废发票数据库比对;清分当月本、异地发票数据。3.将下列数据报上级税务机关：异地发票;《增值税专用发票存根联采集情况统计表》;《增值税专用发票抵扣联认证采集情况统计表》;失控发票;纳税人档案变更情况。4.对本地发票数据进行比对	将下列数据报上级税务机关:《增值税专用发票本级比对情况统计表》数据;《上月协查结果返回统计表》数据					从上级税务机关提取下列比对结果数据：相符发票数据;不符发票数据;缺联发票数据；抵扣联重号发票数据；属于失控发票数据;属于作废发票数据;红字缺联发票数据。 为下级税务机关提取下列比对结果数据：相符发票数据;不符发票数据;缺联发票数据；抵扣联重号发票数据；属于失控发票数据;属于作废发票数据;红字缺联发票数据。		

续表

单位	部门	时间									
		11日前（含）	12日前	13日前	14日前	15日前	16日前	17日前	18日前	19日前	20日前
省局	流转税管理部门				统计打印下列统计表:《失控发票明细表》;《增值税一般纳税人分类统计表》;《增值税专用发票存根联采集情况统计表》;《增值税专用发票抵扣联认证采集情况统计表》;《增值税专用发票本级比对情况统计表》;《增值税专用发票本级比对不符详细情况统计表》;《上月协查返回结果统计表》;《增值税专用发票本地比对情况统计表(含下级比对结果)》。				统计打印《增值税专用发票比对情况汇总统计表(含各级比对结果)》		
省局	信息中心			检查下级税务机关上报数据情况,对尚未报送数据的,应及时催报。 将下级上报的数据提入本地数据库,并进行以下处理:将当月发票抵扣联数据与本地失控、作废发票数据库比对;清分本、异地发票数据。 将下列数据报上级税务机关:异地发票数据;《增值税专用发票存根联采集情况统计表》数据;《增值税专用发票抵扣联认证采集情况统计表》数据;失控发票数据;纳税人档案变更情况数据。 对本级发票数据进行比对	将下列数据报总局信息中心:《增值税专用发票本地比对情况统计表》;《上月协查结果返回统计表》			从总局提取下列比对结果数据:相符发票数据;不符发票数据;缺联发票数据;抵扣联重号发票数据;属于失控发票数据;属于作废发票数据;红字缺联发票数据 为下级税务机关准备下列比对结果数据相符发票数据;不符发票数据;缺联发票数据;抵扣联重号发票数据;属于失控发票数据;属于作废发票数据;红字缺联发票数据			

续表

单位	部门	时间									
		11日前（含）	12日前	13日前	14日前	15日前	16日前	17日前	18日前	19日前	20日前
总局	流转税管理司						统计、打印以下统计表：《失控发票明细表》；《增值税一般纳税人分类统计表》；《增值税专用发票存根联采集情况统计表》；《增值税专用发票抵扣联认证采集情况统计表》；《增值税专用发票本级比对情况统计表》；《增值税专用发票本级比对不符详细情况统计表》；《上月协查返回结果统计表》；《全国增值税专用发票比对情况汇总统计表（含各级比对结果）》。				
	信息中心					检查下级税务机关上报数据情况，对尚未报送数据的，应及时催报；将下级上报的数据提入本地数据库，并进行清分、比对处理	为下级税务机关准备以下比对结果数据：相符发票数据；不符发票数据；缺联发票数据；抵扣联重号发票数据；属于失控发票数据；属于作废发票数据；红字缺联发票数据。				
备注	1.区县局、地市局、省局信息中心，应于上报数据前，确认流转税管理部门（增值税管理部门）完成所规定的统计工作。如遇有未完成统计工作情形的，信息中心予以督促； 2.区县局、地市局、省局流转税管理部门（增值税管理部门），应于统计、打印《增值税专用发票比对情况统计表（含各级比对结果）》前，确认信息中心已完成从上级税务机关提取数据。如遇有未提取上级数据情形的，流转税管理部门予以督促。										

（2004年4月22日　国税发〔2004〕43号）

增值税计算机稽核系统发票比对操作规程(试行)

第一章 总则

第一条 为了加强增值税计算机稽核工作的管理,保证增值税计算机稽核系统发票比对(以下简称发票比对)的正常运行,特制定本规程。

第二条 发票比对是税务机关利用计算机网络,将增值税一般纳税人(以下简称纳税人)申报认证的增值税专用发票(以下简称发票)抵扣联逐一与存根联进行核对(并把红字发票存根联与抵扣联进行核对)的增值税日常稽核管理手段。

第三条 发票比对实行两级数据采集、三级发票比对的五级管理。两级采集是指负有增值税直接征收职能的主管税务机关(以下简称征收机关)运用防伪税控报税子系统和认证子系统采集发票存根联和抵扣联数据,地市级税务机关将征收机关采集的发票存根联和抵扣联以及区县级税务机关采集到的其他数据传入稽核系统的过程;三级比对是指地市级税务机关、省级税务机关、国家税务总局(以下简称总局)三级分别对本地市、本省跨地市、跨省区域的发票进行比对。

第二章 数据采集

第四条 数据采集的内容包括:

(一)增值税防伪税控系统开具的发票存根联、抵扣联数据;

(二)失控发票数据;

(三)纳税人档案数据。

第五条 征收机关应于每月11日前(含当日,下同。若遇法定休假日的情况,比照征管法实施细则顺延规定的天数)完成以下工作:

(一)运用防伪税控报税子系统采集发票存根联数据,对未申报企业及时催报;

(二)运用防伪税控认证子系统采集发票抵扣联数据。

第六条 区县级税务机关增值税管理部门于每月11日前完成以下工作:

(一)录入失控发票数据;

(二)录入(或从其他计算机管理系统载入)纳税人档案变动情况数据(稽核系统初次运行前,将全部纳税人档案数据录入稽核系统)。

第三章 数据处理

第七条 区县级税务机关增值税管理部门于每月11日前统计、打印下列统计表:

(一)《失控发票明细表》;

(二)《增值税一般纳税人分类统计表》。

第八条 区县级税务机关信息中心于每月11日前将下列数据报上级税务机关:

(一)失控发票数据;

(二)纳税人档案变更情况数据。

第九条 区县级税务机关信息中心于每月12日前从地市级税务机关防伪税控系统服务器下载下列数据并提入本地稽核系统数据库:

(一)发票存根联数据;

(二)发票抵扣联数据;

(三)《增值税专用发票存根联采集情况统计表》数据;

(四)《增值税专用发票抵扣联认证采集情况统计表》数据。

第十条 区县级税务机关增值税管理部门于每月13日前统计、打印下列统计表:

(一)《增值税专用发票存根联采集情况统计表》;

(二)《增值税专用发票抵扣联认证采集情况统计表》。

第十一条 区县级税务机关信息中心于每月19日前从上级税务机关提取下列数据:

(一)相符发票数据;

(二)不符发票数据;

(三)缺联发票数据;

(四)抵扣联重号发票数据;

(五)属于失控发票数据;

(六)属于作废发票数据;

(七)红字缺联发票数据。

第十二条 区县级税务机关增值税管理部门于每月20日前统计、打印《增值税专用发票比对情况汇总统计表(含各级比对结果)》。

第十三条 地市级税务机关信息中心于每月12日前完成以下工作:

(一)将下列数据提入本地数据库:

1.发票存根联数据;

2.发票抵扣联数据;

3.《增值税专用发票存根联采集情况统计表》数据;

4.《增值税专用发票抵扣联认证采集情况统计表》数据;

5.失控发票数据;

6.纳税人档案变更情况数据。

(二)将提入本地数据库的数据进行以下处理:

1.将当月发票抵扣联数据与本地失控、作废发票数据库比对;

2.清分本、异地发票数据;

3.将下列数据报上级税务机关:

(1)异地发票数据

(2)《增值税专用发票存根联采集情况统计表》数据

(3)《增值税专用发票抵扣联认证采集情况统计表》数据

(4)失控发票数据

(5)纳税人档案变更情况数据

4.对本地发票数据进行比对。

第十四条 地市级税务机关增值税管理部门于每月13日前统计打印下列统计表:

(一)本规程第七条、第十条所列各类统计表;

(二)《增值税专用发票本级比对情况统计表》;

(三)《增值税专用发票本级比对不符详细情况统计表》;

(四)《上月协查结果返回统计表》。

第十五条 地市级税务机关信息中心于每月13日前将下列

数据报上级税务机关：

(一)《增值税专用发票本级比对情况统计表》数据；

(二)《上月协查结果返回统计表》数据。

第十六条 地市级税务机关信息中心于每月18日前完成以下工作：

(一)从上级税务机关提取本规程第十一条所列比对结果数据；

(二)为下级税务机关准备本规程第十一条所列比对结果数据。

第十七条 地市级税务机关增值税管理部门于每月19日前统计、打印《增值税专用发票比对情况汇总统计表(含各级比对结果)》。

第十八条 省级税务机关信息中心于每月13日前完成以下工作：

(一)检查下级税务机关上报数据情况，对尚未报送数据的，应及时催报；

(二)将下级上报的数据提入本地数据库，并进行以下处理：

1.将当月发票抵扣联数据与本地失控、作废发票数据库比对；

2.清分本、异地发票数据；

3.将下列数据报上级税务机关：

(1)异地发票数据

(2)《增值税专用发票存根联采集情况统计表》数据

(3)《增值税专用发票抵扣联认证采集情况统计表》数据

(4)失控发票数据

(5)纳税人档案变更情况数据

4.对本地发票数据进行比对。

第十九条 省级税务机关流转税管理部门在每月14日前统计打印下列统计表：

(一)本规程第十四条所列统计表；

(二)《增值税专用发票本地比对情况统计表（含下级比对结果)》。

第二十条 省级税务机关信息中心于每月14日前将本规程第十五条所列各类数据报总局信息中心。

第二十一条 本规程第八条、第十五条、第二十条所称各级税务机关信息中心,应于上报数据前,确认流转税管理部门(增值税管理部门)完成所规定的统计工作。如遇有未完成统计工作情形的,信息中心予以督促。

第二十二条 省级税务机关信息中心于每月17日前,完成以下工作:

(一)从总局提取本规程第十一条所列比对结果数据;

(二) 为下级税务机关准备本规程第十一条所列比对结果数据。

第二十三条 省级税务机关流转税管理部门于每月18日前完成统计打印《增值税专用发票比对情况汇总统计表(含各级比对结果)》。

第二十四条 本规程第十二条、第十七条、第二十三条所称各级税务机关流转税管理部门(增值税管理部门),应于统计、打印《增值税专用发票比对情况汇总统计表(含各级比对结果)》前,确认信息中心已完成从上级税务机关提取数据。如遇有未提取上级数据情形的,流转税管理部门予以督促。

第二十五条 总局信息中心于每月15日前完成以下工作:

(一)检查下级税务机关上报数据情况,对尚未报送数据的,应及时催报;

(二)将下级上报的数据提入本地数据库,并进行清分、比对处理。

第二十六条 总局流转税管理司于每月16日前统计、打印以下统计表:

(一)本规程第十四条所列统计表;

(二)《全国增值税专用发票比对情况汇总统计表 (含各级比对结果)》。

第二十七条 总局信息中心于每月16日前为下级税务机关准备本规程第十一条所列比对结果数据。

第四章 附则

第二十八条 本规程由国家税务总局负责解释。

第二十九条 本操作规程自2004年6月1日起试行。原《增值税计算机稽核系统发票比对操作规程(试行)》(国税发〔2000〕208号)同时废止。

根据《国务院关于第三批取消和调整行政审批的决定》(国发〔2004〕16号)文件精神,对《国家税务总局关于印发〈增值税防伪税控主机共享服务系统管理暂行办法〉的通知》(国税发〔2003〕67号)中规定的"为纳税人提供增值税专用发票开票服务的中介机构资格审批,由地市级注册税务师管理机构报同级税务机关增值税管理部门审批"予以取消。取消审批后,税务机关要进一步做好无偿为纳税人提供开票服务工作,同时对中介机构提供的开票服务要进行监督管理,督促其严格遵照《增值税防伪税控主机共享服务系统管理暂行办法》的有关规定,对违规操作的要依照有关规定处理;对涉嫌虚开发票等违法犯罪活动的要依法处理。

(2004年6月25日　国税函〔2004〕822号)

为进一步加强对增值税专用发票的监管力度,防范不法分子利用失控发票骗取抵扣税款,堵塞税收漏洞。总局决定在现有金税工程有关系统的基础上建立增值税失控发票快速反应机制。现将有关事项通知如下:

一、基本内容

增值税失控发票快速反应机制是依托现有防伪税控系统网络版软件,并对其功能延伸拓展,以日为单位进行失控发票数据采集和更新,通过认证发票数据与失控发票数据双向比对,及时发现属于失控发票的增值税专用发票抵扣联 (以下简称 "抵扣联"),并转稽查部门处理,达到快速反应、防范不法分子利用失控发票骗取抵扣税款的目的。具体实现方法是:在防伪税控系统网络版中增加双向比对功能,即:通过认证环节将要认证的抵扣联数据与失控发票数据进行自动比对,发现属于失控发票的抵扣联(该类发票称为"认证时失控发票");通过每天新增的失控发票数据与前期已认证相符的抵扣联数据自动比对,发现属于失控发票的抵扣联(该类发票称为"认证后失控发票")。

二、运行模式

根据防伪税控系统网络版软件数据集中模式的不同，增值税失控发票快速反应机制可实行总局、省局、地市局三级运行模式和总局、省局两级运行模式。

三级运行模式是通过地市级防伪税控系统网络版软件每日定时自动逐级上传失控发票数据至总局，总局按日汇总全国失控发票，更新失控发票数据库，并将新增失控发票数据、撤销失控发票数据逐级下发至地市级防伪税控系统网络版软件中，实现认证发票数据与失控发票数据的双向比对。

两级运行模式是通过省级防伪税控系统网络版软件每日定时自动上传失控发票数据至总局，总局按日汇总全国失控发票，更新失控发票数据库，并将新增失控发票数据、撤销失控发票数据下发至省级防伪税控系统网络版软件中，实现认证发票数据与失控发票数据的双向比对。

三、业务流程

(一)历史数据导入

防伪税控系统网络版软件失控发票库的初始失控发票数据由总局统一从稽核系统失控发票数据库的历史数据导入。该项工作应于9月30日前完成。

(二)数据采集

新增失控发票数据由发票发售岗位依据征收管理部门提供的失控发票书面材料（包括稽查部门案件查处中发现的走逃企业），通过防伪税控网络版发票发售子系统及时确认后进行采集。

(三)数据传输

已采集的失控发票数据由系统每日21:00自动上传总局。

(四)数据汇总

在总局建立失控发票管理系统，由系统每日23:00自动汇总各地上传的失控发票数据，保存到总局的全国失控发票数据库表中。

(五)数据撤销

总局在收到省级国税机关的撤销失控发票书面申请后，经审

核,对全国失控发票数据库表中的失控发票进行撤销,保存到总局的全国失控发票数据库表中。

(六)数据下发

总局失控发票管理系统定时形成全国新增失控发票、撤销失控发票下发数据文件并由系统每日0:00至8:00定时自动下发到各地,更新各地失控发票数据库。

(七)双向比对

1.纳税人持抵扣联到税务机关认证时,系统自动将认证的抵扣联数据与失控发票数据进行自动比对,属于失控发票的,系统将提示认证结果为“认证时失控发票”。认证岗位人员应立即扣留纸质发票,将纸质发票复印件及《认证结果通知书》于当日转稽查部门。“认证时失控发票”单独生成电子信息通过软盘移交稽查部门处理。

纳税人使用增值税专用发票抵扣联信息企业端采集系统通过网络进行抵扣联认证(以下简称“网上认证”)时,认证结果下发后系统自动将认证的抵扣联数据与失控发票数据进行自动比对,属于失控发票的,系统将认证结果记录为“认证时失控发票”。认证岗位人员应于2个工作日内通知纳税人将抵扣联原件报税务机关,并于扣留纸质发票的当日将纸质发票复印件及《认证结果通知书》转稽查部门。“认证时失控发票”生成电子信息通过软盘移交稽查部门处理。

2.通过每天新增的失控发票数据、撤销失控发票数据与前期已认证相符的抵扣联数据自动比对,发现属于失控发票的抵扣联,系统将认证结果记录为“认证后失控发票”。认证岗位人员应于2个工作日内通知纳税人将抵扣联原件报税务机关,并于扣留纸质发票并追回已抵扣税款后的当日将纸质发票复印件及《认证结果通知书》转稽查部门。“认证后失控发票”生成电子信息通过软盘移交稽查部门处理。

四、认证时失控发票和认证后失控发票的处理办法

认证系统发现的“认证时失控发票”和“认证后失控发票”经检查确属失控发票的,不得作为增值税扣税凭证。

五、增值税失控发票快速反应机制正式启用后，金税工程稽核系统中失控发票的采集、比对功能自行屏蔽，《增值税计算机稽核系统比对操作规程》(国税发〔2004〕43号)中有关失控发票的采集、比对的规定废止执行。

六、增值税失控发票快速反应机制于2004年10月15日正式启用。

(2004年9月23日　国税发〔2004〕123号)

增值税防伪税控系统服务监督管理办法

第一条　为保障增值税防伪税控开票子系统(以下简称开票系统)的正常运行，加强对从事开票系统专用设备(以下简称专用设备)销售并为开票系统使用单位(以下简称使用单位)提供相关技术支持与服务的企业或企业性单位(以下简称服务单位)的监督，进一步优化对使用单位的技术服务，维护使用单位合法权益，根据《国务院办公厅转发国家税务总局关于全面推广应用增值税防伪税控系统意见的通知》等有关规定，特制定本办法。

第二条　各级税务机关应依据本办法对服务单位进行监督，服务单位必须接受税务机关的监督。

第三条　本办法由各级税务机关增值税管理部门组织实施。

第四条　税务机关对服务单位专用设备销售情况进行监督。

(一)服务单位是否根据税务机关下达的《增值税防伪税控系统使用通知书》向使用单位发售专用设备。

(二)服务单位是否在税务机关下达《增值税防伪税控系统使用通知书》后及时向使用单位发售专用设备。

(三)服务单位有无借服务便利或假借税务机关名义向使用单位强行销售计算机、打印机等通用设备及其他软件或其他商品的行为。

第五条　税务机关对服务单位培训行为进行监督。服务单位是否在发售专用设备后及时组织使用单位开票人员进行操作培训，有无影响使用单位开票的情形。

第六条 税务机关对服务单位开票系统安装、调试和维护行为进行监督。

(一)满足安装条件的使用单位向服务单位提出安装要求后,服务单位是否按照与当地税务机关商定安装调试方式,在5个工作日内完成使用单位开票系统的安装、调试,有无影响使用单位开票的情形。

(二)服务单位应及时向使用单位提供技术维护服务,保障使用单位开票。是否做到对于电话不能解决的问题,在24小时内做出响应,现场排除故障不超过一个工作日。

(三)服务单位是否于接到投诉后半个工作日内解决使用单位投诉的问题。

第七条 服务单位向使用单位收取技术维护费时,是否与使用单位签订《增值税防伪税控开票系统技术维护合同》,使用单位拒绝签订的除外。

第八条 各级税务机关应高度重视使用单位的投诉,建立投诉受理、处理、反馈制度。

(一)对使用单位的投诉应做好记录,登记《受理投诉登记表》,并及时通知服务单位。

(二)服务单位须于接到投诉通知后半个工作日内解决落实使用单位投诉的问题,将落实情况反馈给税务机关受理部门。

(三)对于投诉问题得到解决的,由税务机关受理部门电话回访使用单位,听取使用单位对解决问题的意见;对于投诉问题没有得到解决的,由税务机关受理部门向上一级税务机关反映,由上一级税务机关监督同级服务单位负责解决。

(四)对使用单位投诉处理的过程和结果应记入《受理投诉登记表》,作为对服务单位监督考核的依据。

第九条 国家税务总局必要时会同航天信息股份有限公司组成联合检查组,对省级服务单位服务情况进行抽查,检查省级服务单位对下级服务单位技术服务的指导和管理情况,以及省级服务单位直接提供技术服务的情况。

第十条 省级税务机关必要时会同省级服务单位对市级服

务单位服务情况进行检查并综合测评。综合测评包括:服务单位专用设备的销售情况、对操作人员的培训情况以及对开票子系统安装、调试和维护的情况。综合测评结束后须公布测评结果。

第十一条 税务机关按照上级税务机关的要求可以通过问卷调查、实地走访、召开座谈会等方式直接向使用单位了解服务单位的服务情况。

第十二条 主管税务机关应监督服务单位的服务质量,在工作中注意调查使用单位对服务单位的满意程度,并应对服务单位的服务做出评价。办税服务大厅于每年的6月份和12月份申报期内为纳税人提供《防伪税控系统技术服务单位服务质量调查表》(见附件),由纳税人自愿填写。申报期结束后,由主管税务机关汇总,逐级报上级税务机关,并于次月15日前报国家税务总局。

第十三条 市、县级税务机关对受理投诉、问卷调查、实地走访、召开座谈会及日常管理中使用单位反映等情况应逐级上报到省级税务机关,作为省级税务机关综合测评的依据。

第十四条 服务单位发生下列情形之一的,主管税务机关应责令其立即整改, 并要求其主要负责人到主管税务机关说明情况。

(一)未按规定的时限向使用单位发售专用设备;

(二)未在规定的时限内为使用单位进行培训的;

(三)一个月内税务机关接到的投诉超过2起的;

(四)对接到的投诉没有按时处理的;

(五)税务机关对服务单位的综合测评结果不满意率超过5%(含,下同)的。

不满意率=不满意使用单位户数/使用单位总户数×100%。

"不满意使用单位户数"是指在《防伪税控系统技术服务单位服务质量调查表》中第六条"您对服务单位的综合评价是:"中选择"不满意"或"很不满意"的使用单位总数。

第十五条 服务单位发生下列情形之一的,税务机关应责令其在三十日之内整改,并做出书面检查,提请授权单位进行通报批评或税务机关公告批评。税务机关应对服务单位的整改结果进

行验收。

(一)未按规定为使用单位培训操作人员、安装和维护开票系统,影响开票系统正常使用的;

(二)未按税务机关下达的增值税防伪税控系统使用通知书向使用单位发售专用设备;

(三)向使用单位强行销售计算机、打印机等通用设备及其他软件或其他商品的;

(四)以税务机关的名义进行有偿设备更换、软件升级及推销其他产品的;

(五)一个月内税务机关接到的投诉超过5起的;

(六)对接到的投诉没有按时处理,造成严重后果的(包括影响使用单位正常开票和抄报税的);

(七)税务机关对服务单位的综合测评结果不满意率超过10%的;

(八)国家税务总局确定的其他情形。

第十六条 服务单位发生下列情形之一的,当地税务机关应向上一级税务机关报告,由上一级税务机关会同其授权单位进行联合调查,经调查属实的,由授权单位进行严肃处理,直至终止其服务资格。

(一)发生本办法第十五条所列情形之一,逾期未按照要求整改的;

(二)一个月内税务机关接到的投诉超过10起的;

(三) 向未经税务机关许可使用开票系统的纳税人发售了专用设备;

(四)拒绝税务机关依据本办法监督管理的;

(五)由于违反法律和法规行为,造成无法正常为使用单位提供相关技术支持与服务的。

第十七条 本办法由国家税务总局解释。

第十八条 办法自2005年3月1日起执行。

(2005年3月1日 国税发[2005]19号)

一、在2007年6月30日前，各地税务机关要尽快对一机多票企业普通发票的领购、开具和库存情况进行全面检查清理。企业存有非一机多票系统使用的普通发票，必须进行收缴。

二、各地税务机关必须通过防伪税控发售子系统向一机多票企业发售普通发票，不得利用其他方式发售普通发票，也不得批准纳税人使用自印发票。凡应收缴普通发票而未收缴或擅自向企业发售非一机多票系统使用的普通发票的，要按违规违纪行为追究有关人员的责任。

三、一机多票企业销售增值税应税货物和劳务，符合《国家税务总局关于修订〈增值税专用发票使用规定〉的通知》(国税发〔2006〕156号)规定开具增值税专用发票条件的，可以开具增值税专用发票；不符合规定条件的，只能开具普通发票。

四、一机多票企业销售增值税应税货物(不包括出口货物)和劳务需要开具普通发票的，应通过一机多票系统开具。对2007年7月1日以后仍然利用其他方式开具普通发票的一机多票企业，主管税务机关应按发票管理的有关规定进行处罚，涉嫌偷税的要依法进行查处。

五、要切实加强增值税申报纳税“一窗式”管理，在审核时务必注意“表票比对”。要加强企业纳税评估，及时发现和处理企业隐瞒销售、虚抵进项等问题，加强税源监控。

(2007年5月21日　国税函〔2007〕507号)

据统计，近期增值税失控发票快速反应机制数据库中一些地区失控发票的比例较高。经初步核查，产生增值税失控发票快速反应机制数据库中失控发票的其主要原因包括三个方面：一是个别地区违反规定将不属于失控发票范围的发票录入到失控发票数据库；二是一些企业未按规定办理税务注销手续从而形成失控发票；三是个别企业丢失防伪税控开票系统金税卡形成失控发票。

对于申请注销税务登记的企业，要严格按照规定缴销其库存未用的纸质发票，督促企业进行防伪税控报税，防止产生失控发票。

(2007年5月23日　国税函〔2007〕517号)

自2007年3月起，省局数据集中模式的增值税专用发票(以下简称专用发票)稽核系统(6.0版)投入了试运行，目前运行情况平稳。为进一步加强专用发票稽核工作管理，提高稽核比对效率，税务总局决定自2007年8月起，专用发票稽核系统(6.0版)正式投入运行。

6.0版系统数据处理流程

(一)省局稽核系统每日自动完成下列工作：

1.从同级增值税防伪税控系统提取专用发票存根联、抵扣联数据、增值税一般纳税人档案数据和失控发票数据；

2.对存根联、抵扣联数据进行清分；

3.向税务总局上传异地存根联发票数据、异地抵扣联发票数据、一般纳税人档案信息和失控发票数据；

4.对购销双方均为本地的专用发票进行比对。

(二)每月14日省局税务机关统计并上报《增值税专用发票抵扣联(本级)比对情况统计表》和《增值税专用发票存根联(本级)比对情况统计表》。

(三)省局稽核系统每日自动接收税务总局下发的相符发票、不符发票、缺联发票、属于作废发票和重号发票等稽核结果数据。

(四)每月16日省局税务机关统计《增值税专用发票抵扣联(汇总)比对情况统计表》和《增值税专用发票存根联(汇总)比对情况统计表》。

(五)税务总局稽核系统每日自动对各省上传的数据进行提取和比对。

(六)每月15日税务总局稽核系统自动统计《全国增值税专用发票抵扣联(汇总)比对情况统计表》和《全国增值税专用发票存根联(汇总)比对情况统计表》。

(2007年7月26日　国税函〔2007〕794号)

一、全国范围内新认定的增值税一般纳税人(包括单位和个体工商户)统一使用升级后的V6.15版本防伪税控开票系统和AI3型金税卡,新认定的增值税一般纳税人开具的增值税专用发票和增值税普通发票密文均为108位。

二、个体工商户新认定为增值税一般纳税人的,税务登记代码统一为其个人身份证号码加两位顺序码 (顺序码为数字01至99),长度为17位和20位两类。凡不符合上述编码要求的,应及时办理税务登记代码变更。

(2010年3月31日 国税函〔2010〕126号)

9.2 “一窗式”管理

一、基本内容

“一窗式”管理的核心内容是,征收单位办税大厅的纳税申报窗口必须进行“票表稽核”,以审核增值税纳税申报的真实性。纳税申报窗口“票表稽核”的具体做法是:用防伪税控报税系统采集的专用发票存根联销项金额、税额信息比对纳税人申报的防伪税控系统开具的销项金额、税额数据,二者的逻辑关系必须相等;同时,用防伪税控认证系统采集的专用发票抵扣联进项金额、税额信息比对纳税人申报的防伪税控系统开具的进项金额、税额信息,且认证系统采集的进项信息必须大于或等于申报资料中所填列的上述进项信息。不符合上述两项逻辑关系的则为申报异常。凡属申报异常的,应查明原因,视不同情况分别按有关规定予以处理。

二、窗口设置

为实现一窗式管理,征收单位应当将办税大厅的窗口功能进行归并,实行“一窗式”管理,即在一个窗口面对纳税人,统一办理防伪税控IC卡报税、专用发票抵扣联认证和纳税申报。不再单独设置报税窗口,对专用发票抵扣联认证数量大的可以单独设置认证窗口。对“票表稽核”不符的需现场解决,为提高工作效率,减少纳税人排队等候的时间,各征收单位应在办税服务厅设立“比对

异常处理”窗口，专门处理“票表稽核”不符的情况。

“一窗式”窗口设置有如下三种模式。各地应以模式一为主；如果各地因空间等条件限制而无法实现模式一，可以采用模式二；模式三需要增加设备。

窗口设置模式：

(一)模式一，“两窗三人”

在并列的两个申报纳税窗口中，两人分别临窗受理纳税人的申报资料及抄报税、认证资料，并负责处理纳税申报事宜；第三人在后台，负责处理两个窗口接受的纳税人的抄报税事宜。具体流程为，两个窗口接受纳税人的抄报税和申报资料后，将报税卡交后台，由后台一人在读卡器上完成插卡报税，然后，将申报资料交由两个纳税申报人员处理纳税申报和票表比对等事宜。

窗口计算机配置方式为，两个纳税申报人员各配备一台PC机，处理纳税申报；抄报税人员配备一台装有读卡器的PC机。

如果条件允许，还可以按照“两窗三人”模式，扩展成为“三窗四人”形式，即，三人临窗办税，一人在后“插卡报税”。

(二)模式二，“一窗二人”

在一个申报纳税窗口中，一人临窗受理纳税人的申报资料及抄报税、认证资料，并负责处理申报事宜；另一人在后台，负责处理纳税人的抄报税事宜。具体流程为，窗口接受纳税人的抄报税和申报资料后，由一人处理抄报税，完成后，将申报资料交由纳税申报人员处理申报事宜。

窗口计算机配置方式为，两个人员各配备一台PC机，其中，一台装有读卡器。

(三)模式三，“一窗一人”

在一个申报纳税窗口中，一个税务人员按照先抄报税、认证，后申报的顺序临窗受理纳税人的抄报税、认证和申报事宜。

窗口计算机的配置方式为，两台PC机，共享一台显示器、键盘和鼠标，在两台PC机上分别运行报税子系统与征管系统的客户端程序，通过转换器进行系统切换。“窗口”接受纳税人的抄报税和申报资料后，由一人通过转换器依次处理抄报税和申报事项。

三、管理流程

“一窗式”管理流程的要点为:税务机关在一个窗口受理抄报税、认证和纳税申报。每个纳税人进入办税大厅后,直接到纳税申报窗口递交纳税申报资料、抄报税IC卡或软盘以及需认证的发票抵扣联(抵扣联认证量大的也可单设窗口办理),然后由负责受理工作的税务人员依照先操作抄报税、认证,再操作纳税申报的顺序进行。抄报税和认证信息先由防伪税控系统采集,并形成接口文件。在受理纳税人申报时,必须用防伪税控报税系统采集的专用发票存根联销项信息比对纳税人申报的防伪税控系统开具的销项信息,同时用防伪税控认证系统采集的专用发票抵扣联进项信息比对纳税人申报的防伪税控系统开具的进项信息,从而达到在申报系统中即时比对的目的。

具体流程为:

(一)认证环节

具体操作按规定的流程处理。

由于企业可能多次到税务局办理认证业务，每次办理业务可能在不同的窗口,因此,税务局操作人员应在月末将多台认证工作站的认证结果数据库合并成一个数据库，然后通过认证子系统提供的接口文件生成功能，统一生成各企业认证汇总数接口文件。

(二)抄报税环节

具体操作按规定的流程处理。

(三)申报环节

1.申报资料要求

增值税一般纳税人进行申报纳税时,必须按照申报要求详细填写申报表及其附表资料,并按照主管税务机关的要求报送申报表、附表资料及其他相关资料,实行电子申报方式的还需报送相应的磁介质。

2.申报、对比

在处理纳税人申报时,增加如下比对规则:

(1)销项:

申报的防伪税控系统开具的销项发票总金额=报税系统“正常发票金额”；

申报的防伪税控系统开具的销项发票总税额=报税系统“正常发票税额”

(2)进项：

申报的防伪税控系统开具的进项发票总金额≤认证系统“认证相符发票金额”；

申报的防伪税控系统开具的进项发票总税额≤认证系统“认证相符发票税额”

比对结果(相符或不符)必须记录，并可以查询打印。

(2003年7月14日　国税办发〔2003〕34号)

一、根据《企业财务会计报告条例》(国务院令287号)第十九条规定：“企业应当按照有关法律、行政法规和本条例规定的结账日进行结账，不得提前或者延迟。年度结账日为公立年度每年的12月31日，半年度、季度、月度结账日分别为公立年度每半年、每季、每月的最后一天”，凡结账日与该条例规定不符的纳税人，税务机关应责令其限期按照该条例规定计算当月销项税额。

二、企业在当月填报的专用发票抵扣数必须是上月收到并经认证的专用发票抵扣联税额汇总数。这些发票应在上月10日至30日内到税务机关认证。如果在当月申报期内认证的，也应是上月收到的发票。认证窗口或纳税申报窗口工作人员在办理纳税人认证时，要注意这一点。

三、对“票表稽核”比对不符问题处理办法

通过“票表稽核”发现纳税人申报异常，这是“一窗式”管理的成效。发现异常，要及时查明原因，并视不同情况处理。

(一)关于纳税人操作开票子系统作废不成功，造成申报数据小于防伪税控报税数据的问题，即纳税人当月只对纸质专用发票进行了作废处理，但对开票系统中的电子发票未执行作废操作或操作不成功，从而造成当月申报数据小于防伪税控报税数据。对于这种情况，税务机关要告诉纳税人如何进行作废操作，以免出现差错。纳税人在填写申报表时,必须自己核对IC卡记录数据,如有作废发票,而又不会对电子发票进行作废操作,申报数小于IC卡数时,在申报时应附上“说明”。纳税人对于因客观原因,出现“两个比对数字”不符时,都应附上“说明”。对于开票系统中发票存根联未执行作废操作或作废不成功的,税务机关应进行登记,并受理纳税申报。次月纳税人按照开具红字专用发票的方式在开票系统中开具负数发票,由此出现当月申报数据大于防伪税控报税数据,税务机关应当与上期所记录的情况进行核对,核对相符后受理纳税申报;核对不符的退回纳税人调整相符后重报。

(二)关于纳税人结账日与防伪税控开票子系统报税区间不符,造成报税数据与申报数据不符问题。企业结账日必须按《企业财务会计报告条例》规定确定。在受理申报时发现不符的纳税人,税务机关应责令其在下月申报时必须改正。在下月办理其申报纳税时,如果又发现因这个问题造成比对不符,应将纳税申报退回纳税人,责令其按照规定的结账日调整销项税额后重新进行纳税申报,并要按《征管法》的有关规定进行处罚。

(三)对于“票表稽核”不符的“异常”申报,在法定纳税申报期限内能够修改完成的,可以由纳税人修改后重新申报。在法定纳税申报期限内来不及修改完成的(如月上旬最后1、2天来申报的),可先行受理其纳税申报,同时责令其限期将差额部分补报。对因此而导致逾期申报的,凡有正当理由的,税务机关可不予处罚。

四、为了金税工程增值税征管信息系统运行的安全,总局已多次发文通知各级税务机关不得擅自开发与金税工程增值税征管信息系统有关的软件,尤其是不得擅自开发网上抄报税软件,凡已开发的必须停止开发,但目前仍有少数地方的税务机关尚未停止开发网上抄报税软件。总局再次重申这一规定,要求凡开发网上抄报税软件的地方必须立即停止开发,已开发并投入使用的必须立即停止使用。对于在接到本通知后仍开发网上抄报税软件和继续使用此类软件的税务机关,总局将追究责任,严肃处理。

五、已实现利用互联网向税务机关报送纳税申报的地方,为方

便纳税人了解申报结果,有问题能及时处理,其"票表稽核"工作应在纳税人到税务局办税服务厅纳税申报窗口办理防伪税控IC卡抄报税时，直接由受理纳税申报包括抄报税的工作人员办理，一般不要放在后台办理。对于利用互联网向税务机关报送纳税申报的纳税人,可以在每月征期内进行防伪税控IC卡报税前的任何时间内向税务机关报送纳税申报电子信息。税务征收单位纳税申报受理人员在接受纳税人防伪税控IC卡抄报税时，应当与已通过互联网报送的纳税申报表进行"票表稽核",比对审核相符的,即办理纳税申报;比对不符的即查问原因并做处理,或转"比对异常处理"窗口处理。要沟通前后台信息,使"申报纳税(抄报税)"窗口工作人员通过由电脑终端可读取纳税人网上申报的资料。

六、税务征收单位纳税申报受理人员在接受纳税人的申报资料及抄报税、认证资料后,不仅要在申报窗口进行"票表稽核"工作,还应当在申报窗口进行纳税申报表栏次关系的必要的逻辑审核工作,不得将逻辑关系审核工作放在后台进行。对逻辑关系不符的,应当退回纳税人重新填写。

七、为了有利于各级税务机关集中精力做好"一窗式"管理工作,对于因为培训工作跟不上或者征管软件税务端接收功能还未修改完成，目前还没有推行新的增值税纳税申报办法的地区,可以根据本地区情况适当延迟实施,待各方面准备就绪时再正式使用新的增值税纳税申报办法,最迟不超过年底。在实行新增值税纳税申报办法前，增值税一般纳税人仍按原申报办法申报纳税，对原申报表或附表,只要列明专用发票销项总额和经认证的专用发票抵扣总数,能进行总数比对即可。对于已让企业按新表申报,而税务端接收软件尚未修改的,要尽快修改,能接收新表,尽量不要让纳税人同时报新旧两套表。

八、目前,有些地区实行纳税人先缴税,再进行纳税申报的制度,这种作法不符合纳税申报管理的基本要求,不利于加强增值税征管,也给税务机关和纳税人均造成不便。因此,凡实行先缴税后申报的地区,必须尽快改为按照纳税人先进行纳税申报,经比对审核后再缴税的制度申报纳税。

九、税务机关要认真分析近两月实施“一窗式”管理的情况，对于“比对异常”问题，凡属纳税人填报差错的，都要及时告诉纳税人改正，并要举一反三，使其他纳税人也能注意正确申报。要进一步搞好对增值税一般纳税人的辅导工作。不仅要在办税服务厅张贴公告，更重要的是事先向每一个纳税人发放详细的宣传辅导材料。要向纳税人讲明如何进行纳税申报，应该包括哪些资料，如何真实填写纳税申报表，纳税申报表中有关数字的逻辑关系，申报表的比对项目与认证数和抄报税数的钩稽关系，如何处理作废票、红字票、负数票等特殊问题，实行网上申报或磁盘申报的纳税人如何办理申报纳税等等，方便纳税人准确申报纳税（包括抄报税和认证），以免发生差错。

（2003年8月9日　国税函〔2003〕962号）

增值税一般纳税人纳税申报“一窗式”管理操作规程

一、为加强增值税一般纳税人（以下简称纳税人）征收管理，规范纳税申报“一窗式”管理（以下简称“一窗式”管理）操作，提高工作效率，优化纳税服务，根据《中华人民共和国税收征收管理法》和《中华人民共和国增值税暂行条例》等有关税收法律、法规规定，制定本规程。

二、“一窗式”管理是税务机关以信息化为依托，通过优化整合现有征管信息资源，统一在办税大厅的申报征收窗口，受理增值税一般纳税人纳税申报（包括受理增值税专用发票抵扣联认证、纳税申报和IC卡报税），进行票表税比对，比对结果处理等工作。

三、“一窗式”管理一律实行“一窗一人一机”模式。基本流程为：增值税专用发票（以下简称专用发票）抵扣联认证、纳税申报（以下简称申报）受理、IC卡报税、票表税比对及结果处理。

四、地市级以上税务机关增值税管理部门负责“一窗式”管理业务的指导、监督；区县级税务机关增值税管理部门负责“一窗式”管理业务的组织实施。

五、税务机关办税大厅应设置申报征收岗、异常情况处理岗和复核岗，具体负责“一窗式”管理各项工作的实施。其中：申报征收岗、异常情况处理岗为前台岗位，复核岗位为后台岗位。复核岗位人员不得兼任申报征收岗位工作和异常情况处理岗位工作。

六、申报征收岗位主要负责纳税人专用发票抵扣联认证、纳税申报受理、IC卡报税和票表税比对等工作。

七、异常情况处理岗位主要负责申报、比对异常情况的核实及结果处理等工作。

八、复核岗位主要负责对申报征收岗位和异常情况处理岗位人员工作的监督考核、比对结果处理的复核及向纳税评估或稽查部门的转办等工作。

九、纳税人办理增值税纳税申报时，应提供以下资料：

(一)《增值税纳税申报表(适用于增值税一般纳税人)》及《增值税纳税申报表附列资料(表一)、(表二)》。

(二)《资产负债表》和《损益表》。

(三)税控IC卡(使用小容量税控IC卡的企业还需要持有报税数据软盘)。

(四)加盖开户银行“转讫”或“现金收讫”章的《中华人民共和国税收通用缴款书》或经主管税务机关受理的延期缴纳税款文书。

(五)《成品油购销存情况明细表》和加油IC卡、《成品油购销存数量明细表》。

(六)《增值税运输发票抵扣清单》。

(七)《海关完税凭证抵扣清单》。

(八)《废旧物资发票开具清单》。

(九)《废旧物资发票抵扣清单》。

(十)《代开发票抵扣清单》

(十一)主管税务机关要求报送的其他资料。

以上第(一)、(二)项为所有纳税人必报资料。除此之外，纳入防伪税控系统管理的纳税人须报送第(三)项资料；未实行“税库银联网”且当期有应纳税款的纳税人须报送第（四）项资料；第(五)至第(十一)项为当期发生该项业务的纳税人必报资料。

十、申报征收岗位人员应当于每一个工作日(包括征期)受理纳税人专用发票抵扣联的认证。

十一、认证是指税务机关对纳税人取得的防伪税控系统开具的专用发票抵扣联，利用扫描仪自动采集其密文和明文图像，运用识别技术将图像转换成电子数据，然后对发票密文进行解密，并与发票明文逐一核对，以判别其真伪的过程。

认证按其方法可分为远程认证和上门认证。远程认证由纳税人自行扫描、识别专用发票抵扣联票面信息，生成电子数据，通过网络传输至税务机关，由税务机关完成解密和认证，并将认证结果信息返回纳税人的认证方式。上门认证是指纳税人携带专用发票抵扣联(或电子信息)等资料，到税务机关申报征收窗口进行认证的方式。

纳税人报送的专用发票抵扣联，如果已污损、褶皱、揉搓，致使无法认证的，可允许纳税人用相应的其他联次进行认证（采集）。

十二、认证完成后，申报征收岗位人员根据认证结果分以下情况进行处理：

(一)无法认证、纳税人识别号认证不符合发票代码号码认证不符(指密文和明文相比较，发票代码或号码不符)的发票，将发票原件退还纳税人；

(二)密文有误、认证不符(不包括纳税人识别号认证不符合发票代码号码认证不符)和抵扣联重号的发票，对上门认证的，必须当即扣留；对远程认证结果为“认证未通过”的专用发票抵扣联，应在发现的当日通知纳税人于2日内持专用发票抵扣联原件到税务机关再次认证，对仍认证不符的或密文有误的专用发票，必须当即扣留。

对于扣留的专用发票，申报征收岗位人员应填写《增值税专用发票抵扣联扣押收据》(附件六)，交纳税人作为扣留凭证，同时填写《认证不符或密文有误专用发票转办单》(附件七)，与扣留的

专用发票及相关电子信息即时传递至复核岗位。

复核岗位审核受理申报征收岗位转交的《认证不符或密文有误专用发票转办单》,与扣留的专用发票抵扣联原件及电子数据,转稽查部门。

十三、纳税人当月申报抵扣的专用发票抵扣联,应在申报所属期内完成认证。

十四、申报征收岗位人员应在征收期内受理纳税人纳税申报工作。

十五、纳税申报分为远程申报和上门申报。远程申报是指纳税人借助于网络、电话或其他手段,将申报资料传输至税务机关进行申报的一种方式;上门申报是指纳税人携带申报资料,直接到申报征收窗口进行申报的一种方式。

十六、申报征收岗位人员在受理纳税人纳税申报时,应对纳税人报送的资料的完整性及逻辑关系进行审核。资料齐全且逻辑关系相符的,接受申报,资料不全或逻辑关系不符的,应及时告知纳税人并要求其重新申报或调整申报。

对实行远程申报的纳税人,申报征收岗位人员可直接调阅其远程报送的电子信息进行审核;对通过介质实行上门申报方式的纳税人,申报征收岗位人员可直接读取纳税人报送的电子信息进行审核;对通过纸质实行上门申报方式的纳税人,申报征收岗位人员可直接审核其纸质资料。

十七、对逾期申报的纳税人,申报受理岗位人员应区分以下情况处理:

(一)有主管税务机关同意其延期申报审批文书的,申报受理岗位人员按本规程第十六条规定受理其纳税申报。

(二)未持有主管税务机关同意其延期申报审批文书的,申报受理岗位人员先按相关规定进行处罚,再按本规程第十六条规定受理其纳税申报。

十八、纳税人纳税申报成功后,申报征收岗位人员应当确认税款是否入库:

(一)实行"税银联网"或"税库银联网"的,申报征收岗位人员按接收到商业银行或国库传来的划款信息确定税款的入库。

(二)未实行"税银联网"或"税库银联网"的,申报征收岗位人员根据纳税人报送的加盖开户银行"现金收讫"或"转讫"章的《中华人民共和国税收通用缴款书》确认税款的入库。

纳税人当期没有应纳税款的,不必确认税款入库。

十九、复核岗位人员在申报期内按日核对已申报纳税人的税款入库情况。对未申报或者已申报但税款未能入库的纳税人,通知税源管理部门。

二十、纳税人应在纳税申报期内持载有报税数据的税控IC卡,向申报征收岗位报税;使用小容量税控IC卡的企业还需要持有报税数据软盘进行报税。

二十一、申报征收岗位人员采集专用发票销项数据时,通过报税子系统,对使用DOS版开票子系统的纳税人报送的软盘数据和IC卡数据进行核对,一致的,存入报税子系统;不一致的,按以下原则处理:

(一)因纳税人硬盘损坏等原因造成软盘中专用发票份数小于IC卡的,必须要求纳税人提供当月开具的全部专用发票,通过认证子系统进行扫描补录,并经过报税子系统中的"非常规报税/存根联补录补报"采集。

(二)因纳税人更换金税卡等原因造成软盘中专用发票份数大于IC卡(不含IC卡为零的情况)的,其软盘中所含专用发票销项明细数据可经过"非常规报税/软盘补报"采集,但当月必须查明产生此种不一致情况的原因并采取措施解决。

(三)因纳税人计算机型号不匹配造成IC卡中专用发票销项数据为零的,根据系统提示,其软盘数据存入报税子系统或要求纳税人持专用发票到征收机关通过认证子系统进行扫描补录,并经过报税子系统中的"非常规报税/存根联补录补报"采集。

(四)申报征收岗位人员因纳税人软盘质量问题致使无法采集专用发票销项数据的,须要求纳税人重新报送软盘。

二十二、申报征收岗位人员对使用Windows版开票子系统的纳税人的报税进行审核,一致的,存入报税系统;对因更换金税卡

或硬盘损坏等原因,不能报税的,区别不同情况处理:

(一)因纳税人更换金税卡等原因造成纳税人实际开具专用发票份数大于IC卡的,应要求纳税人提供当月开具的全部专用发票,通过认证子系统进行扫描补录,并经过报税子系统的"非常规报税/存根联补录补报"采集;如扫描补录有困难的,可以通过纳税人开票子系统传出报税软盘,并经过报税子系统的"非常规报税/软盘补报"采集。

(二)因纳税人硬盘、金税卡同时损坏等原因不能报税的,纳税人必须提供当月开具的全部专用发票,通过认证子系统进行扫描补录,并经过报税子系统的"非常规报税/存根联补录补报"采集。

二十三、纳税申报期结束后,申报征收岗位人员必须运用报税子系统查询未报税纳税人名单,并要求其限期报税,以便采集专用发票销项数据;在专用发票销项数据传入稽核系统前,对逾期来报税的纳税人,可经过报税子系统中的"非常规报税/逾期报税"采集。

申报征收岗位人员对上月漏采的专用发票销项数据,必须经过"非常规报税/逾期报税"采集。对注销或取消增值税一般纳税人资格的纳税人当月开具的专用发票销项数据,经过"非常规报税/注销一般纳税人资格纳税人报税"采集。

二十四、实行上门申报且纳入防伪税控系统管理的纳税人,申报和报税应同时进行;实行远程申报且纳入防伪税控系统管理的纳税人,须在申报资料报送成功后,再到申报征收窗口报税。

未纳入防伪税控系统管理的纳税人不必进行税控IC卡报税。

二十五、申报征收岗位人员完成专用发票销项数据采集工作后,税控IC卡暂不解锁,应操作"一窗式"票表税比对软件进行比对。

二十六、票表税比对包括票表比对和表税比对。票表比对是指申报征收岗位人员利用认证系统、报税系统及其他系统采集的增值税进、销项数据与纳税申报表及附列资料表中的对应数据进行比对;表税比对是指利用申报表应纳税款与当期入库税款进行比对。

二十七、对纳入防伪税控系统管理的纳税人,票表税比对工作应在税控IC卡报税成功后即时进行;实行上门申报且没有纳入防伪税控系统管理的纳税人,票表税比对工作在受理申报时同时进行; 实行远程申报且没有纳入防伪税控系统管理的纳税人,票表税比对工作应在其申报后及时进行。

二十八、票表税比对内容

(一)销项比对

用防伪税控报税系统采集的专用发票销项金额、税额汇总数与《增值税纳税申报表附列资料(表一)》中第1、8、15栏"小计"项合计的销售额、税额数据比对,二者的逻辑关系必须相等。

(二)进项比对

1.非辅导期内一般纳税人的进项票表比对内容

(1) 用防伪税控认证系统采集的专用发票抵扣联进项金额、税额汇总数与《增值税纳税申报表附列资料(表二)》中第2栏"本期认证相符且本期申报抵扣"中所填列的进项金额、税额汇总数比对,二者的逻辑关系是认证系统采集的进项信息必须大于或等于申报资料中所填列的进项数据。

(2)用《增值税运输发票抵扣清单》中"合计"栏"允许计算抵扣的运费金额、计算抵扣的进项税额"项数据与《增值税纳税申报表附列资料(表二)》中第8栏"运费发票"的"金额、税额"项数据比对,二者的逻辑关系必须相等。

(3)用《海关完税凭证抵扣清单》中的"税款金额"栏汇总数与《增值税纳税申报表附列资料(表二)》中第5栏"海关完税凭证"的"税额"项汇总数比对,二者的逻辑关系必须相等。

(4)用《废旧物资发票抵扣清单》中"发票金额"栏"计算抵扣税额"项汇总数与《增值税纳税申报表附列资料(表二)》中第7栏"废旧物资发票"的"金额、税额"栏汇总数比对,二者的逻辑关系必须相等。

(5)用《废旧物资发票开具清单》"发票金额"栏"合计"项数据与《增值税纳税申报表附列资料(表一)》中第16栏"免税货物销售

额"项数据比对,二者的逻辑关系是《废旧物资发票开具清单》的金额数据小于或等于申报资料中所填列的上述数据。

(6)用《代开发票抵扣清单》"金额"、"税额"栏"合计"项数据与《增值税纳税申报表附列资料(表二)》第9、10项"金额"、"税额"栏数据比对,二者的逻辑关系必须相等。

2.辅导期内一般纳税人票表比对内容

(1)审核《增值税纳税申报表》附表二第3栏份数、金额、税额是否分别等于或小于当期稽核系统比对相符合协查后允许抵扣的专用发票抵扣联数据。

(2)审核《增值税纳税申报表》附表二第5栏份数、金额、税额是否分别等于或小于当期稽核系统比对相符合协查后允许抵扣的海关完税凭证的数据。

(3)审核《增值税纳税申报表》附表二第7栏份数、金额、税额是否分别等于或小于当期稽核系统比对相符合协查后允许抵扣的废旧物资发票的数据。

(4)审核《增值税纳税申报表》附表二第8栏份数、金额、税额是否分别等于或小于当期稽核系统比对相符合协查后允许抵扣的运费发票的数据。

(5)审核《增值税纳税申报表》附表二第9、10栏份数、金额、税额是否分别等于或小于当期稽核系统比对相符合协查后允许抵扣的代开发票的数据。

(三)税款比对

用《增值税纳税申报表》第24栏"应纳税额合计"数据与税款所属期为同期的已缴纳税款总额比对,二者的逻辑关系是"应纳税额合计"小于或等于已缴纳税款总额。

二十九、票表税比对结果处理

(一)票表税比对逻辑关系相符的,"一窗式"票表税比对软件自动对税控IC卡解锁;票表税比对逻辑关系不符的,申报征收岗位应立即移交给异常情况处理岗位处理。

(二)异常情况处理岗位按照《"一窗式"票表税比对异常类型及处理方式分类表》(附件二)明确的异常情况、问题类型、核实方法及处理方式进行对照,情况相符的,解除异常,操作“一窗式”票表税比对软件对税控IC卡解锁;情况不符的,不得对税控IC卡解锁,填制《比对异常转办单》(附件三,下同)移交复核岗位。

(三)复核岗位人员根据《比对异常转办单》所列内容进行复核,审核无误的在《比对异常转办单》签署转办意见转交税源管理部门。

(四)税源管理部门接收《比对异常转办单》后,采取案头分析、约谈举证、实地调查等方式进行核实。经核实可以解除异常的,在《比对异常转办单》签署“解除异常,同意对IC卡解锁”意见后,移交复核岗位;核实后仍不能解除异常的,在《比对异常转办单》签署“移送稽查”意见后,移交稽查部门处理。

(五)稽查部门接到《比对异常转办单》后,实施税务稽查。经查处可以解除异常的,在《比对异常转办单》签署“解除异常,同意对税控IC卡解锁”意见后转交税源管理部门,税源管理部门再转交复核岗位。

(六)复核岗位接到税源管理部门签署“解除异常,同意对税控IC卡解锁”意见的《比对异常转办单》后,通知异常情况处理岗位操作一窗式票表税比对软件对税控IC卡解锁。

三十、在申报期结束的当日,复核岗位应及时将比对结果转交税源管理部门。对其中未票表税比对的纳税人还应填制《未票表税比对纳税人清单》(附件五)一并移交。

三十一、复核岗位人员根据票表税比对系统自动生成的《比对异常纳税人清单》(附件四),并监督核实申报征收岗位和异常情况处理岗位工作人员是否存在违规处理的问题。

三十二、每月申报期结束次日,填写《比对异常和处理结果统计表》(附件八),并报送增值税管理部门。

三十三、本规程自2005年1月1日起实施。凡以前规定与本规程相抵触的,以本规程为准。

附件:

1.“一窗式”管理工作流程图

2.“一窗式”票表税比对异常类型及处理方式分类表

3.比对异常转办单

4.比对异常纳税人清单

5.未票表税比对纳税人清单

6.增值税专用发票抵扣联扣押收据

7.认证不符或密文有误专用发票转办单

8.比对异常和处理结果统计表

附件一：

“一窗式”管理工作流程图

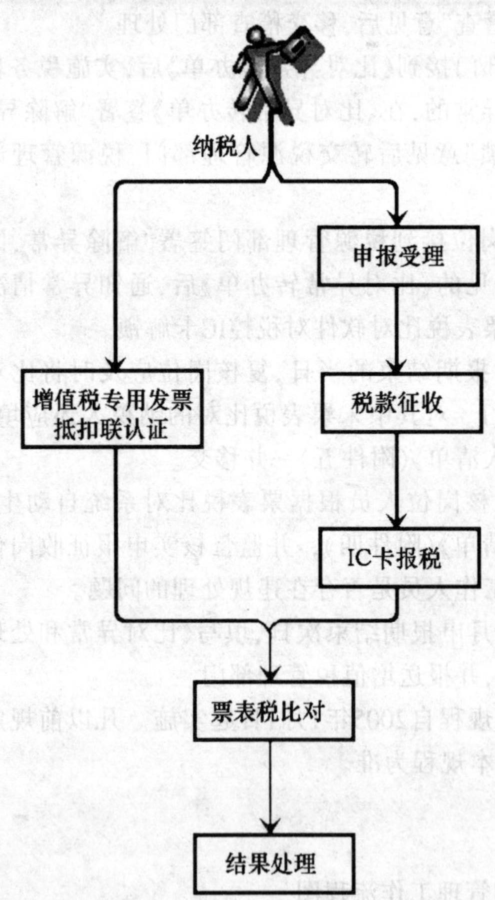

附件二

"一窗式"票表税比对异常类型及处理方式分类表

异常类型	序号	异常结果	异常情况描述	核实方法及处理意见
一、政策或软件功能缺陷等原因	1	进、销项比对不符	由于系统设置原因,造成申报表"防伪税控系统开具专用发票金额"栏数据与报税系统采集的"销项金额"或认证系统采集的认证相符的发票金额与申报表"本期认证且本期抵扣"栏数据有几分几角甚至几元的差异 (四舍五入问题)。	经核实专用发票份数相符做解锁处理,专用发票份数不符交复核岗转税源管理部门
	2	进、销项比对不符	实行预征或汇总缴纳增值税的纳税人 (如电力企业),由于抄报税或专用发票认证地点与中报地不在一地,导致比对不符。	经核实是分支机构预征单位或总机构汇总缴纳单位的做解锁处理,不是分支机构预征单位或总机构汇总缴纳单位的交复核岗转税源管理部门
	3	进、销项比对不符	延期申报。	经核实有延期申报的审批文书的做解锁处理,没有延期申报的审批文书的交复核岗转税源管理部门
	4	销项比对不符	纳税人进料加工复出转售开具专用发票,但无须申报销项税造成比对异常。	经核实纳税人进料加工复出u转售业务属实的做解锁处理,纳税人进料加工复出口转售业务不属实的交复核岗转税源管理部门

续表

异常类型	序号	异常结果	异常情况描述	核实方法及处理意见
二、纳税人误填、误报或其他技术原因且不需调整应纳税额	1	销项比对不符	纳税人将非防伪税控开具的号用发票误填入“本期开具的防伪税控发票金额”栏中,造成比对不符。	经核实为误填的退纳税人修改后重新申报,不是误填的交复核岗转税源管理部门
	2	进项比对不符	纳税人将非税控发票(如:运输发票.海关代征等)抵扣税额误填入“本期认证相符且本期申报抵扣”栏,造成比对不符。	经核实为误填的退纳税人修改后重新申报,不是误填的交复核岗转税源管理部门
三、特殊原因	1	销项比对不符	企业未在防伪税控开票系统中作废专用发票,但纸质发票已作废。	经核实情况属实的做解锁处理,情况不属实的交复核岗转税源管理部门
	2	销项比对不符	防伪税控系统误作废,而纸质专用发票未作废,企业申报防伪税控系统开具专用发票税额与报税系统采集的销项税额不符。	经核实情况属实的做解锁处理,情况不属实的交复核岗转税源管理部门
	3	进项比对不符	纳税人在前期发生进货退出已作进项税转出处理,本期取得了红字专用票并进行认证。	核实销货退同和索取折让证明单、进项税转出情况是否属实,若属实做解锁处理,爪属实交复核岗转税源管理部门
	4	销项比对不符	企业上月底开具专用发票后,没有将防伪税控系统开票系统及时关闭,次月1日开票时,系统仍默认上月开票。	经核实情况属实的做解锁处理,情况不属实的交复核岗转税源管理部门

续表

异常类型	序号	异常结果	异常情况描述	核实方法及处理意见
三、特殊原因	5	销项比对不符	个别企业防伪税控开票系统的会计区间与会计结算时间不一致，导致防伪税控系统开具发票税额与撤税系统采集的销项税额不符。	经核实情况属实的做解锁处理.同时要求纳税人修改申报表数据，并纠正纳税人的会计结账时间，情况不属实的交复核岗转税源管理部门
	6	销项比对不符	纳税人前期已申报交税，但未开具争用发票，在本期补开专用发票并抄报税(分期收款发出商品核算方式问题)。	经核实情况属实的做解锁处理，情况不属实的交复核岗转税源管理部门
四、非增值税发票比对	1	进项比对不符	《增值税运输发票抵扣清单》与《增值税纳税申报表附列资料(表二)》比对小符	经核实为误填的退纳税人修改后重新申报，不是误填的交复核岗转税源管理部门
	2	进项比对不符	《海关完税凭证抵扣清单》与《增值税纳税申报表附列资料(表二)》比对不符	经核实为误填的退纳税人修改后重新申报，不是误填的交复核岗转税源管理部门
	3	进项比对不符	《废旧物资发票抵扣清单》与《增值税纳税申报表附列资料(表二)》比对不符	经核实为误填的退纳税人修改后重新申报，不是误填的交复核岗转税源管理部门
	4	进项比对不符	《代开发票抵扣清单》与《增值税纳税申报表附列资料(表二)》比对不符	经核实为误填的退纳税人修改后重新申报，不是误填的交复核岗转税源管理部门
	5	销项比对不符	《废旧物资发票开具清单》与《增值税纳税申报表附列资料(表一)》比对不符	经核实为误填的退纳税人修改后重新申报，不是误填的交复核岗转税源管理部门

续表

异常类型	序号	异常结果	异常情况描述	核实方法及处理意见
五、表税比对不符	4	表税比对不符	未提供《税收通用缴款书》或"税银联网"、"税库银联网"划款不成功	经核实有缓缴税款受理文书的做解锁处理，没有缓缴税款受理文书的交复核岗转税源管理部门
六、违反税收规定	1	进项比对不符	1、纳税人将申报期内认证的专用发票进项税额在当期进行了抵扣;2、重复抵扣进项税;3、当期认证当期未申报抵扣，而在以后月份申报抵扣。	交复核岗转税源管理部门
	2	进项比对不符	纳税人将来经认证的防伪税控争用发票申报抵扣了进项税。	交复核岗转税源管理部门
七、未票表比对	1	未票表比对	未申报、未报税导致的未票表比对	交复核岗转税源管理部门

附件三：

编号：

比对异常转办单

<table>
<tr><td>纳税人识别号</td><td></td><td>纳税人名称</td><td></td></tr>
<tr><td>异常处理岗位</td><td colspan="3">异常原因：
经办人：
年　月　日</td></tr>
<tr><td>复核岗位</td><td colspan="3">处理意见：
(单位签章)
复核人签字：　年　月　日</td></tr>
<tr><td>税源管理部门</td><td colspan="3">处理意见：
(单位签章)
年　月　日</td></tr>
<tr><td>稽查部门</td><td colspan="3">处理意见：
(单位签章)
年　月　日</td></tr>
</table>

附件四：

比对异常纳税人清单

税款所属期： 年 月

<table>
<tr><th rowspan="2">序号</th><th rowspan="2">纳税人识别号</th><th rowspan="2">纳税人名称</th><th colspan="8">异常问题</th><th colspan="2">IC卡解锁状态</th><th rowspan="2">IC卡解锁操作人员代码</th></tr>
<tr><th>类型一</th><th>类型二</th><th>类型三</th><th>类型四</th><th>类型五</th><th>类型六</th><th>类型七</th><th>其他</th><th>已解锁</th><th>未解锁</th></tr>
<tr><td></td><td></td><td></td><td></td><td></td><td></td><td></td><td></td><td></td><td></td><td></td><td></td><td></td><td></td></tr>
<tr><td></td><td></td><td></td><td></td><td></td><td></td><td></td><td></td><td></td><td></td><td></td><td></td><td></td><td></td></tr>
<tr><td></td><td></td><td></td><td></td><td></td><td></td><td></td><td></td><td></td><td></td><td></td><td></td><td></td><td></td></tr>
</table>

制表人： 年 月 日

本表一式两份，异常处理岗操作员、复核岗各一份。

附件五：

未票表税比对纳税人清单

税款所属期：

<table>
<tr><th rowspan="2">序号</th><th rowspan="2">纳税人识别号</th><th rowspan="2">纳税人名称</th><th colspan="2">未票表税比对原因</th></tr>
<tr><th>未申报</th><th>未报税</th></tr>
<tr><td></td><td></td><td></td><td></td><td></td></tr>
<tr><td></td><td></td><td></td><td></td><td></td></tr>
</table>

制表人： 年 月 日

本表一式两份，申报大厅、纳税评估部门各一份。

附件六：

增值税专用发票抵扣联扣押收据

(　)国税票收字[　]第号

____________________：

你单位取得的如下增值税专用发票(共　份),在认证时存在认证不符、密文有误问题,根据《中华人民共和国税收征收管理法》和有关税收法规规章的规定,现予以扣押并实施检查。扣押的增值税专用发票抵扣联明细如下：

序号	发票代码	发票号码	扣押原因

认证人员签字：

(税务机关签章)

年　　月　　日

附件七：

编号：

认证不符或密文有误专用发票转办单

(稽查局名称)：

在增值税专用发票认证过程中，发现______(纳税人名称)_____取得的_____份增值税专用发票有问题，其中：认证不符____份，密文有误____份，现将《认证不符或密文有误专用发票抵扣联明细表》、增值税专用发票抵扣联复印件及电子数据移交你局。

(单位签章)

年　　月　　日

认证不符或密文有误专用发票抵扣联明细表

序号	发票代码	发票号码	问题原因

认证人员：　　　复核岗：　　　　稽查局(接收人员)：

附件八:

比对异常和处理结果统计表

项目	行次	
应票表税比对户数	1	
已票表税比对户数	2	
票表税比对率	3=2÷1×100%	
比对异常户数	4=5+6+7+8+9	
其中:异常类型一	5	
异常类型二	6	
异常类型三	7	
异常类型四	8	
异常类型五	9	
异常类型六		
异常类型七		
其他		
比对异常率	10=4÷1×100%	
转办户数	11	

制表人: 年 月 日

本表一式两份,申报大厅、增值税管理部门各一份。

(2005年4月13日 国税发[2005]61号)

为加强增值税征收管理,总局决定除商业零售以外的增值税一般纳税人将通过防伪税控系统开具增值税普通发票,商业零售增值税一般纳税人和小规模纳税人使用税控收款机开具普通发票,增值税普通发票将实行“一窗式”票表比对。为满足增值税普通发票“一窗式”管理,总局重新修订了增值税小规模纳税人申报表(详见附件1),同时制定了《增值税普通发票“一窗式”票表比对相关事项》(详见附件2),现印发给你们。

为实现增值税普通发票“一窗式”票表比对功能,总局正在抓紧进行综合征管软件、防伪税控系统和税控收款机管理系统的修改完善工作,并将统一组织实施软件升级工作。凡自行开发税收征管软件的地区,应根据以上要求制定相应的技术实现方案,积极稳妥地做好增值税普通发票“一窗式”票表比对运行前的各项准备工作。如发现问题,及时向总局报告。

附件:1.增值税纳税申报表(适用于小规模纳税人)

2.增值税普通发票“一窗式”票表比对相关事项

附件1:

增值税纳税申报表

填表说明

一、本申报表适用于增值税小规模纳税人(以下简称纳税人)填报。纳税人销售使用过的固定资产、销售免税货物或提供免税劳务的,也使用本表。

二、具体项目填写说明:

(一)本表“税款所属期”是指纳税人申报的增值税应纳税额的所属时间,应填写具体的起止年、月、日。

(二)本表“纳税人识别号”栏,填写税务机关为纳税人确定的识别号,即:税务登记证号码。

(三)本表“纳税人名称”栏,填写纳税人单位名称全称,不得填写简称。

(四)本表第1项“应征增值税货物及劳务不含税销售额”栏数据,填写应征增值税货物及劳务的不含税销售额,不包含销售使用过的固定资产应征增值税的不含税销售额、免税货物及劳务销售额、出口免税货物销售额、稽查查补销售额。

(五)本表第2项“税务机关代开的增值税专用发票不含税销售额”栏数据,填写税务机关代开的增值税专用发票的销售额合计。

(六)本表第3项“税控器具开具的普通发票不含税销售额”栏

数据，填写税控器具开具的应征增值税货物及劳务的普通发票金额换算的不含税销售额。

（七）本表第4项“销售使用过的应税固定资产不含税销售额”栏数据，填写销售使用过的、固定资产目录中所列的、售价超过原值的应按照4%征收率减半征收增值税的应税固定资产的不含税销售额。

（八）本表第5项“税控器具开具的普通发票不含税销售额”栏数据，填写税控器具开具的销售使用过的应税固定资产的普通发票金额换算的不含税销售额。

（九）本表第6项“免税货物及劳务销售额”栏数据，填写销售免征增值税货物及劳务的销售额，包括销售使用过的、固定资产目录中所列的、售价未超过原值的固定资产的销售额。

（十）本表第7项“税控器具开具的普通发票销售额”栏数据，填写税控器具开具的销售免征增值税货物及劳务的普通发票金额。

（十一）本表第8项“出口免税货物销售额”栏数据，填写出口免税货物的销售额。

（十二）本表第9项“税控器具开具的普通发票销售额”栏数据，填写税控器具开具的出口免税货物的普通发票金额。

（十三）本表第10项“本期应纳税额”栏数据，填写本期按征收率计算缴纳的应纳税额。

（十四）本表第11项“本期应纳税额减征额”栏数据，填写数据是根据相关的增值税优惠政策计算的应纳税额减征额。

（十五）本表第13项“本期预缴税额”栏数据，填写纳税人本期预缴的增值税额，但不包括稽查补缴的应纳增值税额。

附件2：

增值税普通发票“一窗式”票表比对相关事项

一、利用防伪税控系统开具普通发票的“一窗式”票表比对内容

用防伪税控报税系统采集的普通发票金额、税额汇总数与《增值税纳税申报表附列资料（表一）》中第3、10、16栏“小计”项合

计的销售额、税额数据比对，二者的逻辑关系必须相等。

二、利用税控收款机开具普通发票的“一窗式”票表比对内容

(一)一般纳税人

1.申报表不含税销售额还原为含税销售额

(1)《增值税纳税申报表附列资料(表一)》中第3栏“17%税率”的“销售额”乘以(1+17%)，还原为含税销售额；

(2)将《增值税纳税申报表附列资料(表一)》中第3栏“13%税率”的“销售额”乘以(1+13%)，还原为含税销售额；

(3)将《增值税纳税申报表附列资料(表一)》中第3栏“应税劳务”的“销售额”乘以(1+17%)，还原为含税销售额；

(4)将《增值税纳税申报表附列资料(表一)》中第10栏“6%征收率”的“销售额”乘以(1+6%)，还原为含税销售额；

(5)将《增值税纳税申报表附列资料(表一)》中第10栏“4%征收率”的“销售额”乘以(1+4%)，还原为含税销售额。

2.“一窗式”比对内容

用税控收款机管理系统采集的普通发票实际开票金额(正常票金额-退票金额，下同)与上述还原含税销售额加上《增值税纳税申报表附列资料(表一)》第16栏“小计”项的销售额之和比对，二者的逻辑关系必须相等。

(二)小规模纳税人

1.申报表不含税销售额还原为含税销售额

(1)将《增值税纳税申报表(适用于小规模纳税人)》第3栏“本月数”的不含税销售额乘以(1+征收率)，还原为含税销售额；

(2)将《增值税纳税申报表(适用于小规模纳税人)》第5栏“本月数”的不含税销售额乘以(1+征收率)，还原为含税销售额。

2.“一窗式”比对内容

用税控收款机管理系统采集的普通发票实际开票金额与上述还原的含税销售额加上《增值税纳税申报表(适用于小规模纳税人)》中第7、9栏“本月数”之和比对，二者的逻辑关系必须相等。

三、增值税普通发票票表比对结果处理

对防伪税控系统开具增值税普通发票票表比对结果的处理，

按照《国家税务总局关于印发〈增值税一般纳税人纳税申报“一窗式”管理操作规程〉的通知》(国税发〔2005〕61号)的规定处理；对税控收款机开具增值税普通发票票表比对的处理，总局将另行发文。

(2005年9月8日　国税发〔2005〕141号)

一、考虑到各地税款缴纳方式尚未统一,《规程》中有关“票表税比对”工作按以下两种情况办理：

(一)已实行“税银联网”或“税库银联网”的地区,应严格按照《规程》要求进行“一窗式”票表税比对。

(二)尚未实行“税银联网”或“税库银联网”的地区,暂不进行表税比对,仅做票表比对,但主管税务机关应加强税款缴纳的跟踪管理,保证税款及时足额入库。同时应积极创造条件,抓紧推行“税银联网”或“税库银联网”缴款方式,尽快实现“一窗式”表税比对。

二、鉴于部分增值税管理规定进行了调整,现将《规程》中以下条款内容作如下修改：

(一)《规程》第九条第(十)款《代开发票抵扣清单》停止报送。

(二) 由于税务机关代开的专用发票已纳入防伪税控系统开具,因此增值税一般纳税人在填报《增值税纳税申报表附列资料(表二)》时,应将当期抵扣的税务机关代开的专用发票数据填写在“(一)认证相符的防伪税控专用发票”的相关栏次内。《规程》第二十八条第(二)款第1项中的第(6)项、第2项中的第(5)项比对内容停止执行。

(2006年9月4日　国税函〔2006〕824号)

自2006年10月1日起(税款所属期),凡使用税控器具开具增值税普通发票的增值税纳税人,征收单位在受理申报时,按照国税发〔2005〕141号文件规定的比对内容,实施增值税普通发票“一窗式”比对。

自2006年10月1日起,各地必须严格按照《增值税一般纳税人纳税申报“一窗式”管理操作规程》(国税发〔2005〕61号)规定,实

施报税IC卡新的“清零解锁”程序。

(2006年10月13日　国税函〔2006〕971号)

根据新修订的《中华人民共和国增值税暂行条例》及其实施细则，国家税务总局对《增值税一般纳税人纳税申报“一窗式”管理操作规程》(国税发〔2005〕61号印发)有关事项进行了调整，现将有关事宜通知如下：

一、第九条第(八)款“《废旧物资发票开具清单》”、第(十)款《代开发票抵扣清单》停止报送。

二、自2009年5月1日起第九条第(九)款“《废旧物资发票抵扣清单》”停止报送。

三、第二十八条第(一)项比对内容调整为：用防伪税控报税系统和机动车销售统一发票税控系统采集的专用发票、机动车销售统一发票金额、税额汇总数分别与《增值税纳税申报表附列资料(表一)》中第1、8、15栏“小计”项合计的销售额、税额数据比对，二者的逻辑关系必须相等。

四、第二十八条第(二)款第1项中(1)的比对内容调整为：用防伪税控认证系统和机动车销售统一发票认证系统采集的专用发票抵扣联和机动车销售统一发票抵扣联金额、税额汇总数分别与《增值税纳税申报表附列资料(表二)》中第2栏“本期认证相符且本期申报抵扣”中所填列的进项金额、税额栏数据比对，二者的逻辑关系是认证系统采集的税额信息必须大于或等于申报资料中所填列的进项数据。

五、取消第二十八条第(二)款第1项中(5)、(6)的比对内容；自2009年5月1日起取消第二十八条第(二)款第1项中(4)的比对内容。

六、取消第二十八条第(二)款第2项中(3)、(5)的比对内容。

七、取消附件2“异常类型”第四类中3、4、5项内容。

八、增加“红字增值税专用发票通知单”比对内容。《增值税纳税申报表附列资料(表二)》第21栏“税额”与红字增值税专用发票通知单管理系统“开具红字增值税专用发票通知单”中“需要作进项税额转出”的税额比对,二者逻辑关系必须相等。

九、主管税务机关在受理辅导期纳税人纳税申报时,按照以下要求进行“一窗式”票表比对:

(一)审核《增值税纳税申报表》附表二第3栏份数、金额、税额是否等于或小于当期稽核系统比对相符合核查后允许抵扣的专用发票抵扣联和机动车销售统一发票抵扣联数据。

(二)审核《增值税纳税申报表》附表二第5栏“海关进口增值税专用缴款书”份数、金额、税额是否等于或小于当期稽核系统比对相符合核查后允许抵扣的海关进口增值税专用缴款书之和。

(三)审核《增值税纳税申报表》附表二第8栏“运输费用结算单据”份数、金额、税额是否等于或小于当期稽核系统比对相符合核查后允许抵扣的运输费用结算单据之和。

十、2009年1月征期仍使用现行增值税纳税申报“一窗式”票表比对规定,调整后的增值税纳税申报“一窗式”票表比对规定自2009年2月1日起执行。

(2008年12月30日　国税函〔2008〕1074号)

9.3　增值税专用发票红字发票开具管理系统

增值税一般纳税人发生销售货物、提供应税劳务开具增值税专用发票后,如发生销货退回、销售折让以及原蓝字专用发票填开错误等情况,视不同情况分别按以下办法处理:

(一)销货方如果在开具蓝字专用发票的当月收到购货方退回的发票联和抵扣联,而且尚未将记账联作账务处理,可对原蓝字专用发票进行作废。即在发票联、抵扣联连同对应的存根联、记账联上注明“作废”字样,并依次粘贴在存根联后面,同时对防伪税控开票子系统的原开票电子信息进行作废处理。如果销货方已将记账联作账务处理,则必须通过防伪税控系统开具负数专用发票作为扣减销项税额的凭证,不得作废已开具的蓝字专用发票,也不得以红字普通发票作为扣减销项税额的凭证。

销货方如果在开具蓝字专用发票的次月及以后收到购货方退回的发票联和抵扣联,不论是否已将记账联作账务处理,一律通过防伪税控系统开具负数专用发票扣减销项税额的凭证,不得作废已开具的蓝字专用发票,也不得以红字普通发票作为扣减销项税额的凭证。

(二)因购货方无法退回专用发票的发票联和抵扣联,销货方收到购货方当地主管税务机关开具的《进货退出或索取折让证明单》的,一律通过防伪税控系统开具负数专用发票作为扣减销项税额的凭证,不得作废已开具的蓝字专用发票,也不得以红字普通发票作为扣减销项税额的凭证。

(2003年8月19日　国税函〔2003〕962号)

纳税人销售货物并向购买方开具增值税专用发票后,由于购货方在一定时期内累计购买货物达到一定数量,或者由于市场价格下降等原因, 销货方给予购货方相应的价格优惠或补偿等折扣、折让行为,销货方可按现行《增值税专用发票使用规定》的有关规定开具红字增值税专用发票。

(2006年12月29日　国税函〔2006〕1279号)

一、增值税一般纳税人开具增值税专用发票(以下简称专用发票)后,发生销货退回、销售折让以及开票有误等情况需要开具红字专用发票的,视不同情况分别按以下办法处理:

(一)因专用发票抵扣联、发票联均无法认证的,由购买方填报《开具红字增值税专用发票申请单》(以下简称申请单),并在申请单上填写具体原因以及相对应蓝字专用发票的信息,主管税务机关审核后出具《开具红字增值税专用发票通知单》(以下简称通知单)。购买方不作进项税额转出处理。

(二)购买方所购货物不属于增值税扣税项目范围,取得的专用发票未经认证的,由购买方填报申请单,并在申请单上填写具体原因以及相对应蓝字专用发票的信息,主管税务机关审核后出具通知单。购买方不作进项税额转出处理。

(三)因开票有误购买方拒收专用发票的,销售方须在专用发票认证期限内向主管税务机关填报申请单，并在申请单上填写具体原因以及相对应蓝字专用发票的信息，同时提供由购买方出具的写明拒收理由、错误具体项目以及正确内容的书面材料，主管税务机关审核确认后出具通知单。销售方凭通知单开具红字专用发票。

（四）因开票有误等原因尚未将专用发票交付购买方的，销售方须在开具有误专用发票的次月内向主管税务机关填报申请单，并在申请单上填写具体原因以及相对应蓝字专用发票的信息，同时提供由销售方出具的写明具体理由、错误具体项目以及正确内容的书面材料，主管税务机关审核确认后出具通知单。销售方凭通知单开具红字专用发票。

（五）发生销货退回或销售折让的，除按照《通知》的规定进行处理外，销售方还应在开具红字专用发票后将该笔业务的相应记账凭证复印件报送主管税务机关备案。

二、税务机关为小规模纳税人代开专用发票需要开具红字专用发票的，比照一般纳税人开具红字专用发票的处理办法，通知单第二联交代开税务机关。

三、为实现对通知单的监控管理，税务总局正在开发通知单开具和管理系统。在系统推广应用之前，通知单暂由一般纳税人留存备查，税务机关不进行核销。红字专用发票暂不报送税务机关认证。

四、对2006年开具的专用发票，在2007年4月30日前可按照原规定开具红字专用发票。

（2007年2月16日　国税发〔2007〕18号）

9.4　机动车销售统一发票税控系统

鉴于车主申报缴纳车辆购置税时需要报送《机动车销售统一发票》（报税联），办理机动车登记时需要报送《机动车销售统一发票》（注册登记联），因此，当消费者丢失机动车销售发票后，可采

取重新补开机动车销售发票的方法解决。具体程序为:

(1)丢失机动车销售发票的消费者到机动车销售单位取得销售统一发票存根联复印件(加盖销售单位发票专用章或财务专用章);

(2)到机动车销售方所在地主管税务机关盖章确认并登记备案;

(3)由机动车销售单位重新开具与原销售发票存根联内容一致的机动车销售发票。消费者凭重新开具的机动车销售发票办理相关手续。

(2006年2月27日　国税函〔2006〕227号)

一、凡从事机动车零售业务的单位和个人,从2006年8月1日起,在销售机动车(不包括销售旧机动车)收取款项时,必须开具税务机关统一印制的新版《机动车销售统一发票》(以下简称《机动车发票》),并在发票联加盖财务专用章或发票专用章,抵扣联和报税联不得加盖印章。

二、《机动车发票》为电脑六联式发票。即第一联发票联(购货单位付款凭证),第二联抵扣联(购货单位扣税凭证),第三联报税联(车购税征收单位留存),第四联注册登记联(车辆登记单位留存),第五联记账联(销货单位记账凭证),第六联存根联(销货单位留存)。第一联印色为棕色,第二联印色为绿色,第三联印色为紫色,第四联印色为蓝色,第五联印色为红色,第六联印色为黑色。发票代码、发票号码印色为黑色。《机动车发票》规格为241mm×177mm。当购货单位不是增值税一般纳税人时,第二联抵扣联由销货单位留存。

三、《机动车发票》的有关内容及含义是:“机打代码”应与“发票代码”一致,“机打号码”应与“发票号码”一致;“机器编号”指税控器具的编号;“税控码”指由税控器具根据票面相关参数生成打印的密码;“身份证号码” 指购车人身份证号码;“组织机构代码”指由质检(技术监督)部门颁发的企业、事业单位和社会团体统一代码;“进口证明书号” 指海关货物进口证明书号码;“商检单号”

指商检局进口机动车车辆随车检验单号码；“车辆识别代号”指表示机动车身份识别的统一代码（即“VIN”）；“价税合计”指含税（含增值税）车价；“纳税人识别号、账号、地址、开户银行”指销货单位所属信息；“增值税税率或征收率”指税收法律、法规规定的增值税税率或征收率；“增值税税额”指按照增值税税率或征收率计算出的税额，供按规定符合进项抵扣条件的增值税一般纳税人抵扣税款时使用；“不含税价”指不含增值税的车价，供税务机关计算进项抵扣税额和车辆购置税时使用，保留2位小数；“主管税务机关及代码”指销货单位主管税务机关及代码；“吨位”指货车核定载质量；“限乘人数”指轿车和货车限定的乘坐人数。

增值税税额和不含税价计算公式：

增值税税额=价税合计-不含税价

不含税价=价税合计÷(1+增值税税率或征收率)

四、《机动车发票》税控码加密参数共10项：即开票日期、机打代码、机打号码、身份证号码/组织机构代码、车辆识别代号、价税合计、纳税人识别号、主管税务机关代码、增值税税率/征收率、增值税税额。

五、《机动车发票》开具要求

（一）《机动车发票》应使用计算机和税控器具开具。在尚未使用税控器具前，可暂使用计算机开具，填开时，暂不填写机打代码、机打号码、机器编号和税控码内容。

（二）《机动车发票》开票软件由国家税务总局统一开发，免费供机动车销售单位使用。税控器具及开票软件使用的具体规定由总局另行通知。

（三）“机打代码”、“机打号码”、“机器编号” 在纳税人输入发票代码和发票号码后由开票软件自动生成；“增值税税额”和“不含税价”在选定增值税税率及征收率后由开票软件自动生成；“增值税税率及征收率”由纳税人按照税务机关的规定填开。

（四）如发生退货的，应在价税合计的大写金额第一字前加“负数”字，在小写金额前加“-”号。

（五）《机动车发票》 税控码及10项加密参数填开的内容要保

证打印在相关栏目正中，不得压格或出格。在开票过程中，发现有误的，可即时作废，并在废票全部联次监制章部位做剪口处理。

（六）如购货单位在办理车辆登记和缴纳车辆购置税手续前丢失《机动车发票》的，应先按照《国家税务总局关于消费者丢失机动车销售发票处理问题的批复》（国税函〔2006〕227号）规定的程序办理补开《机动车发票》的手续，再按已丢失发票存根联的信息开红字发票。

六、为了保证《机动车发票》相关数据采集认证的准确性，《机动车发票》采用干式复写纸（其中报税联、抵扣联需采用52克，发票联、注册登记联、记账联45克），由各省、自治区、直辖市和计划单列市国家税务局指定1家定点企业印制；发票代码、发票号码应严格按照全国统一的编码规则编印。各地的《机动车发票》票样（一式三份）要报总局审查批准后方可投入使用，并送同级公安和工商行政管理机关备案。

七、旧版《机动车发票》从2006年8月1日起停止使用。

（2006年5月22日　国税函〔2006〕479号）

一、自2009年1月1日起，增值税一般纳税人从事机动车（应征消费税的机动车和旧机动车除外）零售业务必须使用税控系统开具机动车销售统一发票。

二、使用税控系统开具机动车销售统一发票的企业（以下称机动车零售企业），应购买税务总局验证通过的税控盘，经税务机关初始化后安装使用。

三、机动车零售企业向增值税一般纳税人销售机动车的，机动车销售统一发票“身份证号码/组织机构代码”栏统一填写购买方纳税人识别号，向其他企业或个人销售机动车的，仍按照《国家税务总局关于使用新版机动车销售统一发票有关问题的通知》（国税函〔2006〕479号）规定填写。

四、机动车零售企业应在每月增值税纳税申报期内，向主管税务机关报送上月机动车销售统一发票的开具数据。

六、税控系统开具的机动车销售统一发票的认证、稽核比对和异常发票的审核检查工作比照增值税专用发票有关规定执行。涉嫌偷骗税并达到立案标准的,连同相关证据材料按第三类问题登记台账后移送稽查局查处。

七、推行准备工作包括税务端运行环境准备、企业端运行环境准备、税控系统安装、培训准备和技术支持等五个方面,具体要求如下:

(一)税务端运行环境准备

税控系统税务端后台管理系统以省级集中方式部署,与货运发票税控管理系统共用所有软、硬件资源,无需另外部署软、硬件环境。

(二)企业端运行环境准备

税控系统企业端开票软件继续使用已有机动车开票软件运行环境。企业在开票前须购买税控盘,根据需要自愿购买传输盘,并前往所属税务机关进行初始化。

为确保税控系统推行工作进度,各省国税局应尽快组织税控盘/传输盘产品相关工作,确保企业能如期购置税控盘/传输盘。(税控盘/传输盘厂商信息详见附件)。

考虑到税控系统推行工作时间紧迫,并且各省地税局已推行了货运发票税控系统税控盘/传输盘,各省国税局可建议本地机动车零售企业使用与货运企业同一厂商的税控盘产品。

(三)税控系统安装

税控系统税务端和企业端软件补丁将于近日正式发布。软件发布时间、安装事宜另文通知。

(四)培训准备工作

为保证税控系统的顺利推行,税务总局将于近日组织全国各级国税局的技术、业务人员举办后台管理系统和开票软件的视频培训,具体培训时间、要求另文通知。

各省国税局应做好对企业开票软件的培训和辅导。

(五)技术支持

1.各省税务机关应按照税务总局税务信息化运行维护体系建设的管理制度和相关规定开展本系统的运行维护支持服务工作。

系统使用中如遇问题,应按照相关运维流程报税务总局呼叫中心(服务电话:4008112366)和税务总局金税工程运行维护网站(网址:http://130.9.1.248)提请技术支持。

2.税务总局将通过百望呼叫中心(服务电话010-62466669)向纳税人免费提供机动车销售统一发票开票软件的远程技术支持服务。

3.各厂商对税控盘/传输盘的售后支持服务,原则上参照货运发票税控系统税控盘/传输盘的要求执行。

附件:税务总局验证通过的税控盘/传输盘厂商清单

附件:

税务总局验证通过的税控盘/传输盘厂商清单

序号	公司名称	公司地址	邮政编码	联系人	联系电话	公司网址	备注
1	武汉天喻信息产业股份有限公司	武汉东湖开发区庙山小区华工大学科技园天喻信息大楼	430223	张吉红	027-87920389 027-87920409 13901015915 027-87920386(传真)	http://www.whty.com.cn	货运发票税控系统税控盘/传输盘供货商
2	北京旋极信息技术有限公司	北京市海淀区北四环中路229号海泰大厦1006室	100083	陈茵	010-82883933 010-82375803 010-82883858 13811554080	http://www.watertek.com	货运发票税控系统税控盘/传输盘供货商
3	北京握奇智能科技有限公司	北京市朝阳区首都机场路万红西街2号	100015	刘海	010-64722288-8682, 13601367144, 010-64365760(传真)	http://www.watchdata.com	货运发票税控系统税控盘/传输盘供货商
4	河南许继信息有限公司	郑州市东明路41号	450004	贾德林	0371-663699200 371-66368026(传真) 13703821201	http://www.hnxjxx.com.cn	
5	恒宝股份有限公司	北京市西城区金融大街五号新盛大厦B座八层	100034	王睿	13601312513	http://www.hengbao.com	

(2008年12月15日 国税发〔2008〕117号)

9.5 审核检查信息管理系统

一、关于造成稽核比对中发现异常的增值税专用发票和其他抵扣凭证的类型问题

造成稽核比对中发现异常的增值税专用发票和其他抵扣凭证的类型:一类是技术性错误,如录入错误、已申报但漏采集、漏传递、错报为失控或作废发票等;二类是涉及发票的一般性违规行为,需要进行补税、加收滞纳金和罚款,但不需要立案查处;三类是涉嫌偷骗税,需要立案查处。

二、关于管理部门的确认问题

管理部门是指管户的税务局、税务分局、税务所及负责税源管理的内设机构(含海关代征进口增值税专用缴款书入库的国税机关所属计统部门,下同)。

三、关于增值税专用发票审核检查工作分工问题

(一)管理部门与稽查部门的职责划分

1.管理部门负责对稽核比对中发现异常增值税专用发票进行审核检查。

管理部门对属于第一、二类问题的增值税专用发票审核检查时可下户检查,并可按税法规定进行处理。

管理部门负责将属于第三类问题的增值税专用发票填列《发票审核检查移交清单》经主管领导签字后连同相关材料移交稽查部门查处。

2.稽查部门负责对管理部门移送的属于第三类问题的增值税专用发票按《税务稽查工作规程》规定的立案标准进行审核,对符合立案标准的要立案查处,并按税法规定进行处理。

(二)增值税专用发票信息的传递

1.总局、省局以及地市级国税稽查部门通过现有协查网络将需要审核检查的增值税专用发票发到开票方所在地稽查部门,稽查部门负责接收并移交同级或对应的管理部门。

由省(自治区、直辖市、计划单列市,下同)、地(市,下同)、县

(区,下同)税务机关局领导确定一个业务部门负责审核检查结果的汇总工作。

2.管理部门将审核检查后认为需跨省、地、县(简称异地,下同)协查的增值税专用发票送交本地同级或对应国税局所属稽查部门,按现行有关协查规定形成内部生成数据,由稽查部门发起协查。

(三)反馈审核检查结果

1.稽查部门要将管理部门移送的第三类和异地增值税专用发票协查结果反馈管理部门,管理部门将所有一、二、三类增值税专用发票审核检查结果送局领导确定的业务部门进行汇总。稽查部门和管理部门报送审核检查结果的时间由省级税务机关确定。

2. 稽查部门要将管理部门移送的第三类案件单独登记台账,并在结案后上报总局稽查局。

(2004年9月20日　国税发〔2004〕119号)

一、关于审核检查工作分工问题

(一)海关代征进口增值税专用缴款书审核检查工作中如需审核检查税款入库情况(即海关代征进口增值税专用缴款书第五联报查联)的,由海关代征进口增值税专用缴款书入库地国税机关所属计统部门负责。

(二)货物运输业发票的审核检查工作暂时只由地税机关负责对存根联进行审核检查。

(三)在协查系统升级之前,增值税专用发票暂不增加审核环节,仍按目前工作流程办理。

(四) 除本条一、二款外的其他抵扣凭证的审核检查工作分工,严格按照国税发〔2004〕119号文件规定执行。

二、关于审核检查的范围问题

其他抵扣凭证审核检查的范围为总局开始稽核比对以来所有稽核结果为重号、缺联、不符的其他抵扣凭证。

三、关于稽核结果下发流程问题

(一)其他抵扣凭证稽核结束后,总局将发票稽核结果(相符、不符、缺联、重号)信息,放在服务器(130.9.1.101)下载目录上。

(二)省级国家税务局、地方税务局信息部门分别以FTP方式登录该服务器(用户名:省级税务机关代码,缺省口令:HWYSFP),在本省的目录下下载本省的稽核结果文件。

(三)省级国家税务局的信息部门负责将废旧物资发票、货物运输业发票、海关代征进口增值税专用缴款书、税务机关代开增值税专用发票发票,省级地方税务局的信息部门负责将货物运输业发票的文件下载后,将文件解压,并按地市、区县生成的文件放置在本省FTP服务器上,供下级下载。省级及省级以下各级接收、分发数据部门由各级税务机关局长确定。

(四)省级以下税务机关在本省的FTP服务器上下载本地的稽核结果文件。

其他抵扣凭证稽核结果文件命名规则见附件一。各地可在总局技术支持网站(130.9.1.248)上下载《稽核结果导出工具》,并提供给所辖区县级国、地税机关,以便将稽核结果转换为EXCEL文件。

四、审核检查方法

(一)关于废旧物资发票、海关代征进口增值税专用缴款书、税务机关代开增值税专用发票的检查处理

1.关于"不符"票的处理

(1)抵扣方所属国税机关将存根联和抵扣联信息全部下载,由管理部门对抵扣联电子信息与票面信息进行审核检查。

①如果经抵扣方所属国税机关审核检查,不需再由开票方税务机关继续审核检查的,按照国税发〔2004〕119号文件规定分别不同情况进行处理;

②如果不属于抵扣联采集录入等技术性错误,需由开票方税务机关(海关代征进口增值税专用缴款书为海关代征进口增值税专用缴款书入库的国税机关所属计统部门,下同)继续审核检查的,由开票方税务机关管理部门继续审核检查;

③如果属于抵扣联采集录入等技术性错误,进行修改后两联相符,将"比对相符"的信息汇总上报;进行修改后两联仍不符的,

将修改后的信息交开票方税务机关管理部门继续审核检查。

(2)开票方税务机关管理部门对抵扣方税务机关转来的信息进行审核检查。

①如果不属于存根联(包括海关代征进口增值税专用缴款书第五联,下同)采集录入等技术性错误,将结果返回抵扣方税务机关;

②如果属于存根联采集录入等技术性错误,进行修改后两联相符,将“比对相符”的信息返回抵扣方税务机关;进行修改后两联仍不符的,将信息返回抵扣方税务机关;

③开票方管理部门按照国税发〔2004〕119号文件规定分别不同情况进行处理。

2.关于“缺联”票和“重号”票的处理

(1)抵扣方所属国税机关将抵扣联信息下载,由管理部门对抵扣联电子信息与票面信息进行审核检查。

①如果经抵扣方所属国税机关审核检查,不需再由开票方税务机关继续审核检查的,按照国税发〔2004〕119号文件规定分别不同情况进行处理;

②如果不属于抵扣联采集录入等技术性错误,需由开票方税务机关继续审核检查的,由开票方税务机关管理部门继续审核检查;

③如果属于抵扣联采集录入等技术性错误,将修改后的信息交开票方税务机关继续审核检查。

(2)开票方税务机关管理部门对抵扣方转来的信息进行审核检查。

①如果相应存根联不存在,将结果返回抵扣方税务机关;

②如果属于存根联漏采集等技术性错误,进行修改后两联相符,将“比对相符”的信息返回抵扣方税务机关;进行修改后两联仍不符的,将信息返回抵扣方税务机关。

(二)关于货物运输业发票的处理

1.关于“不符”票的处理

开票方所属地税机关将存根联和抵扣联信息全部下载,由管理部门对存根联电子信息与票面信息进行审核检查。

(1)如果经开票方所属地税机关审核检查,不需再由抵扣方税务机关继续审核检查的,按照国税发〔2004〕119号文件规定分别不同情况进行处理;

(2)如果存根联不存在采集录入等技术性错误,可初步定为不符发票;

(3)如果属于存根联采集录入等技术性错误,进行修改后两联相符,可定为相符发票;进行修改后两联仍不符的,可初步定为不符发票。

2.关于“缺联”票和“重号”票的处理

开票方所属地税机关将抵扣联信息下载,由管理部门进行审核检查。

(1)如果相应存根联不存在,可定为缺联发票;

(2)如果属于存根联漏采集等技术性错误,进行修改后两联相符,可定为相符发票;进行修改后两联仍不符的,可定为不符发票或重号发票。

五、经税务机关审核确认属于税务机关责任以及技术性错误造成的不符、缺联、重号、作废、失控的增值税专用发票和其他扣税凭证,允许作为增值税扣税凭证。

六、各级国家税务局、地方税务局要分别成立工作组,由局长任组长,主管副局长任副组长,按照统一部署、协调配合的原则,负责整个审核检查工作的组织实施,落实各项审核检查具体事项。各省级工作组要将成员名单、联系人、电话于10月31日前上报总局。

七、各级国税机关、地税机关要严格按照国税发〔2004〕119号文件规定的上报时限和上报路径将审核检查结果进行分类统计,分别填报《____________发票审核检查情况汇总统计表》(见附件二)、《____________发票审核检查结果统计表》(见附件三),并对产生问题的原因进行分析研究,提出解决问题的建议,形成书面报告,将各统计表和书面报告按月上报总局。

八、省级国家税务局、地方税务局要高度重视此次审核检查

工作，认真研究审核检查方案，各部门要加强协调配合。

国税机关要以海关代征进口增值税专用缴款书为审核检查工作重点，在时间、人力、物力、财力的安排上予以保证。

九、省级税务机关接到本通知后要立即组织实施本地区增值税专用发票和其他抵扣凭证审核检查工作，要按照国税发〔2004〕119号文件和本通知规定时间和要求按时保质地做好此项工作。

附件：1.其他抵扣凭证稽核结果文件命名规则

2.________________发票审核检查情况汇总统计表

3.________________发票审核检查结果统计表

附件一：

其他抵扣凭证稽核结果文件命名规则

一、货运发票稽核结果

(一)分省_省级税务机关代码_月份(格式：yyyymm)。RAR解压缩后：分国、地税放置文件：

1.国税目录下文件：

省级税务机关代码_月份(格式：yyyymm)_DKL_比对相符.txt

省级税务机关代码_月份(格式：yyyymm)_DKL_比对不符.txt

省级税务机关代码_月份(格式：yyyymm)_DKL_缺联发票.txt

省级税务机关代码_月份(格式：yyyymm)_DKL_重号发票.txt

2.地税目录下文件：

省级税务机关代码_月份(格式：yyyymm)_CGL_比对相符.txt

省级税务机关代码_月份(格式：yyyymm)_CGL_比对不符.txt

省级税务机关代码_月份(格式：yyyymm)_CGL_缺联发票.txt

省级税务机关代码_月份(格式：yyyymm)_CGL_重号发票.txt

(二)分市_省级税务机关代码_月份(格式：yyyymm)。RAR解压缩后：分国、地税放置文件；

1.国税目录下文件：

市级税务机关代码_月份(格式：yyyymm)_DKL_比对相符.txt

市级税务机关代码_月份(格式：yyyymm)_DKL_比对不符.txt

市级税务机关代码_月份(格式：yyyymm)_DKL_缺联发票.txt

市级税务机关代码 _ 月份(格式:yyyymm)_DKL_ 重号发票.txt

2.地税目录下文件

市级税务机关代码 _ 月份(格式:yyyymm)_CGL_ 比对相符.txt

市级税务机关代码 _ 月份(格式:yyyymm)_CGL_ 比对不符.txt

市级税务机关代码 _ 月份(格式:yyyymm)_CGL_ 缺联发票.txt

市级税务机关代码 _ 月份(格式:yyyymm)_CGL_ 重号发票.txt

(三)分县 _ 省级税务机关代码 _ 月份(格式:yyyymm)。RAR 解压缩后:分国、地税放置文件;

1.国税目录下文件

县级税务机关代码 _ 月份(格式:yyyymm)_DKL_ 比对相符.txt

县级税务机关代码 _ 月份(格式:yyyymm)_DKL_ 比对不符.txt

县级税务机关代码 _ 月份(格式:yyyymm)_DKL_ 缺联发票.txt

县级税务机关代码 _ 月份(格式:yyyymm)_DKL_ 重号发票.txt

2.地税目录下文件

县级税务机关代码 _ 月份(格式:yyyymm)_CGL_ 比对相符.txt

县级税务机关代码 _ 月份(格式:yyyymm)_CGL_ 比对不符.txt

县级税务机关代码 _ 月份(格式:yyyymm)_CGL_ 缺联发票.txt

到级税务机关代码 _ 月份(格式:yyyymm)_CGL_ 重号发票.txt

二、废旧物资发票稽核结果:

FJWZ 月份(格式:yyyymm)。ZIP 解压缩后:分省相符文件:prov_ 省级税务机关代码 _xf.txt

分省异常发票文件:prov_ 省级税务机关代码 _ycfp.txt

分市相符文件:prov_ 市级税务机关代码 _xf.txt

分市异常发票文件:prov_ 市级税务机关代码 _ycfp.txt

分县相符文件:prov_ 县级税务机关代码 _xf.txt

分县异常发票文件:prov_ 县级税务机关代码 _ycfp.txt

三、代开增值税专用发票稽核结果:

DKZZ 月份(格式:yyyymm)。ZIP 解压缩后:分省相符文件:prov_ 省级税务机关代码 _xf.txt

分省异常发票文件:prov_ 省级税务机关代码 _ycdk.txt

分市相符文件:prov_ 市级税务机关代码 _xf.txt

分市异常发票文件:prov_ 市级税务机关代码 _ycdk.txt

分县异常发票文件:prov_ 县级税务机关代码 _ycdk.txt

分县不符文件:prov_ 县级税务机关代码 _bf.txt

四、海关完税凭证稽核结果:

HGWS 月份(格式:yyyymm)。ZIP 解压缩后:分省相符文件:prov_省级税务机关代码 _xf.txt

分省异常发票文件:prov_ 省级税务机关代码 _ychg.txt

分市相符文件:prov_ 市级税务机关代码 _xf.txt

分市异常发票文件:prov_ 市级税务机关代码 _ychg.txt

分县相符文件:prov_ 县级税务机关代码 _xf.txt

分县异常发票文件:prov_ 县级税务机关代码 _ychg.txt

附件二:

发票审核检查情况汇总统计表

填报单位(盖章): 填报时间: 年 月 日

填报人: 审核人:

	重号发票份数		缺联发票份数		不符发票份数	
	本月	累计	本月	累计	本月	累计
一、录入错误发票						
二、已申报、电子信息漏采集发票						
三、已申报、电子信息漏传递发票						
四、正常发票						
五、管理部门一般性违规处理发票						
六、移送稽查部门立案查处发票						
七、其他问题发票						
合 计						

填表说明:

1.本表由管理部门(含海关完税凭证入库地国税计统部门)、稽查部门分别填制,负责汇总的业务部门汇总。

2.本表适用于废旧物资发票、代开增值税专用发票、海关完税凭证、货物运输业发票及各表的汇总。

3.第七栏指除一至六类以外的发票。

附件三：

发票审核检查结果统计表

填报单位(盖章)：　　　　　　　　填报时间：　　年　　月　　日

发票单位：份　　　　　　　　　　金额单位：万元

		栏次	不符发票	缺联发票	重号发票	合计
一、本期需审核核查发票总数		1				
二、本期接受发票总份数	(一)本地审核检查发票	2				
	(二)接收异地审核检查发票	3				
三、上期结转发票情况	(一)管理部门未完成	4				
	(二)移交稽查查处未完成	5				
	(三)移交稽查异地核查未完成	6				
四、本期完成审核检查发票情况	(一)管理部门已完成	7				
	(二)移交稽查查处已完成	8				
	(三)移交稽查异地核查已完成	9				
五、未完成审核检查发票情况	(一)管理部门未完成	10				
	(二)移交稽查查处未完成	11				
	(三)移交稽查异地核查未完成	12				

续表

<table>
<tr><th colspan="5"></th><th>栏次</th><th>不符发票</th><th>缺联发票</th><th>重号发票</th><th>合计</th></tr>
<tr><td rowspan="13">六、审核检查处理结果</td><td colspan="4">(一)无问题发票份数</td><td>13</td><td></td><td></td><td></td><td></td></tr>
<tr><td rowspan="12">二、有问题发票</td><td rowspan="4">补充税款</td><td rowspan="2">管理部门</td><td>发票份数</td><td>14</td><td></td><td></td><td></td><td></td></tr>
<tr><td>金额</td><td>15</td><td></td><td></td><td></td><td></td></tr>
<tr><td rowspan="2">稽查部门</td><td>发票份数</td><td>16</td><td></td><td></td><td></td><td></td></tr>
<tr><td>金额</td><td>17</td><td></td><td></td><td></td><td></td></tr>
<tr><td rowspan="4">滞纳金</td><td rowspan="2">管理部门</td><td>发票份数</td><td>18</td><td></td><td></td><td></td><td></td></tr>
<tr><td>金额</td><td>19</td><td></td><td></td><td></td><td></td></tr>
<tr><td rowspan="2">稽查部门</td><td>发票份数</td><td>20</td><td></td><td></td><td></td><td></td></tr>
<tr><td>金额</td><td>21</td><td></td><td></td><td></td><td></td></tr>
<tr><td rowspan="4">罚款</td><td rowspan="2">管理部门</td><td>发票份数</td><td>22</td><td></td><td></td><td></td><td></td></tr>
<tr><td>金额</td><td>23</td><td></td><td></td><td></td><td></td></tr>
<tr><td rowspan="2">稽查部门</td><td>发票份数</td><td>24</td><td></td><td></td><td></td><td></td></tr>
<tr><td>金额</td><td>25</td><td></td><td></td><td></td><td></td></tr>
<tr><td colspan="5">七、本期完成审核检查发票数在本期需审核核查发票总数中所占比例(%)</td><td>26</td><td></td><td></td><td></td><td></td></tr>
</table>

填表说明：

1.本表由国税机关、地税机关管理部门、稽查部门分别填制，负责汇总的业务部门汇总。

2.本表适用于废旧物资发票、代开增值税专用发票、海关完税凭证、货物运输业发票及各表的汇总。

3.无问题发票是指不需要进行补税、加收滞纳金和罚款的发票。

4.第1栏=第2栏+第3栏+第4栏+第5栏+第6栏

(2004年10月25日　国税发明电〔2004〕59号)

管理部门审核检查中确定属于第二类一般性违规问题的处

理属于管理部门的日常工作职责范围,相关的补税、加收滞纳金以及罚款可使用《税收缴款书》。

(2005年5月24日 国税函〔2005〕495号)

四、关于比对异常的增值税抵扣凭证的处理

(一)对辅导期新办商贸企业一般纳税人按照国税发明电〔2004〕37号文件的规定实行“先比对后抵扣”。主管国税机关对比对结果为“相符”的增值税抵扣凭证可允许其申报抵扣,对比对结果异常的增值税抵扣凭证应进行审核检查。审核检查结果为国税发〔2004〕119号文件中规定的第一类技术性错误原因造成比对异常的,经过技术处理后允许其申报抵扣;审核检查结果为国税发〔2004〕119号文件中规定的第二类问题的,不允许其申报抵扣,由管理部门依有关规定进行处理;审核检查结果为国税发〔2004〕119号文件中规定的第三类问题的,不允许申报抵扣,移交稽查部门立案查处。

(二)对新办商贸企业以外的一般纳税人比对异常的增值税专用发票按现行规定处理;比对异常的其他抵扣凭证,必须先进行审核检查,再依有关规定分别进行处理。审核检查结果为国税发〔2004〕119号文件中规定的第一类技术性错误原因造成的比对异常的,经过技术处理后允许其抵扣;审核检查结果为国税发〔2004〕119号文件中规定的第二类问题的,管理部门再依有关规定分别进行补税、加收滞纳金、罚款;审核检查结果为国税发〔2004〕119号文中第三类问题的,移交稽查部门立案查处。

五、关于审核检查流程和方法

(一)抵扣方主管国税机关的审核检查

对比对“不符”、“缺联”、“属于作废”的增值税专用发票和比对“不符”、“缺联”和“重号”的其他抵扣凭证,由抵扣方主管国税机关管理部门进行审核检查。

1.如果经抵扣方主管国税机关审核检查,即可查明“不符”、“缺联”、“属于作废”、“重号”原因,而不需再由开票方主管税务机关(海关代征进口增值税专用缴款书为海关代征进口增值税专用

缴款书入库的国税机关所属计统部门,下同)继续审核检查的,按照国税发〔2004〕119号文件规定的不同情况依有关规定分别进行处理。

2.如果属于抵扣联采集录入等技术性错误的其他抵扣凭证,进行修改后经人工比对两联相符,将"比对相符"的信息汇总上报;进行修改后经人工比对两联仍不符的,将修改后的信息交开票方主管税务机关管理部门继续审核检查。

3.如果需由开票方主管税务机关继续审核检查的,交由开票方主管税务机关管理部门继续审核检查。

(二)开票方主管税务机关管理部门对抵扣方主管国税机关转来信息的审核检查

1.如果不属于存根联(包括海关代征进口增值税专用缴款书第五联,下同)采集录入等技术性错误,将结果反馈抵扣方主管国税机关。

2.如果属于存根联采集录入等技术性错误的其他抵扣凭证,进行修改后经人工比对两联相符的,或进行修改后两联仍不符的,将信息反馈抵扣方主管国税机关;如果属于误操作等原因的增值税专用发票,将信息反馈抵扣方主管国税机关。税务机关误操作的还应出具书面证明。

3.对由于开票方原因造成比对异常的,由开票方主管税务机关管理部门按照国税发〔2004〕119号文件规定的不同情况依有关规定分别进行处理。

(三)抵扣方主管国税机关对开票方主管税务机关已经审核检查的增值税抵扣凭证,根据其返回的审核检查结果确定比对异常原因,按照国税发〔2004〕119号文件规定的不同情况依有关规定分别进行处理。在排除税务机关技术、误操作等原因造成的稽核比对异常发票后,如需进一步检查的,由抵扣方主管国税机关稽查部门继续检查。

(2005年1月10日　国税发〔2005〕6号)

甘肃省国家税务局关于印发
《"四小票"辅助管理软件操作规程(试行)》的通知

强化"四小票"管理是贯彻国家税务总局流转税管理十六字方针、落实"一四六小"增值税管理思路的重要内容之一。为进一步做好全省"四小票"管理工作,逐步建立完善的工作机制,省局决定从2005年4月1日起在全省范围内推广应用"四小票"辅助管理软件。现将《"四小票"辅助管理软件操作规程(试行)》(以下简称《规程》)印发给你们,并提出以下几点要求,请一并遵照执行。

一、高度重视,抓好软件的推广应用工作。"依托金税网络、优化业务流程、规范日常管理、提高工作效率、减轻基层压力"是我省做好"四小票"管理的基本思路。推广应用"四小票"辅助管理软件是落实这一管理思路的根本措施之一。省局要求全省各级国税机关高度重视"四小票"辅助管理软件的推广工作,抓好培训,做好应用。关于"四小票"辅助管理软件的培训资料,请各地从"dell1\流转税处\四小票辅助管理软件学习材料"文件夹下载。

二、做好"四小票"审核检查情况的清理工作。从2005年4月份起,对总局稽核比对异常的"四小票"的审核检查情况汇总统计表及审核检查结果统计表将通过"四小票"辅助管理软件填报并自动汇总,系统自动校验报表逻辑关系。为确保软件运行后各项报表数据的准确性,各地必须在4月上旬组织基层税务机关,对去年10月份以来的"四小票"审核检查工作情况进行清理摸底,对各种票截至3月底应审核检查份数、已审核检查份数、尚未审核检查份数以及经审核检查确认有问题发票份数和查补税款等指标必须准确掌握。如果经清理发现以前月份报表填报有误的,在4月份填报报表时予以纠正。各类票审核检查结果统计表中的"累计数"填列自"四小票"开始审核检查以来的总量。

根据国家税务总局国税发〔2005〕6号文件规定,自2005年1月份开始,稽核比对异常的增值税专用发票及运输发票抵扣联的审核检查工作由管理部门负责。但1、2月份大部分市(州)尚未报送增值税专用发票和运输发票的审核检查报表。省局要求各地严格

按照总局文件规定，明确职责，切实做好增值税扣税凭证的审核检查工作。

三、完善基础资料，确保软件的正常运行。“四小票”辅助管理软件运行后，为确保数据的准确清分，需要从CTAIS数据库中提取纳税人档案信息，但目前的CTAIS数据库中有些档案信息不完整，缺少“主管税务官员”信息，导致“四小票”数据不能准确地清分和分送。省局要求各地及时完善CTAIS数据库中的纳税人档案信息数据。在CTAIS数据库纳税人档案信息尚未完善前，省局暂以基层管理部门（税务所、税务分局、管理科）为单位分发数据。各基层管理部门要及时查询数据，并组织管理人员及时开展“四小票”信息的核查更正和审核检查工作。

同时，各级税务机关在使用总局下发的“四小票”数据汇总软件时，要保持汇总软件“系统设置”中的“税务机关名称”和CTAIS中的“税务机关名称”完全一致，并且在汇总“四小票”数据时，要逐级汇总。开发区国家税务的“四小票”数据暂由兰州市国家税务局统一汇总后上传。

四、为提高“四小票”工作信息的传递效率，省局决定，委托兰州市国家税务局12366纳税服务中心通过短信平台统一发送工作信息。为此，需要各市、州国家税务局尽快采集市（州）、区（县）国税局流转税管理部门负责人、“四小票”主管人员及管理部门（税务所、税务分局、管理科）负责人姓名、职务、办公电话、手机号码，并上传至 “dell1\流转税处\四小票业务人员信息” 下，文档采用EXCEL表格形式。

五、“四小票”辅助管理软件在运行过程中，如遇业务问题，请及时向省局流转税处反映；如遇技术问题，及时向兰州市国家税务局信息中心反映。

附件：1.“四小票”辅助管理软件操作规程

二〇〇五年四月一日

附件1：

“四小票”辅助管理软件操作规程(试行)

第一章 总则

第一条 为加强货物运输发票、废旧物资发票、海关代征进口增值税专用缴款书等增值税抵扣凭证(以下简称“四小票”)的管理，保证“四小票”辅助管理软件正常运行，特制定本规程。

第二条 “四小票”辅助管理软件及本操作规程仅适用于甘肃省国家税务局系统。

第三条 甘肃省国家税务局对“四小票”实行“一级采集，三级汇总，集中处理，分类检查”的管理办法。

第二章 数据采集、汇总与传输

第四条 采集内容：

(一)废旧物资发票存根联、抵扣联数据；

(二)货物运输业发票存根联、抵扣联数据；

(三)海关代征进口增值税专用缴款书第一联(抵扣联)、第五联(报查联)数据。

货物运输发票存根联数据由地税部门负责采集。

第五条 采集方式：

(一)“四小票”抵扣凭证数据、废旧物资发票存根联数据由纳税人使用总局下发的数据采集软件采集，并在纳税申报时将电子信息报送税务机关。税务机关征收部门使用“四小票”数据汇总软件接收纳税人报送的发票电子信息。

(二)海关代征进口增值税专用缴款书第五联数据，由省国税局计统处负责采集。

(三)货物运输业发票存根联数据由地方税务局采集。

第六条 数据汇总与传递：

(一)县(区)国税局征收部门汇总本县(区)“四小票”电子信息，每月11日12时前提交信息中心上传至市、州局指定的FTP目录下。

(二)市、州国税局信息中心汇总县(区)上报的“四小票”电子信息，并于每月11日18时前上传至省局指定的FTP目录下。

(三)每月12日12时前，省局信息中心汇总市、州国税局上报

的“四小票”电子信息,并通知省局流转税处进行数据处理。

如遇节假日或纳税申报期按规定顺延的,本时段的工作时限可以顺延。

第三章　数据处理

第七条　每月13日(遇节假日,可顺延)前,省局流转税处对全省采集的“四小票”数据作如下处理:

(一)数据清分。根据发票购销双方纳税人识别号,对“四小票”数据进行本、异地票的清分处理。本地票是指购销双方均为甘肃省内纳税人的发票信息。异地票是指购销双方中有一方为省内纳税人,另一方为省外纳税人的发票信息。

(二)数据比对。对本地票进行比对处理。比对是以抵扣联“发票号码”为关键字查找存根联,并对购、销双方纳税人识别号、开票日期、发票金额信息进行逐项核对。

比对结果分三种情形:即比对相符,比对不符,缺联。

比对相符是指抵扣联与存根联信息比对完全相同。

比对不符是指抵扣联与存根联数据的开票日期、购货单位纳税人识别号、销货单位纳税人识别号、发票金额四要素中有一项或多项不符。

缺联是指系统内有抵扣联而无存根联的发票。

(三)结果发布。数据比对后,通过“四小票”辅助管理软件发布比对结果,并通过短信平台及时通知市(州)、县(区)流转税管理部门“四小票”业务主管人员。

第八条　省局比对结果发布后,市(州)、县(区)流转税管理部门应及时登陆“四小票”辅助管理软件,查询省局比对结果,并督促管理部门通知相关纳税人对省局比对异常的发票信息进行核查修改。

核查修改是指以发票原件与发票电子信息进行“本票核对”,并对原录入错误的信息通过数据采集软件进行修改更正。

核查修改的主要目的是解决发票采集过程中因操作失误等技术原因造成的发票信息异常问题。修改核查后的发票电子信息应与发票原件票面相应信息完全一致。

第九条 纳税人对发票电子信息进行修改更正后,应及时报送税务机关征收部门。

征收部门汇总"四小票"信息后,提交县(区)局信息中心,于每月18日18时前上传至市(州)局FTP指定目录下。汇总上传的发票数据包括原采集正确无误的发票信息及经修改更正的发票信息。

市(州)局信息中心于每月19日12时前汇总发票信息并上传省局FTP指定目录下。

省局信息中心应于每月20日,汇总全省"四小票"电子信息并上传总局FTP指定目录下。

为确保发票信息按时上传总局,本时段的工作时限一般不得顺延,但省局另行通知可以顺延的除外。

第十条 总局"四小票"稽核比对结果下发后,省局信息中心应及时提取比对结果数据,并通知省局流转税处进行数据处理。

第十一条 省局流转税处接受总局稽核比对结果数据,进行数据清分和格式转换后,通过"四小票"辅助管理软件发布,并通过短信平台通知市(州)、县(区)流转税管理部门"四小票"业务主管人员。

第十二条 市(州)、县(区)流转税管理部门应及时通知管理部门接受"四小票"比对结果并开展审核检查工作。管理部门应及时登陆"四小票"辅助管理软件查询总局稽核比对结果,并对比对结果异常的发票逐票进行审核检查。

第四章 审核检查

第十三条 审核检查的发票范围:

(一)总局稽核结果为比对不符、缺联、重号的"四小票"抵扣联。

(二)其他税务机关委托协查的"四小票"存根联(经抵扣方主管税务机关审核检查抵扣联后,仍需审核检查存根联的)。

第十四条 审核检查业务流程、方法,检查结果的处理等,遵照《国家税务总局关于增值税专用发票和其他扣税凭证审核检查有关问题的通知》(国税发〔2004〕119号)和《国家税务总局关于增值税专用发票和其他扣税凭证审核检查有关问题的补充通知》(国税发〔2005〕6号)执行。

第十五条 每月10日(遇节假日可以顺延,下同)前,管理部门、稽查部门登陆“四小票”辅助管理软件,填报本单位上月“四小票”审核检查情况汇总统计表、结果统计表。

第十六条 每月12日前,县(区)国税局流转税管理部门登陆“四小票”辅助管理软件,汇总、查询、打印上月本市(州)“四小票”审核检查结果统计表、汇总表。

第十七条 每月13日前,市(州)国税局流转税管理部门登陆“四小票”辅助管理软件,汇总、查询、打印上月本市(州)“四小票”审核检查结果统计表、汇总表,并写出本市、(州)上月“四小票”审核检查情况报告。

第十八条 每月14日前,省局流转税管理部门登陆“四小票”辅助管理软件,汇总、查询、打印上月全省“四小票”审核检查结果统计表、汇总表,写出全省上月“四小票”审核检查情况报告,一并上报总局。

第五章 附则

第十九条 本规程第三条所指的“一级采集”是指征收部门运用总局下发的“四小票”汇总软件采集纳税人报送的发票电子信息。“三级汇总”是指县(区)、市(州)、省三级国税机关运用总局下发的“四小票”汇总软件收集汇总发票电子信息。“集中处理”是指由省局对发票信息及稽核比对结果进集中处理。“分类检查”是指管理部门(含管户的税务局、税务分局、税务所及海关代征进口增值税专用缴款书入库地国税机关所属计统部门)、稽查部门对稽核比对结果异常的发票进行分类检查处理。

第二十条 本规程由甘肃省国家税务局负责解释。“四小票”辅助管理软件技术支持由兰州市国家税务局信息中心提供。

第二十一条 本办法自二OO五年四月一日起实施。

(2005年4月1日 甘国税发〔2005〕87号)

比对异常的货物运输业发票先由抵扣方主管国税机关进行审核检查,经审核检查后,仍不能查清原因的,及时向开票方主管地税机关传递信息,发函核查。具体的信息传递办法按《国家税务总局关于增值税专用发票和其他抵扣凭证审核检查有关问题的通知》(国税发〔2004〕119号)执行。

地税机关在收到国税机关转来的需要审核检查的货物运输业发票后,对属于本税务机关管辖范围的,应及时进行审核检查,并将审核检查结果反馈国税机关;对不属于本税务机关管辖范围的,应及时转交其主管地税机关,由主管地税机关进行审核检查,并将审核检查结果反馈国税机关;对无法确定主管地税机关的,应及时退回委托审核检查的国税机关。

对国税机关、地税机关不认真核对纳税人填报的清单并及时准确上传、不进行审核检查、不按审核检查结果进行相应处理、不按规定传递、反馈有关信息的,以及地税机关不按本通知第一条的规定依法征税的(如不按规定税率征收、漏征税款等),按执法责任制的有关规定追究有关单位和人员的责任。

(2005年9月1日　国税发〔2005〕860号)

增值税专用发票审核检查操作规程(试行)

第一条　为规范增值税专用发票审核检查工作,提高增值税专用发票审核检查工作质量和效率,制定本规程。

第二条　本规程所称增值税专用发票审核检查,是指各级税务机关按照规定的程序和方法,运用"增值税专用发票审核检查子系统"(以下简称核查子系统),对增值税专用发票稽核比对结果属于异常的增值税专用发票进行核对、检查和处理的日常管理工作。

第三条　审核检查的增值税专用发票,是指全国增值税专用发票稽核系统产生稽核比对结果为"不符"、"缺联"、"属于作废"的增值税专用发票。

第四条　增值税专用发票审核检查工作,由各级税务机关的流转税管理部门负责组织,稽查局和信息中心配合,税务机关管理部门(指管户的税务局、税务分局、税务所及负责税源管理的内设机构)具体实施。

第五条　国家税务总局流转税管理部门设置审核检查管理

岗，每月6日前（含当日，遇法定节假日比照征管法实施细则有关规定顺延，下同）统计下列报表：

（一）《全国审核检查情况汇总统计表》；

（二）《分地区审核检查情况汇总统计表》；

（三）《全国审核检查结果统计表》；

（四）《分地区审核检查结果统计表》；

（五）《分地区审核检查税务处理情况统计表》。

第六条 省税务机关流转税管理部门设置审核检查管理岗，每月5日前统计并上报下列报表：

（一）《本级审核检查情况汇总统计表》；

（二）《分地区审核检查情况汇总统计表》；

（三）《本级审核检查结果统计表》；

（四）《分地区审核检查结果统计表》；

（五）《分地区审核检查税务处理情况统计表》。

第七条 地市税务机关流转税管理部门设置审核检查管理岗，按月查询下列统计报表，分析本地审核检查工作进度和质量情况：

（一）《本级审核检查情况汇总统计表》；

（二）《分地区审核检查情况汇总统计表》；

（三）《本级审核检查结果统计表》；

（四）《分地区审核检查结果统计表》；

（五）《分地区审核检查税务处理情况统计表》。

第八条 区县税务机关流转税管理部门设置审核检查管理岗，负责以下工作：

（一）将核查子系统无法自动分发的异常专用发票信息分捡到指定的税务机关管理部门；

（二）按月查询下列统计报表，对税务机关管理部门的审核检查工作进行监控和督促：

1.《本级审核检查情况汇总统计表》；

2.《分地区审核检查情况汇总统计表》；

3.《本级审核检查结果统计表》；

4.《分地区审核检查结果统计表》;

5.《分地区审核检查税务处理情况统计表》。

第九条 税务机关管理部门设置审核检查岗和审核检查综合岗。

(一)审核检查岗负责以下工作:

1.收到核查任务后,打印《审核检查工作底稿》(见附件1);

2.对异常增值税专用发票进行审核检查,填写《审核检查工作底稿》,根据审核检查情况提出核查处理意见;

3.将《审核检查工作底稿》提交部门领导和区县主管局长审批;

4.经区县主管局长审批,将审核检查结果、税务处理意见及接收异地核查的回复信息录入核查子系统,对需异地核查的在核查子系统中发起委托异地核查;

5.将审核检查结果、回复异地核查信息、委托异地核查函及税务处理结果提交审核检查综合岗进行复核;

6.审核检查资料整理归档。

(二)审核检查综合岗负责以下工作:

1.将审核检查任务分派到审核检查岗;

2.对审核检查岗录入的审核检查结果、税务处理结果、委托异地核查信息、回复异地核查信息进行复核;

3.发出《增值税抵扣凭证委托审核检查函》(见附件2)及《增值税抵扣凭证审核检查回复函》(见附件3)。

第十条 省税务机关信息中心设置核查子系统技术维护岗,负责下列工作:

(一)核查子系统的系统维护和技术支持;

(二)保障核查子系统正常运行的技术环境,及时解决网络和设备故障;

(三)对审核检查结果中的技术问题进行确认;

(四)系统代码维护。

第十一条 地市、区县税务机关信息中心设置核查子系统技术维护岗,负责下列工作:

(一)对审核检查结果中的技术问题进行确认;

(二)系统代码维护。

第十二条 审核检查岗接收核查任务后,按下列要求进行审核检查:

(一)核查抵扣凭证原件;

(二)查看有关购销合同、账务处理、资金往来、货物情况等;

(三)根据工作需要可进行实地核查,实地核查必须两人以上;

(四)填写《审核检查工作底稿》。

第十三条 经审核检查,对不同类型异常抵扣凭证分别进行处置:

(一)"不符"发票

1.抵扣联票面信息与抵扣联电子信息相符的,传递给销售方主管税务机关审核检查;

2.抵扣联票面信息与抵扣联电子信息不相符、与存根联电子信息相符的,按本规程第十七条和第十八条规定进行处理;

3.抵扣联票面信息与抵扣联、存根联电子信息均不相符的,根据抵扣联票面信息修改抵扣联电子信息,传递给销售方主管税务机关审核检查。

(二)"缺联"发票

1.抵扣联票面信息与抵扣联电子信息相符的,传递给销售方主管税务机关审核检查;

2.抵扣联的票面信息与抵扣联电子信息不相符的,根据抵扣联票面信息修改抵扣联电子信息,传递给销售方主管税务机关审核检查。

(三)"属于作废"发票

1.纳税人未申报抵扣的,按本规程第十七条和第十八条规定进行处理;

2.纳税人已申报抵扣,传递给销售方主管税务机关审核检查。

第十四条 经审核检查,对接收的异地《增值税抵扣凭证委托审核检查函》中增值税专用发票按照以下类型回复委托方税务机关:

(一)辖区内无此纳税人的,按照"辖区内无此纳税人"录入核查子系统；

(二)辖区内有此纳税人的，分别按照“无相应存根联”、“虚开发票”、“存抵不相符”、“该票未申报”、“企业漏采集”、“企业误作废”、“税务机关漏传递”、“税务机关发票发售错误”和“其他”等录入核查子系统。

第十五条 税务机关管理部门应按下列时限完成审核检查工作。

(一)对不需要委托异地核查的异常增值税专用发票，应当在30日内完成审核检查并录入处理结果。

(二)需要委托异地核查的异常增值税专用发票，应当在30日内发出《增值税抵扣凭证委托审核检查函》并根据回复情况15日内录入处理结果。

(三)对接收的异地《增值税抵扣凭证委托审核检查函》，应当在30日内完成审核检查并向委托方税务机关发出《增值税抵扣凭证审核检查回复函》。

第十六条 税务机关管理部门应依照有关档案管理规定，将审核检查工作中形成的《审核检查工作底稿》及有关资料及时归档。

第十七条 异常增值税专用发票的审核检查结果分为以下类型：

(一)企业问题

1.操作问题

操作问题包括：销售方已申报但漏采集；购买方已认证但未申报抵扣；购买方票面信息采集错误；其他操作问题。

2.一般性违规问题

一般性违规包括：销售方违规作废；购买方未按规定取得；购买方未按规定抵扣；其他违规。

3.涉嫌偷骗税问题

涉嫌偷骗税问题包括：涉嫌偷税、逃避追缴欠税、骗取出口退税、抗税以及其他需要立案查处的税收违法行为；涉嫌增值税专用发票和其他发票违法犯罪行为；需要进行全面系统的税务

检查的。

(二)税务机关操作问题或技术问题。

第十八条 经区县主管局长批准,税务机关管理部门对审核检查结果分别进行处理:

(一)属于"企业操作问题"和"税务机关操作问题或技术问题",符合税法规定抵扣条件的,允许其抵扣增值税进项税额;

(二)属于企业问题中"一般性违规问题"的,依据现行规定处理;

(三)属于企业问题中"涉嫌偷骗税"的,不需要对企业做出税务处理,将《增值税抵扣凭证审核检查移交清单》(见附件4)及相关资料移交稽查部门查处。

对于走逃企业或者非正常户的异常发票,经过审核检查确能证明涉嫌偷骗税行为的,移交稽查部门查处。

第十九条 稽查部门应当在自接收涉嫌偷骗税有关资料之日起1个月内立案检查。

第二十条 各级税务机关应将异常增值税专用发票审核检查工作纳入税收工作考核范围,定期对以下指标进行考核:

(一)审核检查完成率=本期完成审核检查发票数/本期应完成审核检查发票数×100%

其中:本期完成审核检查发票数=按期完成审核检查发票数+逾期完成审核检查发票数

本期应完成审核检查发票数=本期按期应完成审核检查发票数+前期逾期未完成审核检查发票数

(二)审核检查按期完成率=按期完成审核检查发票数/按期应完成审核检查发票数×100%

(三)异地核查回复率=本期回复异地核查发票数/本期应回复异地核查发票数×100%

其中:本期回复异地核查发票数=按期回复异地核查发票数+逾期回复异地核查发票数

本期应回复异地核查发票数=本期按期应回复异地核查发票数+前期逾期未回复异地核查发票数

(四)异地核查按期回复率=按期完成异地核查发票数/按期应完成异地核查凭证数×100%

第二十一条 本规程由国家税务总局负责解释。各地可根据实际,制定具体实施办法。

附件:

审核检查工作底稿

<table>
<tr><td colspan="2">纳税人识别号</td><td></td><td>纳税人名称</td><td colspan="3"></td></tr>
<tr><td colspan="2">抵扣凭证种类</td><td colspan="5">增值税专用发票 抵扣联 / 存根联</td></tr>
<tr><td colspan="2">发票代码</td><td></td><td>发票号码</td><td colspan="3"></td></tr>
<tr><td colspan="2">开票日期</td><td></td><td>税 额</td><td></td><td>金额</td><td></td></tr>
<tr><td colspan="2">异常发票类型</td><td colspan="5">□不符 □缺联 □属于作废</td></tr>
<tr><td colspan="2">是否已抵扣</td><td>□是 □否</td><td>是否已纳税申报</td><td colspan="3">□是 □否</td></tr>
<tr><td colspan="2">抵扣联的票面信息与电子信息是否一致</td><td colspan="5">□是 □否(说明:)</td></tr>
<tr><td colspan="2">存根联的票面信息与电子信息是否一致</td><td colspan="5">□是 □否(说明:)</td></tr>
<tr><td colspan="2">是否有购销合同</td><td colspan="5">□是 □否(说明:)</td></tr>
<tr><td colspan="2">是否有账务处理</td><td colspan="5">□是 □否(说明:)</td></tr>
<tr><td colspan="2">是否有资金往来</td><td colspan="5">□是 □否(说明:)</td></tr>
<tr><td rowspan="2">货物情况</td><td>有无出库记录</td><td colspan="5">□有 □无(说明:)</td></tr>
<tr><td>有无入库记录</td><td colspan="5">□有 □无(说明:)</td></tr>
<tr><td colspan="2">其他核查资料</td><td colspan="5"></td></tr>
<tr><td colspan="2">其他情况说明</td><td colspan="5"></td></tr>
<tr><td colspan="7">核查意见:
是否发起异地核查:□是 □否
审核检查结果:
回复异地核查结果:
核查人员:
年 月 日</td></tr>
<tr><td colspan="3">部门审批意见:
签字:
年 月 日</td><td colspan="4">主管局长审批意见:
签字:
年 月 日</td></tr>
</table>

说明:

1.核查结果及回复异地核查结果按照本规程有关分类规定填写;

2.相关资料可附后。

附件2

增值税抵扣凭证委托审核检查函

核查编号:xxxxxxxxxxxxxxx

---

xxxxx税务局:

根据增值税抵扣凭证审核检查有关规定，特委托你局对本函所涉及的 份有疑问凭证进行审核检查,并将核查结果及时反馈我局。

附件:1.《待审核检查增值税抵扣凭证清单》

2.其他资料(文档、声音、图像等)

联系人:

联系电话:

通讯地址:

邮政编码:

xxx国家税务局

年 月 日

附件3

增值税抵扣凭证审核检查回复函

核查编号:xxxxxxxxxxxxxxx

---

xxxxx国家税务局:

你局xxxxxxxxxxxxxxx号《增值税抵扣凭证委托审核检查函》的要求审核检查的凭证,我局已经进行核查,现将 份凭证的核查结果反馈你局。

附件:1.《增值税抵扣凭证审核检查结果清单》

2.证据资料(文档、声音、图像等)

联系人:

联系电话:

通讯地址:

邮政编码:

xxxxx税务局

年 月 日

附件4

增值税抵扣凭证审核检查移交清单

移交部门： 移交日期：

企业名称	凭证代码	凭证号码	问题类型	移交理由	稽查局签收

移交人： 移交部门领导签字： 移交部门主管局长签字：

国家税务总局办公厅 2008年4月2日封发

校对：流转税管理司

(2008年3月26日 国税发〔2008〕33号)

9.6 其他信息系统

成品油零售加油站增值税征收管理办法

第一条 为加强成品油零售加油站的增值税征收管理，堵塞税收管理漏洞，根据《中华人民共和国税收征收管理法》、《中华人民共和国增值税暂行条例》及有关税收政策规定，制定本办法。

第二条 凡经经贸委批准从事成品油零售业务，并已办理工商、税务登记，有固定经营场所，使用加油机自动计量销售成品油的单位和个体经营者(以下简称加油站)，适用本办法。

第三条 本办法第一条所称加油站，一律按照《国家税务总局关于加油站一律按照增值税一般纳税人征税的通知》(国税函〔2001〕882号)认定为增值税一般纳税人；并根据《中华人民共和国增值税暂行条例》有关规定进行征收管理。

第四条 采取统一配送成品油方式设立的非独立核算的加油站，在同一县市的，由总机构汇总缴纳增值税。在同一省内跨县

市经营的,是否汇总缴纳增值税,由省级税务机关确定。跨省经营的,是否汇总缴纳增值税,由国家税务总局确定。

对统一核算,且经税务机关批准汇总缴纳增值税的成品油销售单位跨县市调配成品油的,不征收增值税。

第五条 加油站无论以何种结算方式(如收取现金、支票、汇票、加油凭证(簿)、加油卡等)收取售油款,均应征收增值税。加油站销售成品油必须按不同品种分别核算,准确计算应税销售额。加油站以收取加油凭证(簿)、加油卡方式销售成品油,不得向用户开具增值税专用发票。

第六条 加油站应税销售额包括当月成品油应税销售额和其他应税货物及劳务的销售额。其中成品油应税销售额的计算公式为:

成品油应税销售额=(当月全部成品油销售数量-允许扣除的成品油数量)×油品单价

第七条 加油站必须按规定建立《加油站日销售油品台账》(附表1,以下简称台账)登记制度。加油站应按日登记台账,按日或交接班次填写,完整、详细地记录当日或本班次的加油情况,月终汇总登记《加油站月销售油品汇总表》(附表2)。台账须按月装订成册,按会计原始账证的期限保管,以备主管税务机关检查。

第八条 加油站除按月向主管税务机关报送增值税一般纳税人纳税申报办法规定的申报资料外,还应报送以下资料:

(一)《加油站________月份加油信息明细表》(附表3)或加油IC卡;

(二)《加油站月销售油品汇总表》;

(三)《成品油购销存数量明细表》(附表4)。

第九条 加油站通过加油机加注成品油属于以下情形的,允许在当月成品油销售数量中扣除:

(一)经主管税务机关确定的加油站自有车辆自用油。

(二)外单位购买的,利用加油站的油库存放的代储油。

加油站发生代储油业务时,应凭委托代储协议及委托方购油发票复印件向主管税务机关申报备案。

（三）加油站本身倒库油。

加油站发生成品油倒库业务时，须提前向主管税务机关报告说明，由主管税务机关派专人实地审核监控。

（四）加油站检测用油（回罐油）。

上述允许扣除的成品油数量，加油站月终应根据《加油站月销售油品汇总表》统计的数量向主管税务机关申报。

第十条 成品油生产、批发单位所在地税务机关应按月将其销售成品油信息通过金税工程网络传递到购油企业所在地主管税务机关。

第十一条 对财务核算不健全的加油站，如已全部安装税控加油机，应按照税控加油机所记录的数据确定计税销售额征收增值税。对未全部安装税控加油机（包括未安装）或税控加油机运行不正常的加油站，主管税务机关应要求其严格执行台账制度，并按月报送《成品油购销存数量明细表》。按月对其成品油库存数量进行盘点，定期联合有关执法部门对其进行检查。

主管税务机关应将财务核算不健全的加油站全部纳入增值税纳税评估范围，结合通过金税工程网络所掌握的企业购油信息以及本地区同行业的税负水平等相关信息，按照《国家税务总局关于加强商贸企业增值税纳税评估工作的通知》（国税发〔2001〕140号）的有关规定进行增值税纳税评估。对纳税评估有异常的，应立即移送稽查部门进行税务稽查。

主管税务机关对财务核算不健全的加油站可以根据所掌握的企业实际经营状况，核定征收增值税。

财务核算不健全的加油站，主管税务机关应根据其实际经营情况和专用发票使用管理规定限量供应专用发票。

第十二条 发售加油卡、加油凭证销售成品油的纳税人（以下简称“预售单位”）在售卖加油卡、加油凭证时，应按预收账款方法作相关账务处理，不征收增值税。

预售单位在发售加油卡或加油凭证时可开具普通发票，如购油单位要求开具增值税专用发票，待用户凭卡或加油凭证加油后，根据加油卡或加油凭证回笼记录，向购油单位开具增值税专

用发票。接受加油卡或加油凭证销售成品油的单位与预售单位结算油款时,接受加油卡或加油凭证销售成品油的单位根据实际结算的油款向预售单位开具增值税专用发票。

第十三条 主管税务机关每季度应对所辖加油站运用稽查卡进行1次加油数据读取,并将读出的数据与该加油站的《增值税纳税申报表》、《加油站日销售油品台账》、《加油站月销售油品汇总表》等资料进行核对,同时应对加油站的应扣除油量的确定、成品油购销存等情况进行全面纳税检查。

第十四条 本办法自2002年5月1日起执行。

附表:

1.加油站日销售油品台账

2.加油站月销售油品汇总表

3.加油站_________月份加油信息明细表

4.成品油购销存数量明细表

附表1:

加油站日销售成品油台账

单位:升、元

项目 时间 月 日 时	油品型号	加油机编号	起始油量数	终止油量数	出油数量	应扣除油量				应税销售数量	单价	销售金额	加油员签字
						自用	倒库	代储	检测				
—	1	2	3	4	5=4−3	6	7	8	9	10=5−6−7−8−9	11	12=10*11	13
合计													

附表2

加油站月销售油品汇总表

单位名称(印章)： 单位：升、元

<table>
<tr><th colspan="2">出油数量</th><th colspan="8">应扣除油量</th><th colspan="2">应税销售数量</th><th colspan="4">销售金额</th></tr>
<tr><th rowspan="2">本月数</th><th rowspan="2">累计数</th><th colspan="4">本月数</th><th colspan="4">累计数</th><th rowspan="2">本月数</th><th rowspan="2">累计数</th><th colspan="2">通过加油机</th><th colspan="2">不通过加油机</th></tr>
<tr><th>自用</th><th>倒库</th><th>代储</th><th>检测</th><th>自用</th><th>倒库</th><th>代储</th><th>检测</th><th>本月数</th><th>累计数</th><th>本月数</th><th>累计数</th></tr>
<tr><td></td><td></td><td></td><td></td><td></td><td></td><td></td><td></td><td></td><td></td><td></td><td></td><td></td><td></td><td></td><td></td></tr>
<tr><td></td><td></td><td></td><td></td><td></td><td></td><td></td><td></td><td></td><td></td><td></td><td></td><td></td><td></td><td></td><td></td></tr>
<tr><td></td><td></td><td></td><td></td><td></td><td></td><td></td><td></td><td></td><td></td><td></td><td></td><td></td><td></td><td></td><td></td></tr>
<tr><td>合计</td><td></td><td></td><td></td><td></td><td></td><td></td><td></td><td></td><td></td><td></td><td></td><td></td><td></td><td></td><td></td></tr>
</table>

填表人： 审核人：

附表3

加油站______月份加油信息明细表

______年______月______日

单位：升、元

填表人： 接收人：

<table>
<tr><td colspan="5">单位名称(印章)：</td></tr>
<tr><td>纳税人识别号</td><td colspan="4"></td></tr>
<tr><td>总枪数</td><td>电话号码</td><td></td><td>法人姓名</td><td></td></tr>
<tr><td>加油枪出厂编号</td><td>油品型号</td><td>月累计加油量</td><td>月累计金额</td><td>月应纳增值税额</td></tr>
<tr><td></td><td></td><td></td><td></td><td></td></tr>
<tr><td></td><td></td><td></td><td></td><td></td></tr>
<tr><td></td><td></td><td></td><td></td><td></td></tr>
<tr><td>合计</td><td></td><td></td><td></td><td></td></tr>
</table>

附表4：

成品油购销存数量明细表

单位：吨

单位名称(印章)：					
油量型号	期初库存量	本期购进量	本期出库量		期末库存量
			应税销售量	应扣除数量	
—	1	2	3	4	5=1+2−3−4

(2002年4月2日　国家税务总局令第2号)

一、成品油零售加油站应严格执行2002年国家税务总局发布的《成品油零售加油站增值税征收管理办法》(国家税务总局令第2号)的各项规定，建立、登记《加油站日销售油品台账》，在纳税申报期向主管税务机关报送《加油站月份加油信息明细表》或加油IC卡、《加油站月销售油品汇总表》、《成品油购销存数量明细表》。凡未按规定建立台账、不准确登记台账的，主管税务机关应责令其限期改正，逾期仍不改正的，主管税务机关可根据企业的实际经营状况核定其增值税销售额，按适用税率征税，不得抵扣进项税额。

二、主管税务机关要加强对加油站的日常管理，应每月对所辖加油站运用稽查卡进行一次加油数据读取，将读取的数据与加油站所报送的《增值税纳税申报表》、《加油站月销售油品汇总表》等资料进行核对，核对有问题且无正当理由的，应立即移交稽查部门进行税务稽查。稽查部门对加油站的纳税情况要按季进行稽查。

对汇总缴纳增值税的一般纳税人，自2004年1月1日起，其下属零售加油站所在地税务机关应每月运用稽查卡进行一次加油数据读取，并负责将采集的数据传送给受理申报的税务机关进行比对。

三、凡不通过已安装税控装置的加油机或税控加油机加油，擅自改变税控装置或破坏铅封，导致机器记录失真或无法记录，造成少缴或不缴应纳税款的，按《税收征管法》有关规定从重处罚。

四、主管税务机关应定期配合技术监督部门对所辖加油站的税控加油机进行检查，对采用技术手段擅自修改加油数量的，除严格按照《税收征管法》有关规定进行处罚外，还应提请经贸委等部门吊销其成品油经营许可证。

(2003年11月26日　国税发〔2003〕142号)

一、关于税控收款机发票盖章问题

鉴于目前税控收款机开具的券式发票上已打印纳税人名称(即收款单位名称)、纳税识别号，同意你局在上海市范围内试点，试行税控收款机券式发票开具时不加盖发票专用章，以方便纳税人开具操作。其他发票开具仍需按规定加盖发票专用章。

二、关于税控收款机过户问题

办理注销手续的税控收款机用户，如需转让税控收款机的，可按下列程序进行操作：

(一)税控收款机用户持税控卡、用户卡，以及未使用完的税控发票，到主管税务机关办理机器注销手续和发票缴销手续。

(二)主管税务机关前台操作人员按规定的程序，对机器及税控卡、用户卡做注销处理(同时清空税控卡、用户卡数据)，未使用完毕的税控发票做缴销处理，然后再按新机器、新用户重新进行税控初始化。

三、关于一户多机问题

关于一户多机用户在抄报数据时需携带多张用户卡的问题，由于目前使用的税控收款机属于单机版，不具有通过网络分发发票的功能，只能通过用户卡传递发票发售信息，因此，目前单机版税控收款机无法解决一户多机纳税人使用多张卡的问题。待大商

场税控改造标准出台后,这一问题可得到解决。

四、关于网上抄报数据问题

关于通过网上抄报税控收款机开票数据的问题,税务总局目前正与有关部门研究通过网上报送数据和回传监控信息的解决方案,并已在部分省、市进行试点,待有关事项明确后另行规定。

(2008年7月23日　国税函〔2008〕690号)

第十章 特殊行业及企业增值税税收政策管理办法

10.1 电力产品征收增值税的具体规定

电力产品增值税征收管理办法

第一条 为了加强电力产品增值税的征收管理,根据《中华人民共和国税收征收管理法》、《中华人民共和国增值税暂行条例》、《中华人民共和国增值税暂行条例实施细则》及其有关规定,结合电力体制改革以及电力产品生产、销售特点,制定本办法。

第二条 生产、销售电力产品的单位和个人为电力产品增值税纳税人,并按本办法规定缴纳增值税。

第三条 电力产品增值税的计税销售额为纳税人销售电力产品向购买方收取的全部价款和价外费用,但不包括收取的销项税额。价外费用是指纳税人销售电力产品在目录电价或上网电价之外向购买方收取的各种性质的费用。

供电企业收取的电费保证金,凡逾期(超过合同约定时间)未退还的,一律并入价外费用缴纳增值税。

第四条 电力产品增值税的征收,区分不同情况,分别采取以下征税办法:

(一)发电企业(电厂、电站、机组,下同)生产销售的电力产品,按照以下规定计算缴纳增值税:

1.独立核算的发电企业生产销售电力产品,按照现行增值税有关规定向其机构所在地主管税务机关申报纳税;具有一般纳税人资格或具备一般纳税人核算条件的非独立核算的发电企业生

产销售电力产品，按照增值税一般纳税人的计算方法计算增值税,并向其机构所在地主管税务机关申报纳税。

2.不具有一般纳税人资格且不具有一般纳税人核算条件的非独立核算的发电企业生产销售的电力产品，由发电企业按上网电量,依核定的定额税率计算发电环节的预缴增值税,且不得抵扣进项税额,向发电企业所在地主管税务机关申报纳税。计算公式为：

预征税额=上网电量×核定的定额税率

(二)供电企业销售电力产品,实行在供电环节预征、由独立核算的供电企业统一结算的办法缴纳增值税,具体办法如下：

1.独立核算的供电企业所属的区县级供电企业,凡能够核算销售额的,依核定的预征率计算供电环节的增值税,不得抵扣进项税额,向其所在地主管税务机关申报纳税;不能核算销售额的,由上一级供电企业预缴供电环节的增值税。计算公式为：

预征税额=销售额×核定的预征率

2.供电企业随同电力产品销售取得的各种价外费用一律在预征环节依照电力产品适用的增值税税率征收增值税,不得抵扣进项税额。

(三)实行预缴方式缴纳增值税的发、供电企业按照隶属关系由独立核算的发、供电企业结算缴纳增值税,具体办法为：

独立核算的发、供电企业月末依据其全部销售额和进项税额,计算当期增值税应纳税额,并根据发电环节或供电环节预缴增值税税额,计算应补(退)税额,向其所在地主管税务机关申报纳税。计算公式为：

应纳税额=销项税额-进项税额

应补(退)税额=应纳税额-发(供)电环节预缴增值税额

独立核算的发、供电企业当期销项税额小于进项税额不足抵扣,或应纳税额小于发、供电环节预缴增值税税额形成多交增值税时,其不足抵扣部分和多交增值税额可结转下期抵扣或抵减下期应纳税额。

(四)发、供电企业的增值税预征率(含定额税率,下同),应根据发、供电企业上期财务核算和纳税情况、考虑当年变动因素测算核定，具体权限如下：

1.跨省、自治区、直辖市的发、供电企业增值税预征率由预缴增值税的发、供电企业所在地和结算增值税的发、供电企业所在地省级国家税务局共同测算，报国家税务总局核定；

2.省、自治区、直辖市范围内的发、供电企业增值税预征率由省级国家税务局核定。

发、供电企业预征率的执行期限由核定预征率的税务机关根据企业生产经营的变化情况确定。

(五)不同投资、核算体制的机组，由于隶属于各自不同的独立核算企业，应按上述规定分别缴纳增值税。

(六)对其他企事业单位销售的电力产品，按现行增值税有关规定缴纳增值税。

(七)实行预缴方式缴纳增值税的发、供电企业，销售电力产品取得的未并入上级独立核算发、供电企业统一核算的销售收入，应单独核算并按增值税的有关规定就地申报缴纳增值税。

第五条 实行预缴方式缴纳增值税的发、供电企业生产销售电力产品以外的其他货物和应税劳务，如果能准确核算销售额的，在发、供电企业所在地依适用税率计算缴纳增值税。不能准确核算销售额的，按其隶属关系由独立核算的发、供电企业统一计算缴纳增值税。

第六条 发、供电企业销售电力产品的纳税义务发生时间的具体规定如下：

(一)发电企业和其他企事业单位销售电力产品的纳税义务发生时间为电力上网并开具确认单据的当天。

(二)供电企业采取直接收取电费结算方式的，销售对象属于企事业单位，为开具发票的当天；属于居民个人，为开具电费缴纳凭证的当天。

(三)供电企业采取预收电费结算方式的，为发行电量的当天。

(四)发、供电企业将电力产品用于非应税项目、集体福利、个人消费，为发出电量的当天。

(五)发、供电企业之间互供电力,为双方核对计数量,开具抄表确认单据的当天。

(六)发、供电企业销售电力产品以外其他货物,其纳税义务发生时间按《中华人民共和国增值税暂行条例》及其实施细则的有关规定执行。

第七条 发、供电企业应按现行增值税的有关规定办理税务登记,进行增值税纳税申报。

实行预缴方式缴纳增值税的发、供电企业应按以下规定办理:

(一)实行预缴方式缴纳增值税的发、供电企业在办理税务开业、变更、注销登记时,应将税务登记证正本复印件按隶属关系逐级上报其独立核算的发、供电企业所在地主管税务机关留存。

独立核算的发、供电企业也应将税务登记证正本复印件报其所属的采用预缴方式缴纳增值税的发、供电企业所在地主管税务机关留存。

(二)采用预缴方式缴纳增值税的发、供电企业在申报纳税的同时,应将增值税进项税额和上网电量、电力产品销售额、其他产品销售额、价外费用、预征税款和查补税款分别归集汇总,填写《电力企业增值税销项税额和进项税额传递单》(样式附后, 以下简称传递单)报送主管税务机关签章确认后,按隶属关系逐级汇总上报给独立核算发、供电企业;预征地主管税务机关也必须将确认后的《传递单》于收到当月传递给结算缴纳增值税的独立核算发、供电企业所在地主管税务机关。

(三)结算缴纳增值税的发、供电企业应按增值税纳税申报的统一规定,汇总计算本企业的全部销项税额、进项税额、应纳税额、应补(退)税额,于本月税款所属期后第二个月征期内向主管税务机关申报纳税。

(四)实行预缴方式缴纳增值税的发、供电企业所在地主管税务机关应定期对其所属企业纳税情况进行检查。发现申报不实,一律就地按适用税率全额补征税款,并将检查情况及结果发函通知结算缴纳增值税的独立核算发、供电企业所在地主管税务机关。

独立核算发、供电企业所在地主管税务机关收到预征地税务机关的发函后，应督促发、供电企业调整申报表。对在预缴环节查补的增值税，独立核算的发、供电企业在结算缴纳增值税时可以予以抵减。

第八条 发、供电企业销售电力产品，应按《中华人民共和国发票管理办法》和增值税专用发票使用管理规定领购、使用和管理发票。

第九条 电力产品增值税的其他征税事项，按《中华人民共和国税收征收管理法》、《中华人民共和国税收征收管理法实施细则》、《中华人民共和国增值税暂行条例》和《中华人民共和国增值税暂行条例实施细则》及其他有关规定执行。

第十条 本办法由国家税务总局负责解释。

第十一条 本办法自2005年2月1日起施行。

附件：

1.《电力增值税销项税额和进项税额传递单》

2.《发、供电企业税收检查情况通报单》

附件1：

电力企业增值税销项税额和进项税额传递单

单位：千瓦、元

纳税人登记号			所隶属电力集团			
纳税人名称			法定代表人姓名		营业地址	
开户银行及账号			企业类型	发/供电企业	电话号码	
销				项		
	销售电量（上网电量）	电价	售电收入	价外费用 其中不征税的价外费用	应税价外费用	定额税率或预征率
	1	2	3=1×2	4	5	6
进				项		
本期发生进项		免税货物用	非正常损失	折让	本期实际抵扣进项	
7		8	9	10	11=7-8-9-10	
税		款	征	收		
本期应缴增值税		本期已交增值税（含查补税款）		本期欠缴增值税	本年累计缴纳增值税	

报送单位确认　　主管税务机关确认　　市级税务机关确认

　　　　　　　　主管税务机关签章　　主管税务机关签章

单位签章　　　　主管税务人员签字：

　　　　　　　　审核税务人员签字：　审核税务人员签字：

注：

1.发电企业本表由电厂（站、机组）填写，供电企业县（区）级供电企业能核算售电收入的，由县（区）级供电企业填写，市级核算售电收入的，由市级供电企业填写；

2.本表在申报期内，随同申报表一同报送至主管税务机关，税务机关审核完毕后，按隶属关系报送上一级汇总审核，并报送至相应税务机关审核盖章后，继续上报。

附件2：

发、供电企业税收检查情况通报单

________区(县)国家税务局:

按照国家税务总局《电力产品增值税征收管理办法》的规定,我辖区内________(供电公司或电厂、站、机组)在我地实行发、供电环节预征,在你辖区内________(供电公司或电厂、站、机组)实行统一结算。在　　年　　月　　日,我地对________(供电公司或电厂、站、机组)进行的税收检查中,发现其____________________,现将具体情况通报如下:

____

____

按照____的规定,对其____________________________________(具体税收处罚,附税务处理决定书)。

根据《电力产品增值税征收管理办法》第　　条第　　款的要求,将有关情况通报你地,请你地督促统一核算的________________________(供电公司或电厂、站、机组)调整申报表。

________区(县)国家税务局(公章)

年　　月　　日

主题词:税务　电力　征收　令

印送:国务院办公厅,国务院法制办公室。

各省、自治区、直辖市和计划单列市国家税务局,地方税务局,扬州税务进修学院,局内各单位。

国家税务总局办公厅　　2004年12月29日封发

校对:政策法规司　　电子发文联系电话:01063417302

(2004年12月22日　国家税务总局令第10号)

10.2 中国金币总公司从事经营活动应纳的增值税

1.中国金币总公司应从原料配售环节,取得中国人民银行开具的增值税专用发票,作为进项税额以抵扣销项税额;

2.对中国金币总公司出口的金银币免征增值税;

3.对中国金币总公司在国内销售的产品,按规定的税率缴纳增值税;

(1994年7月21日　财税字〔1994〕第049号)

10.3 石油、天然气的开采等规定

10.3.1 油气田企业增值税管理办法

对跨省、自治区、直辖市、计划单列市的油气田企业,由石油管理局汇集所属单位的进项税额、计算出销项税额,并据以计算应缴增值税税额后,按照各油气田产量比例进行分配,然后由各油气田按所分配的应纳税额向所在地税务机关缴纳。对在省、自治区、直辖市、计划单列市内的油气田企业,其增值税的计算缴纳方法由各省、自治区、直辖市、计划单列市国家税务局商财政厅(局)确定。

(1994年10月22日　财税字〔1994〕第73号)

鉴于北京华油油气技术开发有限公司属于增值税一般纳税人,其提供的生产性劳务在核算地和劳务发生地均按章缴纳了增值税,本着税不重征的原则,同意对北京华油油气技术开发有限公司可视同油气田企业,按照《油气田企业增值税暂行管理办法》(财税字〔2000〕32号)和《国家税务总局关于油气田企业增值税问题的补充通知》(国税发〔2000〕195号)的有关规定,计算缴纳增值税。对其在异地为油气田企业提供石油勘探开发等生产性劳务,依照6%预征率缴纳的增值税,可在其机构核算地应纳增值税额中予以抵减。对以前年度未抵减税额应当给予退税。

(2005年1月18日　国税函〔2005〕55号)

一、按现行增值税规定油气田企业在劳务发生地未设立分(子)公司但向外省、自治区、直辖市其他油气田企业提供生产性劳务的,应当在劳务发生地按6%的预征率计算缴纳增值税,按预征率预缴的税款可在油气田企业的应纳增值税中抵减。

二、对勘探企业缴纳的税款,可按以下不同情况进行处理:

(一)勘探企业实现的2005年以前年度增值税已在机构所在地全额缴纳,未在劳务发生地缴纳的,劳务发生地税务机关不再征收。但勘探企业必须向劳务发生地税务机关提供由机构所在地主管税务机关出具的已缴纳税款的证明材料。

(二)勘探企业实现的增值税(包括2005年以前年度实现的增值税)已在机构所在地全额缴纳,又在劳务发生地按6%预征率缴纳增值税的,对其在劳务发生地缴纳部分,可在其机构所在地以后年度的应纳税额中抵减。

(2007年2月14日　国税函〔2007〕214号)

第一条　根据国务院批准的石油天然气企业增值税政策,为加强石油天然气企业的增值税征收管理工作,制定本办法。

第二条　本办法适用于在中华人民共和国境内从事原油、天然气生产的企业。包括中国石油天然气集团公司(以下简称中石油集团)和中国石油化工集团公司(以下简称中石化集团)重组改制后设立的油气田分(子)公司、存续公司和其他石油天然气生产企业(以下简称油气田企业),不包括经国务院批准适用5%征收率缴纳增值税的油气田企业。

存续公司是指中石油集团和中石化集团重组改制后留存的企业。

其他石油天然气生产企业是指中石油集团和中石化集团以外的石油天然气生产企业。

油气田企业持续重组改制继续提供生产性劳务的企业,以及2009年1月1日以后新成立的油气田企业参股、控股的企业,按照

本办法缴纳增值税。

第三条 油气田企业为生产原油、天然气提供的生产性劳务应缴纳增值税。

生产性劳务是指油气田企业为生产原油、天然气,从地质普查、勘探开发到原油天然气销售的一系列生产过程所发生的劳务(具体见本办法所附的《增值税生产性劳务征税范围注释》)。

缴纳增值税的生产性劳务仅限于油气田企业间相互提供属于《增值税生产性劳务征税范围注释》内的劳务。油气田企业与非油气田企业之间相互提供的生产性劳务不缴纳增值税。

第四条 油气田企业将承包的生产性劳务分包给其他油气田企业或非油气田企业,应当就其总承包额计算缴纳增值税。非油气田企业将承包的生产性劳务分包给油气田企业或其他非油气田企业,其提供的生产性劳务不缴纳增值税。油气田企业分包非油气田企业的生产性劳务,也不缴纳增值税。

第五条 油气田企业提供的生产性劳务,增值税税率为17%。

第六条 油气田企业与其所属非独立核算单位之间以及其所属非独立核算单位之间移送货物或者提供应税劳务,不缴纳增值税。

本办法规定的应税劳务,是指加工、修理修配劳务和生产性劳务(下同)。

第七条 油气田企业提供的应税劳务和非应税劳务应当分别核算销售额,未分别核算的,由主管税务机关核定应税劳务的销售额。

第八条 油气田企业下列项目的进项税额不得从销项税额中抵扣:

(一)用于非增值税应税项目、免征增值税项目、集体福利或者个人消费的购进货物或者应税劳务。

本办法规定的非增值税应税项目,是指提供非应税劳务、转让无形资产、销售不动产、建造非生产性建筑物及构筑物。

本办法规定的非应税劳务,是指属于应缴营业税的交通运输业、建筑业、金融保险业、邮电通信业、文化体育业、娱乐业、服务业税目征收范围的劳务,但不包括本办法规定的生产性劳务。

用于集体福利或个人消费的购进货物或者应税劳务,包括所属的学校、医院、宾馆、饭店、招待所、托儿所(幼儿园)、疗养院、文化娱乐单位等部门购进的货物或应税劳务。

(二)非正常损失的购进货物及相关的应税劳务;

(三)非正常损失的在产品、产成品所耗用的购进货物或者应税劳务。

(四)国务院财政、税务主管部门规定的纳税人自用消费品。

(五)本条第(一)项至第(四)项规定的货物的运输费用和销售免税货物的运输费用。

第九条 油气田企业为生产原油、天然气接受其他油气田企业提供的生产性劳务,可凭劳务提供方开具的增值税专用发票注明的增值税额予以抵扣。

第十条 跨省、自治区、直辖市开采石油、天然气的油气田企业,由总机构汇总计算应纳增值税税额,并按照各油气田(井口)石油、天然气产量比例进行分配,各油气田按所分配的应纳增值税额向所在地税务机关缴纳。石油、天然气应纳增值税额的计算办法由总机构所在地省级税务部门商各油气田所在地同级税务部门确定。

在省、自治区、直辖市内的油气田企业,其增值税的计算缴纳方法由各省、自治区、直辖市财政和税务部门确定。

第十一条 油气田企业跨省、自治区、直辖市提供生产性劳务,应当在劳务发生地按3%预征率计算缴纳增值税。在劳务发生地预缴的税款可从其应纳增值税中抵减。

第十二条 油气田企业为生产原油、天然气提供的生产性劳务的纳税义务发生时间为油气田企业收讫劳务收入款或者取得索取劳务收入款项凭据的当天;先开具发票的,为开具发票的当天。

收讫劳务收入款的当天,是指油气田企业应税行为发生过程中或者完成后收取款项的当天;采取预收款方式的,为收到预收款的当天。

取得索取劳务收入款项凭据的当天,是指书面合同确定的付款日期的当天；未签订书面合同或者书面合同未确定付款日期的,为应税行为完成的当天。

第十三条 油气田企业所需发票,经主管税务机关审核批准后,可以采取纳税人统一集中领购、发放和管理的方法,也可以由机构内部所属非独立核算单位分别领购。

第十四条 油气田企业应统一申报货物及应税劳务应缴纳的增值税。

第十五条 现行规定与本办法有抵触的，按本办法执行;本办法未尽事宜,按现行税收法律、法规执行。

第十六条 各省、自治区、直辖市税务机关可根据本规定制定具体实施办法,并报国家税务总局备案。

第十七条 本办法自2009年1月1日起执行。《财政部、国家税务总局关于油气田企业增值税计算缴纳方法问题的通知》((94)财税字第073号)、《财政部、国家税务关于印发〈油气田企业增值税管理暂行办法〉的通知》(财税字〔2000〕32号)和《国家税务总局关于油气田企业增值税问题的补充通知》(国税发〔2000〕195号)同时废止。

附:增值税生产性劳务征税范围注释

附件:

增值税生产性劳务征收范围注释

一、地质勘探

是指根据地质学、物理学和化学原理,凭借各种仪器设备观测地下情况,研究地壳的性质与结构,借以寻找原油、天然气的工作。种类包括:地质测量;控制地形测量;重力法;磁力法;电法;陆地海滩二维(或三维、四维)地震勘探;垂直地震测井法(即vsp测井法);卫星定位;地球化学勘探;井间地震;电磁勘探;多波地震勘探;遥感和遥测;探井;资料(数据)处理、解释和研究。

二、钻井(含侧钻)

是指初步探明储藏有油气水后,通过钻具(钻头、钻杆、钻铤)对地层钻孔,然后用套、油管连接并向下延伸到油气水层,并将油气水分离出来的过程。钻井工程分为探井和开发井。探井包括地质井、参数井、预探井、评价井、滚动井等;开发井包括采油井、采气井、注水(气)井以及调整井、检查研究井、扩边井、油藏评价井等,其有关过程包括:

(一)新老区临时工程建设。是指为钻井前期准备而进行的临时性工程。含临时房屋修建、临时公路和井场道路的修建、供水(电)工程的建设、保温及供热工程建设、维护、管理。

(二)钻前准备工程。指为钻机开钻创造必要条件而进行的各项准备工程。含钻机、井架、井控、固控设施、井口工具的安装及维修。

(三)钻井施工工程。包括钻井、井控、固控所需设备、材料及新老区临时工程所需材料的装卸及搬运。

(四)包括定向井技术、水平井技术、打捞技术、欠平衡技术、泥浆技术、随钻测量、陀螺测量、电子多点、电子单点、磁性单多点、随钻、通井、套管开窗、老井侧钻、数据处理、小井眼加深、钻井液、顶部驱动钻井、化学监测、分支井技术、气体(泡沫)钻井技术、套管钻井技术、膨胀管技术、垂直钻井技术、地质导向钻井技术、旋冲钻井技术,取芯、下套管作业、钻具服务、井控服务、固井服务、钻井工程技术监督、煤层气钻井技术等。

(五)海洋钻井:包括钻井船拖航定位、海洋环保、安全求生设备的保养检查、试油点火等特殊作业。

三、测井

是指在井孔中利用测试仪器,根据物理和化学原理,间接获取地层和井眼信息,包括信息采集、处理、解释和油(气)井射孔。根据测井信息,评价储(产)层岩性、物性、含油性、生产能力及固井质量、射孔质量、套管质量、井下作业效果等。按物理方法,主要有电法测井、声波测井、核(放射性)测井、磁测井、力测井、热测井、化学测井;按完井方式分裸眼井测井和套管井测井;按开采阶

段分勘探测井和开发测井,开发测井包括生产测井、工程测井和产层参数测井。

四、录井

是指钻井过程中随着钻井录取各种必要资料的工艺过程。有关项目包括:地质设计;地质录井;气测录井;综合录井;地化录井;轻烃色谱录井;定量荧光录井;核磁共振录井;离子色谱录井;伽马录井;岩心扫描录井;录井信息传输;录井资料处理及解释;地质综合研究;测量工程;单井评价;古生物、岩矿、色谱分析;录井新技术开发;非地震方法勘探;油层工程研究;数据处理;其他技术服务项目。

五、试井

是指确定井的生产能力和研究油层参数及地下动态,对井进行的专门测试工作。应用试井测试手段可以确定油气藏压力系统、储层特性、生产能力和进行动态预测,判断油气藏边界、评价井下作业效果和估算储量等。包括高压试井和低压试井。

六、固井

是指向井内下入一定尺寸的套管柱,并在周围注入水泥,将井壁与套管的空隙固定,以封隔疏松易塌易漏等地层、封隔油气水层,防止互相窜漏并形成油气通道。具体项目包括:表面固井、技术套管固井、油层固井、套管固井、特殊固井。

七、试油(气)

是油气层评价的一种直接手段。是指在钻井过程中或完井后,利用地层测试等手段,获取储层油、气、水产量、液性、压力、温度等资料,为储层评价、油气储量计算和制定油气开发方案提供依据。包括:中途测试、原钻机试油(气)、完井试油(气)、压裂改造、酸化改造、地层测试和抽汲排液求产、封堵等特种作业。

八、井下作业

是指在油气开发过程中,根据油气田投产、调整、改造、完善、挖潜的需要,利用地面和井下设备、工具,对油、气、水井采取各种井下作业技术措施,以达到维护油气水井正常生产或提高注采量,改善油层渗透条件及井的技术状况,提高采油速度和最终采收率。具体项目包括:新井投产、投注、维护作业、措施作业、油水井大修、试油测试、试采、数据解释。

九、油(气)集输

是指把油(气)井生产的原油(天然气)收集起来,再进行初加工并输送出去而修建井(平)台、井口装置、管线、计量站、接转站、联合站、油库、油气稳定站、净化厂(站)、污水处理站、中间加热加压站、长输管线、集气站、增压站、气体处理厂等设施及维持设施正常运转发生的运行、保养、维护等劳务。

十、采油采气

是指为确保油田企业正常生产,通过自然或机械力将油气从油气层提升到地面并输送到联合站、集输站整个过程而发生的工程及劳务。主要包括采油采气、注水注气、三次采油、防腐、为了提高采收率采取的配套技术服务等。

(一)采油采气。是指钻井完钻后,通过试采作业,采取自然或机械力将油气从油气层提升到地面而进行的井场、生产道路建设、抽油机安装、采油树配套、单井管线铺设、动力设备安装、气层排液等工程及维持正常生产发生的运行、保养、维护等劳务。

(二)注水注气。是指为保持油气层压力而建设的水源井、取水设施、操作间、水源管线、配水间、配气站、注水注气站、注水增压站、注水注气管线等设施以及维持正常注水注气发生的运行、保养、维护等劳务。

(三)稠油注汽。是指为开采稠油而修建的向油层注入高压蒸汽的设施工程及维持正常注汽发生的运行、保养、维护等劳务。

(四)三次采油。是指为提高原油采收率,确保油田采收率而向油层内注聚合物、酸碱、表面活性剂、二氧化碳、微生物等其他新技术,进行相关的技术工艺配套和地面设施工程。包括修建注入和采出各场站、管网及相应的各系统工程;产出液处理的净化场(站)及管网工程等。

(五)防腐。是指为解决现场问题,保证油田稳产,解决腐蚀问题而进行的相关药剂、防腐方案、腐蚀监测网络等的配套工程。

(六)技术服务。是指为确保油气田的正常生产,为采油气工

程提供的各种常规技术服务及新技术服务等。主要包括采油采气方案的编制、注水注气方案编制、三次采油方案的编制设计、油井管柱优化设计、相关软件的开发、采油气新工艺的服务、油气水井测试服务等。

十一、海上油田建设

是指为勘探开发海上油田而修建的人工岛、海上平台、海堤、滩海路、海上电力通讯、海底管缆、海上运输、应急系统、弃置等海上生产设施及维持正常生产发生的运行、保养、维护等劳务。

十二、供排水、供电、供热、通讯

(一)供排水。是指为维持油(气)田正常生产及保证安全所建设的调节水源、管线、泵站等系统工程以及防洪排涝工程以及运行、维护、改造等劳务。

(二)供电。是指为保证油(气)田正常生产和照明而建设的供、输、变电的系统工程以及运行、维护、改造等劳务。

(三)供热。是指为保证油气田正常生产而建设的集中热源、供热管网等设施以及运行、维护、改造等劳务。

(四)通讯。是指在油(气)田建设中为保持电信联络而修建的发射台、线路、差转台(站)等设施以及运行、维护、改造等劳务。

十三、油田基本建设

是指根据油气田生产的需要，在油气田内部修建的道路、桥涵、河堤、输卸油(气)专用码头、海堤、生产指挥场所建设等设施以及维护和改造。

十四、环境保护

是油气田企业为保护生态环境,落实环境管理而发生的生态保护、污染防治、清洁生产、污染处置、环境应急等项目建设的工程与劳务,及施工结束、资源枯竭后应及时恢复自然生态而建设的工程及劳务。

十五、其他

是指油气田企业之间为维持油气田的正常生产而互相提供的其他劳务。包括:运输、设计、提供信息、检测、计量、监督、监理、消防、安全、异体监护、数据处理、租赁生产所需的仪器、材料、设备等服务。

（2009年1月19日　财税〔2009〕8号）

一、油气田企业向外省、自治区、直辖市其他油气田企业提供生产性劳务，应当在劳务发生地税务机关办理税务登记或注册税务登记。在劳务发生地设立分(子)公司的，应当申请办理增值税一般纳税人认定手续，经劳务发生地税务机关认定为一般纳税人后，按照增值税一般纳税人的计算方法在劳务发生地计算缴纳增值税。

子公司是指具有企业法人资格，实行独立核算的企业；分公司是指不具有企业法人资格，但领取了工商营业执照的企业。

二、新疆以外地区在新疆未设立分(子)公司的油气田企业，在新疆提供的生产性劳务应按5%的预征率计算缴纳增值税，预缴的税款可在油气田企业的应纳增值税中抵减。

三、本通知自2009年1月1日执行。

（2009年7月9日　财税〔2009〕97号）

10.3.2 中外合作开采石油资源缴纳增值税有关规定

中外合作油(气)田开采的原油、天然气按实物征收增值税，征收率为5%，并按现行规定征收矿区使用费，暂不征收资源税。在计征增值税时，不抵扣进项税额。原油、天然气出口时不予退税。

（1994年2月22日　国发〔1994〕10号）

根据国务院国发〔1994〕10号《国务院关于外商投资企业和外国企业适用增值税、消费税、营业税等税收暂行条例有关问题的通知》第三条的规定，现就中外合作油(气)田(以下简称合作油(气)田)开采原油、天然气征收增值税的有关问题通知如下：

一、合作油(气)田开采的原油、天然气按实物缴纳增值税，以该油(气)田开采的原油、天然气扣除了石油作业用油(气)量和损耗量之后的原油、天然气产量作为计税依据。

二、鉴于目前合作油(气)田开采的原油、天然气实行统一销售，其增值税暂按合作油(气)田每次用于销售的总量计算征税。

计征增值税的原油、天然气实物随同合作油(气)田的原油、天然气一起销售。

三、增值税的原油、天然气实物,按实际销售额扣除其本身所发生的实际销售费用后入库。原油、天然气销售的定价方法,应事先报经主管税务机关审查。

四、合作油(气)田的原油、天然气按次纳税,每次销售款划入销售方银行账户之日(最迟不得超过合同规定的付款期限最后一日)起5日内申报纳税(如最后一天为法定节、假日可按规定顺延)。逾期未办理申报纳税的,依据《中华人民共和国税收征收管理法》的有关规定处理。

五、合作油(气)田销售的原油、天然气按外汇结算销售额的,其销售额的人民币折合率可以选择销售发生的当天或当月1日的国家外汇牌价。选择确定后1年内不得变更。

六、增值税的申报缴纳事宜,由参与合作的中国石油公司负责办理。在办理纳税申报时,应同时附送本次原油、天然气的销售价格、销售费用、销售去向等明细资料。并按月或按季向主管税务机关报送合作油(气)田的产量、存量、分配量、销售量以及主管税务机关所需要的其他有关资料。

七、合作油(气)田销售原油、天然气时,应按规定向购买方开具增值税专用发票。增值税专用发票的具体填开方法是:"价税合计栏"按含税销售额填写;"税额栏"按含税销售额乘以征收率5%计算出的税额填写;"金额栏"按价税合计数额减去税额后的余额填写;"数量栏"按销售总量填写;"单价栏"按实际销售单价填写;"税率栏"不填。"税额栏"中所列税额为购买方的增值税进项扣除额。

八、中国海洋石油总公司海上自营油(气)田比照上述有关规定执行。

九、本通知自1994年1月1日起实行。

(1994年4月28日　国税发〔1994〕114号)

中外合作油(气)田按合同开采的原油、天然气应按实物征收增值税，征收率为5%，在计征增值税时，不抵扣进项税额。原油、天然气出口时不予退税。

(1998年12月15日　国税发〔1998〕219号)

10.4　黄金、铂金等贵金属交易管理

一、对于金融机构从事的实物黄金交易业务，实行金融机构各省级分行和直属一级分行所属地市级分行、支行按照规定的预征率预缴增值税，由省级分行和直属一级分行统一清算缴纳的办法。

(一)发生实物黄金交易行为的分理处、储蓄所等应按月计算实物黄金的销售数量、金额，上报其上级支行。

(二)各支行、分理处、储蓄所应依法向机构所在地主管国家税务局申请办理税务登记。各支行应按月汇总所属分理处、储蓄所上报的实物黄金销售额和本支行的实物黄金销售额，按照规定的预征率计算增值税预征税额，向主管税务机关申报缴纳增值税。

预征税额=销售额×预征率

(三)各省级分行和直属一级分行应向机构所在地主管国家税务局申请办理税务登记，申请认定增值税一般纳税人资格。按月汇总所属地市分行或支行上报的实物黄金销售额和进项税额，按照一般纳税人方法计算增值税应纳税额，根据已预征税额计算应补税额，向主管税务机关申报缴纳。

应纳税额=销项税额-进项税额

应补税额=应纳税额-预征税额

当期进项税额大于销项税额的，其留抵税额结转下期抵扣，预征税额大于应纳税额的，在下期增值税应纳税额中抵减。

(四)从事实物黄金交易业务的各级金融机构取得的进项税额，应当按照现行规定划分不可抵扣的进项税额，作进项税额转出处理。

(五)预征率由各省级分行和直属一级分行所在地省级国家税

务局确定。

二、金融机构所属分行、支行、分理处、储蓄所等销售实物黄金时，应当向购买方开具国家税务总局统一监制的普通发票，不得开具银行自制的金融专业发票，普通发票领购事宜由各分行、支行办理。

（2005年11月7日　国税发〔2005〕178号）

10.5　钻石交易增值税征收管理办法

第一条　为了加强钻石交易的增值税征收管理，根据《中华人民共和国税收征收管理法》、《中华人民共和国增值税暂行条例》及有关税收政策规定，制定本办法。

第二条　上海钻石交易所（以下简称钻交所）是经国务院批准设立，办理钻石进出口手续和对钻石交易实行保税政策的交易场所。

第三条　本办法所称钻石，包括毛坯石和成品钻石。

第四条　钻交所应根据《中华人民共和国进/出境货物备案清单》（以下简称：备案清单）或《中华人民共和国海关进/出口货物报关单》（以下简称：报关单）及对海关开具的进出钻交所的《钻石交易核准单位》（以下简称：核准单）进行编号登记。

第五条　按照《上海钻石交易所章程》和《上海钻石交易所交易规则》注册登记的专门经营钻石的所有会员单位应当在规定的时间内，向钻交所所在地的税务机关申请办理税务登记和申请办理增值税一般纳税人资格认定。税务机关对经审核符合条件的，认定为一般纳税人，不纳入辅导期管理。

第六条　会员单位通过钻交所进口销往国内市场的毛坯钻石，免征国内环节增值税，并可通过防伪税控“一机多票”系统开具普通发票；会员单位通过钻交所进口销往国内市场的成品钻石，凭海关完税凭证和核准单（需一一对应），通过税务机关或税务机关指定的专业从事税务代理业务的中介机构使用增值税防伪税控主机共享服务系统开具增值税专用发票。如发生退货，需要开具红字增值税专用发票的，除按现行有关规定处理外，还应收回核准单(原件)；钻石出口不得开具增值税专用发票。

国内开采或加工的钻石，通过钻交所销售的，在国内销售环节免征增值税，可凭核准单开具普通发票；不通过钻交所销售的，在国内销售环节照章征收增值税，并可按规定开具专用发票。

第七条 会员单位通过钻交所进口成品钻石，凭海关完税凭证上注是的代征增值税税额抵扣，并将对应的核准单编号后，按规定向主管税务机关备案登记。

第八条 会员单位应根据增值税专用发票、核准单、备案清单或报关单等对成品钻石销售进行编号登记，并按规定报送主管税务机关。登记的主要内容是：进口单位名称、国际代码、商品名称及规格型号、数量及单位、报关单或备案清单号码、进口日期、原产国(地区)、总价、购买方单位名称、税务登记代码、专用发票代码、号码、核准单号等。会员单位主管税务机关应于每季度终了15日内向购买方的主管税务机关发送其从钻交所购入钻石的发票清单，主要内容是：所属期限、进口单位名称、专用发票代码和号码、商品名称及规格型号、数量及单位等。

第九条 从钻交所会员单位购进成品钻石的增值税一般纳税人，在向会员单位索取增值税专用发票抵扣联的同时，必须向其索取核准单(第三联)，以备税务机关核查。

第十条 从钻交所会员单位购进成品钻石的所有单位(包括加工钻石饰品等单位)应当按规定对钻石交易、库存、委托加工等情况设置明细账簿，按月向其主管税务机申报钻石购、销、损、存的明细情况。购买方主管税务机关应根据钻交所会员单位主管税务机关发送来的发票清单信息与核准单相关信息按季进行核实，发现异常的，应立即移送稽查部门实施税务稽查。

第十一条 违反本办法，由主管税务机关按照有关法律、行政法规处理。

第十二条 本办法由国家税务总局负责解释。

(2006年8月28日　国税发〔2006〕131号)

10.6 期货交易

一、增值税一般纳税人在商品交易所通过期货交易销售货物的，无论发生升水或贴水，均可按照标准仓单持有凭证(式样见附件1)所注明货物的数量和交割结算价开具增值税专用发票。

二、对于期货交易中仓单注册人注册货物时发生升水的，该仓单注销(即提取货物退出期货流通)时，注册人应当就升水部分款项向注销人开具增值税专用发票，同时计提销项税额，注销人凭取得的专用发票计算抵扣进项税额。

发生贴水的，该仓单注销时，注册人应当就贴水部分款项向注销人开具负数增值税专用发票，同时冲减销项税额，注销人凭取得的专用发票调减进项税额，不得由仓单注销人向仓单注册人开具增值税专用发票。注册人开具负数专用发票时，应当取得商品交易所出具的《标准仓单注册升贴水单》或《标准仓单注销升贴水单》(式样见附件2、附件3)，按照所注明的升贴水金额向注销人开具，并将升贴水单留存以备主管税务机关检查。

三、本通知自2005年12月1日起执行。12月1日前注册的期货仓单交易增值税征管问题仍按《国家税务总局关于印发〈货物期货征收增值税具体办法〉的通知》(国税发〔1994〕244号)及有关规定执行。

四、本通知所称升水，是指按照规定的期货交易规则，所注册货物的等级、重量、类别、仓库位置等相比基准品、基准仓库为优的，交易所通过升贴水账户支付给货物注册方的一定差价金额。发生升水时，经多次交易后，标准仓单持有人提取货物注销仓单时，交易所需通过升贴水账户向注销人收取与升水额相等的金额。

所称贴水，是指按照规定的期货交易规则，所注册货物的等级、重量、类别、仓库位置等相比基准品、基准仓库为劣的，交易所通过升贴水账户向货物注册方收取的一定差价金额。发生贴水时，经多次交易后，标准仓单持有人提取货物注销仓单时，交易所需通过升贴水账户向注销人支付与贴水额相等的金额。

附件1

××商品交易所标准仓单持有凭证

(式样)

根据××商品交易所章程、交易规则和实施细则的规定,此凭证代表所列商品的所有权,受法律保护。本签发日前原《标准仓单持有凭证》自动作废。任何涂改、伪造等行为将受法律制裁。

******公司(0156)(括号内为席位编号)　　签发日期:2005-10-12

客户代码	品种	产期	等级	类别	仓库	货位	产地	仓单数量	冻结数量	质押数量	抵押数量
01500035	WT	2004	02	GP	***	***	***	175	0	160	0
01500045	WT	2004	02	GP	***	***	***	175	0	160	0
01900435	CF	2004	328B	C2	***	***	***	5	0	0	3
合计								321		301	3

备注:仓库、货位、产地为***表示为标准仓单

会员签字:　　　　　　　　××商品交易所(章)

(2005年11月9日　国税函〔2005〕1060号)

附件 2

××商品交易所标准仓单注册升贴水单
(式样)

会员:0006　　　　日期:2005-10-18

客户编码	类型	品种	产期	等级	类别	仓库	货位	产地	公定重量	仓单数量	类别升贴水	等级升贴水	仓库升贴水	溢短升贴水	产地升贴水	总升贴水	日期
10800541	注册	CF	2005	330B	C1	086	***	***	20.031	1	0	2000	0	390.6	0	2390.6	2005-10-18
17900314	注册	CF	2005	329B	C1	086	***	***	19.771	1	0	0	0	-2862.5	0	-2862.5	2005-10-18
合计										2	0	2000	0	-2471.9	0	-471.9	

备注:本单一式两联,会员留存第一联,结算部留存第二联。

会员签字:　　　　××商品交易所　(章)

附件 3

××商品交易所标准仓单注销升贴水单

（式样）

会员:0006　　　　日期:2005-10-18

客户编码	类型	品种	产期	等级	类别	仓库	货位	产地	公定重量	仓单数量	类别升贴水	等级升贴水	仓库升贴水	溢短升贴水	产地升贴水	总升贴水	日期
10800541	注销	CF	2004	329A	C2	086	***	***	19.822	1	0	0	0	2047	0	2047	2005-10-18
17900314	注销	CF	2004	329A	C2	086	***	***	20.032	1	0	0	0	-368	0	-368	2005-10-18
合计								2	0	2	0	0	0	1679	0	1679	

备注:本单一式两联,会员留存第一联,结算部留存第二联。

会员签字:　　　　××商品交易所　(章)

第十一章　其他相关政策

11.1　增值税检查

增值税日常稽查办法

第一条　为了规范增值税日常稽查的内容和程序，加强增值税日常稽查管理，防范和查处偷骗增值税行为，提高纳税人依法纳税自觉性，根据《中华人民共和国税收征收管理法》、《中华人民共和国增值税暂行条例》制定本办法。

第二条　本办法适用于税务机关对增值税一般纳税人(以下简称纳税人)实施的增值税日常稽查。小规模纳税人增值税日常稽查办法另行制定。

第三条　增值税日常稽查是税务机关依照税收法律、法规和规章，对纳税人履行纳税义务情况实施常规稽核和检查的总称，包括稽核、检查及一般性违法问题的处理。

第四条　增值税稽核是税务机关监审纳税人增值税纳税申报情况及相关资料，筛选检查对象的过程，分为一级稽核和二级稽核。

一级稽核的工作内容和步骤：

(一)监控纳税人的申报情况。对超过纳税申报期限未办理纳税申报者，在本纳税申报期结束后5日内，向其发出催报通知。对连续两个月逾期未申报的，列印《未申报纳税人清单》送交检查。

(二)审核纳税人的申报数据。依据纳税申报表内各指标之间的逻辑关系，对所申报的应纳税额进行逻辑审核。对申报有误的，应及时向纳税人发出《申报错误更正通知》。

(三)按季计算分析纳税人销售额变动率和税负率，计算公式如下：

$$销售额变动率=\frac{本年累计应税销售额-上年同期应税销售额}{上年同期应税销售额}\times100\%$$

$$税负率=\frac{本年累计应纳税额}{本年累计应税销售额}\times100\%$$

将销售额变动率和税负率与相应的正常峰值进行比较，对存在下列问题的纳税人，列印《纳税申报异常纳税人清单》送交二级稽核。

1.销售额变动率高于正常峰值，税负率低于正常峰值的；

2.销售额变动率低于正常峰值，税负率低于正常峰值的；

3.销售额变动率及税负率均高于正常峰值的。

前款所称正常峰值，是指纳税人在一定时期内实现的销售额和税负正常变化的上限或下限。即：销售额变动率正常峰值，为纳税人在正常经营的前提下，销售额与上年同期比较，销售额变动率(±)所能达到的最大值；税负率正常峰值，为纳税人在正常履行纳税义务的前提下，由于受市场、季节等因素的影响而使税负率变化所能达到的最小值或最大值。正常峰值由地市级以上税务机关根据本地区不同行业的具体情况分别确定。

二级稽核的工作内容和步骤：

(一)审核增值税纳税申报表、发票领用存月报表、相关发票存根联、抵扣联、发票领用存原始记录等资料之间的数据是否相符。

(二)对防伪税控系统开具的增值税专用发票抵扣联按规定进行认证。

(三)运用全国丢失、被盗增值税专用发票查询系统对其抵扣联进行抽查验证。

(四)根据纳税人报送的增值税纳税申报表、资产负债表、损益表和其他有关纳税资料，做好案头分析工作，对纳税人形成异常申报的原因作出初步判断。

1.毛益率分析。根据损益表计算销售毛益率，计算公式为：

销售毛益率=销售收入-销售成本销售收入×100%

若本期销售毛益率较以前各期或上年同期有较大幅度下降，可能存在购进货物(包括应税劳务，下同)入账，销售货物结转销售成本而不计或少计销售额的问题。

2.存货、负债、进项税额综合分析。适用于商品流通企业。分析时，先计算本期进项税额控制数，计算公式为：

本期进项税额控制数=[期末存货较期初增加额（减少额用负数表示)+本期销售成本+期末应付账款较期初减少数(增加额用负数表示)]×主要外购货物的增值税税率+本期运费支出数×10%

以进项税额控制数与增值税申报表中的本期进项税额核对，若前者明显小于后者，则可能存在虚抵进项税额和未付款的购进货物提前申报抵扣进项税额的问题。

3.销售额分析。将损益表中的当期销售成本加上按成本毛利率计算出的毛益额后，与损益表、增值税申报表中的本期销售额进行对比，若表中数额小，且差距较大，则可能存在销售额不入账、挂账或瞒报等问题。成本毛利率计算公式如下：

$$成本毛利率=\frac{本年累计毛利额}{本年累计销售成本}\times 100\%$$

第五条 将稽核发现的问题和疑点，分别不同情况作如下处理：

(一)对纳税人申报异常提出质询，并逐一记录质询情况，质询记录内容包括：纳税人名称、纳税人识别号、申报异常所属时期、销售额变动率及税负率、答复人姓名以及答复情况等。

(二)对申报异常且无正当理由的纳税人应填写《增值税待查对象通知》，送交检查；申报异常现象特别严重或有较大偷骗税嫌疑的，填写《增值税待查对象特急通知》送交专案检查。

(三)质询记录、待查对象通知和检查情况所报资料要随时复核，定期统计并报主管领导审阅。

第六条 对稽核阶段未被列入检查对象的纳税人，应定期随机抽取一定数量的待查对象送交检查。对该类纳税人的检查间隔(即实施两次检查之间的时间)最长不得超过3年。

第七条 增值税检查是税务机关对纳税人会计核算资料及

有关生产经营情况进行实地检查的过程。

第八条 增值税检查的对象为稽核环节送达的未申报清单和待查对象通知所列的纳税人以及根据本办法第六条确定的纳税人。

第九条 增值税检查应按计划组织实施,对未申报待查对象的检查应自通知送达之日起1个月内实施，对申报异常的待查对象的检查应自通知送达之日起2个月内实施。

第十条 增值税检查方法根据待查对象的具体情况确定:

(一)无申报异常现象的,可采取抽查的方法,如有问题再全面检查。

(二)有申报异常现象的,应以销项或进项的某一方面问题核实为主,实施销项税额与进项税额的全面检查。

1.销售额变动率高于正常峰值及税负率低于正常峰值或销售额变动率正常,而税负率低于正常峰值的,以进项税额为检查重点,查证有无扩大进项抵扣范围、骗抵进项税额、不按规定申报抵扣等问题,对应核实销项税额计算的正确性;

2.销售额变动率低于正常峰值及税负率变动低于正常峰值的,销项税额和进项税额均应作为检查重点。

对销项税额的检查,应侧重查证有无账外经营、瞒报、迟报计税销售额、混淆增值税与营业税征税范围、错用税率等问题。

检查基本方法见附件1。

第十一条 经稽核、检查核实的一般性偷骗税问题应按《中华人民共和国税收征收管理法》有关条款及现行有关管理规定进行处理;同时责成纳税人进行相关的账务调整(具体调账方法见附件2)。对偷骗税数额较大、情节较严重、涉及地域范围较广的偷骗税案件应及时移送专案稽查。

第十二条 经增值税检查查实的问题及处理情况应按国家税务总局统一规定的文书形式反馈给二级稽核。

第十三条《未申报纳税人清单》、《申报错误更正通知》、《纳税申报异常纳税人清单》、《增值税待查对象通知》、《增值税待查对象特急通知》的样式及内容由各省级税务机关确定。

第十四条　本办法自1998年1月1日起执行。

附件1：

1.增值税检查基本方法

2.增值税检查调账方法

附件1：

增值税检查基本方法

一、瞒报计税销售额的检查。应对下列问题运用账证核对法逐项查证：

(一) 发票上填开的销售额与有关收入账户中的记录是否一致；

(二)有无计税销售额记入往来账户问题；

(三)有无将计税销售额或差价记入“应付福利费”、“投资收益”、“资本公积”、“盈余公积”等账户，逃避纳税的现象；

(四)以物易物有无不反映销售而只办理存货之间转账的问题；

(五)有无发生销售不反映销售额，而是以“生产成本”、“产成品”、“库存商品” 等存货账户以及资金账户或往来账户对转的问题；

(六)有关收入账户的红字冲销记录有无足以证明业务确实发生的证据；

(七)视同销售业务不申报纳税。检查“应付福利费”、“在建工程”、“长期投资”、“营业外支出”等账户的借方记录，核对会计凭证，查明视同销售是否按规定申报了计税销售额和销项税额。

二、迟报计税销售额的检查。

(一)将已填开的发票存根联与有关收入账户记录进行核对，看当月实现的收入是否全部入账，有无压票现象；

(二)对不以销货发票为记账依据的商业零售企业，应查明有无将本月的“销售日报”作为下月原始凭证入账的现象。

三、适用税率的检查。看已填开的增值税专用发票和含税销售额换算为不含税销售额所使用的税率是否正确。

四、虚开发票的检查。将已填开的发票存根联与其所列货物的明细账记录进行核对,看账证记录是否一致。

五、扩大进项税额抵扣范围的检查。以“进项税额”账户为中心,逐一分析每笔记录记账凭证的会计处理和原始凭证所载明的经济业务,看有无将不属于抵扣范围的进项税额申报抵扣。

六、骗抵进项税额的检查。将进项凭证与相关的付款凭证、资金账户,相关的存货账户进行核实,凡发现异常的进项凭证或涉嫌虚开、伪造的进项凭证,应委托销货方所在地税务机关配合查实。

对依据运费发票等其他扣税凭证计算进项税额的,应检查进项税额计算的正确性和扣税凭证的真实性。

七、擅自抵扣期初存货进项税额的检查。对纳税人申报抵扣的期初存货进项税额,应查明是否经主管税务机关批准,验证其计算的正确性。

八、进项税额转出的检查。分析“应付福利费”、“在建工程”、“其他业务支出”、“待处理财产损益”、“营业外支出”以及销售收入类等账户,并核对其会计凭证,看是否发生了进项税额转出事项,该办理进项税额转出的是否已经转出,转出额确定的是否正确。对兼营免税项目的纳税人,应通过分析有关销售收入和成本账户,看是否按规定办理进项税额转出。

九、账外经营检查。涉嫌有账外经营的,可采用突击检查方式,运用盘存法对存货和库存现金进行账实核对,凡相差悬殊的,要进一步查证有无未入账的进项凭证(包括代销、寄存等其他有效凭证)和现金收入凭证,如有未入账凭证,将其所载金额从实存数中扣除后,其结果仍大于账存的,即存在账外经营。

附件2:

增值税检查调账方法

增值税检查后的账务调整,应设立“应交税金——增值税检

查调整”专门账户。凡检查后应调减账面进项税额或调增销项税额和进项税额转出的数额，借记有关科目，贷记本科目；凡检查后应调增账面进项税额或调减销项税额和进项税额转出的数额，借记本科目，贷记有关科目；全部调账事项入账后，应结出本账户的余额，并对该余额进行处理：

1.若余额在借方，全部视同留抵进项税额，按借方余额数，借记“应交税金——应交增值税（进项税额）”科目，贷记本科目。

2.若余额在贷方，且“应交税金——应交增值税”账户无余额，按贷方余额数，借记本科目，贷记“应交税金——未交增值税”科目。

3.若本账户余额在贷方，“应交税金——应交增值税”账户有借方余额且等于或大于这个贷方余额，按贷方余额数，借记本科目，贷记“应交税金——应交增值税”科目。

4.若本账户余额在贷方，“应交税金——应交增值税”账户有借方余额但小于这个贷方余额，应将这两个账户的余额冲出，其差额贷记“应交税金——未交增值税”科目。

上述账务调整应按纳税期逐期进行。

（1998年3月26日　国税发〔1998〕44号）

一、关于偷税数额的确定

（一）由于现行增值税制采取购进扣税法计税，一般纳税人有偷税行为，其不报、少报的销项税额或者多报的进项税额，即是其不缴或少缴的应纳增值税额。因此，偷税数额应当按销项税额的不报、少报部分或者进项税额的多报部分确定。如果销项、进项均查有偷税问题，其偷税数额应当为两项偷税数额之和。

（二）纳税人的偷税手段如属账外经营，即购销活动均不入账，其不缴或少缴的应纳增值税额即偷税额为账外经营部分的销项税额抵扣账外经营部分中已销货物进项税额后的余额。已销货物的进项税额按下列公式计算：

已销货物进项税额=账外经营部分购货的进项税额-账外经营部分存货的进项税额

二、关于税款的补征

偷税款的补征入库，应当视纳税人不同情况处理，即：根据检查核实后一般纳税人当期全部的销项税额与进项税额（包括当期留抵税额），重新计算当期全部应纳税额，若应纳税额为正数，应当作补税处理，若应纳税额为负数，应当核减期末留抵税额（企业账务调整的具体方法，见《增值税日常稽查办法》）。

三、关于罚款

对一般纳税人偷税行为的罚款，应当按照本通知第一条的规定计算确定偷税数额，以偷税数额为依据处理。

（1998年5月12日　国税发〔1998〕66号）

根据从CTAIS系统提取的数据，2005年1月，我省增值税一般纳税人零、负申报率为43.87%，小规模纳税人零、负申报率为43.58%，增值税异常申报比例较高，暴露出了我省在增值税管理方面存在的漏洞。为了防范和打击利用异常申报偷漏税行为，省局决定进一步加强增值税异常申报管理，现将有关问题通知如下：

一、各地要高度重视，精心组织，主管领导要亲自抓好落实，税政、征管、稽查等部门要密切配合，通力合作，切实加强对增值税异常申报纳税人的管理和监控。

二、2005年1季度，各地稽查部门要在2004年开展增值税异常申报专项检查的基础上，继续开展申报异常的增值税一般纳税人的专项检查，专项检查结束后，要向省局报送专项检查总结。

三、从2005年2月起，各县（区）局的征收管理部门要在每月纳税申报期结束后，从本地CTAIS系统中导出异常申报数据。对2004年第4季度及2005年1月以后一年内连续三个月或累计六个月申报异常（包括零申报、负申报、低税负申报）的纳税人，尤其是对近几年新办的、租用经营场地从事商业流通贸易的增值税一般纳税人，要纳入重点日常检查户进行管理。并根据本地情况，有重点的分行业进行纳税评估。每月评估面应不少于本地异常申报户数的30%。对经评估申报异常且无正当理由或发现有偷漏税嫌疑的，将有关资料移送稽查部门进行税务稽查。如稽查部门确认需停供增

值税专用发票的,停供其增值税专用发票,并收缴尚未使用的专用发票。管理部门还应于次月10日前填制《增值税异常申报情况统计表(一)》报本级税政管理部门。

四、稽查部门接到管理部门移送的有关资料后,对移送的异常申报户,进行摸排梳理,确定重点稽查对象,开展全面稽查。如发现其有虚开或接受虚开专用发票和其他抵扣凭证、开具变造专用发票和其他抵扣凭证行为的,应随时通知管理部门;检查结束后,要将被查纳税人的税收违规情况及处理情况反馈管理部门。

五、移送检查后停供增值税专用发票的纳税人,在检查期间发生销售行为需领购专用发票的,可向管理部门提出领购申请,管理部门提交稽查部门审核,经稽查部门确认确有货物交易行为且应税销售额真实的,签注意见后,由评估岗位核定检查期间的专用发票限额和用量,并由评估部门通知发票发售部门按照核定结果发售发票。

六、稽查部门对经检查确认有偷漏税行为的纳税人,要严格按照有关规定进行处理。并于次月10日前填制《增值税异常申报情况统计表(二)》报本级税政管理部门。

县级税政管理部门于每季度终了10日内汇总本地异常申报户数、纳税评估结果、重点稽查等情况,填制《增值税异常申报情况统计表(一)》和《增值税异常申报情况统计表(二)》并将有关情况形成分析报告,连同统计表一同报送市、州局征管、稽查、税政管理部门。

实行一级稽查模式的地区,各部门要做好报表报送的衔接工作。

七、市、州国税局税政管理部门于每季度终了15日前汇总本地异常申报户数、纳税评估结果、重点稽查等情况,填制《增值税异常申报情况统计表(一)》和《增值税异常申报情况统计表(二)》并形成分析报告,连同统计表一同分别报省局流转税、征管、稽查部门。

八、各地要加强典型案例剖析,研究分析税收管理中存在的新问题和不法分子偷逃税的新手法、新动向,提出加强管理的措施和建议。

九、省局流转税管理部门汇总全省异常申报户数、纳税评估、重点稽查等情况，会同征管、稽查部门对全省增值税异常申报情况进行分析，形成分析报告，并就此项工作做出进一步安排部署。

附件：1.增值税异常申报情况统计表(一)

2.增值税异常申报情况统计表(二)

3.关于继续开展增值税异常申报税收专项检查的实施方案

附件1：

增值税异常申报情况统计表(一)

报送单位：　　　　　　　所属时期：　　　　　　　报送日期：

行业		纳税评估前异常申报户数			经纳税评估后有正当异常申报理由户数			异常申报理由	经评估后无正当理由移送稽查户数		
		一般纳税人	小规模纳税人	合计	一般纳税人	小规模纳税人	合计		一般纳税人	小规模纳税人	合计
商业零售	建材										
	服装										
	百货										
	肉禽蛋										
	农产品										
	其他										
商业批发	建材										
	服装										
	百货										
	肉禽蛋										
	农产品										
	其他										
工业											
合计											

附件2：

增值税异常申报情况统计表(二)

报送单位：　　　　　　　　所属时期：　　　　　　　　报送日期：

行业		评估移交异常申报户数			稽查后有正当异常申报理由户数			异常申报理由	稽查问题类型(户数)						查补税额
		一般纳税人	小规模纳税人	合计	一般纳税人	小规模纳税人	合计		虚开发票	接受虚开	隐匿收入	账外经营	其他	合计	
商业零售	建材														
	服装														
	百货														
	肉禽蛋														
	农产品														
	其他														
	建材														
	服装														
商业批发	百货														
	肉禽蛋														
	农产品														
	其他														
工业															
合计															

附件3：

关于继续开展增值税异常申报税收专项检查的实施方案

为贯彻落实2005年全省国税工作会议精神，加强税收征管，进一步提高征管质量和效率，加大稽查力度，严厉打击各种涉税违法犯罪行为，省局决定，在去年开展零、负申报专项检查的基础上，今年一季度继续开展零、负申报等异常申报税收专项检查。具体安排如下：

一、时间安排

从2005年2月开始至2005年3月底结束，4月上旬总结上报。

二、检查年度及税种

2003至2004年度国税管辖增值税、消费税、企业所得税等税收缴纳情况。

三、检查对象

所有连续或累计三个月以上零申报、负申报及税负明显偏低的增值税纳税人，重点是近几年新办商贸流通企业中一般纳税人。

四、检查的主要内容

(一)是否存在虚开和接受虚开增值税专用发票以及其他可抵扣凭证偷逃税款的违法行为。

(二)是否存在采取设置两套账、账外账，以及账外经营、发出商品不作销售等手段偷逃税款的违法行为。

(三)是否存在以隐匿、少报销售收入、多列支出、有意迟报销售收入或购进货物不入库直接销售、以及资金体外循环等方式偷逃税款的违法行为。

五、检查方法

改变以往就账查账的传统做法，把单纯的账面检查和实地核查有机结合，创新稽查思路，在深入了解被查企业经营特点、行业特点和纳税情况的基础上，采取调查与询问相结合、内查与外调相结合、账面检查与实物盘点相结合、单户检查与关联企业联合检查相结合的检查思路。综合运用审核比对分析法、库存盘点法、倒挤法等多种方法，在全面检查企业账务资料的同时，重点检查企业购、销、存诸环节涉及的物流、票流、资金流等方面存在的问题，将纳税人的会计凭证、会计账簿、会计报表、纳税资料以及实物和经营状况等相互对

照，审核推理分析，从中发现疑点和线索，然后进一步查证落实。主要检查：

（一）物流方面：查清企业主要购销货物的具体途径、运输方式、验收入库及保管出库情况；将货物收发存的实物账与企业财务账面登记的数量、金额账相互对照检查；对主要购进货物的品种、规格、数量等进行详细核对，检查其账实是否相符；查清主要货物的销售对象、运输方式、结算方式等，对有重大疑点的，提请上级稽查部门组织延伸检查。

（二）票流方面：查清企业申报抵扣取得的主要货物涉及的增值税专用发票及其他可抵扣凭证的来源、取得的方式及途径，从企业财务核算的角度调查分析，结合资金支付以及财务处理等加以相互印证。对取得联号开具及票面金额较大、缺少付款凭证等明显疑点的发票要及时发起金税协查；对比销货开票单位名称和实际收款单位名称是否一致，并延伸检查企业是否存在虚开代开增值税专用发票的问题。

（三）资金流方面：查清主要购销货物的结算方式、资金流向，调查分析企业银行对账单和企业银行账、现金账之间的关系，付款与受票、付款与购货之间的对应关系，票、货、款是否相符，对受票后资金回流的情况要深究原委。

六、检查要求

（一）提高认识、加强领导、精心组织。在总结2004年开展零、负申报专项检查成功经验的基础上，各级国税机关要进一步提高认识，充分认识到这次专项检查工作的重要性和必要性，切实加强组织领导，统一协调、统一部署，把专项检查工作抓紧、抓实、抓出成效。

（二）加强沟通，密切配合。各级征管、税政、稽查等部门要加强联系，紧密配合，及时沟通信息，对纳入检查范围的纳税人要通过人工筛选、纳税评估等方法进行认真摸排梳理，确定重点稽查对象，集中力量，重点突破，确保检查的质量和效果。对征管部门在日常检查中发现有偷逃骗税嫌疑的，要及时移交稽查部门查处。

（三）继续实行“查一户，送两份稽查建议书”制度。检查结束后，各级稽查部门要对检查结果认真、细致、全面客观地分析，针对纳税人的主要涉税问题类型和税务管理中存在的不足，分别向纳税人和税务管理部门提出稽查建议,肯定好的做法,提出改进建议,达到以查促管的效果。

(四)提高质量,注重实效。进一步加大涉税违法案件的查处力度,对故意接受虚开增值税专用发票或者虚开可抵扣税款的其他发票(凭证)偷逃税款、骗取出口退税的,必须至少对其三年内的税收缴纳情况进行全面检查;对纳税异常的小型商贸公司,必须全面检查其财务账目和纳税情况。做到尽早发现、快速出击、依法查处、及时移送。

(五)加强典型案例剖析。各级国税部门要通过对典型案例深入解剖,研究分析当前商贸流通企业偷逃税款的新动向、新特征、新趋势及采取的主要手段,提出应对的方法和加强工作的措施和建议。

(2005年2月4日　甘国税函发〔2005〕31号)

一、增值税一般纳税人拖欠纳税检查应补缴的增值税税款,如果纳税人有进项留抵税额,可按照《国家税务总局关于增值税一般纳税人用进项留抵税额抵减增值税欠税问题的通知》(国税发〔2004〕112号)的规定,用增值税留抵税额抵减查补税款欠税。

二、为确保税务机关和国库入库数字对账一致,抵减的查补税款不能作为稽查已入库税款统计。考核查补税款入库率时,可将计算公式调整为:

查补税款入库率=(实际缴纳入库的查补税款+增值税进项留抵税额实际抵减的查补税款欠税)/应缴纳入库的查补税款×100%

其中,"增值税进项留抵税额实际抵减的查补税款欠税"反映考核期内实际抵减的查补税款欠税。

(2005年2月24日　国税函〔2005〕169号)

11.2　增值税纳税评估

煤炭行业纳税评估模型

四、加强纳税评估,强化税源监管。认真执行《纳税评估管理办法(试行)》(国税发〔2005〕43号),加强对煤炭企业特别是中小企业的税源管理。各地应深入调查,找出煤炭行业税收管理的内在规律,确定主、辅指标,根据税控装置监控情况、企业产、销、存情况及煤炭市场价格变动情况等,合理划分管理类型,采取人机结合的办法,强化纳税评估。评估模型可以采用:电费成本模型、工资成本模型、原料成本模型、矿产资源费模型、以产控销模型、以进控销模型等。运用这些模型,根据行业平均电耗、工资成本等指标与具体企业的实际指标相比较,发现异常情况,及时检查。在纳税评估中,可以根据实际情况,同时使用多种评估模型,以提高纳税评估的准确性,并通过纳税评估加强日常管理,及时堵塞漏洞。

(一)电费成本模型。每个煤矿的客观条件决定其单位产量所耗用的电量基本稳定,以此为评估依据,根据生产耗用的电量测算产品的生产量,进而测算其销售额和应纳税额。测算公式为:

评估期产品产量=评估期耗用电费金额÷吨产品耗用电费金额

评估期产品销量=评估期产品产量+评估期初产品库存-评估期末产品库存

评估期产品销售收入测算数=评估期产品销量×评估期产品销售单价

使用此模型测算原煤产量时,评估期耗电量应扣除抽水、通风用电。

(二)工资成本模型。煤炭生产企业大多实行管理人员固定工资、生产人员效益工资制度,计提的工资和原煤产量成正比。煤矿每月所发放的工资可以从企业提供的工资花名册上取得,或者到采煤包工队了解。测算公式为:

评估月份原煤产量=评估月份所计提生产工人工资÷吨煤生产工人工资

评估月份原煤销量=评估月份原煤产量+评估月份原煤月初库存-评估月份原煤月末库存

评估月份原煤销售收入测算数=评估月份原煤销量×评估月份销售单价

评估月份所计提生产工人工资=评估月份所计提工资总额-管理人

员工资

(三)原料成本模型。煤矿企业投入生产的坑木和其生产的原煤掘进的巷道成正比,掘进的巷道和原煤产量成正比。测算公式为:

评估月份原煤产量=评估月份所耗用的坑木根数÷吨煤所耗用的坑木根数

评估月份原煤销量=评估月份原煤月初库存+评估月份原煤产量-评估月份原煤月末库存

评估月份原煤销售收入测算数=评估月份原煤销量×评估月份销售单价

(四)矿产资源补偿费模型。矿管局对每个煤矿生产企业开采的地下煤储存量、煤质结构有一个技术测绘平面图,以此为基础,每月到煤矿实际测绘开采平面图和掘进图,利用技术手段计算出当月开采产量,与库存平面图数据进行比对,得出当月企业产销量,计算出当月的销售额。矿管局以销售额作为计费依据计算征收矿产资源补偿费,从技术角度分析,其测算的销售额具有相当的准确性,可以作为纳税评估的重要指标。测算公式为:

测算当期销售收入=当期缴纳的矿产资源补偿费÷矿产资源补偿费率

当期缴纳的矿产资源补偿费=(矿管部门计算出的当月产量+月初的库存量-月末库存量)×当月吨煤平均销售价格×矿产资源补偿费率

(五)以产控销模型。凡是安装税控装置的煤炭企业都可以使用此评估模型,在监控出的产量已定的情况下,对当月煤炭销量进行测算,测算公式如下:

首月煤炭销量=当月监控系统监控产量或按一定方法测算的产量-当月实际产出的煤矸石产量-其他非煤炭杂物重量-月末的库存量

次月及以后月份煤炭销量=当月监控系统监控产量或按一定方法测算的产量+月末煤炭库存减少量-当月实际产出的煤矸石产量-其他非煤炭杂物重量-月末的库存煤炭增加量

煤炭企业应当分别核算煤炭和煤矸石的产量、销量、库存量和销售额。

销售的煤矸石,按照法定的税率或征收率计征增值税。

（六）以进控销模型。根据以原煤为生产原料的涉煤企业在购进原煤时取得的进项，作为评估小煤矿产销量的依据，进一步核实煤矿的销售收入。适用于本地销售为主的原煤生产企业。测算公式为：

评估月份原煤销量=涉煤企业购进原煤取得发票上列示的吨数+税务部门代开发票产品数量+用煤企业提供的购进原煤未开票数量

评估月份销售收入测算数=评估月份原煤销量×销售单价

五、规范委托代征管理。有条件的地方，可以采用委托征收的方式对煤炭企业征收税款。委托单位与受托单位应当签订委托代征协议，加强对受托单位代征工作的管理，严格代征范围和征收标准，保证代征税款及时解缴。加强国地税的协作，有条件的地区国税系统或者地税系统可以相互委托对方代征税款。企业所得税、个人所得税原则上不代征。确有必要实行代征的，应当明确汇算和征收办法。

六、规范核定征收管理。对符合税收征管法第三十五条规定情形，采取核定税额征收的煤炭企业，税务机关可以运用本通知所列模型和指标，结合其他有效方法，做好核定征收工作。严格控制核定征收范围，对实行定率征收、定额征收的煤炭企业，基层主管税务机关和人员应加强日常管理和监控，根据其税源变动情况，结合市场行情，及时调整定额或征收率。对新设立的实行核定征收的煤炭企业，首次核定定额或者征收率的有效期为一个月。一个月期满，在进一步调查核实的基础上，重新核定或者实行查账征收。

七、充分运用税控装置，加强税源控管。各级税务机关要充分利用科技手段，特别是要依托信息化手段，大力推广税控装置，加强对煤炭企业的产量测定和税源监控。有条件的地方，可以在煤炭生产企业矿井出煤口、煤仓售煤处、煤炭传送带等处安装实时电子监控系统，将电子台秤的产销数量扫描进主控机并进行自动统计，确定煤矿日产销量，实现监控产量、以产控销、以销控税、管住税源的目的。

八、加强发票管理。要监控企业销售收入是否全部开具发票，做到：一是鼓励消费者举报不开发票行为；二是对经营正常，而发票用量同比下降较多的煤矿实施纳税评估和日常检查；三是对实行验旧购新方式领购发票的纳税人，税务机关应严格要求其每月到税务机关进行验旧处理，并逐月将验旧金额与其同期申报销售额或者核定税额以及防伪税控系统开具专用发票的金额进行比对，从而查处不如实申报的行为或调整税收定额。

（2005年9月26日　国税发〔2005〕第153号）

增值税纳税评估部分方法及行业纳税评估指标(试行)

第一部分　增值税纳税评估部分方法

一、税负对比分析法

税负即税收负担率，是应纳税额与课税对象的比率，它比较直观地体现了一个企业实现税收的能力和负担水平。行业内全部企业的应纳税总额与课税对象总额之比，即行业税负。

行业税负反映了行业内企业的总体负担水平。行业中单个企业的税负在一定时期内对行业税负的背离，造成企业税负与行业税负的差异。而税负对比分析法是税务部门对企业税负背离行业税负进行有效监控的方法之一。它是通过企业税负与行业税负的对比，对税负异常的企业围绕关联指标展开分析，以发现企业税收问题的一种方法。

税负对比分析法的适用范围很广，基本上对所有行业均可适用。

模型：

$$税负差异率=\frac{(企业税收负担率-行业税收负担率)}{行业税收负担率}\times100\%$$

税负对比分析法属于综合分析法，影响因素较多，涉及税基的多个方面。因此，用该法发现企业税负异常时，应结合其他分析方法进行多角度分析。

需要注意的几个问题：(1)季节性因素。企业生产经营受季节的影响变化，本期进入销售淡季，造成应税销售收入降低，同时，为销售旺季准备生产，购进货物大幅增加，造成购销失衡等。(2)政策性因素。出口企业本期出口销售额占销售总额的比例突然增

加，直接免抵税额增加，应纳税额减少，税负降低。(3)价格因素。受市场竞争影响，企业经营的货物价格本期大幅度下降，增值额减少，税负降低。(4)经营范围发生较大变化等特殊情况。

二、工业增加值评估

(一)应纳税额与工业增加值弹性评估模型与评估方法

1.应纳税额与工业增加值弹性评估模型

$$应纳税额与工业增加值弹性系数=\frac{应纳税额增长率}{工业增加值增长率}$$

其中：

$$应纳税额增长率=\frac{当期应纳税额-基期应纳税额}{基期应纳税额}\times 100\%$$

$$工业增加值增长率=\frac{当期工业增加值-基期工业增加值}{基期工业增加值}\times 100\%$$

2.评估方法

工业增加值是指工资、利润、折旧、税金的合计。一般情况下，应纳税额与工业增加值弹性系数为1，对弹性系数<1的，可根据造纸行业一定时期的发展状况，确定一定区间作为预警值。弹性系数小于预警值，则企业可能有少缴税金的问题。应通过其他相关纳税评估指标与评估方法，并结合纳税人生产经营的实际情况进一步分析，对其申报真实性进行评估。

(二)工业增加值税负评估模型与评估方法

1.工业增加值税负评估模型

$$工业增加值税负差异率=\frac{本企业工业增加值税负}{同行业工业增加值税负}\times 100\%$$

其中：

$$本企业工业增加值税负=\frac{本企业应纳税额}{本企业工业增加值}$$

$$同行业工业增加值税负=\frac{同行业应纳税额总额}{同行业工业增加值}$$

2.评估方法

应用该指标分析本企业工业增加值税负与同行业工业增加值税负的差异，如低于同行业工业增加值平均税负，则企业可能存在隐瞒收入、少缴税款等问题，结合其他相关评估指标和方法进一步分析,对其申报真实性进行评估。

三、投入产出法

投入产出法,就是根据企业评估期实际投入原材料、辅助材料、包装物等的数量,按照确定的投入产出比(定额)测算出企业评估期的产品产量,结合库存产品数量及产品销售量、销售单价测算分析纳税人实际产销量、销售收入,并与纳税人申报信息进行对比分析的方法。

投入产出法主要适用于产品相对较为单一的工业企业。由于测算、分析侧重的内容和角度不同,不同的行业适用的投入产出测算指标和模型不同,以及投入产出表现形式的不同,分析的方法也不尽相同,如按其表现形式可分为投入产出比、单位产品定耗的分析;按其侧重面的不同可分为原材料投入产出比、废料的产出及再利用率、单位产品辅助材料(包装物)耗用定额的分析等。

(一)投入产出比模型:

测算应税销售收入=(期初库存产品数量+评估期产品数量-期末库存产品数量)×评估期产品销售单价

评估期产品数量=当期投入原材料数量×投入产出比

问题值=(测算应税销售收入-企业实际申报应税销售收入)×适用税率(征收率)

应用中该模型的分析重点是:根据已确定的行业或产品的投入产出比及企业评估期原材料的耗用数量,测算出产品生产数量,与企业账面记载产品产量相比对,同时结合产品库存数量及销售单价等信息进行关联测算,并与企业实际申报的应税销售收入对比,查找企业可能存在的问题。

(二)单位产品定耗模型的应用

测算应税销售收入=(期初库存产品数量+评估期产品数量-期末库存产品数量)×评估期产品销售单价

$$评估期产品数量=\frac{同评估期原材料或包装物耗用量}{同单位产品耗用原材料或包装物定额}$$

问题值=(测算应税销售收入-企业实际申报应税销售收入)×适用税率(征收率)

该方法是通过单位产品耗用原材料定额指标，评估产品实际产量和销售额，进而评估出纳税人是否存在有隐瞒销售收入的问题。单位产品耗用原材料定额可以根据产品配方中的定额直接确定。单位产品定耗既可以是单位产品耗用原材料定额，也可以是单位产品耗用辅助材料和包装物定额等。分析应用时要灵活运用，关联分析，及时查找企业可能存在的线索和问题。

需要注意的几个问题：(1)注意测算分析和实地调查相结合。对测算分析结果，必须深入调查，从企业仓库保管、库存明细账目、辅助材料、包装物耗用等多方面印证、分析，查找线索；(2)注意模型中指标的计量单位，特殊情况下必须进行单位换算，以免出现错误；(3)对农副产品收购、废旧物资收购等企业可利用该法关联分析收购发票开具的真实性。

四、能耗测算法

能耗测算法主要是根据纳税人评估期内水、电、煤、气、油等能源、动力的生产耗用情况，利用单位产品能耗定额测算纳税人实际生产、销售数量，并与纳税人申报信息对比、分析的一种方法。其中耗电、耗水等数据可从电力部门、自来水公司等取得核实，相对较为客观。

该分析方法广泛应用于工业企业。对账务核算不健全、材料耗用情况难以估算，但可从第三方取得客观能耗信息的小规模企业或个体工商户同样适用。

评估模型：

评估期产品产量=评估期生产能耗量÷评估期单位产品能耗定额

评估期产品销售数量=评估期期初库存产品数量+评估期产品产量-评估期期末库存数量

评估期销售收入测算数=评估期产量×评估期产品销售单价×适用税率(征收率)

问题值=(测算应税销售收入-企业实际申报应税销售收入)×适用税率(征收率)

此法就是根据生产耗用的电力、水、煤、气等能量耗用定额指标，测算产品产量，进而测算其销售额和应纳税额，与申报信息进行对比分析，查找企业纳税疑点和线索的方法。

需要注意的几个问题：(1)正常的企业非生产性(办公照明、空调使用等)用电占比例很小，可以忽略不计。但对差异额较大的，应分析是否存在隐瞒产量，少计销售收入的可能，是否存在将电转售其他企业或用于非应税项目等情况，少计其他业务收入或多抵进项情况；对需要由电费推算用电量的，应考虑扣除企业缴纳的基本电费。(2)应加强同当地电业管理部门、自来水公司等单位的联系，核实企业用电、水量等数据的真实性。同时，要求纳税人申报时向主管税务机关提供电力、自来水发票复印件；或利用金税工程中供电系统的抄税信息核实。(3)在实际分析中，应选取企业生产经营中最具客观实在性、企业不易人为改变、不易隐瞒、便于收集、纳税评估可操作性强的指标。对能耗指标的分析应用，应充分考虑企业生产设备、生产工艺、工人熟练程度等因素的影响。指标的运用不可生搬硬套，应因地制宜，根据当地实际选用或增设辅助指标，确定科学、合理的参考系数，多个指标并用，便于发现问题和疑点。

五、工时(工资)耗用法

工时耗用法是指在单位产品耗用生产时间基本确定的前提下，按照纳税人在一定时期耗用工时总量，分析、测算该时期内的产品产量及销售数量或销售额，并与申报信息对比分析的方法，工资耗用是生产耗用工时反映在货币上的金额表现。该方法主要适用于单位产品耗用工时或者工资基本稳定，工资或工时记录完整、核算规范的工业企业。

由于工时在纳税人的账面不反映，不易于收集。工时往往反映在工资上。这部分工资仅仅指生产一线工人的工资，即生产成本中的直接人工成本部分，可以在会计核算健全的纳税人账簿、凭证中直接反映。

评估模型：

评估期产品产量=评估期生产人员工时总量(工资总额)或某一主要生产环节工时总量(工资总额)÷单位产品耗用工时(或者工资)

测算应税销售收入=(期初库存产品数量+评估期产品产量-期末库

存产品数量)×评估期产品销售单价

问题值=(测算应税销售收入-企业实际申报应税销售收入)×适用税率(征收率)

该方法主要是通过生产耗用的工时或者工资测算产品产量，进而测算其销售额和应纳税额，并与申报信息进行对比分析，查找纳税疑点和线索。

需要注意的几个问题:(1)企业的生产工时(工资)标准或者关键生产环节工时(工资)标准应相对稳定，相关数据应易于收集和计算;(2) 参考当地同行业或规模、效益相近企业的生产工时(工资)标准，便于税企双方工时(工资)标准的共同认可;(3)生产工时总量(工资总额)的所属期要与生产产品的所属期配比。

六、设备生产能力法

设备生产能力法是指主要生产设备在原料、动力和人员等正常运转下产出的能力。可分为设计生产能力和实际生产能力。设计生产能力指按照国家标准生产或引进的设备，经过国家有关部门审验、认可的标准性生产能力。实际生产能力是指设备在实际运转时的生产能力。在一般情况下，设备的实际生产能力与设计生产能力有一定出入。随着各个行业国标、强制性国标及行业管理标准的出台和完善，设备的实际生产能力越来越接近设计生产能力。

设备生产能力法就是按照纳税人投入生产的单位设备生产能力，测算、分析纳税人的实际生产量，进而核实应税销售收入，并与纳税人申报信息对比、分析是否存在涉税问题的方法。该方法主要适用于一些特定的行业，如造纸业、水泥制造业、微粉、发电等行业。该方法与其他分析方法结合使用，效果会更好。

评估模型:

评估期产品产量=评估期若干设备的日产量或时产量×评估期正常工作日或工作时

测算应税销售收入=(期初库存产品数量+评估期产品产量-期末库存产品数量)×评估期产品销售单价

问题值=(测算应税销售收入-企业实际申报应税销售收入)×适用

税率(征收率)

该方法通过设备生产能力、生产耗用的时间测算产品的生产量,进而测算其销售额和应纳税额,并与申报信息进行对比分析,查找涉税疑点和线索。

需要注意的几个问题:(1) 设备生产能力可从随机文件中得到。随机文件包括产品说明书、合格证、装箱单等。产品说明书对了解和掌握纳税人的设备生产能力较为重要;(2) 实地查看时要注意正确区分设备的规格、型号、数量和生产能力;(3)设备生产能力一般有幅度,要结合企业实际情况进行掌握。

第二部分　部分行业纳税评估指标参数

木材加工行业

一、行业征管难点

主要是解决隐瞒销售收入问题。

由于木材加工行业的原材料主要是原木,由林业部门开具原木发票,虽然有多列金额现象,但总的看来问题不大;尤其是林业部门有年度砍伐计划,严格执行《森林法》的规定,开具的原木发票销售总量,不可能超过砍伐计划的规定,可信程度较高。而利用收购凭证和普通发票购入原木的数量很少,可以忽略不计,所以进项税的管理难度不大。

木材加工行业中小企业居多,装修材料等产品的销售对象有很多是个人,销售时现金交易、不开发票、资金体外循环,隐瞒销售收入是该行业的主要偷税手段。

二、评估指标参数表

	增值税税负参考值	销售收入变动范围
木材加工业	3%~5%	-70%~70%

产品类别	原材料类别	出材率(罗/立方米)	加工单位产品的耗电量(度/立方米)	毛利率
铅笔板	椴木	150~160	9~10	25%~35%

产品类别	原材料类别	出材率	耗电量(度/立方米)	毛利率
板方材	椴木	60%~67%	20~22	8%~10%
	曲柳	61%~65%	21~25	8%~12%
	桦木	60%~63%	20~23	7%~10%
	榆木	60%~65%	20~22	8%~10%
	白松	60%~67%	20~22	8%~9%
	柞木	60%~64%	20~23	7.5%~10%
	落叶松	60%~63%	21~22	8%~10%
	红松	60%~62%	20~22	8%~10%

三、评估方法

(一)投入产出法、实耗法

为了评估企业申报销售收入的真实性,选取了出材率、耗电量两个评估指标,测算评估期的产品产量,结合期初库存产品数量,通过实地调查、盘点等方法核实企业的期末库存,保证账、实一致,最后,倒挤评估期销售数量,换算为评估期的销售收入,与企业申报的销售收入对比,查找问题。

公式如下:

评估期产品产量=评估期投入原材料数量×出材率

$$评估期产品产量=\frac{评估期生产耗电总量}{单位产品耗电定额}$$

评估期产品销售收入=(评估期期初库存产品数量+评估期产品产量-评估期期末库存量)×产品单价

(二)毛利率差异率

毛利率差异率=(本企业产品类型毛利率-行业该产品毛利率)÷行业该产品毛利率×100%

1.前提条件

需要按照本地区企业的产品类型、原材料种类细化毛利率标准值,确定差异率的峰值,对异常的企业进行约谈、调查。

2.数据来源

企业的产品毛利率可以从企业申报的损益表中获得,也可以从企业的其他财务资料中取得,与地区标准产品毛利率相比较可以找到差异,确定嫌疑;对产品单一的企业尤其适用。

煤炭采选业

一、煤炭采选业征管难点

目前煤炭企业存在的税收问题主要是:迟记销售,价外收入漏记销项税额,自用产品未同销售计提销项税、进项税额抵扣范围扩大,非正常损失未作进项税额转出。乡镇、个体等小煤矿存在现金交易,销售不开发票,设两套账,账外账的现象。税收征收管理难点在于大量现金交易,销售不开发票,设两本账,无法确认真实产量、销量和应纳税额,执法的依据不足。账务核算不实,税务机关根据账务稽查很难查补偷逃税款。

二、评估指标参数

参数值/行业	税负率	销售收入变动率	进项税额变动率	吨煤生产耗用电量
煤炭洗选业	8%~11%	正负 50%	正负 10%	8~20 千瓦/小时

三、评估方法

(一)第一步:根据增值税税收负担率、销售额变动率、进项税额变动率、吨煤生产耗用电量四项主要指标及参数,计算拟定异常企业名单。

公式一:

$$企业税负率=\frac{本期应纳税额}{本期应税销售额}\times100\%$$

公式二:

$$销售额变动率=\frac{(本期应税销售额-上年同期应税销售额)}{上年同期应税销售额}\times100\%$$

销售额受销售数量、煤炭价格及价外费用等因素的影响,应与产销率配合使用,同时增加价格差异率等辅助指标。通过对销售额变动情况的分析,掌握其销售数量、销售价格的真实性。

$$价格差异率(按煤炭分类采集)=\frac{(本期平均销售价格-同类产品平均销售价格)}{同类产品平均销售价格}\times100\%$$

公式三：

$$进项税额变动率=\frac{(本期进项税额-上年同期进项税额)}{上年同期进项税额}\times100\%$$

煤炭企业的进项税额主要由木材、防护用品、火工用品、电缆配件、电力、运费等项目构成，各项目在进项税额中的构成比例相对稳定。应与吨煤原材料消耗量配合使用，同时增加抵扣项目变动率和待处理流动资产损失变动率等辅助指标。通过对进项税额及各项目构成比例变动分析，掌握其进项税额抵扣的合理及合法性，有无虚抵进项税问题。

某项目抵扣变动率=本期进项税额抵扣比率-上年同期进项税额抵扣比率

本项指标主要通过抵扣项目的增减变化，分析是否存在虚假抵扣现象。

$$流动资产损失变动率=\frac{(本期流动资产损失金额-上年同期流动资产损失金额)}{上年同期流动资产损失金额}\times100\%$$

本项指标主要分析非正常损失是否作进项税额转出。

公式四：

$$吨煤生产耗用电量=\frac{本期生产耗用电量}{本期煤炭生产量}$$

由于煤炭企业地质、开采条件和经营状况千差万别，各地进行评估时应以地市为单位制定指标参考值，根据本地实际情况对以下指标进行取舍或作为参考。

这些指标主要是吨煤生产耗用电量、火工品、工资、木材、支护用品、上缴或提取的矿管费、瓦斯治理费、井巷工程基金、育林费等

第二步：对各项指标异常原因开展评估分析、约谈举证、实地核查。

第三步：作出评估结论，按照规定进行处理。

(二)上述数据来源

1.纳税人申报纳税资料、财务会计报表以及税务机关要求纳税人提供的其他相关资料。

2.矿管、煤管部门提供的设计生产能力、年度生产计划、火工品用量等

3.外部采集的价格信息及本地区煤炭行业的相关指标信息。

4.上级税务机关发布的行业税负等信息。

造纸及纸制品业

一、行业税收管理现状及税收管理难点

造纸行业是与国民经济密切相关的基础产业，近几年来，随着需求的日益扩大，造纸行业特别是规模以上企业发展迅猛，税收贡献越来越大。目前对大型造纸企业由于其财务会计制度健全，核算正规，涉税违规问题相对较少。而随着中小型造纸企业的不断增多，税收管理的难度却不断加大，缺乏深层次切实有效的监控手段，突出表现为以下几方面:

(一)对企业“四小票”的税款抵扣缺乏有效的控管措施

以收购的农产品、废旧物资或进口废纸作为主要原材料的造纸企业，存在大量利用“四小票”进行税款抵扣的情况。由于农产品和废旧物资收购对象零星分散，流动性强，受人力物力及征管手段等客观条件的影响，对收购业务的真实性难以逐一核实。通过提高农产品收购价格、增加收购数量等虚开、虚抵税款；索取虚开的废旧物资发票、运费发票等虚抵税款。

(二)税源控管难度较大

造纸行业企业规模、生产流程差异较大，产品品种多，原材料耗用相差悬殊，即使是同一种产品，不同规模企业，其设备状况、工艺流程、原材料的种类和耗用情况等也存在较大差异，没有统一的行业技术指标标准，税务机关难以准确掌握共性的规律和指标。

(三)关联企业间存在较突出的避税问题

造纸企业集团一般存在多个分支机构，这些分支机构正常纳税与税收优惠并存，相互间存在较为频繁的关联交易。关联企业

间通过价格调节、收入转移等方式避税。由于分支机构受控于集团,关联交易的交易价格、地点、时间受人为因素影响,给税收征管工作带来很大的难度

二、评估指标参数

(一)造纸行业增值税税负率:2.38%~6.26%

(二)造纸行业投入产出评估指标参数

造纸行业投入产出评估指标参数明细表(一)

产品名称	吨纸浆耗用原材料						吨纸耗浆	吨纸耗能			吨纸工资含量(元)
	麦草	芦苇	棉秆	美废	国废	木材		煤(吨)	电(度)	汽(吨)	
新闻纸				0.70	0.80		1.07	0.59	1013	2.30	114.50
铜版纸	2.80						0.86	1.20	654	2.88	217.50
书刊印刷纸	2.68				0.80		0.87	0.74	751	2.66	165.20
书写纸	2.53	2.26				2.11	0.88	1.54	1022	2.14	190.20
白纸板							0.85		392	1.93	62.00
涂布纸	2.80					2.06	0.68	1.45	881	3.35	480.00
生活用纸							1.16	1.54	1318	3.30	605.67
瓦楞纸、瓦楞纸板	2.40		2.00	0.70	0.77	2.50	0.94	0.31	421	1.97	51.13
包装用纸及纸板				0.70			0.93	0.56	610	1.92	50.31
其他特殊用纸和纸							0.77	0.95	798	2.78	232.67

板纸与瓦纸产品投入产出参数表(二)

产品项目	4400A板纸	4400A2板纸	3200板纸	板纸平均值	2850瓦纸	1760瓦纸	瓦纸平均值
吨纸浆量(T)	1.04	0.93	0.93	0.97	0.93	0.90	0.91
吨纸汽量(T)	2.24	2.04	2.21	2.16	1.98	1.96	1.97
吨纸电量(度)	462.3	412.22	396.23	423.6	242.3	312.01	277.16
吨纸水量(方)	25.76	21.79	15.49	21.01	13.66	14.03	13.85

(该企业的主要原料为美废和国废。国废出浆率为70%左右(68%–72%);美废出浆率为77%左右。)

三、评估方法

(一)税负率评估

1.企业与行业税负率评估模型与评估方法

(1) 企业与行业税负率评估模型

①税负率=$\dfrac{\sum \text{当期应纳税额}}{\sum \text{当期按适用税率征税货物与劳务销售额}}\times 100\%$

②分别计算各类别税负率标准差、上限、下限。计算公式为:

$$\sigma=\sqrt{\sum (X-\bar{X})^2\times f\div \sum f}\times 100\%$$

标准差为:σ;上限为:$\bar{X}+\sigma$;下限为:$\bar{X}-\sigma$

X为单个纳税人实际税负,为该类别的平均税负,f为销售收入。

③确定"税负预警值"

税负预警值=$\bar{X}-\sigma$

(2)评估方法

①评估指标

主体指标,主要包括应税销售收入、应纳税额、国民行业小类等指标。

辅助指标,主要包括免、抵、退办法出口货物销售额、免抵退货物应免抵额、免抵退货物应退税额、销项税额、进项税额、进项税额转出、期初留抵税额、期末留抵税额、各类进项抵扣税额结构情况等指标。

财务指标,主要包括期初、期末存货等指标。

主体指标是用来评估企业税负率与造纸及纸制品行业大类、小类税负率及其差异情况,辅助指标是用来评估税收政策和构成税负的各项要素变动对企业税负的影响程度,财务指标用来评估企业税负变动的内在财务因素。

②按照提取的应税销售收入、应纳税额、行业代码信息分别按照国民行业大类、同行业应税销售收入规模档次、国民行业小类等分组计算加权平均税负率,并计算出单个企业税负率。

③正常情况下,直接以某类别的税负下限作为该类别的“税负预警值”。但是,通过标准差计算的税负下限既有正数,又有负数,这种现象在统计学中是合理的,然而在税负分析中,作为负数的下限是没有实际意义的。因此,必须对某一类别中出现负数的税负下限,进行具体的分析与合理的调整之后,最终确定“税负预警值”。调整时,一般是参照行业大类之中,企业户数较多(掌握在30户以上)的国民行业小类的税负下限,或参照国民行业内其他销售收入规模档次的税负下限,确定该类别的“税负预警线”。

④筛选确定税负疑点企业。按照确定的“税负预警值”,作为筛选标准,将所在类别中的纳税人税负率低于“税负预警值”的,初步确定为税负疑点企业。之后,对税负疑点企业进行政策性分析,主要是考虑出口免、抵、退税款对税负的影响,消除这些影响后,如果企业税负仍然低于“税负预警值”,即最终确定为税负疑点企业。

⑤对税负疑点企业进行深入评估。通过辅助指标和财务指标进一步分析税负疑点的具体特征,确定疑点方向。对涉及进项税额的疑点问题,针对造纸行业“农产品收购凭证与普通发票、废旧物资发票、运费发票、海关完税凭证”等“四小票”用量较大的实际情况,依托票表比对系统、增值税其他抵扣凭证审核检查系统,深入查证有无虚开、虚抵“四小票”问题;对涉及销项税额的疑点问题,应侧重查证有无账外经营、瞒报、迟报计税销售额、混淆征免界限等问题。

2.税负率与增值率评估模型与评估方法

(1)税负率与增值率评估模型

$$税负率=\frac{当期销售额\times销项平均税率-当期进项抵扣项目金额\times进项平均税率}{当期销售额}\times100\%$$

$$=销项平均税率-进项平均税率\times(1-销售增值率)$$

$$=(销项平均税率-进项平均税率)+进项平均税率\times销售增值率$$

$$\text{A、销项平均税率}=\frac{\sum \text{当期销售额} \times \text{销项税率}}{\sum \text{当期销售额}} \times 100\%$$

$$\text{B、进项平均税率}=\frac{\sum \text{当期进项抵扣项目金额} \times \text{进项税率}}{\sum \text{当期进项抵扣项目金额}} \times 100\%$$

$$\text{C、销售增值率}=\frac{\text{当期销售增值额}}{\text{当期销售额}} \times 100\%$$

销售增值额=当期销售额-当期进项抵扣项目金额±∑存货增减额×存货成本抵扣项目比率

销售增值额=当期销售额-当期进项抵扣项目金额→(理论值,适用于当期进销完全平衡状态)

或:

销售增值额=增加值 (工资+折旧+税金+营业利润)+其他非进项抵扣项目费用金额

$$\text{存货成本抵扣项目比率}=\frac{\text{某类存货成包含的抵扣项目金额}}{\text{该类存货成本总额}} \times 100\%$$

$$\text{存货增减额影响税负率}=\frac{\sum \text{存货增减额} \times \text{存货成本抵扣项目比率} \times \text{进项税率}}{\text{当期销售额}}$$

(2)评估方法

①分析指标。税负率、销项税率、进项税率、销售增值率。

②分析税负率与其相关指标的内在关系。

③分析造纸行业税负率的规律特征。通过对税负率计算公式进行相对数换算,可以直观地看到影响税负率的因素,主要有销项税率、进项税率、销售增值率等因素。一般纳税人增值税税负率与销售增值率成正比例关系;销项税率与进项税率的差异情况也直接制约着税负率水平。造纸行业税负率的规律性特征,在于进项平均税率低于销项税率,形成政策性较高税负。造纸及纸制品业在未兼营其他产品的情况下,其销项税率为17%的单一

税率；但进项税率比较复杂，主要有增值税专用发票与海关完税凭证的17%、13%税率，农产品14.94%税率（由含税税率13%换算），废旧物资发票11.11%税率，(由含税税率10%换算)，运费发票7.53%税率(由含税税率7%换算)，以及少量的代开专用发票6%、4%税率等。

以农产品为主要原材料的造纸企业进项平均税率低于销项税率1个百分点左右，以废纸为主要原材料的造纸企业进项平均税率低于销项税率3个百分点左右。加之造纸行业属于资金密集型与技术密集型行业，生产工艺比较复杂，销售增值水平较高。因此，造纸行业的税负率水平应当较高。

3.税负变动率评估模型与评估方法

(1)税负变动率评估模型。

$$税负变动率=\frac{当期税负率-基期税负率}{基期税负率}\times 100\%$$

(2)评估方法

①分析指标：当期与基期应纳税额、当期与基期应税销售额等，提取增值税纳税申报表相关数据。

②根据造纸行业不同时期的经济发展状况，按照行业平均税负变动情况，确定税负变动率预警值。一般情况下，税负变动率预警值可掌握在-20%左右。税负变动率<预警值，可初步确定为疑点企业。

③对税负变动率疑点企业进行政策性分析，消除影响后，如果企业税负变动率仍然低于预警值，即可最终确定为疑点企业，进行深入评估。

4.税负率与毛利率变动率配比评估模型与评估方法

(1)税负率与毛利率变动率配比评估模型

$$\frac{税负变动率}{毛利率变动率}=\frac{当期税负率基期税负率}{基期税负率}/\frac{当期毛利率基期毛利率}{基期毛利率}$$

$\times 100\%$

(2)评估方法

①评估指标。当期与基期应纳税额、当期与基期产品销售利

润、当期与基期应税销售额等,提取增值税纳税申报表、利润表(损益表)相关数据。

②一般来讲,毛利率和税负率是同步变化的,随着销售毛利(益)率的增长,增值税的税负会提高;反之,当销售毛利率下降时,税收负率也会随之降低。

5.税负率与应税销售额变动率配比评估模型与评估方法

(1)税负率与应税销售额变动率配比评估模型

$$\text{应税销售额变动率}=\frac{\text{当期销售额}-\text{基期销售额}}{\text{基期销售额}}\times 100\%$$

$$\text{税负率}=\frac{\text{当期应纳税额}}{\text{当期应税销售额}}\times 100\%$$

(2)评估方法

①分析指标。当期与基期应纳税额、当期与基期应税销售额等,提取增值税纳税申报表的相关数据。

②企业销售额变动率、税负率配比与造纸行业正常峰值不一致的,主要有两类情况:

一是销售额变动率高于正常峰值,税负率低于正常峰值;

二是销售额变动率与税负率均低于正常峰值。

③对销售额变动率与税负率进行配比分析,主要分析其是否经营正常,有无销售不入账、挂账、隐瞒或违反规定多抵扣进项税额等问题。

(二)工业增加值评估

1.应纳税额与工业增加值弹性评估模型与评估方法

(1)应纳税额与工业增加值弹性评估模型

$$\text{应纳税额与工业增加值弹性系数}=\frac{\text{应纳税额增长率}}{\text{工业增加值增长率}}$$

其中:

$$\text{应纳税额增长率}=\frac{\text{当期应纳税额}-\text{基期应纳税额}}{\text{基期应纳税额}}\times 100\%$$

$$\text{工业增加值增长率}=\frac{\text{当期工业增加值}-\text{基期工业增加值}}{\text{基期应纳税额}}\times 100\%$$

(2)评估方法

工业增加值是指工资、利润、折旧、税金的合计。一般情况下，应纳税额与工业增加值弹性系数为1，对弹性系数<1的，可根据造纸行业一定时期的发展状况，确定一定区间作为预警值。弹性系数小于预警值，则企业可能有少缴税金的问题。应通过其他相关纳税评估指标与评估方法，并结合纳税人生产经营的实际情况进一步分析，对其申报真实性进行评估。

2.工业增加值税负评估模型与评估方法

(1)工业增加值税负评估模型

工业增加值税负差异率=〔本企业工业增加值税负÷同行业工业增加值税负〕×100%

其中：

本企业工业增加值税负=本企业应纳税额÷本企业工业增加值

同行业工业增加值税负=同行业应纳税额总额÷同行业工业增加值

(2)评估方法

应用该指标分析本企业工业增加值税负与同行业工业增加值税负的差异，如低于同行业工业增加值平均税负，则企业可能存在隐瞒收入、少缴税款等问题，结合其他相关评估指标和方法进一步分析，对其申报真实性进行评估。

(三)投入产出评估

1.原材料投入产出率评估模型与评估方法

(1)原材料投入产出率评估模型

当期产品生产数量=当期原材料投入量÷单位产品原材料耗用量

(2)评估方法

单位产品原材料使用量是指同地区、同行业、同规模企业单位产品原材料使用量的平均值。对投入产出指标进行分析，测算出企业实际产量。根据测算的实际产量与实际库存进行对比，确定实际销量，从而进一步推算出企业销售收入。如测算的销售收入大于其申报的销售收入，则企业可能有隐瞒销售收入的问题。通过其他相关纳税评估指标与评估方法，并与税收管理员的日常监控情况进行比较，对其申报真实性进行评估。

2.燃料投入产出率评估模型

当期产品生产数量=当期燃料投入量÷单位产品燃料耗用量

3.电(汽)投入产出率评估模型

当期产品生产数量=当期电(汽)投入量÷单位产品电(汽)耗用量

4.计件工资评估模型

按生产单位产品发放的计件工资计算。

当期产品生产数量=当期工资总额÷单位产品计件工资定额。

5.生产设备能力评估模型

根据不同规格的造纸设备的设计生产能力,作为计算生产数量的依据,计算公式如下:

当期产品生产数量=单位设备生产能力×生产天数×设备台数

或单台设备每小时生产能力×生产时间×设备台数

食品加工业

一、行业征管难点

食品加工业企业生产方式与工艺流程一般都较简单,大都直接以农、林、牧、渔业产品为原料采用碾磨、脱壳、提炼、分割、粉碎、晾晒、冷藏、冷冻、脱水、干制、腌制、炒制等方式进行初加工;精加工则是在初加工基础上采用真空包装、高温杀毒、成品包装等形式形成精制农产品。人工费用大、产品附加值低是该行业的基本特点。由于食品加工企业一般自己直接收购农产品等主要原材料,加工成产品后又大多销往各地农副市场,收购与销售环节存在大量现金交易,导致购、销两头业务的真实性、完整性很难监控。申报不实、虚抵进项、免税销售与应税销售相互混淆或人为调节税负是目前该行业的主要偷税手段。

二、评估指标参数

	增值税税负参考值	销售收入变动范围
食品加工业	0.7~6.2	-50%~50%

部分产品指标和参数

指标农副			原料成品率(%)	单位包装物产值(元)	每元工人工资产值(元)	每度电耗产值(元)
蔬菜腌制品		简制品	70%		10	
		精制品	50%		10	
		咸烤笋	30%		20	
		干制品	25%		10	15
	雪菜	以咸头加工	60%		25~30	
		以鲜头加工	30%			
	榨菜	以咸头加工	70%~80%			小包装75~90元，微型包装45元
		以鲜头加工	50%			
蔬菜速冻品		豆类	67%		21	13
		菜类	52%		16	7
		水果类	43%		13	12
		笋类	31%		13	12
蔬菜碾磨品		辣椒酱	90%		13	
		辣椒粉	90%		15	25
谷物磨制		稻谷	68%		40	29
水产品冷冻		带鱼		62/箱		
		马胶鱼	60%	96/箱		
		鱼靡	42%	150/箱		
		鱿鱼	30%	66/箱		
		虾仁	45%	110/箱		
		出口章鱼	46%	140/箱		

2004年生猪屠宰各项参数调查表(四川省)

产品类别	原材料类别	出肉率	动物检疫费(元/头)
猪肉类	生猪	50%	5

三、评估方法

为了评估企业申报销售收入的真实性，选取了原料成品率、电耗、工耗、包装物耗用四个评估指标，测算评估期的产品产量，结合期初库存产品产量，换算出评估期产品销售收入，与其申报的销售收入对比，从而发现疑点问题。

由于农产品加工行业大多存在现金交易、消耗率差异大、违规使用和开具农产品收购凭证等问题，评估中还需要用存货查验、农产品收购凭证审核等方式来进一步查证疑点。

(一)投入产出法：根据原料与产品的产出比例测算产量和产值。公式如下：

评估期产品产量=评估期投入原材料数量×原料成品率

评估期产品销售收入=(评估期库存产品数量+评估期产品产量-评估期期末库存量)×平均产品单价

分析方法：应用该模型能核对企业申报的销售额是否真实。如测算产值大于其申报的销售收入，则要查证有无账外经营、瞒报、漏报、迟报计税销售额问题。

(二)实耗测量法

1.电耗测算法：根据企业所耗用的电度数来测算企业的产值。公式如下：

评估期产品产值=耗电总量×每度电耗产值

2.工耗测算法：以耗用的工人工资确定产值。公式如下：

评估期产品产值=工人总工资额×每元工人工资产值

3.包装物耗用测算法：以耗用的纸箱、胶袋等包装物数量确定产值。公式如下：

评估期产品产值=耗用包装物总量×单位包装物产值

分析方法：对不同产品，分别应用上述1个或多个模型核对企业申报的销售额是否真实。如测算产值大于其申报的销售收入，则要查证有无账外经营、瞒报、漏报、迟报计税销售额问题。

橡胶行业

一、行业征管难点：

(一)税务机关对自产农产品产量、农产品的收购数量、农产品的收购价格及收购发票的真实性难以有效核实。一是农产品收购中存在大量的虚增收购数量和收购价格的情况，但税务机关难以核实。二是税务机关对农产品经营者所销售的橡胶初级产品是

自产,还是向其他生产者收购后再销售,难以准确掌握和划分。不少农场不仅直接种植橡胶,生产橡胶初级产品标胶,同时也外购胶乳加工标胶,即存在同一人既属种植者又属收购者的情形。

(二)由于政策规定购进免税农产品销售按收购价以13%抵扣率计算进项税额, 销售购进的免税农产品应换算成不含税价依13%计算销项税,导致"毛利"低于13%的农产品出现大量进项税留抵税额,征扣倒挂。

(三)橡胶制品的生产主要是化学合成反应,工艺比较复杂,产品规格也很多,个别企业的生产工序多达30多道,税务人员由于缺少化学方面的专业知识,一直以来对这类企业的单位产品原材料耗用量、动力消耗量等投入产出指标是否准确难以确定。

(四)橡胶属于重要的工业原料,其国际市场价格波动频繁,且幅度大,天然乳胶价格低的时候4000多元一吨,高的时候可达10000多元一吨。在现行农业产品税收管理政策中,农业生产者直接销售天然乳胶是免税的,如果对市场价格不掌握,天然乳胶生产者很可能利用时间差虚增销售价格,使制品生产企业多抵扣进项税额,少缴税款。

(五)同类企业之间、同一企业不同时期税负不均衡。经调查,乳胶制品企业的税负大多在4%左右,而某某企业(福利企业)的税负却高达10%, 经调查分析是该企业涉嫌利用福利企业享受增值税即征即退优惠政策钻空子,购进原材料时不索取进项发票抵扣进项税额,造成其税负畸高,但却可以令上一销售环节不缴税。又例, 某乳胶制品生产企业2002—2004年的税负分别为10.18%、1.84%、8.01%。

(六)国产天然乳胶和进口天然乳胶同属60%的高氨型浓缩乳胶,但国产乳胶目前普遍是适用13%的税率,而进口乳胶海关却按17%的税率代征, 这造成生产同一产品的不同企业可能因原料来源地不同而导致税负不同。

二、评估指标参数

(一)橡胶农产品:

橡胶林每亩种植28~33棵橡胶树,每颗橡胶树每月产胶乳6公斤，每公斤胶乳平均产0.28~0.33公斤干胶。

(二)橡胶制品：

产品类别	销售利润率	成本利润率
胶手套	3%	4%
警用消防服	27%	41%
汽车配件	6%	7%
轮胎	负数	负数

评估指标	建议设定参数	波动幅度	评估指标	建议设定参数	波动幅度
单位产成品原材料耗用率	85%	10%	主营业务成本率	88%	10%
成本费用率	10%	20%	成本费用总额利润率	4%	10%
净资产收益率	4%	20%	总资产周转率	3.5%	20%
应收账款变动率	6%	30%	存货周转率	70	30%
应付账款变动率	6%	30%	应纳增值税增长率	3%	30%
应纳增值税税负率	4.5%	30%	工业增加值增长率	20%	30%
应纳增值税与工业增加值弹性系数	1.5	30%	工业增加值增值税税负率	50%	30%

三、评估方法：

分析单位产品当期耗用原材料与当期产出的产成品成本比率，判断纳税人是否存在账外销售问题、是否错误使用存货计价方法，成本变动率超出预警值范围，可能存在销售未计收入。

1.原材料。橡胶制品业生产的产品，其主要原材料就是天然橡胶或者废旧轮胎，品种单一，且占总原材料成本的90%以上，因此在增值税管理中原材料的耗用及价格分析非常重要。

(1)耗用：橡胶制品一般情况下都是批量生产，因此，用这一规格单个产品的橡胶部分重量乘产品数量得出的产品橡胶部分总重量与橡胶（或轮胎）耗用量对比，就可以验证产出与橡胶（或轮胎)耗用的匹配性,从而可以根据库存推测企业购进、销售的真实性。根据测算,1份乳胶的橡胶净含量是60%,也就是说,在没有损耗的情况下,1吨乳胶生产出来的乳胶制品中橡胶部分的重量应该是600公斤,通常乳胶制品的正常损耗率在5%以内。在再生胶生产过程中, 一般情况下1吨轮胎经挑选粉碎后的胶粉是750公斤,在炼再生胶的过程中,损耗在10%以内。对干胶制品行业,由于该类企业很少,且规模也不大,生产经营不稳定,暂时无法取得该类企业的橡胶投入产出比数据。

(2)价格:天然橡胶价格是重要工业原料,利用网络等媒体很容易就可以查询到市场交割价格,税源管理人员可以定期对企业购进价进行对比分析。废旧轮胎的价格波动较小,鉴于废旧回收行业税收政策的特殊性,税务人员也要定期采集市场价格数据。

2.动力:橡胶制品行业动力的耗用也相对比较稳定,尤其是干胶制品和再生胶行业, 用电量可以作为衡量生产量的重要依据。一般来说,乳胶制品的动力成本约占生产总成本的10%;一吨干胶投入生产需耗电100度左右;一吨再生胶产出需用电约1100度,如要制成胶板还要增加约800度的用电量。

3.化学添加剂:橡胶制品生产过程中使用的化学剂品种很多,量也很少,监控相对困难。但在乳胶和干胶制品的工艺流程中都必须经过一个硫化工序,这道工序必用的化学剂就是硫黄或氧化锌,而且用量在同种产品生产中也比较稳定,因此也可以将硫黄或氧化锌的耗用作为一个辅助的监控手段。

评估指标	计算公式	参数	波动幅度
乳胶投入产出(同一规格产品)比	(单件产品橡胶部分重量×产品数量)÷(乳胶耗用量×60%)	1	5%
废旧轮胎投入产出(再生胶)比	再生胶产出量÷废旧轮胎耗用量	0.75	10%
(乳胶行业)动力成本率	动力成本额÷生产成本总额	10%	30%
(再生胶)吨耗电量	总耗电量(度)÷再生胶产量(吨)	1100	20%

食品制造业

一、淀粉及淀粉制品制造业

(一)行业征管难点

由于该行业的原材料大部分是收购的农副产品,而农副产品收购发票是企业自开自抵的,所以,相当多的企业都存在着进项税额抵扣不实的问题。同时,由于这个行业原材料收购有一定的季节性,在日常管理工作中不易监控。

(二)评估指标参数表

成本项目＼主要产品		淀粉/吨		粉条/吨		粉皮/吨		液糖/吨	
		数量	单位	数量	单位	数量	单位	数量	单位
主要原材料	红薯	8.1	吨						
	红薯淀粉			1.06	吨	1.06	吨	1.41	吨
	玉米								
能耗	电	360	度	320	度	100	度	231	度
	煤	270	公斤	300	公斤	1500	公斤		
	气							1.5	吨

(三)评估方法

根据行业的生产经营规律,根据所耗原材料、动力定额来推算产品的产量,以产品产量和库存变动情况推算的销量,核实产品销售收入,最终评估纳税人申报的应纳税额是否准确。

1.投入产出率模型:

原材料耗用数量=期初库存原材料数量+本期入库数量-期末库存原材料数量

$$评估产量=\frac{本期生产耗用原材料的数量}{单位耗用定额}$$

评估期销售数量=期初库存数量+评估期产量-期末库存数量

评估销售收入=销售数量×销售单价

2.耗电量模型:

$$评估期产量=\frac{本期生产总耗电量}{单位产品耗电量}$$

销售数量=期初库存数量+评估期产量-期末库存数量

评估销售收入=销售数量×销售单价

3.耗气模型：

评估期产量=生产耗用气量÷单位耗气定额

销售数量=期初库存数量+评估期产量-期末库存数量

评估销售收入=销售数量×销售单价

二、方便面食品制造业

(一)行业征管难点

1.不开发票。方便面生产行业属于轻工业，其产品很多直接对批发部和消费者，所以销售一般不开具增值税专用发票，甚至连普通发票也不开具，造成销售难以掌握。

2.销售区域广阔。方便面是一种特殊的产品，在一个地区的消费量有限，所以方便面生产行业要想增加生产量，必须在附近的几个省拓展业务，形成了广大的销售网络，在掌握起来有较大难度。

3.方便面单位价值较低。一般库存很少，从生产厂家一生产出来，就要装车向外地运送，所以其在实物形态上，难以很直观的掌握其生产的数量。

4.行业竞争激烈。每一个方便面生产厂家都要占领一定的销售区域，目前我省生产规模较大的就有四、五家，而且还有像白象方便面厂这样福利企业，造成方便面生产行业存在着比较残酷的竞争。方便面生产厂家不可避免地存在有偷税的主观愿望。

(二)评估指标参数

主要产品 / 成本项目		方便面/吨	
		数量	单位
主要原材料	面粉	0.08	吨
	棕榈油	0.21	吨
辅助材料	纸箱	根据不同纸箱规格，每吨产品耗用纸箱定额为118~1157个。	个
	膜卷	膜卷每卷长度定额1000米，根据产品规格不同，每吨产品耗用膜卷定额为1.85~3.59卷。	卷

(三)评估方法

根据该行业原材料、用电、包装物耗用比较稳定的特点,建立以下模型。

1.投入产出率模型:

评估期生产领用原料数量=期初库存数量+本期购进数量-期末库存数量

评估应税销售收入=(期初库存产品数量+本期生产领用原料数量÷吨产品原料耗用定额-期末库存产成品数量)×评估期平均销售单价

评估期平均销售单价=∑评估期所有品种单价(元/吨)÷品种数

评估期问题值=(评估应税销售收入-企业实际申报应税销售收入)×适用税率

2.用电定额模型:

评估应税销售收入=∑评估期所有品种[(期初库存产品数量+本期生产用电量÷吨产品用电定额-期末库存产成品数量)×评估期平均销售单价]

评估期问题值=(评估应税销售收入-企业实际申报应税销售收入)×适用税率

3.耗用包装物模型:

(1)纸箱

评估期纸箱耗用量=∑评估期所有品种(期初库存纸箱+本期购进纸箱-期末库存纸箱)

评估期产量=∑评估期所有品种(评估期纸箱耗用量÷吨产品纸箱耗用定额)

评估应税销售收入=∑评估期所有品种[(期初库存产品数量+评估期产量-期末库存产成品数量)×评估期销售单价]

评估期问题值=(评估应税销售收入-企业实际申报应税销售收入)×适用税率

(2)膜卷:

评估期膜卷耗用量=∑评估期所有品种(期初库存膜卷+本期购进膜卷-期末库存膜卷)

评估期产量=∑评估期所有品种(评估期膜卷耗用量÷吨产品膜卷耗用定额)

评估应税销售收入=∑评估期所有品种[(期初库存产品数量+评估期产量−期末库存产成品数量)×评估期销售单价]

评估期问题值=(评估应税销售收入−企业实际申报应税销售收入)×适用税率

4.残次品(碎面)产量模型:

评估期碎面产量=评估期产量×残次品率

评估应税其他业务收入=(期初库存碎面数量+评估期残次品产量−期末库存残次品数量)×评估期残次品销售单价

评估期问题值=(评估应税其他业务收入−企业实际申报应税其他业务收入)×适用税率

三、乳制品制造业

(一)行业征管难点

由于生产乳制品所用的主要原材料为农副产品,所以企业的进项税票主要是非防伪税控的农副产品收购发票,而收购发票由其自行开具,且供货方大都是农民个人,同时,购货方为了方便自己(或有其他原因),在开具收购发票时,并不是收购一笔开具一笔,而是集中开具收购发票,这就使得收购企业开具收购发票存在着很大的随意性,因为供货方的无法确定,使得收购企业就有机会“虚购”原料,在收购价格、数量上税务机关也难以控制,有人为扩大进项税额之嫌,税务机关又查无实据。与此同时,由于原料收购和产品销售点较多,从材料购进到产品出库,税务机关对其难以进行监督,给企业留下了虚开进项和产成品账外销售的可能,从而形成偷税。

(二)评估指标参数

主要产品 成本项目		液态乳制品/吨		全脂淡奶粉/吨		全脂甜奶粉/吨	
		数量	单位	数量	单位	数量	单位
主要原材	鲜奶	1.04	吨	8	吨	7.6	吨
辅助材料	包装物	250ml 液态奶需包装 4440 个	个	40	套	40	套
	糖					0.19	吨
能耗	电	60	度	290	度	270	度

(三)评估方法

1.投入产出率评估指标：

评估销售额=评估销售量×单位产品售价(加权平均售价)

评估销售量=期初产成品库存量+评估期产成品产量-期末产成品库存量

评估期产成品产量=评估期投入生产的原材料数量×投入产出率

评估问题值=(评估产成品产量-企业账面产成品产量)×单位售价×适用税率

2.能耗评估指标：

评估期原材料耗用量=评估期耗电量÷加工吨原材料耗电量

评估期原材料耗用金额=评估期原材料耗用量×评估期原材料平均单价

3.包装物耗用评估指标：

评估期领用包装物数量=期初库存包装物数量+本期购进包装物数量-期末库存包装物数量

评估期生产数量=评估期领用包装物数量×包装物标重

评估期销售量=起初库存数量+评估期生产数量-期末库存数量

评估期销售额=销售单价×当期销售量

四、味精制造业

(一)行业征管难点

能够按照增值税一般纳税人的核算方法进行增值税的计算，重点应对免税的副产品进项税是否按规定分配进项税进行评估。

(二)评估指标参数

成本项目 \ 主要产品		味精/吨	
		数量	单位
辅助材料	淀粉	1.7	吨
	消泡剂	9	公斤
	液氨	450	公斤
	硫酸	800	公斤
	纯碱	320	公斤
	液化酶	0.6	公斤
能耗	电	1500	度
	煤	2.6	吨

(三)评估方法

1.纳税评估主要指标:

评估期淀粉耗用量=当期耗用液化酶/单位原材料耗用液化酶量

评估期味精产量=当期淀粉耗用量/单位产品耗用量

评估期味精销量=期初味精库存量+当期味精产量-期末味精库存量

评估期味精销售额=当期味精产量×单价

2.能耗指标:

评估期原材料耗用量+评估期耗电(煤)量/加工单位原材料耗电量

评估期原材料耗用金额=评估期原材料耗用量×评估期原材料单价

3.包装物耗用指标:

评估期耗用包装物量=期初库存包装物数量+本期购进包装物数量-期末库存包装物数量

评估期味精产量=评估期领用包装物数量×单位产品需用包装物量

评估期味精销售量=期初库存味精量+评估期味精产量-期末库存味精量

4.以耗定购指标:

评估期购进原材料金额=评估期原材料耗用金额+期末库存原材料金额-期初库存原材料金额

五、糕点制造业

(一)行业征管难点

此类企业大多属于民办私营企业,纳税意识较淡薄。多数企业存在隐瞒现金销售收入,成本费用列支不真实的问题。

(二)评估指标参数

成本项目 \ 主要产品		面包/公斤		蛋糕/公斤		干点/公斤	
		数量	单位	数量	单位	数量	单位
主要原材料	面粉	0.61~0.69	公斤	0.13~0.15	公斤	0.63~0.71	公斤
辅助材料	酵母、改良剂	8.77~10.45	克				
	黄油	25.98~44.23	克				
	泡打粉、蛋糕油			28.27~33.08	克		
	色拉油、其他油脂					0.22~0.57	公斤
能耗	电	0.9	度	0.9	度	0.9	度

(三)评估方法

因该行业必用色拉油、酵母、改良剂、黄油、泡打粉、蛋糕油，用量不大并且相对稳定，对此便于掌握，所以采用以下方法较为实用。

1.辅助材料耗用数学模型：

评估期面包产量=当期耗用酵母(或改良剂、黄油)量×单位酵母(或改良剂、黄油)投入产出系数

评估期蛋糕产量=当期耗用泡打粉、蛋糕油量×单位泡打粉、蛋糕油投入产出系数

评估期干点产量=当期耗用色拉油量×单位色拉油投入产出系数

评估期面包销量=期初面包存量+当期面包产量×(1-当期面包退货率)-期末面包库存量

评估期蛋糕销量=期初蛋糕存量+当期蛋糕产量×(1-当期蛋糕退货率)-期末蛋糕库存量

评估期干点销量=期初干点存量+当期干点产量×(1-当期干点退货率)-期末干点库存量

评估期面包销售额=评估期面包产量×当期面包的加权销售单价

评估期蛋糕销售额=评估期蛋糕产量×当期蛋糕的加权销售单价

评估期干点销售额=评估期干点产量×当期干点的加权销售单价

评估问题值=(评估期销售额-企业账面销售额)×适用税率

2.投入产出率数学模型：

评估期主要原材料(高精粉、低精粉、特一粉和鸡蛋)的耗用量=当期耗用辅料(酵母、改良剂、黄油、泡打粉、蛋糕油、苏打)量÷原辅材料配合比

评估期各类糕点产量=评估期主要原材料(高精粉、低精粉、特一粉和鸡蛋)的耗用量×主要原料投入产出比

评估期各类糕点销量=期初库存数量+评估期生产数量×(1-当期各类糕点退货率)-期末库存数量

评估期销售额=评估期各类糕点销量×当期各类糕点销售单价

评估问题值=(评估期销售额-企业账面销售额)×适用税率

3.耗电量模型：

评估期各类糕点产量=评估期耗电量÷加工单位产品耗电量

评估问题值=(评估期产量-企业账面产量)×单位售价×适用税率

六、饼干加工行业

(一)税收征管难点

饼干加工行业生产的饼干种类比较繁多,花样翻新快,饼干原料以次充好,优质产品被劣质产品挤压,被迫压价出售;2.饼干辅助食品添加剂的投入产出率因涉及商业秘密未能采集;3. 为了适应市场多样化的需求, 目前生产单一饼干产品的企业较少,大部分企业生产的饼干多品种多花样,原材料成本按产品的品种进行归集分摊,容易存在比例分摊不合理性问题,因此应重点监控此类企业。

(二)评估指标参数

成本项目 \ 主要产品		钙奶饼干/吨	
		数量	单位
主要原材料	面粉	755.65	公斤
	白砂糖	231.14	公斤
	花生油	71.12	公斤
	鸡蛋	17.78	公斤
辅助材料	包装物	4445	包
能耗	电	520	度

(三)评估方法

1.主控数学模型:

主要原材料——面粉的耗用数学模型

由于在生产钙奶饼干的过程中,面粉在主要原材料中占有重要份额,不仅价值较大而且用量相对稳定,所以此方法较为实用。

评估期面粉耗用量=期初面粉库存量+当期面粉购进量-期末面粉库存量

评估期产成品饼干产量=当期面粉耗用量×面粉投入产出率

评估期产成品饼干销量=期初产成品饼干库存量+当期产成品饼干产量-期末产成品饼干库存量

评估期产成品饼干销售额=当期产成品饼干销售单价×评估期产成品饼干销量

样本企业生产的钙奶饼干，按包装大小划分为225g/包、240g/包，由于产品工艺相通，投入原材料的比例也相同，因此主要原材料的投入产出率是一样的。

2.采用投入产出率及扣杂率数学模型：

评估销售额=评估销售量×单位产品售价

评估销售量=期初产成品饼干库存量+评估期产成品饼干产量-期末产成品饼干库存量

评估期产成品饼干产量=评估期投入生产的面粉数量×面粉投入产出率

评估问题值=(评估产成品产量-企业账面产成品产量)×单位售价×适用税率

3.耗电量模型：

评估期产成品产量=评估期耗电量÷加工1吨饼干耗电量

评估问题值=(评估产成品产量-企业账面产成品产量)×单位售价×适用税率

4.以耗定购模型：

评估期购进原材料金额=评估期原材料耗用金额+期末库存原材料金额-期初库存原材料金额

用测算的购进原材料金额和纳税人申报购进金额对比，若前者明显小于后者，则纳税人可能存在虚开收购发票、虚增进项的行为，若前者明显大于后者，则可能存在隐瞒应税销售收入或账外经营的情况。

七、酵母制造行业

(一)行业征管难点

1.产品损失。酵母产品运输、储藏要求恒温，因此，企业产品损失较多，但税务人员对企业是否多申报损失无法确认。

2.运费发票不符合规定。和购进的固定资产、福利产品一同的运输发票以及装卸费发票多抵税款。

3.视同销售的产品未提税金。

4.应转出的进项税未转出。

(二)评估指标参数

成本项目 \ 主要产品		鲜酵母/吨		干酵母/吨	
		数量	单位	数量	单位
主要原材料	糖蜜	1.7	吨	5.95	吨
	尿素	30	公斤	30	公斤
能耗	电	480	度	1680	度

(三)评估方法

1.辅助材料尿素耗用数学模型。因该行业必用尿素,用量不大并且相对稳定,又能测出含量,便于掌握,所以此方法较为实用。

2.评估期原材料糖蜜耗用量=当期耗用尿素量/单位原材料糖蜜耗用量

3.评估期产成品量=当期原材料糖蜜耗用量×投入产出率

4.评估期销售额=当期产成品产量×单价

八、酱油、食醋制造行业

(一)行业征管难点

1.该行业一般使用收购发票购进原材料,用现金支付,难于监控。

2.对于同种产品生产工业比较多,对于醋而言分为固态发酵工艺和液态发酵工艺,典型的产品分别是山西老陈醋、镇江米醋和珍极的醋;对于酱油分为低盐固态和高盐稀态,不同的工艺生产周期和生产成本都不同,评估时应分别进行调研并建立模型;

3.该行业的生产规模、技术水平和工人的熟练程度,对于投入产出有很大的影响,对单位产品的耗用影响也很大。

(二)评估指标参数

成本项目 \ 主要产品		低盐固态酱油/吨		高盐稀态酱油/吨		食醋/吨	
		数量	单位	数量	单位	数量	单位
主要原材料	豆粕	0.16	吨	0.16	吨		
	大米					0.11	吨
辅助材料	水	3.19	吨	4.94	吨	2.7	吨
	食盐	154	公斤	165	公斤	12	公斤
能耗	电	17	度	5.3	度	33.7	度

(三)评估方法

1.辅助材料食盐耗用数据模型(酱油):

评估期原料耗用量=当期耗用食盐量÷单位原料耗食盐量

评估期产成品酱油产量=当期原材料耗用量×投入产出率

评估期产成品酱油销量=期初产成品酱油库存量+当期产成品酱油产量-期末产成品酱油库存量

评估期产成品酱油销售额=当期产成品酱油产量×单价

2.辅助材料食盐耗用数据模型(醋):

评估期产成品食醋产量=当期原材料耗用量×投入产出率

评估期产成品食醋销量=期初产成品食醋库存量+当期产成品食醋产量-期末产成品食醋库存量

评估期产成品食醋销售额=当期产成品食醋产量×单价

3.全部产品(酱油和醋):

评估期总销售额=当期产成品酱油销售额+当期产成品食醋销售额

4.包装物纸箱耗用数学模型:

评估期领用纸箱数量=期初库存纸箱数量+本期购进纸箱数量-期末库存纸箱数量

5.投入产出率数学模型:

评估销售额=评估销售量×单位产品售价 (可采用企业的加权平均售价)

评估销售量=期初产成品库存量+评估期产成品产量-期末产成品库存量)

评估期产成品产量=评估期投入生产的原材料数量×投入产出率

评估问题值=(评估产成品产量-企业账面产成品数量)×单位售价×适用税率

6.耗电量模型:

评估期原材料耗用量=评估期耗电量÷加工吨原材料耗电量

评估期原材料耗用金额=评估期原材料耗用量×评估期原材料平均单价

7.耗煤量模型:

评估期原材料耗用量=评估期耗煤量÷加工吨原材料耗煤量

评估期原材料耗用金额=评估期原材料耗用量×评估期原材料平均

单价

8.以耗定购模型：

评估期购进原材料金额=评估期原材料耗用金额+期末库存原材料金额-期初库存原材料金额

九、罐头食品制造业

(一)行业征管难点

罐头生产行业所用原料均为收购的农业产品,由企业自行开具收购发票入账,由于目前对收购发票的管理尚不够严格,对企业进项税额的核实难度较大,企业有可能以虚购收购业务、虚抬收购价格等手段虚增进项税额,逃避缴纳增值税。

(二)评估指标参数

	水果罐头(以黄桃罐头为例)	水产罐头(以茄汁鱼为例)	肉类罐头	蔬菜类罐头(以蘑菇为例)
主要原料出成率(原料量:产品量)	1.2~1.5:1	1.2:1	0.9~1:1	0.9~1.3:1
吨原料耗能(煤)率	0.25 吨			
包装物耗用率	单位产品产量(吨)÷单一包装规格 如 425g 铁罐耗用率=1000÷0.425=2352.94 个			
生产周期	4-5 小时,水产类和肉类罐头产出后需再静置 7-14 天			
平均税负率(大连地区)	3.4%			

(三)评估方法

1.评估期原材料耗用量=原材料期初库存+原材料当期购进数量-原材料期末库存

2.评估期包装物耗用量=包装物期初库存+包装物当期购进数量-包装物期末库存

3.评估期销售数量=产品期初库存+当期产量-产品期末库存

4.以耗煤量计算原材料耗用量=当期煤耗用量÷单位原料耗煤量

5.以出成率计算产品产量=当期原材料耗用量÷出成率

6.以包装消耗计算产品产量=产品单一包装规格×包装物耗用数量

7.评估期税负率=增值税应纳税额÷销售额

(2005年12月20日　国税函〔2005〕1205号)

国家税务总局关于印发部分行业增值税纳税评估指标参数的通知

各省、自治区、直辖市和计划单列市国家税务局:

为了落实增值税科学化、精细化管理的要求,指导基层深入开展增值税纳税评估,进一步提高全国增值税纳税评估工作水平,税务总局成立了5个课题组,在深入开展调查研究,认真总结基层工作经验的基础上,制定了卷烟生产和销售等部分行业增值税纳税评估指标参数,现印发给你们,请结合本地实际贯彻执行。

附件:

部分行业增值税纳税评估指标参数

卷烟行业

一、行业征管难点

(一)集团公司统一在总部核算地申报缴纳增值税,下属卷烟生产企业和卷烟经销企业的主管税务机关无法掌握充分的资料,难以有效开展增值税纳税评估,而集团公司所在地主管税务机关则缺乏实物监控的手段。

(二)卷烟生产企业联合重组后,受财政体制制约,存在增值税核算与申报缴纳相分离的实际情况,增大了增值税纳税评估的难度。

(三)主管税务机关对跨省、市重组的卷烟工业企业总厂、分厂之间原辅材料与卷烟的内部调拨价格难以控管。

逃避国家专卖管理、非法生产经营或者隐瞒销售、人为调控关联交易价格等是该行业存在的主要问题。

二、评估指标参数

(一)滤嘴棒标准消耗量的参考指标

消耗定额种类	参考标准	参考浮动比例
滤嘴棒以重量为单位定额	7公斤/万支	±5%~6%
滤嘴棒以支数为单位定额	1650支/万支	±5%~3%

(二)主要原料标准消耗量的参考指标

评估指标	标准消耗(参数)	浮动区间
烟叶	8kg/万支	±5%~6%
卷烟纸	750米/万支	自定
盒皮	520张/万支	自定

(三)增值税弹性

增值税弹性	参考数最低值	参考数最高值
	0.849	0.998

(四)本行业平均增值税税负率

三、评估方法

根据卷烟行业生产经营和增值税管理的特点,以按照规定独立核算并缴纳增值税的集团性公司或企业作为评估单位,采用以下评估方法进行评估分析。

(一)投入产出法

1.滤嘴棒购进数据比对:

全国滤嘴棒(滤棒醋纤丝束或烟用丙纤)生产企业包括南通醋酸纤维有限公司、珠海醋酸纤维有限公司、昆明醋酸纤维有限公司和西安惠安化工厂等4家,卷烟生产企业主管税务机关可通过上述企业的主管税务机关采集本地卷烟生产企业购进滤嘴棒的数量、金额,进行购进对比以及产量测算。

2.产量测算:

评估期产品产量(分产品类型)=评估期原料及辅料的总投入量(分产品类型)/单位产品的标准消耗量

评估期原料及辅料的总投入量 (分产品类型)=原料及辅料期初库存数量+本期入库数量-期末库存数量

3.销售收入测算：

评估期应税销售收入(分产品类型)=评估期产品销量×单箱平均售价

销售收入差异额=评估期应税销售收入-企业同期实际申报应税销售收入

除上述方法外，还可用购入烟叶、卷烟纸及盒皮等来印证和修正测算的销售收入。具体方法与上述一致，原材料的购入数可以直接要求企业填报，并与国家计划数印证。

(二)计划分析法：

按照现行体制，卷烟生产企业隶属于各级烟草公司，年度卷烟总产量计划由国务院计划部门下达，卷烟的销售价格由国家烟草专卖局核定，各卷烟生产企业只能以国家烟草专卖局核定的价格与各卷烟商业公司在卷烟销售交易网上进行网上交易。对生产企业可采用本办法评估。

评估期应税销售收入(分产品类型)=评估期计划产品销量×单箱平均计划售价

销售收入差异额=评估期应税销售收入-企业同期实际申报应税销售收入

(三)弹性分析法：

增值税弹性是增值税进销项增长速度的比值，反映进销项变动的同步性和相关性，样本量越大，精度越高。

企业销项税额增长速度=(当年一定时期销项税额-上年同期销项税额)/上年同期销项税额

企业进项税额增长速度=(当年一定时期进项税额-上年同期进项税额)/上年同期进项税额

增值税弹性=企业销项税额增长速度/企业进项税额增长速度

增值税弹性接近1，说明企业产销正常。当弹性小于最低值时，需要评估存货期末余额增量，如果增量小于等于0，则可能存在偷税问题。

存货期末余额增量=存货评估期期末余额-存货评估期期初余额

(四)相关性分析法

利用增值税与企业增值率相关性进行分析。

增值税相关率=(评估期增值税/评估期销售收入)/(评估期增加值/评估期销售收入)×100%

评估期增加值=利润总额+累计折旧贷方余额+利息支出+主营业务税金及附加

烟叶采购季节性比较强,在采用购进扣税法情况下,该办法适于对企业按年评估,企业增值率越高,税收产出率也应该越高。

汽车行业

一、行业征管难点

从管理情况看,大型的汽车生产企业由于财务会计制度健全,核算正规,涉税违规问题相对较少;小型的汽车改装企业和经销企业经营灵活,情况复杂,税收管理的难度较大。行业征管难点主要表现在以下几个方面:

(一)企业与企业之间差别大。在汽车生产行业中,企业的生产规模,产品品种,生产工艺等存在较大差异,不同的规模、不同的产品,其工艺流程与原材料耗用等相差悬殊,税务机关难以准确掌握其经营规律和共性指标,税源控管的难度大。

(二)关联企业之间调节税收难以控制。汽车生产企业大多存在多个关联企业,这些关联企业内资、外资并存,适用不同税收政策,企业间容易采用转让定价调节税收。

(三)企业的生产经营方式灵活多样。大部分经销企业在销售整车的同时,又销售零配件,并提供维修服务,不同经销企业各项业务所占比重不同,毛利率和税负率也不同,增加了利用参数比较的难度;正常的商品车与试验车划分缺乏统一标准;销售返利复杂多样。这给税务机关的日常管理带来一定的难度。

二、评估指标参数

底盘定额耗用量=1台/辆

发动机定额耗用量=1台/辆

方向盘定额耗用量=1台/辆

三、评估方法

(一)汽车生产企业

对汽车生产企业进行纳税评估，应主要以核实产销量、税负差异分析、零配件耗用与产出配比分析为主，通过采用以下评估方法和指标，并结合其他辅助方法，进行综合评估分析。

1.申报数量对比分析法：

将生产企业申报的销售数量与车辆税收“一条龙”有关信息进行比对，以判断企业申报数量是否准确、真实。

(1)税务机关通过车辆税收“一条龙”清分比对系统下载的《车辆购置税机动车识别代码清单》信息，按厂牌型号清分出每一厂牌的车辆识别代码，排序后找出该型号的最大序列号，视此号之前的车辆为已销售的车辆，以此推算出该型号车辆的最低销售数量。

(2)将推算出的最低销售数量与纳税人报送备案的《车辆识别代码清单》中对应厂牌型号的销售数量进行比对，如推算出的销售数量大于申报备案的销售数量，则可能存在企业隐瞒销售数量的问题。

销售数量误差率=[(本期车辆税收“一条龙”系统中的最大VIN码号-上期车辆税收“一条龙”系统中的最大VIN码号)-企业申报的本期销售数量]/企业申报的本期销售数量×100%

如果销售误差率大于预警值，说明申报异常。此指标主要说明企业是否及时申报当期销售收入。各地可根据本地区的实际情况，确定销售误差率预警值。

数据来源：企业申报时报送的当期销售所有机动车的《车辆识别代码清单》。

如果组装厂不便采集车辆识别代码，可以用合格证的数据分析计算。

2.投入产出评估法：

根据主要配件购进投入数量，测算出企业整车的实际产量，结合库存产品数量，推算出实际销售数量，与企业申报信息进行对比，从而判断企业是否存在隐瞒销售数量、销售收入等问题。运用此方法的前提是假设企业进项抵扣凭证全部入账。

汽车主要配件包括：发动机、方向盘、油箱、轮胎、变速箱、车

桥、车身等。

测算的本期产量=(主要配件期初库存数量+主要配件本期购进数量-主要配件期末库存数量-主要配件当期报废数量)/主要配件单台车定额耗用量

测算的销售收入=(期初库存产品数量+测算的本期产量-期末库存产品数量)×本期同类产品平均销售价格

投入产出差异率=(测算的销售收入-企业实际申报的销售收入)/企业实际申报的销售收入×100%

如果投入产出差异率大于预警值,说明申报异常。该指标主要用于说明企业是否及时申报当期销售收入。各地可根据本地区的实际情况,确定投入产出差异率预警值。

数据来源:评估期配件数量来源于评估期企业原材料明细账中的相关数据。

3.税收负担率、税负差异率分析法:

(1)税收负担率=本期累计应纳税额/本期累计应税销售额×100%

(2)税负差异率=[税收负担率-行业平均税负率(或上年同期税负率)]/行业平均税负率(或上年同期税负率)×100%

如果税负差异率小于预警值,说明申报异常。该指标主要用于评估企业是否及时申报当期应纳税额。各地根据本地区的实际情况,确定税负差异率预警值。

数据来源:增值税纳税申报表第1栏、第24栏的数据。

4.应税销售额变动率与应纳税额变动率的配比关系分析法:

应税销售额变动率=(本期累计应税销售额-上年同期累计应税销售额)/上年同期累计应税销售额×100%

应纳税额变动率=(本期累计应纳税额-上年同期累计应纳税额)/上年同期累计应纳税额×100%

应税销售额变动率与应纳税额变动率的差异额=应税销售额变动率-应纳税额变动率

如果企业应税销售额变动率与应纳税额变动率的差异幅度超过各地设定的正常峰值,说明申报异常。通过审核二者之间的配比关系,进一步核实企业有无少计收入、少提销项、多列进项等问题。

数据来源：增值税纳税申报表第1栏、第24栏的数据。

5.销售毛利率测算分析法：

本期销售毛利率=(本期累计主营业务收入–本期累计主营业务成本)/本期累计主营业务收入×100%

销售毛利率差异率=(本期销售毛利率–上年同期销售毛利率(或行业平均销售毛利率)/上年同期销售毛利率(或行业平均销售毛利率)×100%

如果销售毛利率差异率低于各地设定的正常峰值，说明申报异常。进一步审核销售价格是否合理，是否明显偏低又无正当理由，是否存在关联企业关系，是否存在不计少计收入问题。

数据来源：企业损益表"主营业务收入"(1栏)数据，"主营业务成本"(4栏)数据。

(二)汽车经销企业

1.税收负担率、税负差异率分析法：

税收负担率=本期累计应纳税额/本期累计应税销售额×100%

税负差异率=[税收负担率–行业平均税负率(或上年同期税负率)]/行业平均税负率(或上年同期税负率)×100%

数据来源：本期《增值税纳税申报表》中的应纳税额本年累计数、应税销售额本年累计数、上年《增值税纳税申报表》中的上年应纳税额累计数、上年应税销售额累计数。

将企业实际税负率与同期或同行业税负率进行比较，税负差异率超过一定幅度(含正负)，可以初步判断企业申报异常。

需要说明的是，税负率属综合类分析指标，影响该指标的因素较多，如季节性因素、价格因素、经销汽车品种结构因素、企业业务构成因素，等等。因此，该指标异常时，应结合其他指标进行多角度分析。

2.销售毛利率、销售毛利率差异率分析法：

本期销售毛利率=(本期累计主营业务收入–本期累计主营业务成本)/本期累计主营业务收入×100%

销售毛利率差异率=(本期销售毛利率–上年同期销售毛利率(或行

业平均销售毛利率)/上年同期销售毛利率（或行业平均销售毛利率)×100%

数据来源：本期《损益表》中主营业务收入本年累计数、主营业务成本本年累计数、上年同期《损益表》中主营业务收入本年累计数、主营业务成本本年累计数。

本期销售毛利率与上年同期销售毛利率、行业平均销售毛利率比较，差异应保持在合理的范围内，超出的则为异常。

对异常指标，应结合进项税额、现金、银行存款、收入、费用、利润等指标进行综合分析。重点审查分析企业现金、银行存款、进项税额、主营业务成本及往来款的有关科目，确定企业是否存在隐瞒销售收入或者销售返利不入账等问题。

指标参数由各地每年测算确定，销售毛利率差异幅度由各地根据具体情况确定。

3.正常经营费用测算法：

对于销售多品牌、规模较小的企业，可以按照“销售额×行业毛利率-正常费用开支≥0”的思路确定企业的最低利润水平和销售收入，核定纳税人的经营规模、从业人数、管理费、财务费用等正常费用开支，通过费用和毛利之间的变动关系，评估出一个经营期内的应纳税额。以企业经营费用为条件，测算核定企业的最低税额。

企业最低销售毛利=∑正常经营费用

企业最低应纳税额=企业最低销售毛利×适用税率

应纳税差异=企业最低应纳税额-申报的应纳税额

说明：应纳税差异>0为异常。

4.库存商品余额与留抵税额配比法：

库存商品含税额=期末库存商品余额×17%

销售毛利率=(主营业务收入-主营业务成本)/主营业务收入×100%

当销售毛利率大于0时，库存商品含税额>留抵税额；否则申报异常。

运用上述各模型时，应注意以下几点：

(1)查看购销协议，了解返利政策等具体内容。

(2)与生产企业所在地主管税务机关配合,获取生产企业已经返利和销售(包括零配件)的具体情况,核实经销企业的返利收入和销售收入是否全额入账,账务处理是否正确。

(3)结合企业的财务资料,重点分析企业的往来账及资金流向。对往来款项大、挂账时间长的,应重点核查,结合盘点库存数量(库存量太大、品种太多时,可采用抽取部分品种盘点核查的方式),分析是否存在销售已发生,但未申报或隐匿返利等情况。

(4)注意利用维修明细单、车间派工单、仓库入库单、出库单等原始凭证进行查验。

(5)对整车销售、零配件销售、维修服务等各项业务分别分析其收入、成本,测算分析各项业务的毛利率和税负率,从中发现问题。

摩托车行业

一、行业征管难点

摩托车生产销售企业主要采取隐匿销售收入、整车化整为零、受托加工生产摩托车加工收入按租赁收入入账、原材料报废未作进项转出、自产自用摩托车未视同销售、以产品或物资抵款未申报纳税等手段偷逃增值税。

二、评估指标参数

发动机	车架	轮圈	轮胎	油箱	电瓶
1	1	2	2	1	1

三、评估方法

对摩托车生产企业进行纳税评估，应以核实产销量为主，并结合实际采用其他辅助方法和指标,对纳税人进行综合评估分析。

(一)VIN码数量对比分析法

对生产企业申报的销售数量与车辆购置税有关信息进行比对,查找出每种厂牌型号的具体销售数量,判断申报是否准确、真实。

1.各摩托车生产企业必须向主管税务机关报送本企业摩托车VIN码编码规则备查。

2.各摩托车生产企业按月向主管税务机关报送“纳税申报附列资料”的《产品销售明细表》,由主管税务机关留存备案。

3.主管税务机关通过税务总局车辆购置税“一条龙”软件汇总下发的《车辆购置税机动车识别代码清单》信息,按厂牌型号清分出每一厂牌的车辆识别代码,排序后找出该型号的最大序列号,以此作为该型号车辆的最大销售数量。

4.将查找出的最大销售数量与生产企业申报的销售数量进行比对,如测算出的销售数量大于申报的销售数量,即可能存在企业隐瞒销售数量的问题。

5.生产地主管税务机关采取上述评估方法并经核实,确认车辆生产企业存在隐瞒销售数量的问题后,将被隐瞒的机动车辆信息按销售对象(即经销企业)列出清单,转经销企业所在地税务机关,作为对经销企业纳税评估的依据之一。

经销企业主管税务机关对经销企业购进和销售摩托车的账务处理、出入库情况、资金流向和是否开具发票等与企业申报情况进行核对,重点核实企业是否存在账外经营、返利不入账、隐瞒销售数量等问题。同时主管税务机关可对同行业同类摩托车销售价格进行比较,若价格异常,且差异较大,企业可能采取按照车购税最低计税价格开具《机动车销售统一发票》,将超出部分以运费等价外费用开具白条收据的手段,少计销售收入,偷逃增值税。

(二)投入产出评估法

根据生产摩托车所需主要配件的唯一配套性,按照确定的投入产出比(定额)测算出企业评估期的产品产量,根据测算出的产品产量与实际库存进行对比,计算出实际销售数量,分析企业是否存在隐瞒销售数量、销售收入等问题。

1.评估期内整车产成品数量=〔某配件评估期内外购(自产)数量+期初库存数量-期末库存数量-报废数量-在产品数量〕/投入数量系数

将测算出的产品生产数量与企业账面记载产品产量相比对,同时结合产品库存数量及销售单价等信息进行关联测算,并与企业实际申报的应税销售收入对比，查找企业可能存在的问题。

2.配件充足率=原材料及生产成本中某配件期末结存数量/(当月完工摩托车耗用该配件数量+当月其他业务支出该配件数量)

此指标考核各企业存货数量与生产数量的逻辑关系，说明其备料与产量是否协调，该差异率预警值设定为100%。摩托车生产企业购进原材料库存均较小，一般实行零库存制度，以减少流动资金占用。如果配件充足率超过100%，则说明该企业备料在正常产量一倍以上，应该作为疑点，进一步核实存货，以确定是否真实。

(三)设备生产能力法

按照摩托车生产企业生产设备的单位生产能力，测算分析纳税人的实际产量，核实其应税销售收入，并与申报信息比对，分析是否存在涉税问题。

评估期产品产量=评估期生产设备的日产量(或时产量)×评估期正常工作日(或工作时)

测算应税销售收入=(期初库存产品数量+评估期产品产量-期末库存产品数量)×评估期产品销售单价

(四)能耗测算法

摩托车生产企业主要耗用的能源为电力，可分为生产用电和其他非生产用电，其耗用电量的数据可从电力部门取得。根据纳税人评估期内电力的生产耗用情况，利用单位产品能耗定额测算纳税人实际生产数量，并与纳税人申报信息进行对比。

(五)增值税税负分析法

1.税负率=评估期应纳税额/评估期应税销售收入×100%

2.税负差异率=[企业税负率-本地区同行业平均税负率(或上年同期税负率)]/本地区同行业平均税负率(或上年同期税负率)×100%

石油炼化、成品油销售行业

一、行业征管难点

成品油行业包括石油炼化企业、成品油批发企业、成品油批零兼营企业和成品油零售企业4类。目前税收管理的主要难点是：

(一)加油站以现金交易为主,不易控管。加油站的客户群以消费者为主,除少量消费者使用加油卡外,大多数消费者使用现金加油,且不索取发票。增值税"以票控税"的管理思路在成品油销售末端这一环节无法发挥关键性作用,加油站极易出现隐瞒收入、账外经营等问题。

(二)中石油和中石化两大集团在各省、市主要采取其控股和租赁的加油站与其省级批发企业统一核算缴纳增值税的方式。在该方式下,批发企业将成品油调拨到加油站时,不属于销售行为,不开具专用发票。由此带来两个问题:一是通过现有的成品油增值税纳税评估系统无法取得加油站购进成品油时的批发企业信息,也就无法对加油站进行准确的评估;二是评估对象由单一的加油站转变为批零一体的省级公司,由于批发和零售的毛利率差别较大,评估的难度增大。

(三)税务机关未采集成品油销售过程中的数量和规格信息。成品油的评估信息取自专用发票,但目前专用发票的七要素不包括货物数量和品名信息。

(四)中石油和中石化两大集团均推行预付款加油IC卡,由于收款时属于预收款项,待加油后方才确认收入,使得收款与确认收入存在时间差异。同时,收款和加油还可能发生在不同地域,同一集团内不同公司间还涉及收入和款项的调整,这给评估工作带来较大难度。

二、评估指标参数

1.成品油平均密度参数:90#汽油(密度0.722),93#汽油(密度0.725),97#(密度0.727),0#柴油(密度0.835)。

2.国家CB11085—89标准规定了正常损耗,如:柴油储存损耗0.01%、输转损耗0.01%、装车损耗0.01%、卸车损耗0.05%等。

三、评估方法

(一)石油炼化企业

1.最大库容量法

利用最大库容量评估某一时点库存数量的合理性。

评价公式:最大库容量(立方米)×成品油密度(吨/立方米)≥企业账

面显示的时点库存数量(吨)

其中:最大库容量=成品油成品库容+成品油半成品库容。最大库容量可同时参考企业提供的信息和技术监督部门出具的有关计量证明。

评价公式成立为基本正常,评价公式不成立为异常,应查明原因。

2.计划衡量法

通过计划产量评价企业申报产量的真实性

评价公式:计划产量×(1-浮动比例)≤实际产量≤计划产量×(1+浮动比例)

其中:"计划产量"可通过企业制订生产计划的部门取得,同时可参考企业上级部门下发的计划;"浮动比例"可参考企业以前年度的资料计算取得,同时参考企业提供的一些本年资料。

评价公式成立为基本正常,评价公式不成立为异常,应查明原因。

3.产量推算销量法

利用前两种方法取得的结果计算企业评估期销售数量,以此评价企业申报的销售数量的真实性。

计算公式:评估期销售数量=期初库存数量+评估期产量-期末库存数量

评估期销售数量与企业申报的销售数量如差异较大,则为异常,应查明原因。查明原因后,如属于石油炼化企业隐瞒销售数量的情况,应将有关情况传递给批发企业主管税务机关,用于对批发企业的评估。

由于一些地炼厂购、销行为有可能均不入账,只有货物和资金的流动,评估难度较大。最简便易行的方式可采用"成本费用与利润倒挤法",利用企业日常产生的成本费用和经营利润直接推算企业合理的应税销售收入,以评价企业申报的应税销售收入是否合理。

4.案源逆查法

在评估或检查过程中,如发现批发企业存在偷税问题,应将批发企业的有关信息传递给石油炼化企业主管税务机关,查找石

油炼化企业是否存在问题。

5.简易轻油收率法

对于地炼厂，可通过防伪税控系统提取购货方纳税人识别号为该地炼厂的原油销售专用发票信息，按一般情况下75%的轻油收率计算该企业的当期产量，按照产销基本平衡的原理，将其当期产量视同为当期销售数量，与该企业账面的销售数量对比，以判断该企业申报数据的真实性。

(二)成品油批发企业

成品油批发企业主要包括两大石油集团的大区公司。中石化油品销售事业部下辖华北、华东、中南和华南4个大区公司；中石油中国石油炼油与销售分公司下辖西北、东北、西南、华东、华北、华南、华中7个大区公司。大区公司在成品油销售过程中，仅承担票据和资金结算的功能，在成品油的货物流中，货物并不向大区公司流动，而是直接由石油炼化企业流向大区公司下属的企业(一般为省级销售分公司)。

1.滞留票核查法

通过防伪税控系统筛选出石油炼化企业开具给成品油批发企业的专用发票存根联滞留信息。此评估指标的目的是查找成品油批发企业是否存在账外经营的问题。

2.以进控销法

计算公式：成品油批发企业销售数量=成品油批发企业期初库存数量+炼油企业开具给成品油批发企业的成品油数量−成品油批发企业期末库存数量

以计算出的销售数量推算企业申报的增值税应税销售额的合理性。

3.案源逆查法

当评估或检查过程中，如发现批零、零售企业存在偷税问题，将批零、零售企业的有关信息传递给批发企业主管税务机关，查找批发企业是否存在问题。

4.增值税税收负担率分析法

通过企业毛利率计算企业增值税负担率理论值，以此评价通过企业申报数据计算的增值税负担率的合理性。

计算公式：企业增值税负担率理论值=企业综合毛利率×17%×100%

其中：企业综合毛利率=∑[(某规格油品单位进销差价/该规格油品单价)×该规格油品的应税销售收入]/总应税销售收入

企业增值税负担率理论值与通过企业申报数据计算的增值税负担率基本一致为合理，差异较大为不合理，需进行核实。

(三)成品油批零兼营企业

成品油批零兼营企业主要以两大集团公司下属的省级分公司为主，其中：中石油有14家省级石油分公司，中石化有19个省级石油分公司，还包括实际从事成品油批零业务的其他企业。这类企业在从事成品油批发业务的同时，又与隶属于该企业的部分加油站统一核算增值税，除同时具有成品油批发企业和零售企业的特征外，还具有以下特点：一是受资金承受能力和地区经济发展需求等综合因素影响，企业成品油库存具有一定的常态性，波动不大；二是企业综合毛利率的计算较批发企业和零售企业复杂，需要通过批发和零售的业务量加权计算来取得。

1.滞留票核查法

通过防伪税控系统筛选出成品油批发企业开具给成品油批零兼营企业的专用发票存根联滞留信息。此评估指标的目的是查找成品油批零兼营企业是否存在账外经营的问题。

2.以进控销法

计算公式：成品油批零兼营企业销售数量=成品油批零兼营企业期初库存数量+成品油批发企业开具给成品油批零兼营企业的成品油数量-成品油批零兼营企业期末库存数量

以计算出的销售数量推算企业申报的增值税应税销售额的合理性。

3.案源逆查法

当评估或检查过程中，如发现零售企业存在偷税问题，将零售企业的有关信息传递给批零企业主管税务机关，查找批发企业是否存在问题。

4.最大库容量法

基本同石油炼化企业。

最大库容量=加油站的最大库容量+批发业务的常态库存，其中批发业务的常态库存可按企业以前年度的有关资料确定。

5.增值税税收负担率分析法

基本同成品油批发企业。

其中：企业综合毛利率=零售环节综合毛利率×(零售应税销售收入/总应税销售收入)+批发环节综合毛利率×(批发应税销售收入/总应税销售收入)

第一，单位销售毛利相对稳定。由于国家有关部门对成品油的零售价格具有较严格的限定，两大集团公司对其下属的具有成品油批发资质企业的批发价格同样做了较严格的限定，因此成品油零售企业在一定时间内的单位销售毛利较稳定，变化较小。

第二，购进成品油具有最大库容性，且库容器具基本上均可计量。成品油作为一种特定货物，其存放需要特定容器。从调查的实际情况看，使用国家标准器具的企业占绝大多数，使用非标准器具的企业较少。但不论使用何种器具，按照国家有关规定，成品油库容器具均应由有关部门出具计量结果证明。

1.滞留票核查法

通过防伪税控系统筛选出成品油批零兼营企业和批发企业开具给成品油零售企业的专用发票存根联滞留信息。此评估指标的目的是查找成品油零售企业是否存在账外经营的问题。

2.以进控销法

计算公式：成品油零售企业销售数量=成品油零售企业期初库存数量+成品油批零兼营企业和批发企业开具给成品油零售企业的成品油数量-成品油零售企业期末库存数量

以计算出的销售数量推算企业申报的增值税应税销售额的合理性。

3.最大库容量法

基本同石油炼化企业，但企业的最大库容量应更多地参考技术监督部门的信息。

4.增值税税收负担率分析法

同成品油批发企业。

上述两种方法属于案头分析阶段设置的初步筛选指标，当某一项指标异常时，还需进入进一步的核实阶段。在核实阶段，可采用“销售数量倒挤法”。该方法的基本原理是：

评估期销售数量=期初库存数量+评估期购进数量-期末库存数量-合理损耗数量-自用油数量

其中："期初库存数量"可参考使用成品油零售企业在评估期之前某段时期的各时点账面库存数量的平均值；

"评估期购进数量"可根据纳税人增值税申报附列资料所列的评估期认证相符增值税专用发票抵扣购进数量；

"期末库存数量"可按期末进行实地测量储油罐储油高度或质量技术监督部门提供给加油站的有关容量表，测算出成品油实际库存量；

"自然损耗数量"可根据国家CB11085—89标准以内计提正常损耗；

"自用油数量"可根据企业实际情况或每月购进成品油数量不超过一定的比例内掌握。

白酒行业

一、行业征管难点

(一)白酒生产企业属于农产品加工行业，带有该行业增值税管理的共性问题，原材料购进和耗用数量难以核实。同时，白酒生产企业在回收包装物时还涉及废旧物资销售发票，同样难以监管。

(二)白酒生产工艺复杂，即使生产同一种产品，受设备状况、工艺流程、原材料种类和耗用量等因素的影响，出酒率也存在较大差异。

(三)白酒行业关联交易、现金交易等现象比较普遍，且白酒产品种类繁多，销售网点分散，销售形式灵活，客观上便于不法分子通过账外经营、迟计销售、不开发票等手段偷逃税款。

二、评估指标参数

(一)白酒生产企业增值税税负参数(供参考)

分香型测算：

香型	2004年平均值	2005年平均值	2006年平均值	三年平均
浓香型	6.31%	7.74%	7.99%	7.37%
酱香型	11.81%	13.13%	12.10%	12.29%
兼香型	4.78%	8.80%	5.90%	6.63%
米香型	9.89%	10.42%	10.55%	10.29%
清香型	11.60%	11.58%	12.28%	11.88%
老白干	9.31%	10.74%	8.74%	9.56%
合计	8%	9.26%	9.35%	8.9%

分企业规模测算：

企业类型	2004年	2005年	2006年	三年平均
名优酒厂	8.66%	10.48%	10.70%	10.01%
规模以上酒厂	5.86%	6.57%	6.52%	6.27%
小酒厂	6.01%	5.41%	4.33%	4.89%

按部分地区所有调查企业测算：

省份	2004年	2005年	2006年	三年平均
四川	6.29%	8.39%	8.58%	7.83%
安徽	3.19%	5.31%	5.27%	4.75%
广西	9.86%	10.37%	10.93%	10.49%
贵州	11.71%	13.18%	12.08%	12.26%
河北	8.88%	9.33%	8.40%	8.84%
宁夏	5.25%	6.70%	8.49%	6.69%
山西	11.64%	11.73%	12.60%	12.06%
内蒙	7.32%	7.11%	7.88%	7.44%
全国平均	8.00%	9.26%	9.35%	8.90%

（二）白酒关联销售公司增值税税负参数（供参考）

分香型测算：

香型	2004年平均值	2005年平均值	2006年平均值	三年平均
浓香型	7.37%	6.61%	6.81%	6.93%
酱香型	8.45%	8.81%	9.54%	9.03%
兼香型	6.04%	4.03%	6.47%	5.57%
米香型	9.47%	9.51%	9.66%	9.55%
清香型	4.57%	4.67%	4.76%	4.69%
合计	7.38%	6.84%	7.21%	7.15%

分企业规模测算：

企业类型	2004年	2005年	2006年	三年平均
名优酒厂的关联销售公司	7.54%	7.35%	7.63%	7.51%
其他酒厂的关联销售公司	6.74%	4.96%	5.44%	5.70%

（三）设有销售公司的酒厂生产与关联销售环节整体税负（供参考）

所属环节	2004年	2005年	2006年	三年平均税负
生产与关联销售整体	10.41%	10.77%	10.73%	10.66%

（四）白酒行业投入产出及能耗指标和参数（供参考）

投入产出相关指标参数：

产品香型	出酒率（原酒度数为65度）		曲药耗用定额	
	参考值	变动幅度	参考值	变动幅度
浓香型	37%	±2%	0.55~0.65	±0.05
酱香型	40%	±2%	自定	自定
清香型	42%	±2%	0.43	±0.02
兼香型	42%	±5%	0.75~0.85	±0.05
米香型	46%	±2%	0.01	±0.01
老白干	50%	±2%	0.45	±0.01

能耗指标参数：

指标	煤耗定额参考值		电耗定额参考值		气耗定额参考值	
	参考值	变动幅度	参考值	变动幅度	参考值	变动幅度
参数	1.5~2.5 吨煤/吨酒	自定	150~250 度电/吨酒	自定	7.5~9 立方/吨酒	自定

(五)65度原酒酒度折算系数

酒度折算系数表一(重量)(原酒度数为65度)

目标度数	折算系数	目标度数	折算系数	目标度数	折算系数
28 度	2.4947	41 度	1.6716	54 度	1.2365
29 度	2.4057	42 度	1.6289	55 度	1.2113
30 度	2.3226	43 度	1.5882	56 度	1.1869
31 度	2.2448	44 度	1.5492	57 度	1.1634
32 度	2.1717	45 度	1.5119	58 度	1.1406
33 度	2.103	46 度	1.4762	59 度	1.1186
34 度	2.0383	47 度	1.442	60 度	1.0972
35 度	1.9771	48 度	1.4091	61 度	1.0766
36 度	1.9193	49 度	1.3775	62 度	1.0566
37 度	1.8645	50 度	1.3471	63 度	1.0371
38 度	1.8126	51 度	1.3179	64 度	1.0183
39 度	1.7632	52 度	1.2898		
40 度	1.7163	53 度	1.2627		

酒度折算系数表二(重量)(目标酒度数65度)

原酒(酒精)度数	折算系数	原酒(酒精)度数	折算系数	原酒(酒精)度数	折算系数
100度	1.7497	88度	1.4541	76度	1.2061
99度	1.7212	87度	1.4342	75度	1.1867
98度	1.6939	86度	1.4106	74度	1.1674
97度	1.6675	85度	1.3892	73度	1.1482
96度	1.6418	84度	1.3681	72度	1.1292
95度	1.6168	83度	1.3472	71度	1.1104
94度	1.5923	82度	1.3265	70度	1.0917
93度	1.5683	81度	1.306	69度	1.073
92度	1.5447	80度	1.2857	68度	1.0546
91度	1.5216	79度	1.2655	67度	1.0362
90度	1.4988	78度	1.2456	66度	1.0181
89度	1.4763	77度	1.2257		

注明：单位原酒重量×折算系数=目标酒重量。

参数说明：除《65度原酒酒度折算系数表》为白酒行业标准以外，其余数据来源于部分地区典型调查的统计资料。从统计数据来看，部分指标参数的地区差异较大，这可能是受到白酒行业工艺技术差异的影响，也可能是生产经营原因，但也不排除是个别企业财务核算失真，数据采集和统计口径差异等原因造成。为此，各地在评估时应充分考虑本地实际，对以上参数自行选择使用。

三、评估方法

(一)税负对比分析法

1.企业与行业税负率评估模型与方法

本企业税收负担率=本企业应纳税额/本企业应税销售额

同行业税收负担率=同行业应纳税额/同行业应税销售额

问题值=本企业税收负担率−同行业税收负担率<0

该指标分析企业税负与同行业税负差异，若企业税负低于同行业平均税负，则企业可能存在隐瞒收入、少缴税款等问题。

2.当期与历史同期企业税负率评估模型与方法

问题值=当期企业税负率−历史同期企业税负率<0

该指标分析当期企业税负与历史同期企业税负的差异，若低于历史同期企业税负，则企业可能存在隐瞒收入，少缴税款等问题。

利用税负对比分析法，建立企业税负与行业税负、当期与历史同期企业税负之间的配比关系，只能初步筛选出异常企业。在实际评估过程中，税负偏低往往存在许多客观原因，比如：销售不景气，原料购进量过大，产品结构以中低档酒为主，等等。此外，有的企业税负看似正常，但依然存在涉税问题，对这种情形就不能简单地以税负作为衡量标准。

(二)投入产出法

1.出酒率评估：

评估期企业出酒率=评估期原酒生产量/评估期酿酒用粮领用量

评估期酿酒用粮领用量=期初库存原料粮+本期购进原料粮−期末库存原料粮−本期制曲用粮

如果评估期企业出酒率低于行业出酒率参考值，应着重分析审核粮食购进、酿酒用粮及库存变动情况，是否存在利用收购发票虚抵进项税额的情形；如果粮食购进抵扣情况正常，应当着重分析审核原酒产量，是否存在少计产量从而少申报销售量的情形。

2.制曲率评估：

评估期企业制曲率=评估期曲药生产量/评估期制曲用粮领用量

评估期制曲用粮领用量=期初库存原料粮+本期购进原料粮−期末库存原料粮−本期酿酒用粮领用量

此方法与出酒率模型结合使用，应着重分析制曲用粮、酿酒用粮、粮食购进量以及粮食库存量之间的逻辑关系，检查是否存在虚抵进项税额等情况。此外,还应分析是否存在酿酒用粮与制曲用粮混淆,隐匿原酒生产销售数量的情况。

3.曲药耗用评估:

评估期原酒产量=评估期曲药耗用量/单位原酒耗用曲药定额

问题值=评估期原酒产量-账列原酒产量

此方法与出酒率模型结合应用,分析评估期曲药投入产出与原材料投入产出是否吻合,测算原酒产量与账列原酒产量差异,从而查找企业可能隐匿的原酒产量和虚抵的进项税额等问题。

4.原酒(或酒精)勾兑成品酒的评估:

评估期某成品酒产量=评估期原酒(或酒精)领用量×折算系数

评估期原酒(或酒精)领用量=[期初原酒(或酒精)库存量+本期原酒(或酒精)产量(或购进量)-期末原酒(或酒精)库存量]×(1-原酒(或酒精)合理损耗率)

问题值=评估期某成品酒产量-账列某成品酒产量

根据评估期原酒(或酒精)产量和领用量,按度数进行归集测算出成品酒产量,测算出账列数与评估数的差异,分析企业是否存在账外经营或隐匿成品酒产销量,少申报收入等问题。此模型在实际使用中,也可以根据成品酒数量反推原酒数量,从而判断其纳税申报是否真实。

5.包装物与成品酒的配比评估:

评估期酒瓶(或瓶盖、其他包装物)耗用量=期初库存量+本期购进量-期末库存量

评估期成品酒产量(瓶数)=评估期包装物耗用量×(1-合理损耗率)

问题值=评估期某成品酒产量(瓶数)-账列某成品酒产量(瓶数)

此方法适用于评估成品酒的产销数量,如果企业有销售散装酒的情形,则比对时应剔除该因素的影响。

6.酒糟产出评估模型与方法:

评估期酒糟产量=当期原材料耗用量×酒糟产出比率

当期原材料耗用量=期初库存数量+当期购进数量-期末库存数量

问题值=评估期酒糟产量-账面酒糟产生数量

按照既定的酒糟产出比率,计算当期应产出的酒糟数量,并

与当期纳税人账面数量进行核对，以此确定是否存在人为提高产品成本，多抵进项税额的问题。同时，可以据此确定销售酒糟(免税产品)的进项税额转出比率，查找纳税人是否存在少转进项税额的问题。

(三)其他方法

1.能耗测算法：

评估期白酒产量=评估期生产能耗量/单位白酒能耗定额

评估期白酒销量=评估期白酒产量×产销率

评估期应税销售收入=评估期白酒销量×评估期白酒销售加权平均单价

问题值=评估期应税销售收入–企业同期申报的应税销售收入

此方法适用于规模较小、产品类型和生产工艺单一的企业。主要根据纳税人评估期电、煤、气等能源、动力的生产耗用情况，利用单位白酒能耗定额测算纳税人实际生产、销售数量，并与纳税人申报信息比对分析。其中耗电、耗气等数据可以从电力部门、天然气公司等单位进行核实，相对较为客观。此外，由于煤炭的发热量不同，因而评估时需要把煤换算成标准煤后再进行计算。

2.计件工资分析法：

评估期白酒产量=评估期计件工资总额/计件工资标准

问题值=评估期白酒产量–账列白酒产量

此方法适用于实行计件工资制的白酒生产企业，根据计件工资与白酒产量之间的钩稽关系，大致推算出评估期白酒产量，并与投入产出等方法估算的产量进行比对分析。

3.酒池计算法：

评估期原酒产量=酒池个数×单位酒池装粮吨数×生产周转次数×出酒率

问题值=评估期原酒产量–账列原酒产量

根据酒池数量、每一酒池投粮数量和出酒周期，大致估算企业原酒生产能力，从而评估企业是否存在少申报产销量的情况。

4.灌装耗电定额测算法：

单位电耗灌装定额=灌装设备设计生产能力/灌装设备设计耗电量

评估期灌装成瓶数量=评估期灌装生产线耗电量×单位电耗灌装定额

评估期销售量=期初成瓶酒库存量+评估期灌装成瓶数量-期末成瓶酒库存量

运用灌装耗电定额指标，评估成瓶酒生产量和销售额，并与纳税人申报的应税销售收入相对比，从而判定纳税人是否存在隐瞒收入的问题。

5.销售数量交叉核实法：

企业申报销售数量≠异地核查销售数量汇总数

此方法主要适用于对地产地销的小酒厂的评估。白酒销售地税务机关实地查验核实销售数量和进价，并将查验信息及时反馈到生产地，以加强对小酒厂纳税评估。

6.关联销售公司的评估模型和方法：

(1)以进控销法

评估期销售公司某类型白酒购进量=白酒生产企业期初库存量+本期生产量-期末库存量-其他耗用量

评估期销售公司某类型白酒销售量=销售公司期初库存量+评估期购进量-期末库存量

问题值=评估期销售公司某类型白酒销售量-账列销售量

这种方法的基本思路是依托白酒生产企业产销数量，从源泉上控制关联销售公司白酒销售数量，从而判断关联销售公司是否存在隐匿销售收入的情况。在实际应用过程中应结合以票控税等方法。此外，这种方法还可以延伸至一级代理商的纳税评估。

(2)以销控进法

关联销售公司购进白酒数量=期初库存+《随附单》所列销售数量-期末库存

模型中的《随附单》是指：根据商务部有关规定，酒类经营者在批发酒类商品时应填制的《酒类流通随附单》，它详细记录着酒类商品流通信息。

(2008年6月30日　国税函〔2008〕647号)

第十二章　增值税会计处理

图书类商品增值税账务处理办法

一、二级会计科目设置：

1.在“商品采购”(在途商品)科目下设“进货款”、“进项税额”二级科目。

2.在“商品进销差价”科目下设“进销差价”、“进项税额”二级科目。

3.在“应付账款”科目下设“进货款”、“进项税额”二级科目。

4.在“商品销售收入”科目下设“含税收入”、“销项税额”二级科目。

二、会计分录：

1.发生进货业务，书店凭“送书通知单”(或调拨单的随货同行联)计算进项税，填制记账凭证。

借：库存商品(总定价)

贷：商品进销差价——进销差价

——进项税额

应付账款——进货款

2.书店取得出版社或发货店增值税专用发票，根据发票上注明的税额填制记账凭证。

(1)借：应缴税金——应缴增值税(进项税额)

贷：应付账款——进项税额

(2)同城付款：

借：应付账款——进货款

——进项税额

贷：银行存款

(3)异地付款：

借:商品采购(在途商品)——进货款

——进项税额

贷:银行存款

3.收到发货店发来商品并支付货款,核销货、款单据,填制记账凭证。

借:应付账款——进货款

——进项税额

贷:商品采购(在途商品)——进货款

——进项税额

注:为正确反映"商品采购"(在途商品)期末净值,对未核销的"商品采购(在途商品)——进项税"月末余额,应在结账前与"应付账款——进项税"对冲、次月初调回。

月末:

借:应付账款——进项税额

贷:商品采购(在途商品)——进项税额

次月初:会计分录反方向调回。

4.发生商品销售业务、凭"销售汇总单"(或有关单据)填制记账凭证。

借:应收账款(或银行存款)(含税销售额)

销售折扣与折让

贷:商品销售收入——含税收入(总定价)

5.月末结转发出商品,凭"商品销售成本计算单"填制记账凭证。

借:商品销售成本

商品进销差价——进销差价

——进项税额

贷:库存商品(总定价)

6.月末计提销项税额,凭"商品销项税计算单"填制记账凭证。

借:商品销售收入——销项税额

贷:应缴税金——应缴增值税(销项税额)

(1994年2月19日　财会字〔1994〕7号)

一、企业应在“应交税金”科目下设置“未交增值税”明细科目，核算一般纳税企业月终时转入的应交未交增值税额，转入多交的增值税也在本明细科目核算。

在“应交税金——应交增值税”科目下增设“转出未交增值税”和“转出多交增值税”专栏，分别记录一般纳税企业月终转出未交或多交的增值税。

月份终了，企业应将当月发生的应交未交增值税额自“应交税金——应交增值税”科目转入“未交增值税”明细科目，借记“应交税金——应交增值税(转出未交增值税)”科目，贷记“应交税金——未交增值税”科目。将本月多交的增值税自“应交税金——应交增值税”科目转入“未交增值税”明细科目，借记“应交税金—未交增值税”科目，贷记“应交税金——应交增值税(转出多交增值税)”科目。

当月上交本月增值税时，仍应借记“应交税金——应交增值税(已交税金)”科目，贷记“银行存款”科目。

当月上交上月应交未交的增值税，借记“应交税金——未交增值税”科目，贷记“银行存款”科目。

二、“应交税金——应交增值税”科目的期末借方余额，反映尚未抵扣的增值税。

“应交税金——未交增值税”科目的期末借方余额，反映多交的增值税；贷方余额，反映未交的增值税。

三、企业应对“应交增值税明细表”作相应的调整，具体格式如下：

应交增值税明细表

会工(或会商等)01表附表1

编制单位:______年______月　　　　　　　　　　　　　　单位:元

项目	行次	本月数	本年累计数
一、应交增值税:			
1.年初未抵扣数(用“—”号反映)	1	×	
2.销项税额	2		
出口退税	3		
进项税额转出	4		
转出多交增值税	5		
	6		
	7		
3.进项税额	8		
已交税金	9		
减免税款	10		
出口抵减内销产品应纳税额	11		
转出未交增值税	12		
	13		
	14		
4.期末未抵扣数(用“-”号填列)	15	×	
二、未交增值税:			
1.年初未交数(多交数以“-”填列)	16	×	
2.本期转入数(多交数以“-”填列)	17		
3.本期已交数	18		
4.期末未交数(多交数以“-”填列)	19	×	

编制说明:

1.本表“应交增值税”各项目,应根据“应交税金——应交增值税”科目有关专栏的记录填列。

2.本表“未交增值税”各项目,应根据“应交税金——未交增值税”科目的有关记录填列。

(1995年7月5日　财会字〔1995〕22号)

一、对纳税人因销项税额小于进项税额而产生期末留抵税额的，应以期末留抵税额抵减增值税欠税。

二、纳税人发生用进项留抵税额抵减增值税欠税时，按以下方法进行会计处理：

(一)增值税欠税税额大于期末留抵税额，按期末留抵税额红字借记“应交税金——应交增值税(进项税额)”科目，贷记“应交税金——未交增值税”科目。

(二)若增值税欠税税额小于期末留抵税额，按增值税欠税税额红字借记“应交税金——应交增值税(进项税额)”科目，贷记“应交税金——未交增值税”科目。

三、为了满足纳税人用留抵税额抵减增值税欠税的需要，将《增值税一般纳税人纳税申报办法》(国税发〔2003〕53号)《增值税纳税申报表》(主表)相关栏次的填报口径作如下调整：

(一)第13项“上期留抵税额”栏数据，为纳税人前一申报期的“期末留抵税额”减去抵减欠税额后的余额数，该数据应与“应交税金——应交增值税”明细科目借方月初余额一致。

(二)第25项“期初未缴税额(多缴为负数)”栏数据，为纳税人前一申报期的“期末未缴税额(多缴为负数)”减去抵减欠税额后的余额数。

(2004年8月30日　国税发〔2004〕112号)

一、会计科目

(一)实行扩大增值税抵扣范围的企业，应在“应交税金”科目下增设“应抵扣固定资产增值税”明细科目，并在该明细科目下增设“固定资产进项税额”、“固定资产进项税额转出”、“已抵扣固定资产进项税额”等专栏。

“固定资产进项税额”专栏，记录企业购入固定资产或应税劳务等而支付的、准予抵扣的增值税进项税额。企业购入固定资产或应税劳务支付的进项税额，用蓝字登记；退回所购固定资产应冲销的进项税额，用红字登记。

"固定资产进项税额转出"专栏，记录企业购进的固定资产因某些原因而不能抵扣，按规定转出的进项税额。

"已抵扣固定资产进项税额"专栏，记录企业已抵扣的固定资产增值税进项税额。

(二)实行扩大增值税抵扣范围的企业，应在"应交税金-应交增值税"科目下增设"新增增值税额抵扣固定资产进项税额"专栏，该专栏用于记录企业以当年新增的增值税额抵扣的固定资产进项税额。

二、账务处理

(一)企业国内采购的固定资产，按照专用发票上注明的增值税额，借记"应交税金-应抵扣固定资产增值税(固定资产进项税额)"科目，按照专用发票上记载的应计入固定资产价值的金额，借记"固定资产"等科目，按照应付或实际支付的金额，贷记"应付账款"、"应付票据"、"银行存款"、"长期应付款"等科目。购入固定资产发生的退货，作相反的会计分录。

(二)企业接受捐赠转入的固定资产，按照专用发票上注明的增值税额，借记"应交税金-应抵扣固定资产增值税(固定资产进项税额)"科目，按照确认的固定资产价值(已扣除增值税，下同)，借记"固定资产"、"工程物资"等科目，如果捐出方代为支付了固定资产进项税额，则按照增值税进项税额与固定资产价值的合计数，贷记"待转资产价值"等科目，如果接受捐赠企业自行支付固定资产增值税，则应按支付的固定资产增值税进项税额，贷记"银行存款"等科目，按接受捐赠固定资产的价值，贷记"待转资产价值"科目。如果接受捐赠企业另支付其他费用，如运输费等，还应贷记"银行存款"等科目。

(三)企业接受投资转入的固定资产，按照专用发票上注明的增值税额，借记"应交税金-应抵扣固定资产增值税(固定资产进项税额)"科目，按照确认的固定资产价值，借记"固定资产"、"工程物资"等科目，按照增值税与固定资产价值的合计数，贷记"实收资本"等科目。

(四)企业购进用于自制固定资产的货物,按照专用发票上注明的增值税额,借记“应交税金-应抵扣固定资产增值税(固定资产进项税额)”科目,按照专用发票上记载的应计入工程物资成本的金额,借记“工程物资”科目,按照应付或实际支付的金额,贷记“应付账款”、“应付票据”、“银行存款”、“长期应付款”等科目。购入货物发生的退货,作相反的会计分录。

企业购入作为存货核算的原材料等,如用于自行建造固定资产,则应按该部分存货的成本,借记“在建工程”等科目,贷记“原材料”等科目,对于与该部分原材料相对应的增值税进项税额,应借记“应交税金-应抵扣固定资产增值税(固定资产进项税额)”科目,贷记“应交税金-应交增值税(进项税额转出)”科目。

(五)企业接受用于自制固定资产的应税劳务,按照专用发票上注明的增值税额,借记“应交税金-应抵扣固定资产增值税(固定资产进项税额)”科目,按照专用发票上记载的应计入在建工程成本的金额,借记“在建工程”科目,按照应付或实际支付的金额,贷记“应付账款”、“应付票据”、“银行存款”等科目。

(六)企业进口固定资产,按照海关提供的完税凭证上注明的增值税额,借记“应交税金-应抵扣固定资产增值税(固定资产进项税额)”科目,按照专用发票上记载的应计入固定资产价值的金额,借记“固定资产”、“工程物资”等科目,按照应付或实际支付的金额,贷记“应付账款”、“应付票据”、“银行存款”、“长期应付款”等科目。

(七)为购进固定资产所支付的运输费用,按照可以抵扣的金额, 借记 “应交税金-应抵扣固定资产增值税 (固定资产进项税额)”科目,按照应计入固定资产、工程物资等价值的金额,借记“固定资产”、“在建工程”、“工程物资”等科目,按照应付或实际支付的金额,贷记“应付账款”、“应付票据”、“银行存款”、“长期应付款”等科目。

(八) 企业将自制或委托加工的固定资产用于非应税或免税项目,应视同销售货物计算应交增值税,借记“在建工程”等科目,贷记“应交税金-应交增值税(销项税额)”科目。

(九)企业将自制、委托加工或购进的固定资产(包括接受捐赠取得的固定资产及投资者投入的固定资产)作为投资,提供给其他单位或个体经营者,应按视同销售货物计算应交的增值税,借记“长期股权投资”科目,贷记“应交税金–应交增值税(销项税额)”科目。

(十)企业将自制、委托加工或购进的固定资产分配给股东或投资者,应按视同销售货物计算应交的增值税,借记“利润分配–应付普通股股利”科目,贷记“应交税金–应交增值税(销项税额)”科目。

(十一)企业将自制、委托加工的固定资产用于集体福利和个人消费,应按视同销售货物计算应交的增值税,借记“应付福利费”等科目,贷记“应交税金–应交增值税(销项税额)”科目。

(十二)企业将自制、委托加工或购进的固定资产无偿赠送他人,应按视同销售货物计算应交的增值税,借记“营业外支出”科目,贷记“应交税金–应交增值税(销项税额)”科目。

(十三)企业购入固定资产时已按规定将增值税进项税额记入“应交税金–应抵扣固定资产增值税 (固定资产进项税额)” 科目的,如果相关固定资产专用于非应税项目,或专用于免税项目和专用于集体福利和个人消费,以及将固定资产供未纳入《规定》适用范围的机构使用等,应将原已记入“应交税金–应抵扣固定资产增值税(固定资产进项税额)”科目的金额予以转出,借记有关科目,贷记“应交税金–应抵扣固定资产增值税(固定资产进项税额转出)”科目。

企业购进的固定资产,其不得抵扣的进项税额,应计入固定资产的成本,并按企业会计制度及相关准则的规定进行会计处理。

(十四)企业销售本企业已使用过的固定资产,如该项固定资产原取得时,其增值税进项税额已记入“应交税金–应抵扣固定资产增值税(固定资产进项税额)”科目的,销售时计算确定的增值税销项税额,应借记“固定资产清理”科目,贷记“应交税金–应交增值税(销项税额)”科目。

企业销售本企业已使用过的固定资产,如该项固定资产原取得时,其增值税进项税额未记入"应交税金–应抵扣固定资产增值税(固定资产进项税额)"科目的,但按税法规定在销售时允许抵扣的增值税进项税额,应借记"应交税金–应抵扣固定资产增值税(固定资产进项税额)",贷记"固定资产清理"科目;销售时计算确定的增值税销项税额,应借记"固定资产清理"科目,贷记"应交税金–应交增值税(销项税额)"科目。

(十五)按照规定,将应抵扣的固定资产进项税额抵减未交增值税时,借记"应交税金–应交增值税(未交增值税)"科目,贷记"应交税金–应抵扣固定资产增值税(已抵扣固定资产进项税额)"科目。

(十六)期末,企业以当期新增增值税税额抵扣固定资产进项税额时,应借记"应交税金–应交增值税(新增增值税额抵扣固定资产进项税额)"科目,贷记"应交税金–应抵扣固定资产增值税(已抵扣固定资产进项税额)"科目。但对于2004年按照税务部门的规定采取退税办法的情况下,企业首先应按规定计算商品销售应交纳的增值税并按照企业会计制度及相关准则的规定进行会计处理。待收到国家退还的2004年新增固定资产应抵扣的进项税额时,应按实际收到的金额,借记"银行存款"科目,贷记"应交税金–应抵扣固定资产增值税(已抵扣固定资产进项税额)"科目。

(2004年9月22日　财会〔2004〕11号)

一、关于税务文书的填开

当纳税人既有增值税留抵税额,又欠缴增值税而需要抵减的,应由县(含)以上税务机关填开《增值税进项留抵税额抵减增值税欠税通知书》(以下简称《通知书》)一式两份,纳税人、主管税务机关各一份。

二、关于抵减金额的确定

抵减欠缴税款时,应按欠税发生时间逐笔抵扣,先发生的先抵。抵缴的欠税包含呆账税金及欠税滞纳金。确定实际抵减金额时,按填开《通知书》的日期作为截止期,计算欠缴税款的应缴未缴滞纳金金额,应缴未缴滞纳金余额加欠税余额为欠缴总额。若欠缴总额大于期末留抵税额，实际抵减金额应等于期末留抵税额,并按配比方法计算抵减的欠税和滞纳金;若欠缴总额小于期末留抵税额,实际抵减金额应等于欠缴总额。

三、关于税收会计账务处理

税收会计根据《通知书》载明的实际抵减金额作抵减业务的账务处理。即先根据实际抵减的2001年5月1日之前发生的欠税以及抵减的应缴未缴滞纳金,借记“待征”类科目,贷记“应征”类科目;再根据实际抵减的增值税欠税和滞纳金,借记“应征税收——增值税”科目,贷记“待征税收——××户——增值税”科目。

(2004年10月29日　国税函〔2004〕1197号)